아동권리와 복지

이성한 · 하연희 · 이귀숙

창지사

머리말

아동복지란 아동이 행복한 삶을 누릴 수 있는 기본적인 여건을 조성하고 조화롭게 성장·발달할 수 있도록 하기 위한 경제적, 사회적, 정서적 지원을 말한다.

스웨덴의 여성학자 엘런 케이가 1900년 『어린이의 세기』를 출판한 이후 시간이 흘러, 1989년 11월 유엔에서는 「아동권리협약」을 채택하였다. 아동권리의 4가지 원칙은 무차별의 원칙, 아동최선의 이익 원칙, 생존과 발달보장의 원칙, 아동의 견해 존중의 원칙이다. 아동은 여기에 생존권, 보호권, 발달권, 참여권의 4가지 기본 권리를 가진다.

우리나라는 1981년 「아동복지법」을 개정한 이래 2000년 이후 보편적 아동복지 실행단계의 시대에 접어들었다. 아동복지의 기본 전제는 경제적 안정, 안정된 부모와 가정, 보건과 의료보호, 교육, 놀이와 문화, 노동으로부터의 보호, 특수욕구를 가진 아동에 대한 보호 그리고 아동의 사상, 양심 및 종교에 대한 권리를 존중해 주는 것이다. 보편적 아동복지의 실행이란 복지의 혜택에서 제외되거나 차별받는 아동이 있어서는 안 된다는 의미에서의 복지정책의 실현이다.

우리나라 국민의 아동복지에 대한 기대는 세계 어느 나라 못지않게 뜨겁다. 복지는 발전해 나가고 변화해 나간다. 아동복지는 복지국가의 출발선에 있는 중요한 영역이다. 우리나라는 2015년의 제1차 아동정책 기본계획을 세우고 행복한 아동, 존중받는 아동이란 슬로건을 비전으로 내세웠다. 아이들이 행복하고 존중받는 사회가 선진 사회의 바로미터가 된다고 생각한다. 무한경쟁시대에 돌입한 우리 사회는 아동에 거는 기대는 산만큼 높아져 간다.

이 책은 대학의 보육, 교육, 복지 전공자가 아동권리와 복지를 전공해 나가는 데 도움이 되도록 내용을 구성하였다. 그리고 보육, 교육 및 아동복지를 전공하는 대학생이 대학의 전공 서적으로 활용하도록 저술되었다.

이 책은 총 14장으로 구성되어 있다. 1장에서 5장은 아동복지의 기초적 체계를 쌓는 작업으로서 아동복지 전문인이 알아야 할 내용과 법, 행정적인 내용을 다루었다. 6장에서 14장까지는 아동복지의 다양한 분야에서 아동의 현상과 문제, 과제에 대해 기술했다. 이 책에 실린 자료는 최신 자료를 싣도록 노력했다. 아이가 행복한 세상에 대해서 그리고 성인과 지역사회, 국가의 역할에 대해 고민하면서 집필했다.

이 책은 무엇보다 하나님의 인도하심 아래에 공저자의 열정 그리고 창지사와의 인연으로 인해 세상에 나오게 되었다. 작업은 생각보다 몇 배나 힘들었지만 그만큼 감사하다. 출간을 허락해 준 창지사의 김기섭 대표님께 감사의 말씀을 드린다. 그리고 부산에 왕래하면서 발간을 진행해 준 이상대 상무님, 편집 및 디자인 작업을 맡아 준 김민수 연구원님께도 감사의 말씀을 드린다. 이제 오랜 기간의 작업을 거쳐 이 세상에 나오게 된 아동권리와 복지가 앞으로 아동의 권리와 복지의 발전에 이바지하는 기회가 되길 소망한다.

2016년 8월
고신동산에서 저자 대표

차 례

제1장 아동권리와 아동복지의 개념 이해

1. 아동복지의 개념 ······ 9
2. 아동발달과 아동복지 ······ 15
3. 아동복지와 아동권리 ······ 17

제2장 아동복지의 대상과 서비스 분류

1. 아동복지의 기본 전제 ······ 35
2. 아동복지의 원칙 ······ 39
3. 아동 보호체계의 원칙 ······ 43
4. 아동복지의 대상 ······ 44
5. 아동복지서비스의 분류 ······ 48
6. 가족중심 아동복지서비스 ······ 51

제3장 아동복지의 발달

1. 국내 아동복지 발달과정과 특징 ······ 53
2. 국외 아동복지 발달과정과 특징 ······ 61
3. 외국 여러 나라의 아동복지 ······ 66

제4장 아동복지정책과 관련법

1. 아동복지의 이념 ········· 73
2. 아동복지정책의 의미 ········· 75
3. 아동복지정책의 종류 ········· 76
4. 아동복지정책의 실행 ········· 79
5. 아동복지 관련법 ········· 89

제5장 아동복지행정

1. 아동복지행정의 개념 및 원칙 ········· 99
2. 아동복지정책의 전달체계 ········· 101
3. 아동복지 공공 및 민간 전달체계 ········· 105
4. 아동복지시설의 종류 ········· 108
5. 아동복지 전문 인력 ········· 110
6. 아동복지의 실천 ········· 115

제6장 보육사업서비스

1. 보육의 개념과 필요성 ········· 124
2. 보육사업의 발달 및 현황 ········· 132
3. 보육과 영유아복지 ········· 137
4. 우리나라 보육사업의 과제 ········· 143

제7장 빈곤아동 복지서비스

1. 빈곤의 개념 147
2. 빈곤아동의 개념 및 현황 150
3. 빈곤이 아동에게 미치는 영향 153
4. 빈곤아동을 위한 복지서비스 157

제8장 다문화 · 북한이탈주민 가족 아동 복지서비스

1. 다문화 · 북한이탈주민 가족 아동의 개념과 유형 171
2. 다문화 · 북한이탈주민 가족 아동의 현황 173
3. 다문화가정 아동의 어려움 179
4. 다문화 · 북한이탈주민 가족 아동 지원정책 184

제9장 한부모 · 조손가족 아동 복지서비스

1. 한부모가족 아동 199
2. 조손가족 아동 212

제10장 장애아동 복지서비스

1. 장애아동의 개념과 유형 219
2. 장애아동의 특성 225
3. 장애아동 복지서비스 현황 및 정책 229
4. 장애아동복지 관련법 237
5. 장애아동서비스의 문제점 및 과제 242

제11장 아동학대보호 복지서비스

1. 아동학대의 개념과 유형 247
2. 아동학대의 원인과 징후 251
3. 아동학대의 징후 및 피해아동의 특성 256
4. 아동학대 보호서비스의 현황과 과제 259

제12장 시설아동보호 복지서비스

1. 시설아동보호의 개념 및 유형 275
2. 시설아동보호 서비스의 특성 279
3. 시설아동보호 서비스의 운영 및 지원 282
4. 시설아동보호 서비스의 현황과 과제 289

제13장 입양 및 가정위탁보호 복지서비스

1. 입양아동보호 복지서비스 297
2. 가정위탁보호서비스 315

제14장 아동복지의 전망과 과제

1. 우리나라 아동의 실태 329
2. 아동권리와 아동복지의 문제점 331
3. 아동복지의 과제 335

참고 문헌 / 344

제1장

아동권리와 아동복지의 개념 이해

1 아동복지의 개념

1) 아동복지의 정의

아동복지란 아동(child)과 복지(welfare)의 합성어이다. 어원적 의미로 볼 때 아동복지란 아동이 편안하고 행복하게 잘 지내는 상태를 말한다. 아동복지는 보호자 또는 양육자에 의한 아동양육이 불가능한 경우에 아동과 그 가족을 위한 공공 및 민간기관에서 제공하는 사회복지 서비스의 분야이다. 「아동복지법」 제3조 제2항에서는 아동복지란 아동이 행복한 삶을 누릴 수 있는 기본적인 여건을 조성하고 조화롭게 성장·발달할 수 있도록 하기 위한 경제적·사회적·정서적 지원을 말한다. 아동복지의 일차적 책임은 가족에게 있고 최선의 아동복지는 아동양육에 대한 가족의 기능을 강화해 주는 것이다.

아동복지의 정의에 대해서 학자와 관련 단체의 정의를 정리하면 다음과 같다. 도미향 외(2015)에 따르면 아동복지란 아동의 건강한 삶을 보장하기 위한 국가와 사회 그리고 민간단체의 다양한 노력, 즉 법과 정책, 행정, 전문가에 의한 구체적인 서비스를 총칭한다. 아동복지라는 용어는 아동복지 현상 그 자체를 지칭하는 것과 아동복지정책의 실시를 주장하며 촉진시키려는 하나의 사회사상을 의미하는 경우로 구분된다. 사상으로서의 아동복지는 일정의 이념 내지 목적을 전제로 바람직한 아동복지정책의 주장을 주된 내용으로 하는 사상으로서의 아동복지이며 실체로서의 아동복지는 아동복지정책제도 및 활동 등의 체계 그 자체인 것이며 실제로 양자는 상호 밀접하게 관련되어 있다. 카두신(A. Kadushin, 1985)은 "아동복지란 모든 아동의 행복과 사회적응을 위해 심리적, 사회적 및 타고난 잠재능력을 길러 주는 각종의 활동"이라고 했다.

미국 아동복지연맹의 아동복지 정의는 다음과 같다. 아동복지는 부모가 양육책임을 다하지 못하거나 지역사회가 아동과 가족이 요구하는 자원 및 보호를 제공하지 못하는 아동에게 사회적 서비스를 제공하는 것이다(CWLA[1]). 아동복지기구는 공적·사적인 서비스 단체이며 모든 아동이 안전하고 영속적이며 안전한 환경에서 생활하도록 도우며 아동의 복지를 지지한다. 아동복지서비스는 전체 가족과 상호작용하거나 혹은 아동에 대한 직접적인 개입에 초점을 둔다. 공적인 아동복지기구는 연방, 주, 지방 수준에서 작용한다. 대부분의 사적 조직 혹은 지역사회 기반 조직에서는 아동에게 복지를 제공하고 있으며, 아동복지체계 또한 미국의 경우 주마다 매우 다르다. 아동복지에 관여한 가족은 가족체제를 유지한 채 서비스를 받을 수 있으나 아동은 집에서 일시적 혹은 영구적으로 분리될 수도 있다.

아동복지 정보 게이트웨이(child welfare information gateway)에서는 아동복지를 다음과 같이 정의했다.

- 아동복지란 아동이 안전하고 성공적으로 보호받는 데 필요한 도움을 받도록 고안된 연속적인 서비스이다.
- 아동복지는 자녀를 방어하고 보호하는 데 도움이 필요한 가족에게 서비스를 제공하는 것이다.

---

1) 미국 아동복지연맹(child welfare league of America): 미국 1920년부터 내려온 아동·가족을 지지하는 수 백개의 사적·공적 단체이다.

- 아동학대나 방임을 예방하기 위하여 지지하고 협력하는 서비스이다.
- 아동학대와 방임에 관한 자료를 받거나 조사한다. 아동과 가족의 요구, 힘과 자원을 사정한다.
- 아동 자신의 가정에서 더 이상 안전이 보장되지 않을 때 아동이 그들의 친척과 양부모와 생활하도록 조정한다.
- 아동의 교육적 요구가 제대로 달성되는지 확인하며 친척이나 양부모와 같이 생활하는 아동의 복지를 원조한다.
- 아동과 청소년의 생활양육과 보호를 위하여 가족의 재결합, 입양 혹은 다른 영구적인 가족결합을 달성하기 위해 아동, 청소년, 가족과 함께 일한다. 아동복지기구는 하나의 기구가 아니다. 공적 아동복지기관은 사적 아동복지기관, 지역사회 기반 기구, 다른 공적인 기구와 함께 일한다. 예를 들어, 지지적 아동보호, 부모교육교실, 가정 내 가족보호서비스, 정신건강서비스, 본질적인 학대 치료와 같이 그들이 필요한 서비스를 받을 수 있도록 한다.

아동복지는 사회복지 전문 영역에서 실천의 특별한 영역에 속한다. 사회복지전문직의 원칙과 가치는 일반적으로 현대의 아동복지기구를 이끄는 정책과 함께 진행된다. 현대의 아동복지기구는 지역사회와 함께 일하며, 보호가 필요한 아동을 결정하기 위해서 그러한 아동을 돕고 보호하는 데 가장 좋은 것은 무엇인가를 결정한다. 가족생활에서의 정부의 관여는 가능한 한 최소한으로 한다. 부모의 보호는 지역사회의 기준 하에 있으며 아동이 위험한 곳에 처한다는 인식이 있을 때 가장 주요한 원칙은 항상 아동에게 최선의 것은 무엇인가를 고민하고 아동의 최선의 이익 따라 행동하는 것이다(www.casw-acts.ca[2]).

윤매자·신혜경·주정현(2014)에 따르면 광의의 관점의 아동복지는 모든 아동의 복지와 안녕에 관여하는 것으로서 지역사회에 필요한 아동의 생물, 심리, 사회적 가능성을 조화롭게 최대한 발전시키도록 모든 방법을 동원하여 제공한다. 좁은 의미의

2) 캐나다 사회복지사협회(The canadian association of social workers): 1926년에 설립되었다.

아동복지란 보호를 요하는 아동을 중심으로 한 복지활동이며 개인이나 민간단체를 중심으로 이루어지는 활동이다.

아동복지의 개념은 잔여적 개념(residual welfare provision)에서 보편적 개념(universal service)으로 변화하고 있다. 잔여적 복지시책이란 정부의 사회적 서비스나 공적 부조는 가정이나 정상적인 사회구조 및 시장을 통해 필요한 원조를 받을 능력이 없는 사람에게만 제공되어야 한다는 입장의 복지시책을 말한다. 보편적 복지시책이란 누구에게나 골고루 평등하게 제공되는 서비스이다. 아동복지의 개념은 사회적 약자인 빈곤자, 아동, 한부모가족의 아동, 장애아동 등을 대상으로 일반적 생활을 유지할 수 있도록 하는 구제, 보호, 예방, 회복 등의 정책 및 방법 체계로서의 아동복지에서 현대는 보편적 개념인 전체 아동으로 그 대상이 확대되기에 이르렀다.

2) 아동복지의 의의

(1) 기본적 생활보장

모든 아동이 그가 처한 환경에 관계없이 건강한 발달을 이루어 갈 수 있도록 기본적 생활을 보장하는 사회적 체계를 갖추는 것이다.

(2) 미래 인력의 보호와 육성

미래의 주역으로서의 아동을 유능한 사회성원으로 발달시키는 제도의 확충이다.

(3) 사회문제의 예방

아동은 성인과 같이 욕구를 가지고 있으나 스스로는 이러한 욕구를 충족할 수 있는 능력이 없으므로 가족이나 사회에서 이를 충족시켜 주어야 한다. 이동의 욕구가 적절히 충족되지 않으면 사회의 유능한 성원이 되기 위한 건강한 발달을 요구하기 어렵다(한성심·송주미, 2015).

3) 아동복지체계의 목표

(1) 안전(safety)

모든 아동은 그들의 가정과 가정 밖의 상황에서 안전하게 보호받아야 한다.

(2) 영속성(permanency)

모든 아동은 안정적이고(stable) 지속적인(continuous) 가족의 관계와 연결을 가져야만 한다. 가족 안에서 안정적이고 지속적으로 보호받는 것은 건강한 아동발달에 필수적이다.

(3) 복지(well-being)

아동의 신체적·정신적·정서적 건강에서 어떠한 아동도 잘못 다루어져서는 안 된다. 만약 필요할 경우에 예방적·치료적 개입은 반드시 제공되어야 한다(childwelfare.gov).

우리나라 「아동복지법」(제2조) 아동복지의 기본 이념은 다음과 같다.

① 아동은 자신 또는 부모의 성별, 연령, 종교, 사회적 신분, 재산, 장애유무, 출생지역, 인종 등에 따른 어떠한 종류의 차별도 받지 아니하고 자라나야 한다.
② 아동은 완전하고 조화로운 인격발달을 위하여 안정된 가정환경에서 행복하게 자라나야 한다.
③ 아동에 관한 모든 활동에 있어서 아동의 이익이 최우선적으로 고려되어야 한다.
④ 아동은 아동의 권리보장과 복지 증진을 위하여 이 법에 따른 보호와 지원을 받을 권리를 가진다.

4) 아동복지의 대상 연령

아동복지의 대상 연령은 법에 따라 약간의 차이가 있다. 「아동복지법」, 「입양특례법」, 「한부모가족지원법」에서는 18세 미만으로, 「소년법」에서는 19세 미만, 「근로기준법」에서는 15세 미만으로 규정한다. 그러나 일반적으로 「아동복지법」의 기준을 따라 18세 미만으로 보는 것이 가장 흔하다.

〈표 1-1〉 아동복지의 대상 연령

법	정의
소년법(1958)	소년이란 19세 미만인 자
아동복지법(1981)	아동은 18세 미만의 자
입양촉진 및 절차에 관한 특례법(1996) (입양특례법으로 개정, 2015)	아동이란 18세 미만인 사람
근로기준법(1997)	15세 미만인 자(「초·중등교육법」에 따른 중학교에 재학 중인 18세 미만인 자를 포함)
유아교육법(2005)	유아란 만 3세부터 초등학교 취학 전까지의 어린이
한부모가족지원법(2008)	아동이란 18세 미만의 자

5) 현대 아동복지의 특성

현대에는 아동을 둘러싼 환경이 변화하면서 아동복지의 목적과 대상, 서비스 내용도 크게 변화되었다. 아동기의 특성에 대한 이해가 높아지고 아동권리에 대한 인식이 확대되었다. 현대 아동복지 제도의 가장 큰 변화 중 하나는 예방의 강조이다. 예방은 아동을 가정에서 분리하여 개입하는 것에서 벗어나 아동이 속한 환경에 미리 개입하여 아동문제를 최소화하기 위해 노력하는 것이다. 아동복지의 개입 초점이 치료에서 예방으로 변화하면서 그 대상도 보호가 필요한 아동에서 가족으로 확대되고 있다. 아동을 가족과 분리하여 보호하는 방법은 위기 상황에서 보호하지만 가족을 떠나 새로운 환경에 속하게 된 아동에게 새로운 스트레스를 줄 수 있다고 본다. 가족은 사회보장의 중심축을 담당하게 되었다.

2 아동발달과 아동복지

1) 아동발달의 일반적 원칙

발달(development)은 역동적 체계(dynamic system)의 산물로 인간의 생명이 시작되는 수정부터 죽음에 이르기까지 전 생애에 걸쳐 연속해서 일어나는 시간에 따른 변화를 의미한다. 역동적 체계란 한 사람 또는 한 집단 내의 연속적인 변화과정을 의미하며 개인과 모든 사회 내에서 이루어지는 다른 발달과 체계적으로 연결되어 있다.

발달은 양적 변화, 즉 신체 변화와 같은 크기와 양의 증가 현상이다. 또한 동시에 질적 변화, 즉 분화되지 못하는 낮은 수준에서 정밀화된 높은 수준으로 구조적 변화와 미숙한 수준에서 유능한 수준으로의 기능적 변화를 말한다. 발달을 결정짓는 요인에는 성숙(유전)과 경험(학습, 환경)이 있다. 성숙(maturation)은 유전적 기제에 의해 나타나는 타고난 변화, 신체적·심리적 변화를 의미한다(목소리의 변성, 초경, 뇌 기능의 분화, 사춘기 등). 경험(experience)은 유기체가 환경과의 상호작용을 통해 획득하는 것, 아동이 접하는 모든 물리적·사회적 환경과 상호작용을 의미한다(부모, 친구, 영양, 교육, 대중매체 등). 아동발달의 일반적 원칙은 다음과 같다.

(1) 발달에는 일정한 순서가 있다. 일반적인 것에서 특수한 것으로 분화되고 분화된 특수행동은 다시 통합되어 새롭고 항상 복잡한 형태로 진행된다. 옹알이를 한 다음에 말을 하며 간단한 문장을 사용하고 난 뒤에 복잡한 문장을 사용하게 된다. 인지발달도 상징적 사고가 가능한 다음에 보존 개념을 획득하게 된다.

(2) 발달은 일정한 방향으로 진행된다. 머리에서 발 방향으로, 안에서 바깥쪽으로, 중심부가 말초신경보다 먼저 발달한다. 팔-손목-손-손가락의 순서로 발달한다.

(3) 일반적인 것에서 특수한 것으로 발달한다. 몸 전체를 사용하는 것에서 분화되고 정밀한 행동으로 대체된다.

(4) 발달은 연속적이지만 발달의 속도는 일정하지 않다. 신체가 급속도로 성장하는 기간이 있는가 하면 심리적 발달이 급속도로 이루어지는 기간이 있다. 출생 후 첫

돌까지는 신장과 체중이 크게 증가하고 청년기가 되면 신장과 체중이 급격히 성장하는데, 이것을 청년기 성장급등이라고 한다. 생식기관은 아동기에는 발달이 느리지만 사춘기에는 급속도로 발달한다. 유아기에는 어휘력이 갑자기 풍부해지고 청년기에는 논리적인 문제해결 능력이 현저하게 향상된다.

(5) 발달에는 개인차가 있다. 모든 인간은 다 다르다. 발달의 속도와 양상은 아동마다 제각기 다르다.

(6) 발달의 각 영역은 상호 밀접한 연관이 있다. 생물학적, 인지적, 사회정서발달은 서로 상호작용한다(그림 1-1 참조).

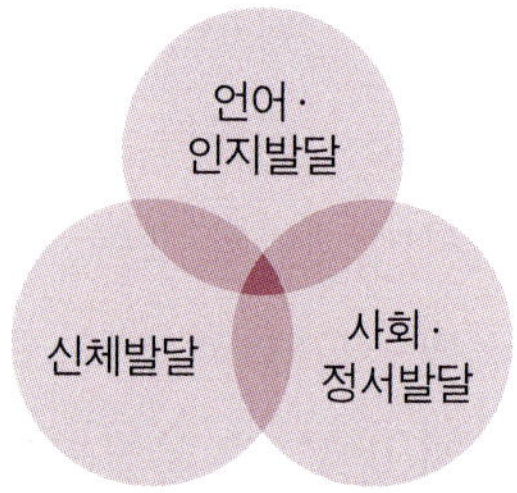

[그림 1-1] 아동의 발달 상호 관련성

(7) 발달에는 결정적 시기(critical period)가 있다. 인간의 발달과업은 가장 적절하게 획득되는 최적의 시기가 있다.

(8) 발달은 유전과 환경의 상호작용의 결과이다. 오늘날 대부분의 이론가는 유전과 환경은 불가분의 관계를 가지고 있고 최적의 발달을 이루기 위해서는 유전과 환경이 공동으로 그 역할을 수행해야 한다고 주장한다. 인간의 발달은 제공되는 환경 조건에 따라 달라질 수 있는 역동적인 상호작용의 산물이다. 그러므로 개인의 유전적 잠재력이 최대한 발휘되기 위해서는 최적의 환경을 제공해 주는 것만이 최적의 발달을 위한 지름길이다.

2) 아동발달에 영향을 미치는 요인

아동발달에 영향을 미치는 요인은 크게 생물학적 요인, 환경적 요인, 심리적 요인으로 구분된다. 아동복지서비스는 이러한 각각의 요인에 따라 생기는 여러 문제를 조력하는 데 서비스의 중점을 둘 수 있다.

- 생물학적 요인: 부모, 민족, 성별, 질병 등
- 환경적 요인: 양육태도, 가정, 출생순위, 영양, 기후 및 계절 등

• 심리적 요인: 가정환경요인, 부모의 결손, 학대로 인한 심리적 상처 등

3) 아동발달과 아동복지서비스와의 관련성

아동은 발달단계를 거쳐 발달해 간다. 아동복지서비스는 이와 같은 아동발달단계에 따라 건강하게 발달과제를 성취하도록 위한 것이다(표 1-2 참조).

〈표 1-2〉 영유아·아동 발달과 아동복지서비스와의 관련성

구분	복지서비스 과제의 예
영아기 (0~2세)	감각운동능력, 신체·정서발달서비스, 이해력, 언어발달, 탐색·애착행동 형성, 영아학대, 불안정한 애착, 모성분리, 박탈, 기본적 보호와 양육 미비, 초기 모자관계의 불완전함, 우울, 행동장애, 발육부전, 영양결핍
유아기 (2~6세)	가족, 또래와의 관계발달, 운동능력, 독립성, 놀이, 인지, 기본적 생활습관 형성, 모자분리, 발달장애, 유아기 자폐증
아동기 (6~12세)	학습 습관 형성, 근면성, 집단생활, 자존감 형성, 따돌림, 친구관계 형성, 도벽, 난폭, 반항, 비사회적 행동, 신경증적 습관, 부모교육
청년기 (12~20세)	신체적 변화, 사춘기, 정체성, 또래관계, 집단생활, 부모와의 관계, 추상적 사고, 논리적 사고, 가출, 학교폭력, 우울, 정신건강관리, 진로, 학업, 중독, 인터넷 관련 지도, 정신건강, 친구관계, 신체건강, 자존감

3 아동복지와 아동권리

노혜련·김미원·조소연(2015)은 현대 아동복지의 구성과 영역에 대해서 아동보호, 가족지원, 아동권리의 세 영역을 강조했다. 아동보호는 부모와 아동의 사적 관계를 기초로 아동의 물질적 보호와 양육의 일차적 책임이 가정에 있다고 본다. 가족지원은 국가가 가족이 갖는 사회적 의미를 인정하고 적절한 조처를 통해 직·간접 재정원조, 사회서비스 등의 지원으로 시장을 통해서는 보상이 어려운 부담을 지원해 주는 것이다. 아동권리에 대한 관심은 1990년 아동권리협약이 국제법으로 비준되면서

확대되었고, 유럽 복지국가를 중심으로 발달하면서 아동을 보호대상자만이 아니라 권리행사자로 인식하면서 성인과 동등한 아동의 권리를 강조하는 것이다.

아동권리란 아동이 인간으로서 누려야 할 기본적인 제반 권리를 총칭한다. 아동의 권리는 20세기에 엘런 케이(E. Key, 1900)[3]가 『어린이의 세기』라는 저서에서 아동은 튼튼하게 태어날 권리, 건전하게 키워질 권리, 정상적인 가정생활을 영위할 권리, 교육을 받을 권리, 정서적 및 도덕적 훈련을 받을 권리, 유희나 오락을 충분히 즐길 수 있는 권리를 주장했다. 아동복지는 아동의 복지권 보장이라는 차원에서 전개되고 있다. 아동의 복지권이란 아동이 독립된 인간으로서 최소한도의 기본적 생활을 영위할 뿐만 아니라 인간다운 생활을 영위할 권리가 있는 존재로 파악되는 것이며 사회와 국가는 이러한 권리를 보장해 주어야 할 의무가 있다는 것이다. 유엔 아동권리협약에서는 아동은 생존할 권리, 보호받을 권리, 발달할 권리, 참여할 권리의 4가지 기본 권리를 강조하고 아동의 자기결정권과 참여권의 극대화를 강조한다.

1) 유엔 아동권리선언과 아동권리협약

1924년 9월 유엔 총회에서 세계 최초로 아동권리선언을 채택했다. 아동권리선언은 어린이가 자기 이름을 가질 권리, 착취로부터 보호받을 권리, 교육이나 생존 및 발전을 위한 권리 등을 들고 있으며 이제까지 많은 조약과 선언에 분산되어 있던 어린이의 권리를 하나로 묶었다. 이것은 제네바선언(5개조)으로 알려지고 있으며 아동의 발달보장, 요보호아동의 보호, 아동구제의 우선성, 착취로부터의 보호, 아동육성의 목표달성에 노력해야 할 것을 강조하였다.

15년 뒤 제2차 세계대전이 발발하여 제네바선언을 개정해 2개 조항을 추가하였으며, 1959년 11월 20일 전문과 10개조로 된 아동권리선언을 채택해 출생권, 생존권, 발달권, 행복추구권, 교육권, 레크리에이션권을 선언하였다. 이후 1979년 제3차 유엔 총회에서 국제 아동의 해를 맞아 선언에서 협약으로 전환하였고 제30주년이 되는

3) 엘런 케이(1849. 12. 11. ~ 1926. 4. 25.): 스웨덴의 여류 사상가이자 교육자이다.

1989년 11월 20일 유엔 총회에서 '아동권리협약'을 투표 없이 채택하고 1990년 9월 2일 발효되었다.

- 1924년: 국제연합의 아동권리선언
- 1989년: 아동권리협약
- 1989년: 아동의 권리를 국제법으로 확정. 한국은 1991년 9월 17일 국제연합에 가입. 1991년 12월 20일에 협약을 비준하여 조약당사국이 됨

※ 국제협약: 아동의 권리 54개 조항. 아동의 출생권, 생존권, 발달권, 행복추구권, 교육권, 오락권, 법적 보장권, 사회적 보장

아동의 권리에 관한 협약(UN CRC: united nations convention on the rights of the child)은 전 세계의 아동의 경제, 사회, 문화에 대한 권리를 규정하는 국제협약이다. 아동의 권리에 관한 협약을 줄여서 '아동권리협약'이라고도 한다. 우리나라는 1991년에 가입했으며 2015년까지 미국을 제외한 196개국이 비준하였다. 조문은 전문 및 54조로 이루어져 있으며, 아동(혼인 등으로 인해 법에 따라 성년자로 간주된 사람을 제외한 만 18세 미만의 사람)의 권리를 포괄적으로 규정하고 있다(표 1-3 참조).

〈표 1-3〉 권리협약의 해당 조항

분류	해당 조항
1. 아동의 정의	제1조
2. 협약의 이행방법	제4조, 제42조, 제44～6조
3. 일반원칙	제2조, 제3조, 제6조, 제12조
4. 시민적 권리와 자유	제7조, 제8조, 제13～16조, 제17조, 제37조
5. 가족환경과 대리적 보호	제5조, 제9～11조, 제18～21조, 제25조, 제27～4조, 제39조
6. 기본적 건강과 복지	제28～29조, 제31조
7. 교육, 여가, 문화적 활동	제28～29조, 제31조
8. 특별보호조치	제22조, 제32조, 제34～40조

출처: 이혜원(2006).

협약은 아동을 '보호 대상'이 아닌 '권리의 주체'로 규정하고 있다. 건강하게 자랄 권리, 교육 받을 권리, 놀 권리 등 아동이 누려야 할 권리를 모두 담고 있는 유엔 아동권리협약은 각 나라에서 아동을 위한 정책을 만들고 실천하는 밑바탕이 되고 있다(보건복지부, 한국아동단체협의회, 2015). 이 협약은 18세 미만 아동의 생명권, 의사표시권, 고문 및 형벌 금지, 불법 해외이송 및 성적 학대 금지 등 각종 「아동기본권」의 보장을 규정하고 있으며 협약 가입국은 이를 위해 최대한의 입법, 사법, 행정적 조치를 취하도록 의무화하고 있다.

협약이 정한 의무에 따라 가입국 정부는 가입 뒤 2년 안에, 그 뒤 5년마다 어린이 인권 상황에 대한 국가보고서를 제출해야 한다. 유엔 아동 권리 위원회는 그 국가보고서를 심의해 어린이 인권보장의 장애요인을 분석하고 그 대안을 해당국 정부와 함께 모색한다.

우리나라는 1994년과 2000년에 1차와 2차 보고서를 제출, 1996년과 2003년에 유엔 아동 권리 위원회로부터 아동권리협약의 이행상황 심의, 2008년 12월 유엔 아동권리협약 제 3·4차 국가 보고서를 제출하고 2011년 9월 제3·4차 국가보고서를 심의, 2017년 6월 제5·6차 통합보고서를 제출할 예정이다(관계부처합동, 2015).

유엔 아동권리협약(UN CRC)

1. 아동의 정의: 아동은 18세 미만의 사람
2. 차별금지: 모든 아동에게 적용된다. 인종, 종교, 능력, 사고, 언어, 어떤 가족의 유형이든지간에, 거주지역에 관계없이, 그들 부모의 직업에 관계없이, 남아, 여아 관계없이, 문화, 장애를 가지고 있든지, 부하거나 가난하거나 관계없이, 어떠한 아동도 불공정하거나 편견없이 다루어져야 한다.
3. 아동의 이익에 최우선: 아동에게 영향을 끼칠 수 있는 의사결정을 하는 데 있어서 아동의 이익이 최우선으로 고려되어야 한다.
4. 보호의 권리: 정부는 아동의 권리가 존엄시되도록 모든 가능한 수단을 동원하여 지켜야 할 책임을 가진다.

5. 부모의 보호: 정부는 그들의 아동을 이끌고 지도할 가족이 가진 권한과 책임을 존중한다.
6. 생존과 발달: 아동은 생존의 권리를 가진다.
7. 등록, 이름, 국적, 보호: 모든 아동은 법적으로 이름을 가지며 정부에 의해 인정을 받는다.
8. 정체성의 보호: 아동은 정체성을 가질 권리가 있다. 아동은 그들의 이름, 국적, 가족을 가질 권리가 있다.
9. 부모로부터의 분리: 아동은 그들의 삶에 해가 되지 않는다면 그들의 부모와 같이 살 권리가 있다. 부모와의 분리가 아동의 최상의 이익을 위하여 필요하다고 결정하는 경우 이외에는 아동이 그의 의사에 반하여 부모로부터 헤어지지 않도록 보장한다.
10. 가족의 재통합: 가족 구성원이 다른 나라에 흩어져서 사는 경우, 부모가 타국에 거주하는 경우, 가족이 만나기 위해서 출국하여 부모와 아동이 만나고 다시 가족이 입국하는 것이 허락되어야 한다.
11. 유괴: 국가는 아동이 그들의 나라에서 불법적으로 납치되는 것을 멈추기 위한 절차를 가져야 한다.
12. 아동의 관점을 존중: 성인이 아동에게 영향을 미치는 의사결정을 할 때 아동은 그들이 생각하는 것을 말할 권리가 있다.
13. 표현의 자유: 아동은 정보를 얻고 나눌 권리가 있다.
14. 생각의 자유, 양심의 자유, 종교의 자유: 아동은 생각하고 그들이 원하는 것을 믿는 그들의 종교를 실천할 자유가 있다.
15. 단체 활동의 자유: 아동은 함께 만나고 그룹에 연합할 자유가 있다.
16. 프라이버시의 자유: 어떠한 아동도 사생활, 가족 또는 가정, 서신왕래에 대하여 독단적이거나 불법적인 간섭을 받지 아니하며 명예나 신상에 대한 불법적인 공격을 받지 않는다.
17. 정보, 매스미디어의 자유: 아동은 그들의 건강과 복지에 중요한 정보를 얻을 권리가 있다.
18. 부모의 책임, 국가의 지원: 부모 모두는 자녀를 양육할 책임을 공유한다. 그리고 아동에게 가장 좋은 것은 무엇인지 고려한다. 정부는 그들의 아동에게 가장 적절한 지도를 제공하는 부모의 책임을 존중해야만 한다.
19. 모든 폭력의 형태로부터의 자유: 아동은 다치거나 잘못 다루어지는 것으로부터 보호받을 권리가 있다.

20. 가족으로부터 분리될 자유: 부적절한 가족으로부터 특별한 보호를 받을 권리가 있다.
21. 입양: 아동은 입양되었을 경우 보호받고 도움받을 권리가 있다.
22. 난민아동: 난민아동도 보호받을 권리가 있다.
23. 장애아동: 특별보호를 받을 권리가 있다.
24. 건강과 건강서비스: 아동은 좋은 품질의 건강보호를 받을 권리가 있다.
25. 보호치료의 평가: 신체적, 정신적 건강의 관리, 보호 또는 치료목적으로 관계당국에 의해 양육 지정된 아동이 제공되는 치료 및 양육지정과 관한 모든 실정에 대해 정기적으로 평가받을 수 있는 권리를 가지는 것을 인정한다.
26. 사회보험의 권리: 모든 아동은 사회보장제도의 혜택을 받을 수 있는 권리를 갖고 있음을 인정하고 이 권리의 실현을 달성하기 위한 필요한 조치를 취한다.
27. 적절한 생활의 권리: 아동은 그들의 신체적 정신적 요구를 채워줄 표준적 삶의 권리가 있다.
28. 교육받을 권리: 모든 아동은 무상의 기초교육을 받을 권리가 있다.
29. 교육의 목표: 교육은 아동의 인성, 재능 능력을 최대한도로 발휘시켜야 한다.
30. 소수민족 아동: 소수민족의 아동은 그들의 문화, 언어, 종교에 대해 배울 권리가 있다.
31. 휴가, 놀이, 문화: 아동은 휴식하고 놀고 보다 폭넓은 문화, 예술, 재생산활동과 접촉할 권리가 있다.
32. 아동노동으로부터의 보호: 정부는 아동을 건강이나 교육에 해로운 일로부터 보호해야 한다.
33. 약물남용: 아동을 해로운 약물남용으로부터 보호한다.
34. 성적 착취의 대상: 아동은 성적인 착취로부터 보호받아야 한다.
35. 유괴, 판매, 밀매: 정부는 아동이 이러한 일에 관여하지 않도록 모든 방법을 고안해야 한다.
36. 착취금지: 아동은 그들의 복지나 발달에 위해되거나 그들로부터 이익을 얻을 수 있는 어떠한 활동으로부터 보호받아야 한다.
37. 감금과 체벌: 아동을 해롭게 다루어서는 안 된다.
38. 전쟁과 무장: 아동을 전쟁으로부터 보호해야 한다.
39. 아동 희생자의 재활: 방임되거나 남용되거나 착취당한 아동은 신체적, 심리적으로 특별한 도움을 받아야 한다.

40. 청소년 재판: 아동이 법률을 위반하여 구속되었을 경우 법적인 도움과 정당한 대우를 받아야 한다.
41. 다른 나라의 우수한 기준을 존중한다: 이 법보다 더 우수한 보호를 하는 국가의 법이 있다면 그것을 적용한다.
42. 지식의 권한: 정부는 협약을 만들어서 성인과 아동에게 알려야 한다. 성인은 아동이 그들의 권리에 대해서 배우도록 도와야 한다.
43.~54. 실행조치: 정부와 국제적 기구는 아동의 권리가 보호받도록 보장하기 위한 이러한 내용을 논의해야 한다.

출처: Unicef.

2) 유엔 아동권리협약 기본권과 기본원칙

- 생존권(survival rights): 생명을 유지하며 최상의 건강과 의료혜택을 받을 권리. 굶주림과 영양실조, 신체적 학대를 포함한 성인에 의한 공격, 빈곤, 보호시설에 수감된 아동 환경에서 생존할 권리
- 보호권(protection rights): 차별대우와 착취, 학대와 방임, 가족과의 인위적 분리 등으로부터 보호를 받을 권리
- 발달권(development rights): 육체적, 정서적, 도덕적, 사회적 성장에 필요한 정규교육, 비정규교육을 포함한 모든 종류의 놀이, 여가, 정보, 문화 활동, 사상, 양심, 종교의 자유를 누릴 권리, 국적과 이름을 가질 권리

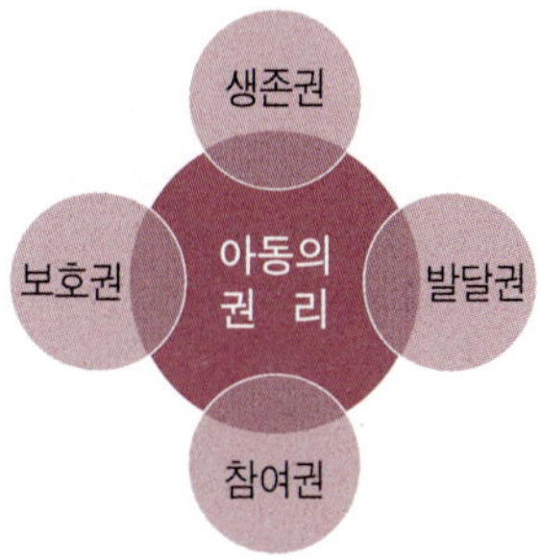

[그림 1-2] 아동의 4대 권리

- 참여권(participation rights): 자신의 의사를 표현할 자유와 자기생활에 영향을 주는 일에 대하여 말할 수 있는 권리, 자신의 능력에 부응하여 적정한 사회활동에 참여할 기회를 가질 권리(그림 1-2 참조)

아동이 가진 권리는 아동권리의 4가지 기본 원칙(principles)을 바탕으로 하고 있다(표 1-4 참조).

〈표 1-4〉 유엔 아동권리협약의 아동권리의 4가지 원칙

원칙	내용
무차별의 원칙 (non-discrimination)	모든 아동은 같은 권리를 가진다. 모든 상황과 모든 시간에서 그들의 잠재력을 발달시킬 동등한 권리를 가진다.
아동 최선의 이익 원칙 (the best interests of child)	아동에 관한 모든 행동과 결정에 있어서의 첫 번째 고려사항이다. 이것은 서로 다른 권리 사이의 갈등을 해결하는 데에도 적용되어야 한다. 예산을 줄이는 데 있어서도 아동 최선의 이익 원칙에 어떻게 영향을 주는지를 고려해야 한다.
생존과 발달 보장의 원칙 (the rights to survival and development)	기본적 서비스로 가는 필수적인 요소이다. 아동이 그들의 온전한 발달을 이루는 데 기회의 균등함을 가진다.
아동의 견해 존중 원칙 (the views of the child)	그들의 권리에 관한 모든 문제에 관해서 아동의 목소리를 청취하고 존중해야 한다. 그들에게 영향을 줄 수 있는 의사결정을 하기 전에 아동과 의논해야 한다.

출처: http://www.cyc-net.org.

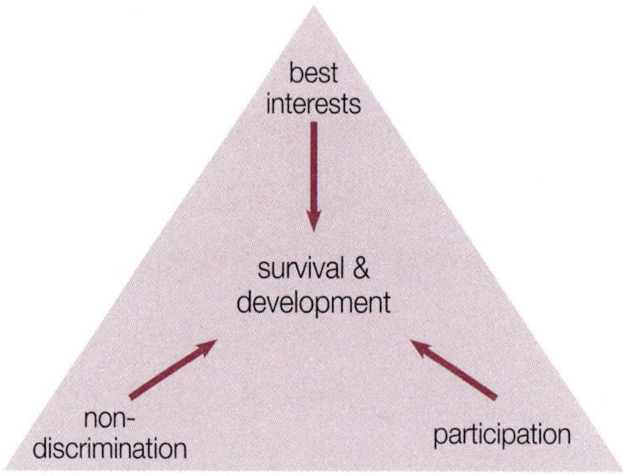

출처: www.childrenrightswales.org.uk.

[그림 1-3] 아동권리의 원칙

3) 우리나라의 아동권리

대한민국의 '어린이날'은 어린이의 존엄성과 지위 향상을 위해 정한 날이다. 1919년 3·1운동을 계기로 어린이에게 민족정신을 일깨워 주고자 진주를 시작으로 각 지역에 소년회가 창설되기 시작하였다. 이후 1922년 4월 각 소년운동 단체, 신문사 등이 모여 논의한 결과 5월 1일을 어린이날(소년일)로 정하고 제1회 기념식을 열었다.

1923년 4월 17일 각 소년운동 단체가 모인 조선소년운동협회가 만들어지고, 5월 1일 어린이날 행사가 전국적으로 크게 열렸다. 이날 소파 방정환을 비롯한 일본 유학생도 소년운동 활성화를 돕기 위하여 색동회를 창립하였다. 5월 1일은 노동절과 겹쳤기 때문에 1927년부터는 5월 첫째 일요일에 행사를 진행했는데, 일제의 탄압이 있던 시기인 1939년부터 중단되었다가 광복 이후 '어린이'를 존중하는 마음을 살리기 위해 1946년에 부활되었다.

1961년에 제정·공포된 「아동복지법」에서는 매년 5월 5일을 어린이날로 정하였다. 이후 1975년부터 공휴일로 지정되었다. 2013년 10월 29일 국무회의를 통과하여 2014년부터 대체 공휴일 적용 대상이 되었다(위키백과).

우리나라의 '어린이 헌장'은 한국동화작가협의회에서 제정, 1957년 5월 5일 보건사회부에서 선포한 헌장이다. 어린이를 위해 국가와 사회가 해야 할 일을 항목으로 남겨 놓은 것으로 법적 효력은 없다. 1957년 3월 1일 한국동화작가협회의 마해송·방기환·강소천·이종항·김요백·임인수·홍인순 등 7인이 성문화해 처음 발표하였고, 보건복지부가 아동 및 모자 관계 단체, 관련 전문가와 함께 심의, 보완·수정하여 같은 해 5월 5일 내무부·법무부·교육인적자원부·보건복지부 등 4부 장관 명의로 어린이헌장이라는 명칭으로 9개항으로 된 내용을 발표(선포)하였으며 1988년 보건복지부에서 11개항으로 재개정하여 발표하였다(위키백과). 다음은 우리나라 아동권리에 관해 중요한 사항을 연도별로 정리한 것이다.

- 1923년 3월: 우리나라 최초의 순수 아동잡지 '어린이' 창간
- 1923년 5월 1일: '어린이의 날'을 제정

- 1923년: 아동권리선언 방정환 아동권리공약 3장
- 1957년 5월 5일: 어린이헌장
- 1988년 5월 5일: 어린이헌장 전면 개정
- 1989년 11월 20일: 아동의 권리에 관한 협약. 국제연합총회에서 채택
- 1990년 5월: 청소년헌장 1998년 10월에 개정
- 2015년: 제1차 아동정책기본계획(2015년 8월 ~ 2019년)[4)]

어린이헌장 1988년 재개정된 전문과 본문

대한민국 어린이헌장은 어린이날의 참뜻을 바탕으로 하여 모든 어린이가 차별 없이 인간으로서의 존엄성을 지니고 나라의 앞날을 이어나갈 새 사람으로 존중되며 아름답고 씩씩하게 자라도록 함을 길잡이로 삼는다.

1. 어린이는 건전하게 태어나 따뜻한 가정에서 사랑 속에 자라야 한다.
2. 어린이는 고른 영양을 취하고, 질병의 예방과 치료를 받으며, 맑고 깨끗한 환경에서 살아야 한다.
3. 어린이는 좋은 교육시설에서 개인의 능력과 소질에 따라 교육을 받아야 한다.
4. 어린이는 빛나는 우리 문화를 이어받아, 새롭게 창조하고 널리 펴 나가는 힘을 길러야 한다.
5. 어린이는 즐겁고 유익한 놀이와 오락을 위한 시설과 공간을 제공받아야 한다.
6. 어린이는 예의와 질서를 지키며, 한겨레로서 서로 돕고, 스스로를 이기며 책임을 다하는 민주 시민으로 자라야 한다.
7. 어린이는 자연과 예술을 사랑하고 과학을 탐구하는 마음과 태도를 길러야 한다.
8. 어린이는 해로운 사회환경과 위험으로부터 먼저 보호되어야 한다.

---

4) 우리나라에 거주하는 18세 미만의 모든 아동이 대상이 된다. 정책 과제에 따라 임산부 및 18세 이상 청소년도 일부 포함하며, 우리나라에 거주하는 외국 아동도 포함한다. 중앙정부 및 지자체의 아동 관련 모든 정책이다. 아동의 발달주기에 따라 직·간접적으로 고려되어야 하는 가족·보육·교육·문화·여가·체육·건강·안전·복지·산업 등 모든 영역을 포괄한다.

9. 어린이는 학대를 받거나 버림을 당해서는 안 되고, 나쁜 일과 힘겨운 노동에 이용되지 말아야 한다.
10. 몸이나 마음에 장애를 가진 어린이는 필요한 교육과 치료를 받아야 하고, 빗나간 어린이는 선도되어야 한다.
11. 어린이는 우리의 내일이며 소망이다. 나라의 앞날을 짊어질 한국인으로, 인류의 평화에 이바지 할 수 있는 세계인으로 자라야 한다.

출처: 위키백과.

4) 아동복지 서비스와 아동권리 구현방안

우리나라 아동권리협약의 이행 노력에 대해 관련법 위주로 정리하면 〈표 1-5〉와 같다.

〈표 1-5〉 우리나라의 아동권리협약

관련법	연도	개정내용
출입국관리법	1933	아동을 포함한 난민보호 강화
민법	1997	부모양계 혈통주의 채택
근로기준법	1997	취업금지 연령을 만 13 ~ 15세 미만
교육기본법	1997	학교체벌허용 조항 철폐
아동복지법 시행령	1999	아동학대 방지
아동복지법 개정	2004	아동권리에 관한 국가의 전반적 업무조정
아동권리모니터링센터	2006	옴부즈퍼슨과 옴부즈키즈[5] 제도
형사소송법	2007	피해아동 비디오 중계장치, 차폐장치 통해 피고인과 대면하지 않고 증언 가능하게 함
민법	2007	남녀 모두 혼인가능 연령을 18세로 통일

출처: 윤혜미 · 김혜래 · 신영화(2015).

5) 유엔 아동 권리 위원회 협약의 이행을 위해 설치된 한국아동권리모니터링센터는 효율적인 협약 이행 모니터링을 위해 2006년부터 아동권리 옴부즈퍼슨(ombudsperson)을 위촉해 운영해 오고 있다.

우리나라 보건복지부의 아동권리 구현 방안(보건복지부, 2016)은 〈표 1-6〉과 같이 총 11가지이다. 다음은 이 내용에 대한 설명이다.

① 위기아동 보호 강화를 위한 드림스타트 사업

드림스타트 사업은 전국 시·군·구 중 기초수급아동 밀집지역 207개 지역에 1개소씩 거점지역을 설치하고, 이후에는 지자체 자율로 사업을 추진한다.

② 생활안전교육의 아동권리

아동 안전사고 발생률이 높은 연령대(만 5세 이하)와 사고 유형에 초점을 맞추어 가정 내 안전사고 예방 및 응급처치, 부모교육을 실시하고 가정 안전 꾸러미를 배포한다.

③ 아동 인권증진 지원

아동권리 교육을 실시하며 국제적 기준에 부합하는 유엔 아동권리협약 이행을 추진하고 아동 행사를 개최하며 아동권리 포럼을 개최한다.

④ 지역아동센터사업

방과후 돌봄이 필요한 아동의 건전 육성을 위하여 보호·교육, 건전한 놀이와 오락의 제공, 보호자와 지역사회의 연계 등 종합적인 아동 복지서비스를 제공한다.

⑤ 아동학대 예방

아동학대 예방을 위한 정책을 수립하고, 관련법과 제도를 마련하고 개선한다.

⑥ 아동안전사고예방

부모, 교사 또는 종사자의 안전의식 강화 및 대응능력 향상으로 아동이 안전하게 성장할 수 있는 환경을 조성한다. 2013년부터 안전교육 활성화를 위해 「아동복지법」에 맞춘 5대 의무교육 주제와 응급처치 교육 콘텐츠 개발·보급 및 예방 홍보를 실시한다.

전국 아동복지시설, 보육시설, 유치원, 초·중·고 18세 미만 아동을 대상으로 하며, 아동안전 체험 콘텐츠 개발 및 체험 안전 교육을 한다. 아동·교사를 대상으로 온·오프라인 안전교육 및 콘텐츠를 보완하고 개선한다.

⑦ 위기 아동·청소년 자립지원을 확대

자립지원 사업을 체계화하는 것으로서 「아동복지법」에 자산형성 지원을 하며 자립지원 표준화 프로그램을 운영한다.

⑧ 아동학대 예방 보호체계 강화

아동학대 예방 인프라 강화, 대상자별 집중적 홍보 및 교육 강화, 아동의 학대 인지 및 대처 능력 향상, 학대피해아동 가족기능 강화 및 재학대 방지대책 추진, 아동학대 예방 효율화를 위한 제도 개선을 추진한다.

⑨ 드림스타트

대상은 기초생활수급 및 차상위계층, 한부모가족 등 저소득 가정의 0~12세 이하 아동 및 가족, 임산부이다. 사업지역은 219개 시·군·구이다(2014년 12월 말 기준). 지원내용은 아동의 양육환경 및 발달상태 사정 결과에 따른 사례관리를 통해 건강·기초학습·사회성 함양·부모교육·가족지지 등 맞춤형 통합 서비스를 제공하는 것이다. 서비스 내용은 건강검진 및 건강관리, 기초학습 지원, 사회정서 증진 서비스, 부모 양육지원 등 아동발달 영역별 맞춤형 통합 서비스이다.

⑩ 아동복지교사 지원

지역사회에서 방치되기 쉬운 취약계층 아동의 건전한 성장 지원을 위해 방과후 보호·상담·학습지도 등 종합적인 아동 복지서비스 제공하는 것이다. 지역아동센터를 이용하는 아동에게 다양하고 체계적인 교육 프로그램을 제공하며, 아동의 건전한 성장 지원을 위해 기초학습, 영어, 독서, 예체능 활동의 분야별 교육 프로그램을 제공한다.

⑪ 실종아동 등의 보호 및 지원

취약계층인 아동 및 장애인(지적·자폐성·정신)의 실종 예방을 위한 교육 및 홍보, 장기 실종아동가족 지원을 통한 가족 해체의 예방을 하는 것이다.

〈표 1-6〉 아동권리정책

순서	내용	순서	내용
1	위기아동 보호 강화를 위한 드림스타트 사업 확대	6	아동안전사고 예방사업
		7	자립지원사업 체계화
2	생활안전 교육 프로그램 개발 및 교육 실시	8	아동학대예방 보호체계 강화
3	아동인권증진 지원	9	드림스타트
4	지역아동센터	10	아동복지교사 지원
5	아동학대 예방 지원	11	실종아동 등의 보호 및 지원

출처: 보건복지부(2016).

〈표 1-6〉의 아동권리정책에서 세 번째 항인 아동인권증진 지원의 구체적 내용은 〈표 1-7〉과 같다. 1991년에 가입한 유엔 아동권리협약에 의한 국가 행동 계획을 수립하고, 협약의 이행력 확보를 위한 관련 법제 정비 등을 통해 아동의 기본적 권리를 실현할 수 있는 사회적 기반을 조성한다.

〈표 1-7〉 아동인권증진 지원

아동인권증진 지원	주요 사업
아동권리교육실시	부모, 예비부모, 어린이집 교사, 시설종사자, 교직원 등 아동학대 신고의무자 등을 대상으로 맞춤형 아동권리 교육을 실시, 아동권리침해 사례 예방
국제적 기준에 부합하는 유엔 아동권리협약 이행을 추진	유엔 아동권리협약 및 위원회 권고 사항에 대한 이행체계 마련 및 부처 이행점검, 국가보고서 작성 및 제출, 위원회 심의 등
아동 행사 개최	어린이날 및 어린이주간 행사 대한민국 아동총회 아동권리 주간(아동학대 예방주간 행사)
아동권리 포럼 개최	아동복지정책 마련을 위한 아동권리정책 포럼, 국제아동권리 정책방향 모니터링 및 정보 공유를 위한 국제아동 포럼 등 실시

출처: 보건복지부(2016). 인구아동정책, 아동권리, 아동인권증진지원.

우리나라의 영유아, 아동·청소년의 권리를 4대 권리 차원인 생존권, 발달권, 보호권, 참여권을 중심으로 주요 정책과제를 기술하면 〈표 1-8〉과 같다.

영유아기(0~5세)의 생존권보장을 위해서 국가는 어린이집, 유치원 건강관리체계를 마련하고 모유수유 증진, 예방접종률, 건강검진율을 제고한다. 발달권에 대해서는 영유아 가정방문 서비스를 도입(검토)하고 육아서비스를 종합적으로 제공하며 시간제보육을 실시하고 영유아 보육교육 통합플랜을 제시한다. 보호권을 위해서는 영유아에 대해서는 가정방문 안전 점검을 실시(검토)하고, 어린이집과 유치원을 대상으로 학대 예방 및 신속 대응을 하며, 아동방치 행위에 대한 법적 규제 도입을 검토한다.

초등학생과 중·고등학생(17세)의 생존권을 위해서는 건강증진학교, 학교체육 활성화, 생활습관형 질병 예방 및 관리 방안을 마련하며, 학생 자살예방 대책, 적정 수면시간 보장, 아동전용 보건인프라 확충, 건강보험 보장성 강화를 한다. 발달권에는 부모교육 활성화, 양육 정보를 통합적으로 하며 꿈과 끼를 살려 주는 교육과정 내실화, 공교육 정상화를 이행한다. 아동기 핵심역량 반영 전략을 수립하고 인성교육을 강화하며, 문화예술교육을 활성화하고 문화 인프라(아동도서관, 숲교육 공간 등)를 확충한다. 맞춤형 진로교육을 하고 장애아동 지원체계를 구축한다. 학교 밖 청소년 지원, 청소년 한부모서비스 전달체계를 통합 구축한다.

보호권을 위해서는 보육·교육기관 안전교육, 안전실습을 제도화하며 카시트, 안전벨트 착용율을 제고하며 홀로 방치되는 아동에 대한 돌봄서비스에 관해 종합적인 연계 체계를 구축하며 학대아동 보호 인프라를 확충한다. 학교폭력 예방대책 및 기본계획이행을 관리하며 범죄예방 환경을 설계하고, 차별 금지법, 빈곤아동지원 5개년 계획, 가정 밖 보호아동 보호체계를 구축하고, 입양절차의 공공성을 강화하며 근로 아동을 보호하고, 소년사업발전 종합대책을 수립한다. 보호권은 안전보호와 일반 아동 및 보호받지 못하는 다양한 아동을 보호하기 위한 대책을 수립한다. 참여권은 초·중·고등학생 대상이 주 대상이며, 아동의 의견진술권을 보장하고 아동 의견을 수렴하며 학교에서의 참여권 보장하는 것 등이 있다.

〈표 1-8〉 권리유형별 주요 정책과제

<table>
<tr><th>생애
분야</th><th colspan="2">영유아
(0~5세)</th><th>초등학생
(6~11세)</th><th>중학생
(12~14세)</th><th>고등학생
(15~17세)</th></tr>
<tr><td rowspan="7">생존권</td><td colspan="2">어린이집·유치원
건강관리체계 마련</td><td colspan="3">건강증진학교 확대 방안(검토)/학교체육 활성화</td></tr>
<tr><td>모유수유
증진</td><td colspan="4"></td></tr>
<tr><td colspan="2">예방접종률,
건강검진율 제고</td><td colspan="3">학교 건강검진제도 개선</td></tr>
<tr><td></td><td colspan="4">생활습관형 질병 예방·관리 방안 마련</td></tr>
<tr><td colspan="5">아동기 다빈도 질병 대응전략 수립</td></tr>
<tr><td colspan="2"></td><td colspan="3">학생 자살예방 대책, 적정 수면시간 보장</td></tr>
<tr><td colspan="5">아동전용 보건 인프라 확충/건강보험 보장성 강화</td></tr>
<tr><td rowspan="13">발달권</td><td colspan="2">영유아 가정
방문서비스 도입(검토)</td><td colspan="3"></td></tr>
<tr><td colspan="5">부모교육 활성화/양육정보 통합 제공</td></tr>
<tr><td colspan="2">육아서비스 종합 제공</td><td colspan="3"></td></tr>
<tr><td colspan="2">시간제보육</td><td colspan="3"></td></tr>
<tr><td colspan="2">영유아 보육·교육
통합플랜</td><td colspan="3">〈꿈과 끼를 살려 주는 교육과정〉 내실화, 공교육 정상화 이행</td></tr>
<tr><td colspan="5">아동기 핵심역량 반영 전략을 수립, 아동역량지수 개발</td></tr>
<tr><td colspan="2"></td><td colspan="3">인성교육 강화
(인성교육진흥계획 수립, 언어문화 개선방안 마련)</td></tr>
<tr><td></td><td colspan="4">문화예술교육 활성화 및 문화인프라(아동도서관, 숲교육 공간 등) 확충</td></tr>
<tr><td></td><td colspan="4">놀이·여가 권리 보장(놀 권리 헌장 제정, 제1차 놀이정책 수립)</td></tr>
<tr><td colspan="2"></td><td colspan="3">맞춤형 진로 교육(직업교육 현장성 강화, 학습부진아동 지원 등)</td></tr>
<tr><td colspan="5">장애아동지원체계 구축(조기발견·예방 및 재활치료)</td></tr>
<tr><td colspan="2"></td><td colspan="3">학교 밖 청소년 지원체계 구축</td></tr>
<tr><td colspan="3"></td><td colspan="2">청소년 한부모서비스 전달체계 통합구축</td></tr>
</table>

<table>
<tr><th>생애
분야</th><th>영유아
(0~5세)</th><th>초등학생
(6~11세)</th><th>중학생
(12~14세)</th><th>고등학생
(15~17세)</th></tr>
<tr><td rowspan="15">보호권</td><td>가정방문
안전점검 실시(검토)</td><td colspan="3"></td></tr>
<tr><td colspan="4">보육·교육기관 안전교육·안전실습 제도화</td></tr>
<tr><td colspan="4">카시트, 안전벨트 착용률 제고</td></tr>
<tr><td></td><td colspan="3">홀로 방치되는 아동에 대한 돌봄서비스 종합 연계 체계 구축</td></tr>
<tr><td colspan="4">학대아동 보호 인프라 확충</td></tr>
<tr><td>어린이집·유치원
학대 예방 및 신속 대응</td><td colspan="3"></td></tr>
<tr><td></td><td colspan="3">학교폭력 예방 및 대책 기본계획 이행 관리</td></tr>
<tr><td colspan="4">범죄예방 환경 설계(셉테드: CPTED) 확산 유도</td></tr>
<tr><td colspan="4">차별 금지법 제정</td></tr>
<tr><td colspan="4">빈곤아동지원 5개년 기본계획 수립</td></tr>
<tr><td colspan="4">가정 밖 보호아동 보호체계 구축</td></tr>
<tr><td colspan="4">입양절차의 공공성 강화(헤이그 국제아동입양협약 비준)</td></tr>
<tr><td colspan="2"></td><td colspan="2">근로아동보호</td></tr>
<tr><td></td><td colspan="3">소년사법 발전 종합대책</td></tr>
<tr><td colspan="2">아동 방치 행위에 대한 법적 규제 도입(검토)</td><td colspan="2"></td></tr>
<tr><td rowspan="4">참여권</td><td colspan="4">아동의 의견진술권 보장실태 진단 및 개선방안 마련</td></tr>
<tr><td></td><td colspan="3">아동의견 수렴 창구 상시 운영</td></tr>
<tr><td></td><td colspan="3">학교에서의 참여권 보장
(자치활동 활성화, 학교운영위원회 실질적 참여)</td></tr>
<tr><td colspan="2"></td><td colspan="2">아동총회 지역 기반 구축</td></tr>
</table>

출처: 관계부처합동(2015). 제1차 아동정책 기본계획(안).

제2장

아동복지의 대상과 서비스 분류

1 아동복지의 기본 전제

아동의 욕구가 충족되어지고 잠재능력을 최대한 발휘하여 건강하게 성장·발달하기 위해서는 아동복지의 기본 요소가 갖추어져야 한다. 아동복지의 실현을 위해 공통적으로 제안되는 전제조건에는 아래와 같은 내용이 있다(주수길·주명국, 2012, 참조).

1) 경제적 안정

아동에게는 의식주의 문제가 심신의 발달에서 가장 필수적인 요소이다. 빈곤은 아동의 복지에 직접적인 위험을 의미할 수 있다. 가정의 경제적 상황은 아동의 성장과 발달에 상당히 영향을 미친다. 빈곤한 아동은 영아사망, 사고, 영양실조, 비위생적 환경, 질병 등으로 사망의 위험에 노출될 확률이 높다. 오늘의 빈곤 개념은 최저생계비 이하의 상태를 의미하는 것뿐만 아니라 교육, 건강, 기회 등의 사회적 여건 또는 자원의 결핍상태를 의미한다.

2) 안정된 부모와 가정

안정된 부모와 가정은 아동복지에 일차적 책임을 지며 직접적인 영향을 미친다. 아동은 일차적으로 안정된 가정에서 생존에 필요한 생리적 욕구를 충족시키며 정서적인 인간관계를 경험하고 사회화의 기초를 형성한다. 모든 아동에게 가정 이상으로 좋은 곳은 없다는 전제 하에 가정이 없는 아동의 경우에는 가정과 비슷한 환경에서 자랄 수 있는 복지서비스가 이루어져야 할 것이다.

3) 보건과 의료보호

모든 아동의 건전한 성장과 발달을 위해서는 이들에 대한 보건이나 의료문제가 국가나 사회의 가장 중요한 관심사가 될 수밖에 없다. 아동복지의 기반은 아동의 보건에 달려 있으며 아동의 건강은 모체의 심신 건강에도 비례한다고 볼 수 있다.

아동의 건강은 아동복지의 기본이다. 청소년 대상의 임신과 출산에 대한 교육, 결혼 전 준비교육, 출산전후 아동의 양육 및 발달에 대한 부모교육 등을 포함한 모자보건교육이 실시되어야 한다. 특히, 경제적 어려움, 산모연령, 미혼모, 약물오용 등과 같은 임산부의 경제적, 사회적 상황을 고려한 대책이 필요하다.

4) 교육

모든 아동에게 그 개인의 욕구에 따라 적절한 교육의 기회와 함께 질 높은 프로그램과 서비스가 주어져야 한다. 모든 아동에게는 잠재력을 최대한 신장하고 계발할 수 있도록 교육적 기회가 주어져야 한다. 교육받을 권리는 중요한 생존권 중의 하나이다.

5) 놀이와 문화

모든 아동에게는 마음껏 놀고 성장에 도움이 되는 지적, 신체적 관심을 추구할 기회와 자기만족과 자신감을 줄 수 있는 여러 집단활동을 통한 다양한 오락의 기회가 주어져야 한다. 아동은 놀이를 통해 자기의 욕구나 감정 발산을 촉진하며 신체적, 정신적으로 건전하게 성장하는 촉진제가 된다.

놀이는 아동의 인지적·신체적·사회적·생리적 발달에 영향을 미친다. 아동이 놀이를 즐기면서 전 영역이 발달할 수 있도록 놀이의 기회가 제공받아야 하며, 건전하게 여가활동을 하도록 전문적 지도를 받아야 한다.

6) 노동으로부터의 보호

모든 아동은 연소 노동이나 유해 노동으로부터 보호받아야 한다. 아동을 법률로 보호하는 것은 아동이 아직도 성장하고 보호받아야 하는 대상이라는 아동발달적 관점에서 근거한 것이다. 우리나라 「근로기준법」(2014) 제64조에 따르면 15세 미만인 자는 근로자로 사용하지 못한다. 다만, 대통령령으로 정하는 기준에 따라 고용노동부장관이 발급한 취직인허증(就職認許證)을 지닌 자는 근로자로 사용할 수 있다.

사용자는 임신 중이거나 산후 1년이 지나지 아니한 여성과 18세 미만 자를 도덕상 또는 보건상 유해·위험한 사업에 사용하지 못하며(제65조) 18세 미만인 자에 대하여는 그 연령을 증명하는 가족관계 기록사항에 관한 증명서와 친권자 또는 후견인의 동의서를 사업장에 갖추어 두어야 한다.

「근로기준법」 제67조에는 근로계약에 대해 구체적으로 명기했다. 친권자나 후견인은 미성년자의 근로계약을 대리할 수 없으며 친권자, 후견인 또는 고용노동부장관은 근로계약이 미성년자에게 불리하다고 인정하는 경우에는 이를 해지할 수 있다. 18세 미만인 자와 근로계약을 체결하는 경우에는 제17조에 따른 근로 조건을 서면으로 명시하여 교부하여야 한다.

15세 이상 18세 미만인 자의 근로시간은 1일에 7시간, 1주일에 40시간을 초과하지 못한다. 다만, 당사자 사이의 합의에 따라 1일에 1시간, 1주일에 6시간을 한도로 연장할 수 있다(「근로기준법」 제69조).

7) 특수욕구를 가진 아동에 대한 보호

신체적, 정신적, 정서적, 발달적, 행동적 장애를 가진 아동에게는 조기 발견과 함께 특수한 보호와 치료의 기회를 부여하고 최소한의 제한적 환경을 마련해 주어 이들이 사회적 기능을 더욱 잘 수행할 수 있도록 대안적 조치를 마련해 주어야 한다. 이들이 서비스의 욕구를 가진 아동과 가정은 자신의 권리에 대한 제한이 최소인 상태에서 서비스를 받아야 한다(윤혜미 외, 2015).

8) 종교와 도덕

아동권리에 관한 국제협약 제14조에 아동의 사상, 양심 및 종교에 대한 권리를 존중하여야 한다고 규정하고 있으며 제27조에는 모든 아동이 신체적, 지적, 정신적, 도덕적, 사회적 발달에 적합한 생활 수준을 누릴 권리를 강조하고 있다. 〈표 2-1〉은 학자들이 언급한 아동복지의 전제 조건이다.

〈표 2-1〉 아동복지의 전제 조건

피터 (Peter, 1998)	사회사업 백과사전 (1965)	프리드릭슨과 멀리건 (Frederickson & Muligan, 1972)	아동권리협약 (1989)	장인협 · 오정수 (2002)	공계순 외 (2004)
적절한 가족수입	가족생활	부모 역할이 준비된 부모	시민권과 자유권	안정된 가정생활	가정과 부모
건강	부모의 보호	경제적 안정	가정환경 및 대리보호에 대한 권리	경제적 안정	경제적 안정
영양	적절한 가정 경제와 주거	보건	기초보건 및 복지에 관한 권리	보건 및 의료보호	교육
주거	건강과 의료보호	교육	교육, 여가, 문화활동에 대한 권리	교육	놀이, 여가

<table>
<tr><th>피터
(Peter, 1998)</th><th>사회사업
백과사전
(1965)</th><th>프리드릭슨과
멀리건
(Frederickson & Muligan, 1972)</th><th>아동권리협약
(1989)</th><th>장인협 · 오정수
(2002)</th><th>공계순 외
(2004)</th></tr>
<tr><td>안정된
가정보호</td><td>교육</td><td>종교</td><td>특별보호조치에
대한 권리</td><td>노동</td><td>유해노동으로부
터의 보호</td></tr>
<tr><td>정신건강</td><td>유희, 교우</td><td>놀이</td><td rowspan="5"></td><td>오락</td><td>특별보호</td></tr>
<tr><td rowspan="4">교육</td><td>윤리적 표준</td><td>유해한 노동에
서의 보호</td><td rowspan="4">특수보호</td><td rowspan="4"></td></tr>
<tr><td>이념과 가치</td><td rowspan="3">특수욕구
아동에 대한
서비스</td></tr>
<tr><td>교육적·
직업적 지도</td></tr>
<tr><td>법적 보호 등</td></tr>
</table>

출처: 윤혜미 외(2015), 참고.

2 아동복지의 원칙

아동복지의 원칙에는 권리와 책임의 원칙, 예방과 치료의 원칙, 보편성과 선별성의 원칙, 보호와 개발적 기능의 원칙, 개별성과 통합성의 원칙, 전문성의 원칙이 있으며 아래에서 이들 원칙에 대해 구체적으로 살펴보고자 한다.

1) 권리와 책임의 원칙

아동, 부모, 사회는 각각의 권리와 책임의 확립에 기반을 두고 있어야 한다.

(1) 아동의 권리와 책임

모든 아동은 하나의 인간으로서 독자적 권리를 가지고 태어났다. 아동은 부모와 사회로부터 의식주를 제공받아 생존하고 신체적, 정신적으로 건강하고 위생적인 삶을 보장받아야 한다. 또한, 아동은 어른의 긍정적 기대를 충족시켜야 하고 자신에게 부과되는 합리적 요구를 받아들여 자신의 책임감을 발전시켜야 한다.

(2) 부모의 권리와 책임

아동의 보호육성을 위한 일차적 권리와 책임은 그들의 부모에게 있다. 부모는 후견인으로서 아동의 권리와 인격발달에 영향을 줄 수 있는 생활방식과 행동기준을 설정할 권리를 지니며 자녀에 대한 재정적 지원, 신체적 보호, 정서적 보호, 그밖에 광범위한 지도, 감독, 자기발전의 기회를 부여해야 하는 양육의 책임과 의무가 있다. 부모는 아동의 후견인으로서의 책임을 가지며 성장시켜야 할 책임이 있다.

「아동복지법」에서 제시한 보호자의 책무는 다음과 같다(제4조).

- 아동의 보호자는 아동을 가정에서 그의 성장 시기에 맞추어 건강하고 안전하게 양육하여야 한다.
- 아동의 보호자는 아동에게 신체적 고통이나 폭언 등의 정신적 고통을 가하여서는 아니 된다.
- 모든 국민은 아동의 권익과 안전을 존중하여야 하며, 아동을 건강하게 양육하여야 한다.

(3) 국가와 사회의 책임

국가와 사회는 사회생활에 필요한 질서유지와 아동·청소년의 복지 증진을 위한 권리와 책임을 가지고 있다. 특히, 국가의 권리나 책임은 다양한 아동복지대책의 개발을 위한 입법을 행사하는 것이다. 제반규정을 채택하고 광범위한 실제적 정책을 수립하여 아동복지를 위한 복지시설을 만들고 이를 운영할 수 있는 재정적 근거 등도 마련하는 책임을 적극 감당해야 한다. 국가와 사회는 아동의 권리를 증진시키기 위한 권리와 책임을 가지고 있다.

「아동복지법」에는 국가와 지방자치단체, 보호자의 책무가 있다. 다음은 「아동복지법」 제4조에 규정한 국가와 지방자치단체의 책무이다.

- 국가와 지방자치단체는 아동의 안전·건강 및 복지 증진을 위하여 아동과 그 보호자 및 가정을 지원하기 위한 정책을 수립·시행하여야 한다.

- 국가와 지방자치단체는 보호대상아동 및 지원대상아동의 권익을 증진하기 위한 정책을 수립·시행하여야 한다.
- 국가와 지방자치단체는 장애아동의 권익을 보호하기 위하여 필요한 시책을 강구하여야 한다.
- 국가와 지방자치단체는 아동이 자신 또는 부모의 성별, 연령, 종교, 사회적 신분, 재산, 장애유무, 출생지역 또는 인종 등에 따른 어떠한 종류의 차별도 받지 아니하도록 필요한 시책을 강구하여야 한다.
- 국가와 지방자치단체는 「아동의 권리에 관한 협약」에서 규정한 아동의 권리 및 복지 증진 등을 위하여 필요한 시책을 수립·시행하고, 이에 필요한 교육과 홍보를 하여야 한다.
- 국가와 지방자치단체는 아동의 보호자가 아동을 행복하고 안전하게 양육하기 위하여 필요한 교육을 지원하여야 한다.

2) 예방과 치료의 원칙

아동복지사업에서 가장 바람직한 것은 아동문제의 발생을 미연에 방지하는 것이다. 치료는 문제발생 후에 실시되는 사후 조치이다.

3) 보편성과 선별성의 원칙

보편주의는 전체 아동을 대상으로 급여나 서비스를 제공하는 원칙이다(아동수당, 가족수당, 무상의무교육). 선별주의는 빈곤계층의 아동이나 기본적 욕구가 충족되지 않은 아동에게 급여나 서비스를 제공하는 것이다.

보편성의 원칙은 어떤 조건이나 제한을 두지 않고 모든 아동에게 같은 종류의 사업을 동일한 수준에서 제공하는 것이다. 이 원칙은 앞서 기술한 예방의 원칙에서 제기된 국가 재정의 부담이라는 문제와 깊은 관련이 생긴다. 그리고 선별성의 원칙은 빈곤계층이나 특수한 욕구나 문제가 있는 아동에게 급여나 서비스를 제공하는 원칙이다.

4) 보호와 개발적 기능의 원칙

보호의 원칙이란 아동이 미성숙하고 판단력이 부족하며 자력에 의한 생활이 불가능하거나 어렵고 자신의 권익을 위한 행동을 하기가 불가능하므로 최우선적인 보호와 구호의 대상이 된다는 것이다. 아동의 권리선언에서도 아동은 어떤 경우에도 우선적으로 보호와 구호를 받아야 한다고 명시되어 있는데, 보호란 생존을 위해 최소한의 생리적 욕구의 충족, 발달상 위험으로부터의 보호, 사회적 차별로부터 보호받는 것이 포함된다.

이 원칙은 문제발생 후 대응하는 복지체계에서 벗어나 예방적이며 의도적인 변화를 가져오는 사회복지체계의 구축을 의미한다.

5) 개별성과 통합성의 원칙

개별성이란 아동복지 실시의 전 과정, 즉 문제의 확인, 진단, 치료방법의 선정 및 목표에 이르기까지 심신의 발달특성, 문제발생 원인, 생활사, 현재의 상태 및 주변환경 등 모든 개인적 특성이 고려되어야 한다는 것이다. 아동을 독립된 인격체로 보고 그가 처한 상황을 그대로 수용한다는 점이 전제되고 전문성의 원칙과도 밀접한 관련이 있다.

아동의 발달은 전인적 발달이므로 아동의 욕구에 대해 통합적인 관점에서 접근해야 한다. 통합성의 원칙이란 아동문제에 대처할 때 여러 가지 유형의 서비스를 함께 고려해야 그 효과를 거둘 수 있다는 것이다. 정책과 서비스에 경제, 교육, 보건, 노동, 주택, 오락 등의 포괄적 대책이 수립되어야 한다.

6) 전문성의 원칙

전문성의 원칙은 아동복지의 성과를 좌우한다. 아동복지사업은 전문기구와 전문직 인력에 의해서 이루어져야 한다(장인협·오정수, 2001). 아동의 문제는 복잡하고 다양하므로 전문적 지식과 기술이 필요하기 때문이며 아동복지사업은 전문가와 전문기관에서 이루어져야 한다.

방법론과 분야론에서 전문화가 더욱 이루어져야 할 것이며 정부 수준에서의 계속적 교육과 수련, 강력한 제도적 보장이 수반되어야 더욱 효과적이다.

3 아동 보호체계의 원칙

아동의 보호체계에서 주, 국가, 지자체는 가족, 지역사회와 파트너가 되어야 한다. 이것은 아동복지와 기타의 서비스 시스템에 관여한 아동과 가족의 복합적 요구를 채우기 위해서이다.

미국의 아동국(U. S. department of healthy and human services children's bureau)에서 제시한 아동보호체계의 원칙은 성공적 보호체계의 필수적 요소이다. 이러한 원칙을 실행하는 것은 기관과 지역사회, 가족의 안전을 반영하고, 아동과 청소년, 가족의 안전, 영속성, 복지를 보장한다.

① 부처 간 연합: 각각의 공적·사적·신앙의 분야에서 아동과 가족서비스 기관에 종사한다.

② 개별화된 힘에 근거한 보호: 각각의 아동과 가족은 힘과 도전의 독특한 조합이라는 것을 기억하고, 도전을 충족시키는 힘을 최적화하는 보호 플랜을 수립한다.

③ 문화적 유능성: 행동, 태도, 정책, 구조와 마찬가지로 조직적 가치와 원칙의 확정된 조합을 참조하는 것은 체계를 더 효과적으로 하며 문화를 초월하여 움직이게 한다.

④ 가족과 청소년 관련: 가족과 청소년 관련한 일에 있어서 가족과 전문가 사이에는 모든 차원에서 상호 존경과 유의미한 파트너십을 요구한다.

⑤ 지역사회 기반 서비스: 아동과 가족에게 보호를 제공하고 지지하기 위한 최적의 방법으로서 가정과 학교, 지역사회 기반 서비스 자원에 종사한다.

⑥ 책임: 아동과 가족의 요구를 충당하는 데 있어서 보호의 효과적인 체제를 결정하려면 실천적, 조직적, 재정적 결과를 계속적으로 사정한다.

4 아동복지의 대상

1) 아동복지의 대상

우리나라 아동복지는 1961년 「아동복리법」 제정 당시 요보호아동을 보호하는 차원의 소극적 아동복지서비스에서 1981년 개정된 「아동복지법」 제정 당시 일반아동의 복지에 관심을 갖기 시작했다. 2000년에는 아동학대 예방에 관한 조항을 확대하여 전폭적 개정을 하기에 이르렀다. 2014년에는 「아동학대범죄의 처벌 등에 관한 특례법」이 18세 미만인 아동에게 적용되었다. 한국의 아동복지제도는 요보호아동의 소극적 목표에서 모든 아동의 건전한 발달과 성장을 지향하는 더욱 적극적이고 포괄적인 목표로 나아간다(김성경·김혜영·최현미, 2013).

아동복지의 대상은 모든 아동이다. 우리나라는 1961년 12월 「아동복리법」의 제정으로 아동이 그 보호자로부터 유실, 유기 또는 이탈되었을 경우, 그 보호자가 아동을 육성하기에 부적당하거나 양육할 수 없는 경우, 아동의 건전한 출생을 기할 수 없는 경우나 기타의 경우에 아동이 건전하고 행복하게 육성되도록 그 복리를 보장함을 목적으로 하여(제1조), 아동복지의 대상을 도움이 필요한 요보호아동으로 규정했다. 1981년 4월 「아동복지법」에는 "이 법은 아동이 건전하게 출생하여 행복하고 건강하게 육성되도록 그 복지를 보장함을 목적으로 한다."라고 명시하여, 도움이 필요한 아동이라는 말을 삭제하고 모든 아동이 법의 대상임을 규정한다. 1999년 「아동복지법」이 개정되면서 2000년 7월 아동학대에 관한 규정이 새롭게 포함되었다. 아동학대란 보호자를 포함한 성인에 의하여 아동의 건강복지를 해치거나 정상적인 발달을 저해할 수 있는 신체적·정신적·성적 폭력 또는 가혹행위 및 아동의 보호자에 의하여 이루어지는 유기와 방임을 말한다고 규정한다(「아동복지법」 제3조).

아동복지의 대상은 만 18세 이하의 모든 아동과 그들이 속한 가정이다. 과거 아동복지의 주요 대상이었던 요보호아동이나 아동복지의 실천대상으로 포함된 일반아동 모두, 부모의 보호와 양육을 통해서 비로소 건강한 성장과 발달이 가능하다는 점에서 아동복지는 아동과 그 부모도 복지의 대상으로 포함하는 특징을 갖는다. 아동복지서비스는 아동중심이면서 가족친화적인 서비스로 제공된다.

아동복지의 대상은 보호대상아동, 지원대상아동, 일반아동으로 대별한다.

(1) 보호대상아동

요보호아동이란 부모 및 그 밖의 보호자와 사별하였거나 보호자가 행방불명되었을 때, 또는 보호자에게서 버림받아 그들에게 보호, 양육되지 못하는 18세 미만의 아동이다. 「아동복지법」 제3조 제4항에 따르면 '보호대상아동'이란 보호자가 없거나 보호자로부터 이탈된 아동 또는 보호자가 아동을 학대하는 경우 등 그 보호자가 아동을 양육하기에 적당하지 아니하거나 양육할 능력이 없는 경우의 아동을 말한다.

아동복지의 대상이 되는 보호대상아동이란 필요한 욕구가 충족되지 못했거나 문제에 처한 아동을 의미한다. 아동은 필요한 물질적 자원, 정서적 안정, 교육, 건강, 여가활동 등의 욕구를 가지며 이러한 욕구를 충족시키지 못하는 경우 아동복지서비스의 대상이 된다.

(2) 지원대상아동

지원대상아동이란 아동이 조화롭고 건강하게 성장하는 데 필요한 기초적인 조건이 갖추어지지 아니하여 사회적·경제적·정서적 지원이 필요한 아동(「아동복지법」 제3조 제5항)이다.

우리나라의 지원대상아동의 유형은 다음과 같다. 2013년 3월부터 지원하는 가정양육수당지원은 어린이집, 유치원 및 종일제 아이돌봄서비스를 이용하지 않은 취학 전 만 84개월 미만(최대 84개월) 가정양육아동이 대상이다. 또한, 취학 전 만 5세 이하로 농어촌 지역에 거주하며 어린이집, 유치원을 이용하지 않는 농어업인 가구의 가정양육아동, 취학 전 만 5세 이하 등록장애아동, 한부모 조손가족아동 양육비 지원이 있다.

소년소녀가정아동 대학생 입학금 지원은 소년소녀가정(가정위탁)아동 대학 입학 예정자의 학비지원으로 학업에 충실을 기하고 건강한 사회인으로 육성하거나 또는 직업인으로 유도하는 것이다.

국내입양가정 양육비 지원대상은 입양아동이며 「입양특례법」상의 입양기관을 통하여 만 15세 미만의 아동을 입양한 가정이다.

아동급식지원사업은 저소득 가정의 아동이 건강하고 행복하게 자라날 수 있도록 민·관이 협조체계를 구축하여 지역실정과 아동의 가정환경과 욕구에 맞는 급식을 효율적으로 제공하기 위한 것이다. 18세 미만의 취학 및 미취학 아동(「아동복지법」 제2조)이 대상이다.

드림스타트 지원이란 보건복지부 사업으로 아동의 공평한 양육 여건과 출발 기회를 보장하기 위해 저소득층 임산부 및 0~12세 아동과 그 가족에게 통합 사례관리를 통한 신체건강, 인지 언어, 정서행동의 맞춤형 통합서비스를 제공하는 국가 주도의 선진 아동복지서비스이다(사회복지포털 아동지원사업, 2016)(표 2-2 참조).

〈표 2-2〉 지원대상아동의 유형

지원유형	지원대상
가정양육아동 지원	취학 전 만 84개월 미만 가정양육아동
농어촌양육아동 지원	어린이집, 유치원을 이용하지 않는 만 5세 이하 농어업인 가구 가정양육아동
장애아동수당 지원	만 18세 등록장애인
한부모 조손가족아동 양육비 지원	최저생계비 130% 이하인 가구로서 아동 나이가 만 12세 미만인 아동
소년소녀가정아동 대학생 입학금 지원	소년소녀가정(가정위탁)아동 대학 입학 예정자로서 학비 지원
입양가정 양육비 지원	「입양특례법」상의 입양기관을 통하여 만 15세 미만의 아동을 입양한 가정
아동급식 지원	18세 미만의 취학 및 미취학 아동
저소득층일반아동 드림스타트 지원	저소득층 임산부 및 0~12세 아동과 그 가족

(3) 일반아동

현재 심각한 문제나 어려움에 처해 있지 않은 아동으로서 현재 뚜렷한 문제가 있지 않아도 앞으로 다양한 환경적, 개인적 요인에 의해서 요보호아동이 될 수 있다.

아동복지의 대상은 모든 일반아동이다. 일반아동 복지서비스는 아동이 특별한 문제나 장애가 없어도 아동의 행복과 건강한 발달을 촉진하기 위해 실시되는 서비스이다.

현재 우리나라에서 시행하고 있는 일반아동대상 아동복지서비스는 모든 아동을 대상으로 시행하고 있는 서비스로서 무상보육, 무상급식, 의무교육, 양육비 지원, 육아휴직, 방과후 교실, 지역아동센터가 있으며, 이외에도 모든 아동을 대상으로 한 다양한 정책이 고안되고 실행중에 있다.

2) 아동복지대상의 분류

주수길과 주명국(2012)은 아동복지의 대상을 특수한 문제나 욕구가 있는 아동과 일반아동으로 분류했다. 특수한 문제나 욕구가 있는 아동은 보호대상아동으로서 「아동복지법」 제3조 제4항에 따르면 보호를 필요로 하는 아동이며 보호자가 없거나 보호자로부터 이탈된 아동, 또는 보호자가 아동을 학대하는 경우 등 그 보호자가 아동을 양육하기에 부적당하거나 양육할 능력이 없는 경우의 아동으로 규정한다.

아동의 복지는 아동의 문제를 해결하기 위한 서비스이므로 그 대상도 아동의 욕구와 문제라고 할 수 있다. 아동의 욕구는 소득, 노동, 교육, 보건 등과 같은 기본적인 것과 레크리에이션, 스포츠 참여와 같은 2차적인 것으로 볼 수 있다. 이러한 욕구가 결핍된 아동이 아동복지서비스의 대상이 된다. 특별한 욕구가 있는 아동이란 빈곤아동, 저소득가정 아동과 같이 소득에 대한 욕구가 있는 아동과 영양실조, 질병, 장애아동과 같은 건강욕구 아동, 미취학, 중퇴 등의 교육욕구 아동, 문화실조, 자폐 등의 문화욕구 아동 등이다.

사회적 문제가 있는 아동은 빈곤, 저소득과 같은 구조적 문제, 결손, 영세민아동과 같은 해체적 문제, 비행, 성격 결함 등의 탈선적 문제아동 등이다.

〈표 2-3〉 보호대상아동과 일반아동

대상	구분	내용
특별한 문제나 욕구가 있는 아동	양육환경상의 문제	빈곤가정아동, 결식아동, 결손가정아동
	장애아동	신체, 정서, 정신장애아동
	사회적, 법적 보호가 필요한 아동	가출, 비행아동
	특별보호가 필요한 아동	학대, 방임, 유기, 미혼모아동
일반아동	일반아동	일반아동, 근로아동, 농어촌아동

주수길·주명국(2012).

5 아동복지서비스의 분류

아동복지의 유형을 서비스 기능과 서비스 제공 장소로 분류하면 다음과 같다.

1) 서비스 제공의 장소에 따른 분류

(1) 가정 내 복지(재가복지) 서비스

아동이 다른 가족 구성원과 함께 생활하면서 필요한 서비스를 제공받는 경우이다.

(2) 가정 외 서비스

아동이 가정을 떠나서 시설이나 다른 가정에 거주하면서 양육이나 서비스를 제공받는 경우이다.

2) 서비스의 기능에 따른 분류

아동복지서비스 기능에 따라 지지적 서비스, 보충적 서비스, 대리적 서비스가 있다. 지지적 서비스와 보충적 서비스를 제공하는 목적은 가족을 그대로 유지하고자 하는 것이다. 지지적 서비스와 보충적 서비스는 가족중심적 경향에 있다. 이에 비해 대리적 서비스는 성격상 가족보다 아동을 더 중심에 둔다(노병일, 2011).

(1) 지지적 서비스(supportive service)

지지적 서비스란 '지지적인, 지지를 주는, 공감을 제공하는, 부수적 도움을 제공하는'의 뜻으로서 아동을 지지하며 공감과 격려를 하며 추가적인 조력이나 정보를 제공하는 것이다.

지지적 서비스는 부모와 아동, 청소년이 그들 각자의 책임을 다하도록 그들의 능력을 지원하고 강화하고자 하는 서비스이다. 자기 집에 살고 있는 아동을 위해 제공되므로 재가보호라고도 할 수 있으며 가장 예방적인 서비스이다.

지지적 서비스는 가족중심서비스이다. 지지적 서비스는 가정 내에서 아동에게 제공하는 서비스를 주로 가리킨다. 지지적 서비스의 경우 가족이 아동발달에 가장 좋은 환경이 된다는 점을 전제로 삼는다. 지지적 서비스가 제공되는 환경은 제약이 가장 적다.

지지적 서비스의 특징은 심리적 원조를 제공한다는 데 있다. 이러한 서비스를 제공하는 목적은 아동이 속한 가족이 겪는 스트레스를 줄여 주고 가족이 대처하는 능력을 키워주는 데 있다. 가족이 해체되는 것을 방지한다.

지지적 서비스에는 가족치료, 부모교육, 가족상담, 집단상담, 지역사회 프로그램 등이 있다. 지지적 서비스는 미혼남녀 부모되기에 대한 준비교육을 행하고 아동·청소년의 복지를 위협하는 문제를 원천적으로 예방하려는 활동도 포함한다.

(2) 보충적 서비스(supplementary service)

보충적이란 '보충의, 추가의, 임시의' 의미를 가진다. 보충적 서비스는 부모 역할의 일부를 보조하는 서비스로서 부모의 보호, 양육의 질이 부적절하거나 제약이 있을 때 이를 보충할 수 있도록 제공하는 서비스이다. 여러 가지 이유로 부모나 가족의 힘만으로는 아동양육을 하기 어려운 경우, 가정 및 가족의 형태를 그대로 유지하면서 부적절하고 부족한 부모의 자녀양육 역할을 대행하거나 도와주는 것이다.

보충적 서비스는 가족 혹은 아동, 가족과 아동 모두에게 심리적 원조를 제공할 뿐 아니라 자원도 일부 제공한다. 보충적 서비스는 심리적 원조를 주로 제공하는 지지적 서비스와 차이가 있다. 보충적 서비스의 예로 휴식보호, 보육, 가정봉사원 서비스, 양육강좌, 공공부조와 기타 현금, 현금 원조 등 어려운 상황에 놓인 가족에게 제공하는 사회서비스와 재정적인 도움을 들 수 있다. 또한, 아동이 유기, 학대, 착취를 당하는 경우 전문기관에 의해 수행되는 아동학대 예방서비스, 경제적 지원을 위한 사회적 보험과 가사조력 서비스 등이 있다.

(3) 대리적 서비스(substitute service)

대리적이란 '치환의, 대용이 되는, 대리가 되는'의 뜻으로 가정의 기능을 대신해 줄 시설을 의미한다. 대리적 서비스는 아동이 처한 상황이 아동에게 불리하여 아동을 친부모가 아닌 다른 장소에서 임시 또는 영구히 살게 하는 것이다. 대리적 서비스는 제약이 가장 많은 서비스이다. 목적은 가족 내부의 문제가 해결되거나 다른 환경이 구비되도록 준비하는 동안에 아동을 친가정의 외부에서 임시적으로 보호하는 데 있다.

아동에게 대리적 서비스를 제공하는 주요한 이유는 아동학대, 빈곤 등이다.

대리적 서비스는 부모가 아닌 제3자가 부모 역할의 전부를 떠맡는 경우이다. 부모의 사망, 이혼, 심한 장애, 유기 등으로 부모-자녀 관계가 해체되어 아동이 다른 체계에 의해서 보호받는 서비스를 말하는 것으로 주요한 대리적 서비스로서 입양, 가정위탁보호, 시설보호서비스 등이 포함된다. 좁은 의미의 아동복지대상이 된다.

지지적 서비스	보충적 서비스	대리적 서비스
아동의 욕구를 충족시키기 위한 부모의 능력을 지지, 강화함	부적절하거나 제한된 부모의 보호를 보상하거나 아동이 받아야 할 보호를 보충함	아동의 개별적 욕구에 따라 부모의 보호를 부분 또는 전체를 대신함
⇩	⇩	⇩
• 아동상담소, 가족상담소, 지역사회복지관에서 제공하는 상담서비스 • 부모교육서비스 • 학대·방임 아동을 위한 서비스 • 미혼부모, 한부모를 위한 서비스	• 소득보충서비스 (사회보험제도, 공적 부조) • 가정봉사원 파견 • 부모 부재에 대응하는 서비스 • 보육, 장애아동, 비행아동을 위한 복지서비스	• 입양서비스 • 가정위탁서비스 • 시설보호서비스 (긴급피난처, 쉼터, 그룹홈, 아동양육시설, 아동치료 보호시설)

출처: Kadushin & Martin(1988).

[그림 2-1] 카두신의 아동복지서비스 유형 분류

6 가족중심 아동복지서비스

가족중심실천(family based service)이란 초점의 단위나 실천활동 영역의 중심을 가족에 두고 일하는 사회복지실천모델이다. 가족중심 아동복지실천의 목적은 가족 간의 유대와 가족기능의 향상을 통하여 아동문제의 예방을 도모하고 부모 역할 기능을 지원하여 아동의 건전한 인격 성장과 발달을 책임지도록 하며 변화하는 사회에 아동이 잘 적응할 수 있도록 아동의 적응능력을 향상시키는 데 있다.

가족중심 아동복지서비스에는 가족기반서비스, 가족지원서비스, 통합적 가족유지서비스가 있다(김성경 외, 2013). 그 가운데 가족기반서비스에는 가족자원지원 및 교육서비스, 가족중심서비스, 집중적 가족중심서비스가 있다(그림 2-2 참조).

1) 가족기반서비스

(1) 가족자원지원 및 교육서비스

부모 역할을 돕는 지역사회에 기반을 둔 서비스이다. 모든 아동과 가족을 대상으로 서비스가 제공된다.

(2) 가족중심서비스

가족의 안정을 위협하는 문제를 가진 가족을 위해 사례관리, 상담과 치료, 교육, 기술훈련, 권리옹호와 실제적인 서비스를 제공한다.

(3) 집중적 가족중심서비스

위기에 처한 가족중심서비스가 있다. 응급상황에서 단기간 내에 적절한 서비스가 제공된다(김성경 외, 2013).

2) 가족지원서비스

아동과 가족을 지원하는 가족지원서비스에는 지지적 서비스, 보호서비스, 위탁보호서비스, 입양서비스가 있다.

(1) 지지적 서비스

가족생활을 지지하고 강화하며 가족원의 건강한 발전을 증진한다.

(2) 보호서비스

부모의 자녀양육이 미흡한 경우 아동이 학대나 방임으로 고통받는 가족에게 주어지는 서비스이다.

(3) 위탁보호서비스

일시적으로 가정에서 자녀양육을 최소한의 수준으로 수행하기 어려운 가족에게 주어지는 서비스이다. 아동을 다른 가정이나 그룹홈(공동생활가정) 또는 시설에 아동을 배치한다.

(4) 입양서비스

친부모가 자녀양육을 포기함으로서 새로운 가정이 필요한 아동을 위한 서비스이다.

3) 통합적 가족유지서비스

통합적 가족유지서비스는 아동의 다양한 욕구와 가족의 사정에 맞는 서비스를 한다. 아동의 안전을 우선하고 아동의 정서적인 연결, 가족의 욕구 및 강점을 사정하고 가족을 지원하며 아동에게 다양한 서비스를 포괄적으로 제공한다.

출처: 김성경 외(2013), 재인용.

[그림 2-2] 가족기반서비스의 여러 차원

제3장

아동복지의 발달

우리나라에서 사회보장 정책의 일환으로 아동보호사업을 법률로서 제도화한 것은 1961년 12월에 제정한 「아동복리법」이 최초이다. 그러나 이 제도는 좁은 의미의 아동복지, 즉 불우아동만을 대상으로 한 아동복지사업에 중점을 둔 것이었으므로 오늘날의 아동복지의 개념에 비하여 소극적이었다. 1981년 4월 13일 기존의 「아동복리법」을 전면 개정한 「아동복지법」을 새로 마련하고 일반아동의 복지(사회복지)도 함께 규정함으로써 현대적 의미의 아동복지를 위한 터전을 닦아 놓았다.

아동에 대한 관심과 개입은 해당 시대의 지배적인 사회적 가치와 연관이 있으므로 아동복지의 발달과정을 보려면 각 시대별로 상황을 보는 것이 타당할 것이다. 본 장에서는 아동복지의 발달을 국내, 국외 발달과정과 특징을 개관하고 대표적 국외 복지국가의 복지 발달의 역사적 흐름을 기술한다.

1 국내 아동복지 발달과정과 특징

국내 아동복지의 발달과정은 근대 이전의 아동복지, 근대 아동복지, 근대 이후(광복 이후에서 2000년까지), 그리고 2000년 이후 현재의 보편적 아동복지 실행단계로 구분한다.

1) 근대 이전의 아동복지

고대 우리나라는 아동에 대한 관심은 지대했으나 아동 자신에 대한 권리 및 인격체로서가 아니라 가계를 계승하기 위한 수단으로서의 보호하였다. 우리나라 전통사회에서 아동문제에 대한 개입은 고아와 자연재해로 인한 기아를 대상으로 하여 이루어졌다(주수길·주명국, 2012). 근대 이전은 삼국시대, 고려시대, 조선시대로 구분한다.

(1) 삼국시대

삼국시대는 삼국의 건국 연대(신라: B.C. 57년, 고구려: B.C. 37년, 백제: B.C. 18년)로부터 660년 백제 멸망, 668년 고구려 멸망까지의 700여 년간을 말한다. 삼국시대는 왕권 중심의 중앙집권적 귀족국가 체제다. 고구려의 태조왕, 백제의 고이왕, 신라의 내물마립간 때 국가의 기틀을 닦아 각국은 율령을 반포하고 대외적으로 영토를 확장하여 고구려·백제·신라의 삼국이 정립되었다. 정치의 실권은 귀족에게 있었고 중요한 일은 귀족의 회의체에서 결정했다.

신라 3대 유리왕은 환과고독노병(鰥寡孤獨老病), 즉 홀아비, 홀어미, 고아, 아들 없는 자, 늙은이, 병든 이를 요보호대상자로 정하고 무료 급식과 양육을 시행했다. 백제 온조왕 33년, 고구려 태조왕 56년에는 아동을 포함하여 재해를 당한 자에게 관곡을 배급했다.

신라시대에 고아는 홀아비, 과부, 혼자 사는 노인과 함께 네 부류의 빈궁한 백성으로서 구제의 대상이었으며, 국가는 친족이 부양하지 못하는 고아에 대한 구제를 시행하였고 민간 차원에서도 고아가 노비나 양자로 수양되는 것이 허용되었다. 고아 수용은 흔히 자가 노비로 삼는 방편으로 이용하고 고아의 민가수양을 빙자하여 인신매매, 유괴, 약탈을 일삼게 되는 폐단도 있었다.

(2) 고려시대

고려(918~1392년)는 918년 태봉의 궁예를 축출하고 왕건이 즉위한 이후, 이성계에 의해 멸망하기까지 한반도 일부를 지배하였던 국가이다. 고려시대에는 병란과 흉년으로 유리, 걸식하는 유아, 기아, 빈민아 등을 사원에서 수용 양육하여 증여 또는 사역승으로 양성하는 일이 성행했다. 고려시대는 엄격한 신분제도와 계급사회가 유지되었으므로 고아의 수양을 거의 대부분 입양가의 노비로 삼는 경우가 많았다. 고아의 민가수양을 빙자하여 인신매매나 유고[6], 약탈 등이 성행하였다(주수길·주명국, 2012). 고려시대는 사찰 위주의 위탁형태의 보호가 이루어졌다. 제6대 왕인 성종 13년(994년)에는 왕명으로 고아를 관에서 수용 양육했으며, 그 후에는 원하는 곳으로 거주하게 했다. 고려 말 무렵 충목왕 3년(1347년)에는 영유아를 보호·양육하는 최초의 관립영아원인 해아도감(孩兒都監)을 설치했다.

(3) 조선시대

조선(1392~1897년)은 한반도와 그 부속 도서를 505년간 통치하였던 왕조이다. 흔히 조선왕조(朝鮮王朝)라고 부르며, 일제 강점기 이후에 이씨조선(李氏朝鮮)이라고 부르기도 한다. 조선은 유교에 의한 통치 이념을 기본으로 했다.

조선시대의 아동복지는 고려시대보다는 발전하여 고아와 기아 및 빈곤아동에 대한 법령이 제정되었다. 현종 2년(1561년) 요보호아동에 관한 법령이 제정되었다. 숙종 22년(1696년) 수양임시사목(收養臨時事目)[7]을 제정하고 흉년에 일시보호를 했다. 제22대 정조(1783년)는 수양임시사목을 더욱 발전시킨 자휼전칙(字恤典則)[8]을 제정했다. 이것은 유기 및 부랑걸식 아동에 대한 보호법령으로서 정조 7년에 펴낸 굶주리는 어린아이의 구제 방법을 규정한 책이다. 진휼청을 두어 행걸(行乞)[9]아(4~6세,

---

6) 특별한 사정이나 사고를 말한다.

7) 유아, 기아, 부랑 아동에 대한 수양대책과 수용보호를 규정한 것이다.

8) 모든 유기 또는 부랑하는 아동의 생명을 보호하기 위하여 국가에서 수용보호하거나 민가에서 수양하여 양자녀 또는 노비로 삼는 것을 허락하는 것을 취지로 한다.

9) 집집마다 다니며 동냥하는 일을 말한다.

7~10세)는 보호하고 3세 이하의 유·기아에게는 유모를 정해 쌀, 간장, 미역을 지급한 제도이다. 제18대 현종 이후는 한성각부의 유·기아에 대한 관부의 허가제에 의한 민가수양이 시작되고 이들에 대해 옷감도 관급하였다. 아동을 양육하여 10세에 이르면 양육한 사람이 아이를 사역할 권리를 가지게 했다.

2) 근대의 아동복지

근대는 조선시대 말에서 대한제국기, 일제 강점기로 나눈다. 근대의 아동복지시대는 사회적 보호와 구제중심시대이다. 일제 강점기에는 조선구호령 중 13세 이하의 유아와 임산부에 대해 규정하고 아동시설보호는 보육원을 두도록 했다. 우리나라에서 근대적 의미의 아동보호사업이 시작된 것은 문호를 개방한 이후 프랑스 선교사가 1885년(고종 22년) 지금의 서울 명동성당 뒤뜰에 설립한 천주교보육원에서 현대적 의미의 고아원이 시작되었다. 그 뒤 6·25전쟁으로 급증하는 전쟁고아를 구호하기 위해 생겨난 많은 시설이 오늘의 고아원으로 이어졌다(한국민족문화대백과사전). 이외에도 서양 선교사에 의한 시설보호는 이후 우리나라 아동보호에 있어서 수용시설 중심의 발전에 영향을 미친 것으로 평가된다.

(1) 조선시대 말(조선시대: 1392~1897년)~대한제국기(1897~1910년)[10)]

이 시기의 정부의 아동복지는 거의 공백기라고 할 수 있다. 1886년 언더우드(H. G. Underwood)[11)] 선교사는 고아원을 설립했으며, 고아원 사업은 밀러(E. H. Miller) 목사가 맡아 학교로서의 체제와 기구를 갖추고 이름을 '예수교학당' 혹은 '구세학당'으로 이름지었다. 그후 경신학교로 발전하였다. 한국인에 의한 최초의 고아원은 이

10) 1905년(광무 9년) 을사늑약으로 외교권이 강탈되었고 1910년 한일병합조약의 강압으로 대한제국에서 조선으로 격하되어 제국의 지위를 상실하였다. 고종 황제가 만든 '대한'이라는 이름은 이후 대한민국임시정부로 이어졌고, 오늘날 대한민국으로 이어져 계속 사용되고 있다(위키백과).

11) 언더우드(1859. 7. 19~1916. 10. 12.): 영국 런던에서 출생. 1885년 4월 5일 아펜젤러(Appenzeller) 목사와 함께 입국했다. 미국 북장로교 선교사이다. 1886년 고아원 형식의 학교를 창설했다(후일 경신학교). 1887년 정동교회(새문안교회)를 설립했다.

필화에 의한 경성고아원이다. 경성고아원은 1905년 한 개인의 사재(私財)로 창설된 우리나라 최초의 근대적인 고아시설이다. 경성고아학교라는 명칭으로 고아교육사업을 시작하였다. 이로 말미암아 근대적 성격의 아동복지사업이 시작되었다.

(2) 일제 강점기(1910~1945년)

이 시기는 조선총독부 시기로서 1913년 4월 1일 조선총독부 제생원(濟生院)에 맹아부를 설치했다. 1930년대 들어서면서 각 지방에 보육원을 비롯하여 사회복지시설을 설립하기 시작하여 1939년에는 60개 시설이 전국적으로 설치되었다. 1944년 조선구호령(朝鮮救護令)이 시행되었다. 조선구호령은 일본의 구호법을 기초로 하고 모자보호법과 의료보호법을 부분적으로 부가해서 종합화한 법이다. 내용은 다음과 같다. 적용대상은 ① 65세 이상의 노쇠자, ② 13세 이하의 유아, ③ 임산부, ④ 불구, 폐질, 질병, 상이, 기타 정신 또는 신체의 장애로 인하여 노동을 하기에 지장이 있는 자이다. 급여의 내용은 ① 생활부조, ② 의료, ③ 조산, ④ 생업부조가 있으며 제10조에 규정되어 있다. 또한, 제17조에는 장제부조가 규정되어 있다. 구호는 신청주의에 의해 실시되며, 이를 심사하기 위해 자산조사를 거치도록 규정하고 있으며, 구호는 거택보호가 원칙으로 되어 있다. 거택구호가 불가능하다고 인정되는 경우에는 구호시설수용이나 위탁수용, 개인의 가정 혹은 적당한 시설에 위탁 수용할 수 있도록 규정하고 있다.[12)]

민간 차원의 소년운동으로서 천도교는 1923년 1회 어린이날 소년운동선언을 했는데, 이것은 최초의 아동권리선언이었다. 내용은 어린이를 종래의 윤리적 억압에서 해방시키고 완전한 인격적 대우를 할 것, 어린이를 경제적 억압에서 해방시켜 만 14세 이하 아동에게 유상 및 무상의 노동을 금지할 것, 어린이에게 안심하고 놀 수 있는 가정 및 사회시설을 건립할 것이라는 내용이었다. 사회복지관 중심의 아동복지사업

12) 조선구호령은 근대적 의미의 공적 복지의 출발이라 할 수도 있지만, 장기적이고 확고한 계획 하에 이루어진 것이 아니라 전쟁 수행을 위해 단발적인 시혜 차원으로 이루어진 것이고, 구호대상자의 숫자도 일본 본토와 현격한 차이가 나는 매우 형식적인 복지사업에 불과했다. 해방 이후 '구호령'은 1961년에 시작되는 생활보호법의 모태가 되었다(한종수, 2014).

으로서 1921년 미국감리교 선교사에 의해 태화사회관[13](www.taiwha.or.kr)이 설립되었다.

3) 근대 이후(광복 이후~2000년)

근대 이후 2000년까지는 (1) 사회구호적 차원의 아동복지사업기(1945~1960년) (2) 선별적 아동복지기(1960~1970년대) (3) 보편적 아동복지기(1980년대~2000년)로 구분한다.

근대 이후 현대의 아동복지는 광복 이후부터 현재까지의 기간을 말하며 전통사회나 근대에 비해 아동의 복지권이 보장되고 아동의 복지에 대한 사회 및 국가의 책임이 더욱 확고해짐으로써 비교적 조직적이고 체계적으로 실시되었다. 1945년부터 1950년대에 이르는 시기는 우리나라 아동복지사에서 일대전환기였다. 광복 이후 한국전쟁, 1960년대 이후 산업화, 도시화를 거치면서 아동·청소년의 생활환경이 급속히 변화되었다. 수많은 전쟁 고아와 기아, 미아의 문제가 발생하였고 아동복지는 응급구호적 성격을 띨 수밖에 없었고 아동보호에 대한 국가의 입법적 근거가 미약하였다. 국가책임에 의한 사회적 보호가 미비한 가운데 민간 외국원조기관이 국내에 들어와 활동했다. 근대 이후는 사회구호적 차원의 아동복지사업기, 선별적 아동복지기, 보편적 아동복지기의 3단계로 구분된다.

(1) 사회구호적 차원의 아동복지사업기(1945~1960년)

광복 이후 미군정은 법령 112호로 아동노동법규를 공표하고 14세 미만의 아동고용을 금지했다. 1947년 「미성년자 노동보호법」이 제정되었으며 이 법은 12세 미만 아동의 노동 절대금지와 18세 미만 아동의 위험한 직종의 노동금지의 내용을 포함했다.

13) 태화기독교사회복지관은 1921년 태화여자관으로 시작한 최초의 사회복지관이다. 사회복지법인 감리회 태화복지재단에서 직영하는 복지관인 태화기독교사회복지관은 여성과 아동을 위한 사회사업을 전개하였다(www.taiwha.or.kr).

(2) 선별적 아동복지기(1960~1970년대)

이 시기는 요보호아동을 대상으로 한 선별주의적 아동복지사업 시기였다. 「생활보호법」(1961)과 「아동복리법」(1961)이 제정되었고 요보호아동에 대한 국가책임의 원칙이 법제화되었다.

1960년대는 고도 경제성장으로 기혼 여성의 노동력까지 필요하게 되어 1968년 「아동복리법 시행령」의 미인가탁아시설 임시조치령을 공포하여 재단 법인이 아니어도 탁아시설을 설치, 운영토록 하였다. 그 결과, 수가 증가했으나 보육의 질 하락이 우려되어 미인가 탁아시설 임시조치령을 폐기했다.

1970년대 외원단체의 점진적 철수가 있었으며 1976년 12월 31일 요보호아동의 시설보호를 억제하고 국내 건전 가정에 입양하여 건전 양육되도록 하는 「입양특례법」이 제정되었다.

(3) 보편적 아동복지기(1980년대~2000년)

모든 아동을 위한 보편주의적 아동복지사업은 1980년대부터 시작되었다. 「아동복리법」(1961. 12. 31.)이 1981년 4월 13일 「아동복지법」으로 전면 개정되고 대상은 요보호아동에서 18세 미만의 전체 아동으로 확대되었으며, 서비스의 전문화와 다양화를 지향했다. 이와 함께 요보호아동의 문제의 해결을 위한 노력으로 가정위탁 및 결연사업의 확대는 지금까지의 수용 위주의 아동복지에서 탈피하여 서비스의 다양화를 지향하였다.

1981년 「아동복지법」 제정으로 보편주의에 입각한 아동복지서비스의 전문화가 시작되었고, 1982년 「유아교육진흥법」에 의해 어린이집은 유아교육기관인 새마을 유아원으로 흡수되고 보건사회부에서 내무부로 이관되었다. 1989년 「아동복지법 시행령」을 개정하여 새마을 유아원을 아동복지시설인 탁아시설로 환원하였다.

1990년대 이후 현대는 아동복지권이 보장되고 아동복지에 대한 사회 및 국가의 책임이 확고해졌다. 1990년 이후 가정과 지역사회의 보육서비스 국내입양, 가정위탁, 재가복지서비스의 중요성이 강조되었다. 1990년대 이후는 이전의 시설수용보호와 국외입양사업에 치중된 아동복지, 학교사회복지, 결식아동사업, 아동학대 예방사업이 전개되었다.

4) 보편적 아동복지 실행단계(2000년~현재)

우리나라 아동복지는 시설수용보호, 입양사업, 영유아보육사업, 아동결연사업, 가정위탁 등으로 그 형태가 형성되어 왔다. 과거 아동복지의 주류를 이루던 시설수용보호사업보다 가정과 지역사회중심의 보육서비스, 국내입양, 가정위탁, 재가복지서비스가 상대적으로 강조되고 있다. 우리나라는 1996년 12월 OECD[14] 가입에 따라 보편적 수준의 아동복지 실현을 위해 노력해 왔으며 결론적으로 우리나라 아동복지는 ① 민간책임에서 국가책임으로 ② 집단적 수용보호에서 소규모 보호로 ③ 시설보호에서 재가보호로 ④ 포괄적 서비스에서 분화된 다양한 서비스로 ⑤ 비전문적 개입수준에서 전문적 개입으로 발달하고 있다는 것을 알 수 있다. 우리나라의 아동복지 발달은 [그림 3-1], [그림 3-2]와 같다.

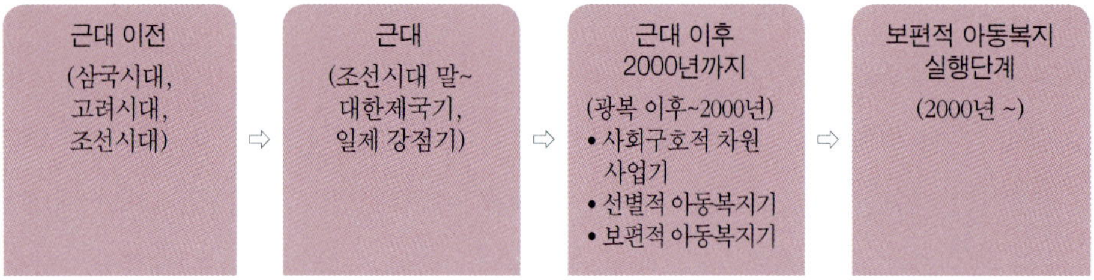

[그림 3-1] 국내 아동복지의 발달시대별 구분

14) 경제협력개발기구(經濟協力開發機構, Organization for Economic Cooperation and Development): 세계적인 국제기구 중 하나이다. 대부분 정치적으로 대의제, 경제적으로 자유시장 원칙을 받아들인 선진국이 회원으로 참여한다.

구호적 아동복지 시기 (1945~1960년) ⇨ 선별적 아동복지 시기 (1961~1980년) ⇨ 보편적 아동복지 시기 (1981~1999년) ⇨ 권리적 아동복지 시기 (2000년~현재)

[그림 3-2] 1945년 광복 이후 우리나라의 아동복지발달

2 국외 아동복지 발달과정과 특징

국외에서 아동의 문제가 사회적 이슈로 인식되고 사회문제로 다루어진 것은 근대 산업사회 이후의 일이며 산업사회 이전에는 빈곤, 기아, 유기와 같은 일이 존재했다고 하더라도 이에 대한 제도화된 사회적 대책이 발전하지 못했다. 산업화 이전의 고대사회와 중세사회는 부모에게 일차적 책임이 있었고 요보호아동은 종교단체에서 보호했다. 그러나 산업화 이후 부모나 종교단체 등에 보호받는 것은 제한적이어서 국가나 사회가 개입하여 아동복지의 대책이 발전되었다. 본 항에서는 산업화 이전의 고대사회와 중세사회의 아동복지와 산업화 이후의 근대 산업사회와 현대 산업사회의 아동복지를 차례대로 고찰하고자 한다.

1) 고대사회

고대사회는 아동의 인격적 권리를 보장하는 것이 아니라 아동을 부족의 소유물로 보았고 생명은 종족 보존의 수단으로서의 가치만 인정되었다. 고대사회는 가족이나 씨족에 의해 형성된 원시공동사회였다. 아동에 대한 사회적 태도와 양육 형태는 매우 원시적이었다. 아동의 존재는 종족 보존을 위한 수단에 불과했다. 풍속이나 습관, 미신 등에 좌우되어 많은 아동이 희생되기도 했다. 영아살해, 유기, 낙태, 아동매매는 부족한 자원과 인구 간의 평형을 유지하기 위한 수단으로 기근, 질병, 기타 재난에 대비하기 위한 수단으로, 먼저 출생한 아동을 키우기 위한 수단으로 오랫동안 여러 지역에서 행해져 왔다.

고대 그리스는 피임이나 이차적 유산이 실패했을 경우 유아살해가 자행되어 왔다. 고대사회는 아동양육을 포기한 부모가 바구니에 아기를 담아서 강이나 광장에 버리면 자녀가 없는 사람이 데려가 키우는 포팅(potting) 관습이 있었다. 아동매매도 성행하였다. 유스티니아누스 법전[15]에서는 아동매매를 합법화하였다. 이후 기독교 정신이 서구 사회의 기본 가치가 되면서 유아살해, 기아, 매매, 낙태가 죄악시되었다. 고대 로마 황제인 콘스탄티누스(Constantinus, 272~337년, 재위 306~337년)는 밀라노 칙령을 공포하여 신앙의 자유를 인정하였고 교회의 사법권·재산권 등을 우대하였다. 밀라노 칙령(edict of Milan)이란 313년 2월 로마 제국을 동서로 나누어 통치하던 콘스탄티누스 1세와 리키니우스가 밀라노에서 공동으로 발표한 칙령(勅令)으로 그리스도교 신앙의 자유와 빼앗은 교회 재산의 반환하는 등의 내용으로서, 종교적인 예배나 제의에 대해 로마 제국이 중립적 입장을 취한다는 내용의 포고문이다. 이로써 로마 제국에서 신앙을 가지는 것, 특히 기독교 신앙을 가지는 것에 대한 방해물이 제거되는 계기가 마련되었으며 아동을 살해할 수 없다는 조항을 콘스탄틴 법전에 명시했다.

2) 중세사회[16]

중세는 유럽 역사에서 서로마 제국이 멸망(476년)하고 게르만 민족의 대이동(4~6세기)이 있었던 5세기부터 르네상스(14~16세기)와 더불어 근세(1500~1800년)가 시작되기까지의 5세기부터 15세기까지의 시기이다. 중세사회는 종교의 사회적 영향이 강했던 시대로 교회를 중심으로 한 종교 단체에서 아동을 보호하였다. 중세사회는 신분사회로서 신분계급이 낮은 아동은 농노로서 노동력을 착취당하는 경우가 많았다.

---

15) 정식 명칭은 로마법대전(Corpus Juris Civilis)이다. 비잔틴 제국의 황제 유스티니아누스 1세(482~565년)의 후원으로 529~565년에 편찬된 법전과 법률 해석집이다.

16) ① 중세 초기(early middle ages, 476~1000년, 약 5백년), ② 중세 중기(high middle ages, 1000~1300년, 약 3백년), ③ 중세 후기(late middle ages, 1300~1453년, 약 150년)로 나눌 수 있다.

중세사회는 신분적 계층을 중시한 봉건사회이다. 영주와 영민, 국왕과 신하의 주종관계가 엄격한 사회이며, 아동은 장원(莊園)[17]을 위한 군사력, 경제력의 확보 수단에 불과했다. 영주는 농노를 통해 경제력을 쌓았고 군사력 강화에 아동의 가치를 인정했다. 아동은 5, 6세가 되면 도제[18]가 되어 길드(guild)의 상호 부조로 양육되었다. 길드는 중세에서 근세에 걸쳐서 유럽 여러 도시에서 상공업자 사이에서 결성된 각 직업별 조합을 일컬으며, 상인 길드, 수공업 길드 등으로 구분된다. 길드에는 도제 제도로 일컬어지는 엄격한 신분 제도가 존재했고, 그 정점에 서 있는 장인(meister)은 직인과 도제를 지도하여 그들을 노동에 종사하게 했다(위키백과).

이 시대는 종교적 동기에 의해 아동복지는 각 교구의 자선기관을 통하여 이루어졌다. 고아는 노동력으로 장애아동은 수도원에서 보호되었다. 근대적 의미의 전문적 아동복지사업으로는 전개되지 못했다.

3) 근대사회

근대는 대개 프랑스 혁명 이후부터 20세기 초엽(주로 제1차 세계대전 발발 직전)까지를 가리킨다. 근대의 시작에 대해서는 일반적으로 르네상스 이후인 17세기, 18세기부터라고 본다. 근대 산업사회는 산업혁명 시기와 함께 중세 봉건제도가 붕괴되면서 자본주의 제도가 도래한 시대이다. 산업혁명은 빈곤, 실업, 노사문제와 노인, 아동, 청소년 및 기타 보호를 필요로 하는 등 제반문제가 주요한 사회문제로 등장했다.

아동이 독립적 존재로 인정되고 사회적 이슈로 인식된 것은 '근대'에 이르러서였다. 봉건사회를 극복한 근대사회는 개인을 존중하며, 정치적으로는 민주주의, 경제적으로는 자본주의의 모습을 가진다. 영국은 16세기 초 산업혁명으로 인해 농장이 목장으로 전환되었고, 농민이 도시의 노동자로 전락했다. 근대는 봉건이 끝나고 전개되는 시대인 만큼 개인의식, 자본주의 및 시민사회의 성립이 특징이다. 즉, 봉건사회를 극복한 근대사회는 개인을 존중하며, 정치적으로는 민주주의, 경제적으로는 자

17) 봉건사회의 경제적 단위를 이루는 영주의 토지소유 형태를 말한다.
18) 도제(徒弟): 특별한 기술을 배우기 위해 다른 사람의 보호와 지도 아래 있는 것을 말한다.

본주의의 모습을 가진다.

1601년 영국의 엘리자베스 여왕이 엘리자베스 구빈법을 제정한 것이 아동복지제도의 시발점이었다. 이것은 잉글랜드 사회정책의 초석이 되었고 대영제국의 기초를 확립했다. 노동 가능한 빈민, 노동 불가능한 빈민, 요보호아동으로 구분하여 남자는 24세까지 여자는 21세 또는 결혼할 때까지 도제로 양육되었다. 성인뿐 아니라 보호가 필요한 아동에게 대한 국가적 개입을 규정하였다는 측면에서 아동복지제도의 시발점이 되었다.

산업혁명기의 로버트 오언(R. Owen)[19]은 성격형성학교를 설립했다. 아동이 열악한 환경에서 성장했을 때 나쁜 습관이 형성된다는 것이다. 1870년 버나드(T. J. Barnard, 1845~1905년)는 부랑아와 빈곤아동을 보호하는 시설인 버나드 홈(Dr. Barnard's Homes)을 설립했다. 버나드 홈은 1867년에 처음 런던에 문을 열었고 1905년까지 영국에 112개소의 지구를 열었다.

18세기 후반 루소(Rousseau), 페스탈로치(Pestalozzi), 프뢰벨(Fröbel)과 같은 시기에 아동은 단순히 성인의 축소판으로서 취급되지 않아야 한다는 이념이 확대되었다. 19세기에 종교와 개인 기관이 고아, 빈곤, 장애아동을 돌보기 시작했고 아동복지 법률인 영국 아동헌장(1908)[20]은 새로운 분야를 개척했다. 아동의 부모가 제공할 수 없는 이익을 아동에게 제공하는 것은 지역사회의 책임이라는 이념은 20세기의 발전이었다.

4) 현대사회

20세기에 접어들면서 아동권의 사상, 권리로서의 아동복지사상이 더욱 강조되었다. 서구에서는 아동의 보호는 국가의 책임이라는 사고방식이 널리 받아들여졌다. 영국은 1909년 아동법(children's acts)이 제정되었고 이 법은 1948년에 신아동법으로

19) 로버트 오언(1771. 5.~1858. 11.): 영국의 사상가·사회주의자이다. 자신의 사상을 일컬어 최초로 '사회주의'(socialism)라는 용어를 사용하였다.

20) The 1908 Children's Act. 영국의 아동헌장은 아동·청소년헌장으로도 알려졌다.

체계가 정비되었다.

미국의 아동복지는 초기에는 영국의 구빈법이 그대로 적용 실시되었다. 18세기에 들어서 단순한 시설보호에서 교육을 통한 보호방법이 전개되었다. 1895년에는 아동노동법이 제정되어 근로청소년에 대한 복지정책이 마련되었다.

엘런 케이는 1900년에 스웨덴에서 『어린이의 세기』라는 저서를 출간했다. 그녀는 스웨덴의 여성 사상가로서 문학사, 여성문제, 교육문제에 걸쳐 휴머니즘의 입장에서 저작 활동을 했다. 사회적 자유주의와 개인의 해방, 억압되어 온 여성과 아동의 해방을 주장하였다. 모든 아동은 생명, 보건, 적절한 주거, 교육, 노동으로부터의 자유, 건전한 여가활동, 공공부조에 대한 권리까지도 보장한다. 비슷한 시기에 존 듀이(J. Dewey)는 아동은 태양이며 그 주위를 많은 교육적 행위가 회전한다고 하고 아동중심주의를 주장했다.

아동문제에 대한 국가책임의 필요성이 논의된 것은 1909년 루즈벨트(T. Roosevelt) 대통령이 소집한 제1회 아동에 관한 백악관 회의(White House conference on children)에서 요구호아동의 보호를 논한 것이다. 루즈벨트 대통령은 아동을 위한 부모 역할의 중요성과 가정생활의 중요성을 언급하면서 "가난하다는 이유로 아동이 가정에서 이탈되어서는 안 된다. 가정을 떠날 충분한 이유가 있을 경우에는 차선책으로 잘 선정된 위탁가정이 바람직하다. 시설을 이용할 경우 소숙사제도(cottage system)가 좋으며 아동의 의존성이 나타나지 않도록 해야 한다."라는 원리를 제시하였다.

이러한 제1회 아동에 관한 백악관 회의에서 발표된 '가정은 문명의 최고의 창조물' 선언은 20세기 육아사상의 기조가 되었고, 그 권고에 따라 1912년 미국연방정부 아동국이 창설되었다. 이후 거의 10년마다 미국 백악관에서는 아동복지 전국회의가 당시의 대통령에 의해 개최되고 있다. 복지·보건·교육·노동·사법·종교 등 전미 각지 각층의 전문가, 일반시민, 정치가의 참가와 해외초대 출석자에 의해 아동복지의 기본 원리의 선언이나 대통령에의 권고 등 미국 내외에 큰 영향을 미쳤다. 참고로 1919년 제2회 백악관 회의에서 윌슨 대통령은 아동복지의 최저기준, 모자보건, 요보호아동의 보호를, 제3회 백악관 회의에서는 아동보건 및 보호, 아동헌장을 채택하였다(www.cwla.org).

현대사회의 아동복지는 아동의 권리를 세계적으로 인정했고 이를 법제화했다.

고대사회 (~476년) ⇨ 중세사회 (476~1453년) ⇨ 근대사회 (1453~1914년) ⇨ 현대사회 (제1차 세계대전 후~)

[그림 3-3] 국외 아동복지의 발달과정 시대 구분

3 외국 여러 나라의 아동복지[21)]

1) 영국의 아동복지

산업화 이전의 영국에서의 아동은 영주에게는 오직 장원제도를 유지하는 데 필요한 노동력과 군사력 차원의 존재였다. 장원제도는 토지를 소유한 영주와 경작을 하는 농민 간에 맺어지는 예속 관계로, 농민은 영주의 직영지를 경작하며 부역과 공납의 의무를 지고, 영주는 이들의 신변을 보호하고 농민을 지배하였다(시사상식연구소, 2014).

영국은 1601년 엘리자베스 구빈법(빈민법)을 제정하여 서구에서 가장 먼저 빈곤아동의 보호에 국가책임을 인식하고 개입을 시도했다. 1945년 가족수당법을 도입하고 경제적, 사회적 지위에 관계없이 한 가정에 자녀가 둘 이상일 경우 16세 미만의 아동에게 수당을 지급했다. 1990년에는 초점을 아동으로 옮겨 아동수당으로 전환했다. 영국의 아동복지는 아동의 권리를 중심으로 아동의 욕구에 부합하는 전문 서비스 개발이 목표였다. 영국의 근대적인 아동복지가 발달된 것은 19세기 후반이다. 1948년 아동법의 제정으로 양친 없는 아동, 유기아동, 부모와 떨어져 사는 아동, 아동부양능력이 없는 부모의 자녀는 지역사회와 공공단체가 부모 역할을 담당해야 한다는 개념이 확립되었다. 다음은 영국의 아동복지에 관한 역사적 주요 내용이다.

21) 도미향 외(2015) 참조.

- 1884년: 런던 아동학대예방협회 설립
- 1889년: 아동학대방지법이 제정
- 1906년: 급식법 — 초등 빈곤아동에게 무료급식
- 1907년: 교육법 — 아동에 대한 의무교육규정
- 1945년: 커티스 위원회(Curtis committee). 부모 없는 아동보호 방침
- 1948년: 아동법 제정(children's act)
- 1963년, 1969년: 아동·청소년법 제정
- 1974년: 모든 아동을 대상으로 아동수당법 지급
- 1975년: 위탁보호 입양과 아동법이 통과
- 1989년: 개정 아동법(children's act)
- 1993년: 아동·청소년법

2) 미국의 아동복지

미국의 사회복지제도와 아동복지는 영국의 영향을 많이 받았다. 미국의 아동복지 체계가 전국적으로 확립된 것은 1935년 사회보장법 제정 이후이다. 미국의 아동복지는 초기에는 종교단체에 의해 시작되었으나, 1850년대 이후 시설보호가 아동의 건전한 발달에 도움을 주지 못한다는 정상화 이념에 영향을 받으면서 가정에서의 보호를 모색하기 시작하였다. 1919년 39개주에서 모성연금제를 실시하여 한부모 혹은 보호자가 없거나 빈곤가정아동을 대상으로 양육비를 지원했다. 모성연금제도는 모자연금법 및 기타 사회보호법에 영향을 주었다.

미국 아동복지정책의 주요 과제는 빈곤과 아동학대이다. 미국의 아동복지는 보수-진보적 성향이 반복적으로 나타나면서 아동정책 수립과 사업운영의 분리라는 특성을 가지고 있다. 미국은 보편적 아동복지제도의 확대보다는 아동학대와 같은 예외적인 문제와 밀접하게 연관해 진행되었고, 1963년을 기점으로 미국의 50개 주에서 아동학대 신고법이 통과됨에 따라 아동보호서비스 제도의 확대와 위탁보호 아동의 수가 증가하였다. 그러나 대다수의 위탁가정을 전전하는 위탁보호제도의 문제점이

드러나면서 미국사회는 아동을 위한 영구적인 계획의 중요성을 인식하였다. 1980년 입양원조와 아동복지법, 1993년 가족보존과 가족지원법의 제정으로 이어져 아동복지서비스의 초점이 아동의 보호에서 가족의 지원으로 전환되는 계기를 마련하였다.

현재 미국의 아동복지 현실은 낙관적이지 않은데, 그 이유로는 아동복지 분야에 대한 재정지원에서 찾아볼 수 있다. 1909년 루즈벨트 대통령에 의한 백악관 회의 이후 아동문제에 대한 인식이 전국적으로 확대되었으며, 1960년대는 미국 사회보장체계는 큰 변화를 겪었다.

1960년에는 빈곤과의 전쟁이 선포되었고 AFDC(aid to families with dependent children)는 부양자녀가족 지원제도로서 어린 자녀가 있는 미망인을 지원하기 위한 사회보장 프로그램으로서 수급 자격 요건이 완화되어 많은 빈곤선 이하의 가정이 이 제도의 적용을 받았다. 1997년 모자가정에 대한 지원에서 시간제한을 두어 모의 취업을 의무화하는 TANF(temporary assistance for needy families) 등 모성보호제도가 변화되었다. 1996년 클린턴 정부는 TANF 제도로서 24개월간 복지수급을 받고나면 반드시 일을 하고 있어야 급여를 받을 수 있고, 십대 미혼부모는 부모나 다른 성인과 같이 살고 있어야만 급여를 받을 수 있다는 정책을 실시했다. 미국아동복지의 역사는 다음과 같다.

- 1740년: 조지 가이트필드(George Wgitefield)에 의해 미국 최초의 영속적인 보호시설인 조지아 주에 베데스다 고아원 설립
- 1853년: 뉴욕 아동구호협회 창설. 아동구호협회는 아동에 대한 위탁보호(위탁가정보호)를 육아원의 대안으로 제시. 빈곤가정 아동에 대한 가정위탁사업 실시
- 1895년: 아동노동법 제정. 14세 이하의 아동에 대한 노동금지, 야간 작업금지, 노동시간의 제한, 학교출석의 의무화
- 1910년: 정부 내 아동문제 전담부서 아동국(children's burean)
- 1919년: 39개주에서 모성연금제 실시
- 1935년: 사회보장법
- 1990년: 아동보육 발전지원법 통과. 아동보육 향상에 22.5천만 달러 지원

- 1992년: 아동양육지원 재개법
- 1993년: 가족 및 의료 휴가법
- 1993년: 가족보존 및 지원법
- 1996년: 혼인수호법
- 1997년: 전국아동보호법
- 1997년: 입양 및 가족안전법
- 1998년: 부적격 부모법. 부모의 아동양육지원의 책임을 강조

3) 스웨덴

스웨덴에서 체계적인 구빈제도가 성립하게 된 것은 구빈에 대한 국가의 책임을 입법화한 1853년의 구빈법이었다. 이것은 15세 이하의 아동과 병자, 폐질자인 노동 무능력자를 대상으로 국가가 빈민구제를 시행한다는 제도이다. 스웨덴의 구빈법은 영국의 구빈법과 유사하며 영국의 많은 영향을 받았다. 이 법에서 원칙적인 구빈대상은 15세 이하의 아동과 병자, 폐질자인 노동 무능력자로 규정하였다. 스웨덴의 경우 1930년대 이후부터 사회복지정책의 수립기라고 볼 수 있는데, 1930년대 세계 경제공황을 전후하여 출산율이 저하됨에 따라 아동과 모성 및 학교급식에 대한 국가지원이 실시되었다. 1938년 이후 산전산후에 따른 모자보건대책이 수립되고 1955년부터 모든 임산부에게 출산수당이 지급되었다. 1952년 장애아동을 위한 교육적 조치가 있었고 1952년 장애아학교법의 규정에 따라 7세에서 16세의 모든 아동에게 교육권을 개방했다. 1995년부터 1세부터 6세 사이의 모든 아동에 대한 보육과 6세에서 12세 사이의 아동의 방과 전후 보육이 도입되었다. 스웨덴은 사회민주주의 복지 패러다임을 가지며, 스웨덴의 아동복지의 특징은 서구 국가에 비해 아동권리를 정책에 많이 반영하며 명시적인 가족복지정책을 가지고 아동을 양육하는 가족을 지원한다.

스웨덴은 산업화 및 공업화에 따른 사회구조의 변화, 노동조건의 악화에 따른 노동자 문제, 여성과 연소노동자의 증가, 도시 인구의 급증, 청소년의 비행 등이 사회

문제화됨에 따라 1881년 노동금지법을 제정하여 아동을 저임금과 장시간 노동으로부터 보호하였다.

4) 일본

일본의 사회복지의 발달은 자선사업-사회사업-후생사업의 단계를 거치고 있다. 일본에서도 혈연 공동체인 씨족사회가 성하던 시대에는 씨족 내의 상부상조 형태의 구제로 인해 외부로부터의 특별한 구제 수단을 필요로 하지 않았다. 메이지 유신(明治維新)[22]으로 인해 봉건제도가 붕괴됨에 따라 정치, 경제, 사회에 걸쳐 광범위한 변혁을 가져왔다. 자본주의가 급속히 발달했으며 여러 사회문제가 야기되었는데, 빈곤계층에서는 어머니의 취업으로 인한 아동양육 문제가 사회 문제화되어 빈민구제와 아동보호의 필요성이 대두되었다. 일본은 고도 성장이 둔화되기 시작한 1973년 이후 총체적인 복지 조치가 난관에 부딪혔으나 아동복지 조치만은 점진적 향상을 거듭하고 있다.

1871년(메이지 4년)에 기아양육미급여방을 설치하여 아기를 3명 이상 낳은 빈곤 어머니에게 쌀을 지급했다. 1872년 학제가 공포되었으나 취학율은 낮았다. 1874년 공적 구빈법인 휼구규칙(恤救規則)[23]을 제정했는데, 대상은 빈곤 폐질자, 노약자, 중병자와 13세 미만의 고아이다. 1929년 구호법으로 편입되었으며 이 법은 일본의 대표적인 빈민정책이다. 다음은 일본 아동복지의 역사적 흐름이다.

- 1886년: 전국 빈곤아동을 위한 학교 설립
- 1887년: 고아원 설립

---

22) 1867년 12월 9일 왕정복고파가 바쿠후 타도파와 결합해 왕정복고 쿠데타를 단행하여 메이지 신정권을 수립했다. 신정부의 제1목표는 봉건체제 해체였으며, 징병제도, 통일적인 조세·화폐 정책 등을 실시했다.

23) 일본의 공적 부조의 시초
  a. 대상: 무고(無告)의 국민으로 그 대상을 무능력 빈민의 일부로 엄격히 제한
  b. 부조방법: 쌀값을 기준으로 한 현금급여 형식의 제한적 생활부조
  c. 한계: 제한된 무능력 빈민의 구제책임을 '인민 상호 정의'에 있다고 하여 그 책임을 의리 인정이나 근친가족 또는 근린지연(近隣地)에 돌리는 매우 형식적인 내용

- 1900년: 선교사에 의한 후다바 유아원 설립
- 1918년: 이후에 공립보육소 설립
- 1921년: 아동보호법안 제정. 임산부를 비롯한 영유아, 고아, 기아, 미아, 심신장애아 보호 기준 마련
- 1929년: 구호법 제정
- 1933년: 14세 미만 아동대상의 아동학대 예방과 아동구호법
- 1937년: 모성보호법
- 1947년: 아동복지법 제정. 보육소는 아동복지시설의 일종으로 변화됨. 요보호아동과 일반아동의 건전한 성장과 발달을 보장
- 1947년: 교육기본법 및 학교교육법에서 의무교육제도 실시 확립. 장애아동을 위한 특수교육 의무화
- 1949년부터 보육소 운영비 지원
- 1965년: 모자보호법
- 1966년: 특별아동부양수당법
- 1971년: 아동수당법
- 1980년: 엔젤플랜
- 1990년: 신엔젤플랜
- 2003년: 차세대 육성 지원대책 추진법
- 2010~2014년: 아동육아비전
- 2015년: 아동육아지원신제도

제4장

아동복지정책과 관련법

1 아동복지의 이념

복지이념(ideology)이란 복지국가를 보는 시각, 사상이다. 아동복지의 이념은 학자에 따라 구분된다. 조지와 윌딩(George & Wilding, 1985)은 복지의 이념을 신자유주의, 자유민주주의, 사회민주주의, 사회주의로 분류했다. 신자유주의는 자유방임주의라고도 불린다. 자유민주주의는 국가개입주의로서 자유주의와 민주주의가 결합된 정치원리 및 정부형태이다. 사회민주주의는 점진적 사회주의라고도 하며 페이비언 사회주의(Fabian socialism)라고도 한다. 페이비어니즘이란 1884년에 설립된 영국의 페이비언 협회에서 취하고 있는 점진적 사회주의이다. 그리고 사회주의는 정부가 강력하고 능동적인 역할을 담당하고 생산제도의 국유화는 정당화된다.

하딩(L. F. Harding, 1991)은 아동복지의 이념을 자유방임주의, 국가부권주의, 가족중심주의, 아동권리주의로 나누었다. 자유방임주의는 국가는 최소한의 개입을 하며 아동의 보호에 있어서 부모-자녀 관계의 프라이버시와 성역은 보호되어야 한다는 입장을 갖는다. 국가부권주의는 국가개입주의라고도 하며 부적절한 가족에 대한 강제적 개입을 하며 국가의 개입에 대해 긍정적이다. 가족중심주의는 부모의 친권을 강조하고 다양한 서비스를 통해 광범위한 복지를 제공한다. 가족과 친권보호 관점이라고도 하며 아동을 부모와 분리된 객체로 보는 국가개입주의 관점과 구분된다. 아동권리주의는 아동의 권리확보에 적극적인 국가의 역할을 강조하며 권리확보 이후에는 국가 역할은 최소이다. 아동의 권리를 강조하지만 부모의 권리에 대한 비중을 낮게 둔다. 하딩(1991)의 복지이념을 구체적으로 기술하면 다음과 같다(한성심·송주미, 2015: 28~35, 재인용).

1) 자유방임주의와 가부장제 관점

아동보호에서 정부의 역할은 최소화되어야 하며 부모-자녀 관계의 신성성과 은밀성은 중요시되어야 한다.

2) 국가부권주의와 아동보호 관점

아동보호에 대한 광범위한 국가의 개입을 인정하고 부모-자녀 간의 생물학적인 유대는 평가절하한다. 부모의 보호가 부적절할 때 국가의 개입 자체가 권위주의적이라 하더라도 가족과 아동에게 개입할 수 있다.

3) 가족중심주의와 부모의 권리옹호 관점

생물학적 부모-자녀 관계에 가치를 두고 이를 보호·유지하는 데 도움을 주는 지지적 측면의 국가 역할을 강조한다. 국가는 생물학적 가족이 유지되도록 다양한 종류의 서비스를 제공하면서 가족을 지지해 주는 역할을 해야 하며 이것이 국가의 이상적인 형태이다.

4) 아동의 권리와 해방 관점

아동을 성인과 같은 자유와 자율을 지닌 하나의 독립된 존재로 본다. 성인이나 국가를 통해 아동을 통제하고자 하는 생각에 의문을 제기한다. 아동의 자율과 자유 자기결정권은 주요 개념이 된다. 아동은 성인과 다른 존재가 아니며 아동의 행동, 감성, 사고, 지식 등 모든 측면에 적용된다고 본다.

2 아동복지정책의 의미

아동복지정책(child welfare policy)이란 아동복지와 정책이라는 두 용어의 합성어로서 아동과 그 가족을 위한 국가나 공·사 단체 및 관련 기관의 구체적인 행동지침 혹은 행동계획이다. 아동복지정책은 아동복지를 위한 행동노선과 계획, 아동복지를 위한 활동을 하는 데 필요한 원칙과 방향을 정하거나 계획하는 것이다. 학자에 따라 아동복지정책을 포괄적으로 정의하여 아동에게 영향을 미치는 모든 정책, 프로그램 및 활동으로 설명한다. 한성심과 송주미(2015)는 아동복지정책이란 정부 또는 공공기관에 의해 행해지는 아동복지 방침으로 국가 차원의 아동복지서비스 제공을 규정하는 계획과 행동으로 민간 차원의 정책을 제외한 공공정책을 아동복지정책으로 보았다. 아동복지정책이란 복지의 대상인 아동복지를 구현하기 위한 수단으로서 아동 및 가족의 복지를 위하여 국가가 행하는 사회복지정책의 하위 개념으로 볼 수 있다. 오늘날 아동복지정책의 개념보다 넓은 뜻으로서, 특수 불우환경의 아동뿐만 아니라 일반아동까지 포함한 모든 아동을 대상으로 그들의 인권과 행복한 생활을 보장하는 보편적 사회복지서비스라고 할 수 있는 것이다.

아동복지정책은 아동복지법 및 아동복지 관계법에 따라 아동복지 조직이 형성되며, 이 조직을 통해 아동복지제도로서 체계화되고 실시된다. 현대적 의미의 아동복지정책은 종래의 시혜적이고 선별적이던 방식에서 벗어나 더욱 보편적이고 적극적인 방법에서의 아동에 대한 신체적, 심리적 욕구를 충족시켜 주기 위한 법적 장치와 이에 근거한 서비스 지원을 위한 총체적 의미로 해석된다(서보준 외, 2013)(표 4-1 참조).

〈표 4-1〉 사회복지정책과 아동복지서비스 정책

사회복지정책의 영역		사회복지제도
협의의 사회복지정책	소득보장정책	국민연금,고용보험, 산재보험, 공공부조, 사회수당제도
	의료보장정책	건강보험, 의료급여, 국민보건서비스
	주거정책	저소득층을 위한 임대주택, 주거환경개선사업
	사회복지서비스정책	아동복지, 청소년복지, 장애인복지, 노인복지, 여성복지, 한부모가족복지
광의의 사회복지정책	교육정책	저소득층 교육비지원, 학교급식
	조세정책	소득재분배 목적의 누진과제, 근로소득공제제도
	노동정책	고용보장, 최저임금제도, 직업훈련, 산업복지
	사법정책	보호관찰제도, 갱생보호제도, 법률구조제도

출처: 박병현(2011).

3 아동복지정책의 종류

바람직한 아동복지정책의 목표는 가족 단위를 고려하는 가족정책과 관련하여 정책목표를 명시적으로 갖추어 가는 일이라고 할 수 있다.

공공복지는 정부가 주체된 각종 사회복지정책인데 소득보장, 보건의료복지, 주택, 교육복지, 퍼스널 사회서비스 등을 포함한다. 핵심은 소득보장, 즉 사회보험과 공공부조로 구성된다. 사회보험은 산재보험, 건강보험, 실업보험, 공적 연금을 포함하고 최근에는 장기요양보험으로서 노인장기요양보험이 도입되었다. 퍼스널 사회서비스는 사회복지서비스에 해당되는 것으로서 지방정부가 주체가 되어 시행하는 아동복지, 장애인복지, 노인복지, 여성복지 등이다.

아동복지정책에는 아동 관련 공공부조제도, 아동 관련 사회보험, 아동복지 서비스로 분류된다(김성경 외, 2013). 그 외 아동 관련 사회수당(아동수당[24] 또는 가족수

24) 「한부모가족지원법」 제12조(복지급여의 내용): 1. 생계비 2. 아동교육지원비 3. 아동양육비

당[25], 장애아동수당[26])이 있다.

1) 공공부조

공공부조란 사회보장제도의 하나로서 모든 국민이 인간다운 생활을 영위하도록 국가 및 지자체의 책임 하에 생활유지능력이 없거나 어려운 국민의 최저생활을 보장하고 지원하는 제도이다. 우리나라는 1995년 12월 30일 「사회보장기본법」이 제정되면서 공공부조라 일컫게 되었다. 우리나라의 기존 1961년 「생활보호법」은 2000년 10월부터 「국민기초생활 보장법」으로 대체되었으며, 이에 의해 주어지는 급여 종류로는 생계급여, 주거급여, 의료급여, 교육급여, 해산급여(解産給與), 장제급여(葬祭給與), 자활급여가 있다(「국민기초생활 보장법」). 참고로 학교 또는 시설(초·중·고, 특수학교 등)에 입학 또는 재학하는 기초생활보장 수급자와 의사상자(義死傷者)[27]의 자녀에게 주는 교육급여의 내용에는 입학금, 수업료, 교재비, 학용품비, 기타 수급품 등이 있다.

2) 아동 관련 사회보험

사회보험제도는 아동이 있는 가정을 별도로 대상으로 하지는 않고 있으며 보험가입자의 소득보장을 제공한다. 사회보험에는 연금(국민연금, 공무원연금, 사립학교 교원연금, 군인연금)과 건강보험, 산재보험, 고용보험이 있다.

---

25) 돌봐야 할 가족이 있는 근로자에게 가족 수에 따라 기본급에 덧붙여 주는 수당을 말한다.

26) 장애아동수당은 18세 미만의 등록한 장애인(1~6급)으로 기초생활수급자(일반 재가) 및 차상위계층으로서 중증장애인은 1급, 2급, 3급 중복장애인이며, 경증장애인은 3~6급으로서 지급금액은 다음과 같다 — ① 기초수급 중증장애인: 월 20만 원, ② 기초수급 경증장애인: 월 10만 원, ③ 차상위 중증장애인: 월 15만 원, ④ 차상위 경증장애인: 월 10만 원, ⑤ 보장시설입소 중증장애인: 월 7만 원, ⑥ 보장시설입소 경증장애인 : 월 2만 원.

27) 직무 외의 행위로서 타인의 생명, 신체 또는 재산의 급박한 위해를 구제하다가 사망하거나 신체의 부상을 입은 사람을 말한다.

3) 아동복지서비스

사회복지서비스는 국가·지방자치단체 및 민간 부문의 도움을 필요로 하는 모든 국민에게 상담, 재활, 직업 소개 및 지도, 사회복지시설의 이용 등을 제공하여 정상적인 사회생활이 가능하도록 제도적으로 지원하는 것을 말한다. 아동복지서비스는 「아동복지법」, 「청소년기본법」, 「영유아보육법」 등에 근거하여 이루어지고 있다. 아동·청소년보호 서비스, 아동학대 예방 및 방지 서비스, 상담 및 위기 서비스, 건강지원 서비스, 자립지원 서비스, 보육 서비스, 방과후 서비스 등이 있다.

4) 아동 관련 사회수당

사회수당(society allowance)이란 정해진 급여 외에 특별한 사유에 따라 정기적이거나 수시로 지급되는 보수이다. 이것은 사회보험 및 공공부조와 함께 소득보장을 위한 제도이다. 양자의 중간적 성격의 현금급여를 말할 때 이 용어를 사용한다. 사회수당은 일반 조세를 통해 인구학적 조건에 대해 일정액을 지급하는 급여로서 기여를 하지 않아도 수급할 수 있으며 자산조사를 통한 선별과정을 거치지 않는 보편적인 급여이다(김호년 외, 2011). 노령복지연금, 아동수당, 아동부양수당, 가족수당, 특별아동부양수당 등이 해당된다(서강훈, 2013).

사회수당의 또 다른 체제로서 근로장려세제(勤勞獎勵稅制, EITC: earned income tax credit)가 있다. 이것은 일정소득 이하의 근로 소득자를 대상으로 소득에 비례한 세액공제액이 소득세액보다 많은 경우 그 차액을 환급해 주는 제도이다. 저소득층의 세금 부담을 덜어 주고 더 나아가 소득이 적은 이들일수록 보조금까지 받을 수 있어 '징세'라기보다는 '복지'의 개념이 강하다. 원천징수당한 세금을 되돌려 받는다는 점에서 연말정산과 비슷하나, 근로장려세제에서는 세금을 전혀 내지 않은 사람이라 하더라도 공제액과의 차액을 받을 수 있다는 점에서 연말정산과 차이가 있다(매일경제 용어사전). 이것은 사회보험이나 기초생활보장제도의 혜택을 받지 못하는 저소득 근로자에게 정부가 생계비 등을 보조해 주는 세금제도이다. 대한민국에서는 2008년부터 실시하였다. 세금을 걷는 것이 아니라 반대로 지원해 주기 때문에 마이너스 소득세라고도 한다[28](위키백과) (그림 4-1 참조).

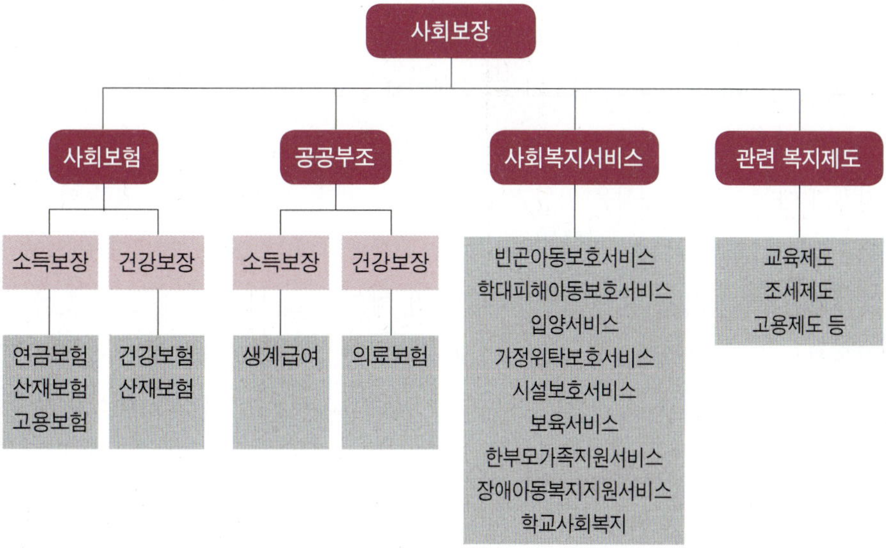

출처: 한성심 · 송주미(2015).

[그림 4-1] 우리나라 아동 관련 사회보장체계도

4 아동복지정책의 실행

아동복지정책은 아동의 복지를 위한 정부의 실행원칙이나 지침 또는 조직화된 노력이다. 구체적으로는 아동의 물질적 정신적 욕구를 충족시키기 위한 법률과 이 법률에 기초한 정부의 서비스로 제한하여 볼 수 있다. 아동의 복지 증진은 가족의 복지와 많은 부분 깊은 관련이 있다. 아동의 복지 증진을 위한 정책의 수행은 가족이라는

28) 연소득(부부 합산)이 1,700만 원 미만이고, 재산합계액이 1억 원 미만이며, 18세 미만의 자녀를 2인 이상 부양하는 무주택가구를 말한다. 단, 18세 이상의 자녀일지라도 장애인인 경우에는 근로장려세제 대상자가 된다.

매체를 거치게 되는 경우가 많기 때문이다.

보건복지부(2015)의 아동분야 사업에는 요보호아동, 가정입양아동, 가정위탁보호아동, 소년소녀가정아동, 결연사업, 그룹홈, 아동복지시설아동, 보호아동자립지원, 아동발달지원계좌, 드림스타트, 지역아동센터의 아동복지교사 지원, 아동급식, 아동학대 예방 및 피해아동보호, 실종아동·장애인보호정책이 있다.

윤혜미 외(2015)는 우리나라의 아동복지정책에 대해서 요보호아동을 위한 가정보호정책과 아동의 건전육성을 위한 정책으로 나누었다. 요보호아동을 위한 가정보호정책으로는 가정위탁보호, 소년소녀가정, 공동생활가정(그룹홈), 입양, 결연사업, 아동복지자립지원센터 운영, 아동발달지원계좌 지원으로 구분하였다. 그리고 아동의 건전육성을 위한 정책으로서는 아동학대 예방사업, 아동용품의 세부적 안전기준개발, 결식아동 급식지원, 지역아동센터 운영, 드림스타트 사업, 보육지원으로 구분하였다.

1) 보호대상아동의 정책

(1) 아동복지시설

아동복지시설은 보호를 필요로 하는 아동을 입소시켜 보호, 양육하는 시설로서 아동양육시설, 아동일시보호시설, 아동보호치료시설, 자립지원시설이 있다. 아동복지시설의 수는 2013년을 기준으로 281개소에 달한다.

(2) 가정위탁보호

가정위탁보호는 보호를 필요로 하는 아동이 시설에서 양육되거나 소년소녀가정에서 성장하도록 하는 것이 아니라 보호하기를 희망하는 가정에서 양육하는 것을 우선으로 한다. 가정위탁지원은 가정위탁아동이 건전한 사회인으로 자랄 수 있도록 위탁아동 및 위탁부모에 대한 경제적·사회적 지원을 확대한다. 요보호아동을 보호·양육하기를 희망하는 가정에 위탁 양육함으로써 가정적인 분위기에서 건전한 사회인으로 자랄 수 있도록 한다(2013년 총 18개 가정위탁지원센터).

(3) 소년소녀가정

소년소녀가정은 「국민기초생활 보장법」에 따른 수급대상자 중에서 18세 미만의 아동이 실질적으로 생계를 이끌어 가는 경우에 선정한다. 정부는 가정위탁과 그룹홈 입소 등을 통해 소년소녀가정의 선정을 줄이는 방향으로 정책을 변화하고 있다.

(4) 그룹홈

그룹홈은 1997년부터 시범사업으로 시작되어 확대 추진되고 있다. 입소대상 아동은 모든 보호대상아동으로 하고 일시보호 아동이 있는 경우 장기간 보호하는 아동과 서로 부정적 영향을 주지 않도록 구분하여 보호한다.

1996년 12월 그룹홈 제도 도입을 결정하고 1997년부터 시범사업을 실시·운영하고 있다. 이 제도는 보호가 필요한 아동에게 가정과 같은 주거 여건과 보호, 양육, 자립지원 서비스를 제공하는 것을 목적으로 하는 아동 그룹홈이다. 이것은 대규모 집단시설 위주의 보호에서 소규모 가정형태 보호로의 전환 강조 및 지역사회 중심의 아동보호를 위한 새로운 보호 형태로 논의한 것이다. 2013년 현재 전국 480개소가 있다.

(5) 입양

입양은 보호자가 없거나 보호자로부터 이탈된 아동에게 가정을 영구적으로 제공하여 신체적, 정신적, 사회적으로 건전하게 성장할 수 있도록 함을 목적으로 한다. 입양은 요보호아동이 안정적인 가정환경에서 건전하게 성장할 수 있도록 지원함으로써 아동의 복지 증진을 도모하는 것이다. 국내입양 우선추진제란 아동의 입양 의뢰 후 5개월간은 국내입양을 우선 추진하고 그 이후에 국외입양 추진 허용하는 것이다(2007년 시행).

(6) 결연사업

시설아동, 가정위탁 보호아동, 그룹홈 보호아동 및 소년소녀가정 등 저소득층 보호대상아동의 결연을 활성화하기 위하여 결연기관(한국복지재단) 운영 경비를 지원한다.

(7) 아동복지자립지원센터 운영

아동복지시설에서 퇴소하는 만 18세 이상의 아동의 취업지원정보를 제공하며, 직업알선 및 상담서비스를 제공한다. 시설아동의 자립을 지원하기 위한 보건복지부 위탁 중앙아동자립지원센터는 2007년 4월에 개소했다. 아동복지시설이나 그룹홈 등에서 퇴소하는 아동의 취업과 주거, 진학 및 학원을 지원한다. 1993년 아동복지자립지원센터는 보건복지부 위탁사업으로 운영되다가 2007년 아동자립지원센터로 명칭을 변경하였다(보건복지부, 사회보장정보원).

(8) 아동발달지원계좌(디딤씨앗통장)

저소득아동의 사회 진출 시 필요한 자립자금 마련에 도움을 주기 위하여 아동복지시설 아동, 가정위탁아동 등을 대상으로 아동발달지원계좌(CDA: child development account)를 통해 지원(2007년 4월 도입)하는 것이다. 아동이 보호자, 후원자의 후원으로 월 3만 원 이내의 금액을 저축하면 국가(지자체)에서 만 18세까지 같은 액수(1 : 1 매칭펀드)를 지원하여 만 18세 이후 사회 진출 시 학자금, 전세금, 창업자금 등으로 사용토록 하는 제도이다. 가정회복 및 정부의 가정보호 확대정책으로 중도에 가정으로 복귀하는 아동이 희망 시 계속 지원한다. 저소득층 아동이 사회에 진출하는 초기비용(학자금, 취업, 창업, 주거)을 마련할 수 있도록 자신형성을 장기적으로 지원한다. 지원대상은 만 18세 미만의 아동복지시설 아동과 가정위탁 아동, 소년소녀가정 아동, 그룹홈 아동 및 장애인시설생활 아동, 기초생활수급가정의 아동이다. 2014년 10월 기준 후원금 지급 아동 수는 18,993명(보건복지부)이다. 2016년부터 기초수급가구 아동의 가입 연령을 만 13세까지 확대했다.

2) 아동건전육성대책의 일환으로 실시되는 사업

(1) 아동학대 예방사업

정부는 제8차 아동정책조정위원회에서 관계부처 합동으로 아동학대방지대책을 논의 확정했다(보건복지부 아동권리과, 2016). 2016년을 아동학대 근절 시스템 구축 원년으로 선포하고 예방과 조기 발견을 동시에 할 수 있는 전면적 시스템을 구축한다(보도자료, 보건복지부 아동권리과, 2016. 3. 29.).

(2) 아동용품 세부적 안전기준개발

보건복지부는 2000년 1월 12일 「아동복지법」이 개정(2000. 7. 13. 시행)됨에 따라 「아동복지법 시행령」 및 「아동복지법 시행규칙」을 마련했다. 「아동복지법 시행령」안 제27, 28조에는 아동복지시설 및 아동용품의 안전 기준 및 안전교육에 관한 세부적인 사항이 포함되어 있다.

(3) 결식아동급식지원

저소득 가정의 아동이 건강하게 자랄 수 있도록 급식지원 등을 통해 결식 예방 및 영양 개선을 도모한다. 2000년 석식지원사업을 실시하여 2005년 아동급식사업을 지방으로 이양했다.

「아동복지법」 제35조(건강한 심신의 보존) 제2항 제3호에 따르면 국가와 지방자치단체는 아동의 건강증진과 체력 향상을 위하여 급식지원 등을 통한 결식예방 및 영양 개선에 관한 사항을 지원하여야 한다. 지원연령은 18세 미만의 취학 및 미취학 아동(「아동복지법」 제2조)이다. 다만, 18세 이상인 경우에도 고등학교에 재학 중인 아동을 포함하며, 18세 미만인 학교 탈락 아동의 경우에도 지원한다.

(4) 지역아동센터

방과후 돌봄이 필요한 지역사회 아동의 건전육성을 위하여 보호·교육, 건전한 놀이와 오락의 제공, 보호자와 지역사회의 연계 등 종합적인 복지서비스를 제공한다. 2004년 「아동복지법」을 개정하여 '지역아동센터'(구, 공부방)를 아동복지시설로 법제화했다.

(5) 정기적(5년) 아동종합실태 조사

「아동복지법」에 정기적 실태조사의 법적 근거를 마련한 것으로 아동의 건강·영양·정서·안전 등 전 부분 및 가구 소득별·가구 유형별 전체 아동실태를 포함한다.

(6) 드림스타트사업

드림스타트센터 운영은 0~12세의 저소득아동 및 가정 중 드림스타트 사업지역 내에 거주하는 해당 연령대 아동과 가족이 대상이다. 2006년 희망스타트로 출발하여 2011년 131개소 사업지역을 확대했다(보건복지부, 2012). 드림스타트 서비스의 내용은 〈표 4-2〉와 같다.

〈표 4-2〉 드림스타트 서비스 내용

서비스 영역	서비스 내용
신체/건강서비스	건강검진 및 예방, 건강관리
인지/언어서비스	기초학습, 학습지원
정서/행동서비스	사회정서 발달, 심리행동, 보호, 문화체험
부모 및 가족, 임산부서비스	부모교육, 부모지원, 양육지원, 산전산후관리

출처: 드림스타트 홈페이지, www. dreamstart.kr.

(7) 보육료 지원, 가정양육수당 지원

우리나라 영유아보육 서비스는 현금 지원과 보육시설 지원으로 구성되는데, 현금지원은 영유아보육료와 양육수당이며, 보육시설지원은 어린이집 이용을 의미한다. 영유아보육료 지원은 2012년 3월부터 시행되었다. 2013년부터 누리과정 프로그램이 시행되면서 만 3~5세 전체 영유아를 대상으로 하는 무상보육 지원체계를 마련했다. 유아 학비(유치원) 지원은 유치원에 다니는 초등학교 취학 직전 3년의 유아에 대해 유아 학비를 지원한다. 보육료 지원대상은 「영유아보육법」 제10조에 따른 국공립, 사회복지법인, 법인·단체 등, 직장, 가정, 부모협동, 민간 어린이집을 이용하는 영유아이다. 또한, 어린이집을 이용하는 모든 만 0~5세 아동이다. 정부지원보육료 지원 방식은 부모가 아이행복카드(기존 아이사랑카드, 아이 즐거운 카드, 2015년 1월)를 결제하면 해당 어린이집으로 입금된다. 시간제보육 서비스는 지정된 제공기관(어린이집, 육아종합지원센터 등에 설치된 시간제보육반)에서 시간 단위로 이용할 수 있는 보육서비스이다. 2015년 11월 현재 전국 17개 시·도에서 시간제보육반을 230개 반을 운영하고 있으며, 2016년 추가로 150개 반이 문을 연다.[29]

가정양육수당은 자녀를 가정에서 양육하는 부모에게 지급한다. 양육수당은 어린이집을 이용하지 않는 취학 전 만 5세 이하 영유아에게 수당을 지원하여 부모의 양육부담을 경감시키고자 하는 것이다. 소득 수준에 관계없이 보육료, 유아 학비, 종일제 아이돌봄서비스 지원을 받지 않고 가정에서 직접 만 5세 이하의 영유아를 돌보는 경우에 지원한다.[30]

(8) 육아휴직급여

우리나라는 2001년부터 산전후 휴가급여와 육아휴직급여를 도입하였다. 산전후 휴가급여는 산전후 90일간의 휴가기간에 급여를 보장하는 것이다. 육아휴직급여는 생후 1년 미만 자녀가 있는 가정이나 만 8세 또는 초등학교 2학년 이하의 자녀가 있는 가정의 부모 근로자가 자녀양육을 위해 휴직할 때 고용보험에서 휴직 전 통상 임금의 40%를 지급하되(40%의 75%는 우선지급) 급여의 15%는 직장 복귀 6개월 후에 지급하며 자녀 1명당 1년까지 지원된다.

산전후 휴가급여와 육아휴직급여는 육아 부담으로 말미암은 여성의 경제활동 제약을 돕기 위한 보호 조치이다.

---

29) 보건복지부, 2016 상반기부터 이렇게 달라집니다.

30) 취학 전 연령까지 다음과 같이 지원한다. ① 12개월 미만: 20만 원, ② 12개월~24개월 미만: 15만 원, ③ 24개월 이상: 10만 원, ④ 36개월~84개월 미만: 10만 원

(9) 바우처 제도

바우처(voucher)[31] 제도에는 보건복지부의 사회서비스 바우처 사업과 보육·교육 바우처 사업, 문화·여행·스포츠 바우처 사업, 직업훈련 바우처 사업 등이 있다.

(10) 자녀세액공제

우리나라는 2014년 1월 1일을 기점으로 자녀양육비 공제와 출산, 입양공제, 다자녀 추가공제를 폐지하고 자녀세액공제를 통합 실시한다.

3) 보건복지부의 영유아를 위한 지원 정책

우리나라 보건복지부의 영유아를 위한 지원 정책에는 보육비 지원, 생활지원, 건강지원, 입양·위탁지원의 4가지 영역에서 37개 정책이 있다(보건복지부, 2016). 아동·청소년지원정책은 교육지원, 보호, 건강, 심리지원, 생활지원의 5가지 영역에서 72개 정책이 있다(보건복지부, 2016).

우리나라는 2015년 5월 제1차 아동정책 기본계획(2015~2019년)을 수립했다. 이것은 「아동복지법」 전부 개정으로 아동정책에 대한 범정부 차원의 중기계획 수립의 근거를 마련(「아동복지법」 제7조)한 것이다. 추진 방향은 '건강하고 안전한 발달 환경에서 삶의 주체로 존중받으며 오늘의 행복을 누리고 내일의 희망을 만들어 가는 아동'이다(보건복지부, 2015). 비전은 '행복한 아동, 존중받는 아동'이다. 핵심 목표는 아동행복도 증진, 아동 최우선의 원칙 실현 기반 조성이다(보건복지부, 2015, 제1차 아동정책 기본계획). 추진 영역은 미래를 준비하는 삶, 건강한 삶, 안전한 삶, 함께하는 삶으로서 구체적인 정책내용은 〈표 4-3〉과 같다(보건복지부, 2015, 제1차 아동정책 기본계획).

31) 상품권, 할인권, 쿠폰

〈표 4-3〉 발달환경별 주요 정책과제

<table>
<tr><th>생애
공간</th><th>영유아
(0~5세)</th><th>초등학생
(6~11세)</th><th>중학생
(12~14세)</th><th>고등학생
(15~17세)</th></tr>
<tr><td rowspan="10">가정</td><td>영유아 가정 방문
서비스 도입(검토)</td><td colspan="3"></td></tr>
<tr><td></td><td colspan="3">학생 가정방문 서비스</td></tr>
<tr><td colspan="4">양육정보 통합 제공</td></tr>
<tr><td>아이사랑
Planner 도입</td><td colspan="3"></td></tr>
<tr><td colspan="4">부모교육 활성화</td></tr>
<tr><td colspan="4">이혼절차 개선</td></tr>
<tr><td colspan="4">일·가정 양립 문화 조성</td></tr>
<tr><td>모유수유
증진</td><td colspan="3"></td></tr>
<tr><td>영아사망
예방</td><td colspan="3"></td></tr>
<tr><td>카시트 착용률 제고</td><td colspan="3"></td></tr>
<tr><td rowspan="7">어린이집
유치원</td><td>시간제 보육 확충</td><td colspan="3"></td></tr>
<tr><td>아이돌봄서비스
내실화</td><td colspan="3"></td></tr>
<tr><td>직장 어린이집
설치 확대</td><td colspan="3"></td></tr>
<tr><td>보육·교육 통합 플랜</td><td colspan="3"></td></tr>
<tr><td>영유아 건강관리
체계 마련</td><td colspan="3"></td></tr>
<tr><td>누리과정 활용
안전교육 실시</td><td colspan="3"></td></tr>
<tr><td>아동학대 예방</td><td colspan="3"></td></tr>
</table>

<table>
<tr><th>생애
공간</th><th>영유아
(0~5세)</th><th>초등학생
(6~11세)</th><th>중학생
(12~14세)</th><th>고등학생
(15~17세)</th></tr>
<tr><td rowspan="8">학교</td><td></td><td colspan="3">꿈과 끼를 살리는 교육 실현</td></tr>
<tr><td colspan="4">아동기 핵심역량 반영전략 수립 및 아동역량지수 개발</td></tr>
<tr><td></td><td colspan="3">인성교육 강화, 문화예술 교육 지원</td></tr>
<tr><td></td><td colspan="3">학교에서의 참여권 보장</td></tr>
<tr><td></td><td colspan="3">학습부진 아동에 대한 맞춤형 지원</td></tr>
<tr><td></td><td colspan="3">건강증진학교 확대 방안(검토)</td></tr>
<tr><td></td><td colspan="3">학교체육 활성화</td></tr>
<tr><td></td><td colspan="3">안전실습 체계화</td></tr>
<tr><td rowspan="3">보호
기관</td><td colspan="4">아동보호제도 간 협업구조 마련</td></tr>
<tr><td></td><td colspan="3">범죄아동 사회복귀 지원</td></tr>
<tr><td></td><td colspan="3">방과후 돌봄체계 정비</td></tr>
<tr><td rowspan="16">지역사회
(공통
영역
포함)</td><td colspan="4">독서습관 형성 지원</td></tr>
<tr><td colspan="4">문화 인프라(아동전용 도서관, 숲교육 공간 등) 확충</td></tr>
<tr><td></td><td colspan="3">아동의견 상시 수렴 창구 운영</td></tr>
<tr><td colspan="4">제1차 아동 놀이정책 수립</td></tr>
<tr><td colspan="2">지역사회 놀이터 리모델링</td><td colspan="2"></td></tr>
<tr><td colspan="2">어린이 예방접종률 향상</td><td colspan="2"></td></tr>
<tr><td colspan="4">생활습관형 질병 예방 · 관리, 아동기 다빈도 질병 관리</td></tr>
<tr><td colspan="4">정신건강관리체계 구축</td></tr>
<tr><td colspan="2">아동전용 보건 인프라 확충 추진</td><td colspan="2"></td></tr>
<tr><td colspan="4">범죄예방 환경 설계(셉테드) 확산 유도</td></tr>
<tr><td colspan="4">어린이 급식관리지원센터 운영 확대</td></tr>
<tr><td>영유아 식품 이력
추적 관리 확대</td><td colspan="3"></td></tr>
<tr><td colspan="4">안전 체험 교실 및 안전 체험관 확대</td></tr>
<tr><td colspan="2">어린이 활동공간 환경 안전성 확보</td><td colspan="2"></td></tr>
<tr><td colspan="2">어린이 용품 안전기준 확보</td><td colspan="2"></td></tr>
<tr><td colspan="4">아동친화 지자체 및 아동친화 기업문화 확산</td></tr>
</table>

5 아동복지 관련법

1) 아동복지법

「아동복지법」(1981년 전문 개정)은 아동복지의 근간이 되는 법으로서 총 7장 전문 75조와 부칙으로 구성되어 있다. 내용을 개관하면 다음과 같다. 제1장은 총칙으로서 제1조에서 제6조까지이며 목적, 이념, 정의, 국가와 지자체 의무, 보호자 책무, 어린이날 어린이주간 조항이 포함되어 있다. 제2장은 아동복지정책의 수립 및 시행 항목으로서 제7조에서 제14조까지로 구성되어 있고 아동정책 기본계획의 수립, 아동정책조정위원회, 아동종합실태조사, 아동복지 심의위원회, 아동복지 전담공무원, 아동위원 조항이 있다. 제3장은 아동보호서비스, 아동학대의 예방 및 방지에 대한 조항이 있다. 제4장은 아동에 대한 지원서비스 항으로서 아동안전 및 건강지원, 취약계층 아동 통합서비스 지원 및 자립지원 조항이 있다. 제5장은 아동복지시설 조항이다. 제6장은 보칙으로서 비용, 보조금 등에 관한 조항이 있고, 제7장은 벌칙으로서 과태료 등에 대한 조항으로 구성되어 있다.

「아동복지법」에는 「아동복지법 시행령」과 「아동복지법 시행규칙」이 있으며 시행규칙에는 행정규칙과 자치법규가 있다. 관계법령에는 「실종아동 등의 보호 및 지원에 관한 법률」, 「아동·청소년의 성보호에 관한 법률」, 「아동의 빈곤예방 및 지원 등에 관한 법률」, 「장애아동복지지원법」이 있다(그림 4-2 참조).

「아동복지법」

제1장 총칙

제1조(목적) 이 법은 아동이 건강하게 출생하여 행복하고 안전하게 자랄 수 있도록 아동의 복지를 보장하는 것을 목적으로 한다.

제2조(기본 이념) ① 아동은 자신 또는 부모의 성별, 연령, 종교, 사회적 신분, 재산, 장애 유무, 출생지역, 인종 등에 따른 어떠한 종류의 차별도 받지 아니하고 자라나야 한다.

② 아동은 완전하고 조화로운 인격발달을 위하여 안정된 가정환경에서 행복하게 자라나야 한다.

③ 아동에 관한 모든 활동에 있어서 아동의 이익이 최우선적으로 고려되어야 한다.

④ 아동은 아동의 권리보장과 복지 증진을 위하여 이 법에 따른 보호와 지원을 받을 권리를 가진다.

제3조(정의) 이 법에서 사용하는 용어의 뜻은 다음과 같다. 〈개정 2014. 1. 28.〉

1. "아동"이란 18세 미만인 사람을 말한다.
2. "아동복지"란 아동이 행복한 삶을 누릴 수 있는 기본적인 여건을 조성하고 조화롭게 성장·발달할 수 있도록 하기 위한 경제적·사회적·정서적 지원을 말한다.
3. "보호자"란 친권자, 후견인, 아동을 보호·양육·교육하거나 그러한 의무가 있는 자 또는 업무·고용 등의 관계로 사실상 아동을 보호·감독하는 자를 말한다.
4. "보호대상아동"이란 보호자가 없거나 보호자로부터 이탈된 아동 또는 보호자가 아동을 학대하는 경우 등 그 보호자가 아동을 양육하기에 적당하지 아니하거나 양육할 능력이 없는 경우의 아동을 말한다.
5. "지원대상아동"이란 아동이 조화롭고 건강하게 성장하는 데에 필요한 기초적인 조건이 갖추어지지 아니하여 사회적·경제적·정서적 지원이 필요한 아동을 말한다.
6. "가정위탁"이란 보호대상아동의 보호를 위하여 성범죄, 가정폭력, 아동학대, 정신질환 등의 전력이 없는 보건복지부령으로 정하는 기준에 적합한 가정에 보호대상아동을 일정 기간 위탁하는 것을 말한다.
7. "아동학대"란 보호자를 포함한 성인이 아동의 건강 또는 복지를 해치거나 정상적 발달을 저해할 수 있는 신체적·정신적·성적 폭력이나 가혹행위를 하는 것과 아동의 보호자가 아동을 유기하거나 방임하는 것을 말한다.

7의2. "아동학대 관련 범죄"란 다음 각 목의 어느 하나에 해당하는 죄를 말한다.

가. 「아동학대범죄의 처벌 등에 관한 특례법」 제2조 제4호에 따른 아동학대범죄

나. 아동에 대한 「형법」 제2편 제24장 살인의 죄 중 제250조부터 제255조까지의 죄

8. "피해아동"이란 아동학대로 인하여 피해를 입은 아동을 말한다.
9. 삭제 〈2016. 3. 22.〉
10. "아동복지시설"이란 제50조에 따라 설치된 시설을 말한다.

11. "아동복지시설 종사자"란 아동복지시설에서 아동의 상담·지도·치료·양육, 그 밖에 아동의 복지에 관한 업무를 담당하는 사람을 말한다.

제4조(국가와 지방자치단체의 책무) ① 국가와 지방자치단체는 아동의 안전·건강 및 복지 증진을 위하여 아동과 그 보호자 및 가정을 지원하기 위한 정책을 수립·시행하여야 한다.

② 국가와 지방자치단체는 보호대상아동 및 지원대상아동의 권익을 증진하기 위한 정책을 수립·시행하여야 한다.

③ 국가와 지방자치단체는 아동이 태어난 가정에서 성장할 수 있도록 지원하고, 아동이 태어난 가정에서 성장할 수 없을 때에는 가정과 유사한 환경에서 성장할 수 있도록 조치하며, 아동을 가정에서 분리하여 보호할 경우에는 신속히 가정으로 복귀할 수 있도록 지원하여야 한다. 〈신설 2016. 3. 22.〉

④ 국가와 지방자치단체는 장애아동의 권익을 보호하기 위하여 필요한 시책을 강구하여야 한다. 〈개정 2016. 3. 22.〉

⑤ 국가와 지방자치단체는 아동이 자신 또는 부모의 성별, 연령, 종교, 사회적 신분, 재산, 장애유무, 출생지역 또는 인종 등에 따른 어떠한 종류의 차별도 받지 아니하도록 필요한 시책을 강구하여야 한다. 〈개정 2016. 3. 22.〉

⑥ 국가와 지방자치단체는 「아동의 권리에 관한 협약」에서 규정한 아동의 권리 및 복지 증진 등을 위하여 필요한 시책을 수립·시행하고, 이에 필요한 교육과 홍보를 하여야 한다. 〈개정 2016.3.22.〉

⑦ 국가와 지방자치단체는 아동의 보호자가 아동을 행복하고 안전하게 양육하기 위하여 필요한 교육을 지원하여야 한다. 〈신설 2014. 1. 28., 2016. 3. 22.〉

[시행일 : 2018. 3. 23.] 제4조

제5조(보호자 등의 책무) ① 아동의 보호자는 아동을 가정에서 그의 성장시기에 맞추어 건강하고 안전하게 양육하여야 한다.

② 아동의 보호자는 아동에게 신체적 고통이나 폭언 등의 정신적 고통을 가하여서는 아니 된다. 〈신설 2015. 3. 27.〉

③ 모든 국민은 아동의 권익과 안전을 존중하여야 하며, 아동을 건강하게 양육하여야 한다. 〈개정 2015. 3. 27.〉

제6조(어린이날 및 어린이주간) 어린이에 대한 사랑과 보호의 정신을 높임으로써 이들을 옳고 아름답고 슬기로우며 씩씩하게 자라나도록 하기 위하여 매년 5월 5일을 어린이날로 하며, 5월 1일부터 5월 7일까지를 어린이주간으로 한다.

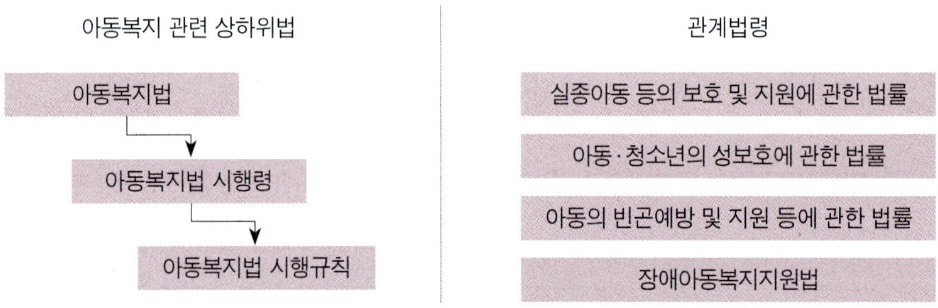

[그림 4-2] 아동복지 관련법(아동복지법)

2) 아동복지 관련법

아동복지 관련법은 사회복지의 하위 법적 체계로서 우리나라는 아동복지 분야의 다양성에 따라 여러 관련법을 제정하는 경우이다. 아동복지 관련법에는 「실종아동 등의 보호 및 지원에 관한 법률」, 「아동·청소년의 성보호에 관한 법률」, 「아동의 빈곤예방 및 지원 등에 관한 법률」, 「장애아동복지지원법」의 4가지 법령이 있다(그림 4-2 참조).

(1) 실종아동 등의 보호 및 지원에 관한 법률(2005. 12. 1.)

이 법은 실종아동 등의 발생을 예방하고 조속한 발견과 복귀를 도모하며 복귀 후의 사회 적응을 지원함으로써 실종아동등과 가정의 복지 증진에 이바지함을 목적으로 한다. 실종 당시 18세 미만의 아동에 대한 법률이며 총 19개조와 부칙으로 구성된다.

(2) 아동 · 청소년의 성보호에 관한 법률(2000. 7. 1.)

이 법은 아동·청소년대상 성범죄의 처벌과 절차에 관한 특례를 규정하고 피해아동·청소년을 위한 구제 및 지원 절차를 마련하며 아동·청소년대상 성 범죄자를 체계적으로 관리함으로써 아동·청소년을 성 범죄로부터 보호하고 아동·청소년이 건강한 사회 구성원으로 성장할 수 있도록 함을 목적으로 한다. 총 10개조와 부칙으로 구성된다.

(3) 아동의 빈곤예방 및 지원 등에 관한 법률(2011. 7. 14.)

빈곤아동이 복지·교육·문화 등의 분야에서 소외와 차별을 받지 아니하고 한 사회의 구성원으로 건강하게 자랄 수 있도록 제도적 기반을 마련하는 것을 목적으로 한다. 총 11조와 부칙으로 구성된다.

(4) 장애아동복지지원법(2012. 8. 5.)

국가와 지방자치단체가 장애아동의 특별한 복지적 욕구에 적합한 지원을 통합적으로 제공함으로써 장애아동이 안정된 가정생활 속에서 건강하게 성장하고 사회에 활발하게 참여할 수 있도록 하며, 장애아동 가족의 부담을 줄이는 데 이바지함을 목적으로 한다. 총 41개조와 부칙으로 구성되었다.

〈표 4-4〉는 아동복지와 관련된 법률을 시대 순으로 정리한 것으로 아동복지 관련법의 발전과정을 알 수 있다.

〈표 4-4〉 아동복지와 관련된 법률의 연대적 제정 시기

제정연도	법
1951. 12. 25.	의료법
1958. 7. 24.	소년법
1958. 8. 7.	보호소년 등의 처우에 관한 법
1967. 6. 29.	학교보건법
1973. 2. 8.	모자보건법
1977. 1. 31.	입양특례법
1981. 1. 29.	학교급식법
1981. 4. 13.	1962. 1. 1. 아동복리법 → 1981. 4. 13. 아동복지법
1981. 6. 5.	심신장애자복지법 → 장애인복지법 1989. 12. 30
1989. 7. 1.	한부모가족지원법
	보호관찰법 → 보호관찰 등에 관한 법
1991. 1. 14.	영유아보육법

제정연도	법
1993. 1. 1.	청소년기본법
1996. 12. 31.	정신보건법
1997. 3. 13.	근로기준법
1997. 7. 1.	청소년보호법
1998. 7. 1.	가정폭력방지 및 피해자보호 등에 관한 법률
1998. 9. 1.	사회복지공동모금회법
2000. 7. 1.	아동·청소년의 성보호에 관한 법률
2004. 2. 9.	청소년복지지원법
2004. 3. 2.	성폭력범죄의 처벌 및 피해자보호에 관한 법률
2004. 9. 23.	성매매방지 및 피해자보호 등에 관한 법률
2005. 1. 1.	건강가정기본법
2005. 1. 30.	유아교육법
2005. 2. 10.	청소년활동진흥법
2005. 12. 1.	실종아동 등의 보호 및 지원에 관한 법률
2008. 2. 4.	특정성폭력범죄자에 대한 위치추적 전자장치 부착에 관한 법률
2008. 5. 26.	장애인 등에 대한 특수교육법
2008. 9. 22.	다문화가족지원법
2012. 7. 12.	아동의 빈곤예방 및 지원 등에 관한 법률
2012. 8. 5.	장애아동복지지원법
2014. 9. 29.	아동학대범죄의 처벌 등에 관한 특례법
	성폭력범죄 등 사건의 심리·재판 및 피해자 보호에 관한 규칙

[그림 4-3]은 아동복지 관련법의 헌법과의 관련 위계구조를 보여 주고 있다. 「아동복지법」은 「사회복지사업법」에 속한다.

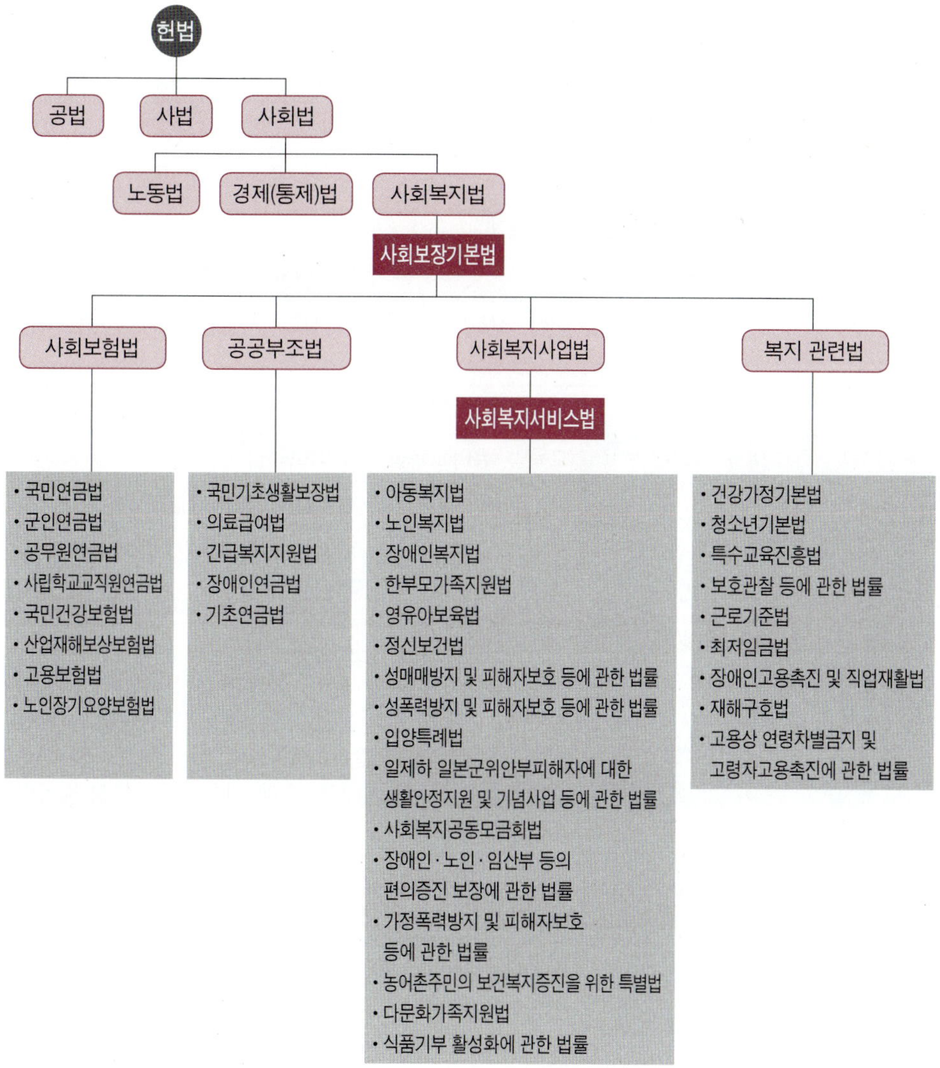

출처: 홍봉수 외(2016).

[그림 4-3] 사회복지행정조직의 근거법

3) 아동복지 관련법의 체계

아동복지 관련법을 사회복지 일반과 아동복지 일반의 체계로 구분하면 〈표 4-5〉와 같이 구분된다.

〈표 4-5〉 우리나라의 아동복지 관련법의 체계

분류		법명
사회복지 일반		헌법, 사회보장기본법, 사회복지사업법, 국민연금법, 국민건강보험법
아동복지 일반		아동복지법, 청소년 기본법, 청소년복지 지원법
아동복지 분야	아동교육 및 보육	교육법, 유아교육법, 영유아보육법
	아동건강 및 영양	모자보건법, 지역보건법, 학교보건법, 학교급식법
	저소득층 및 한부모가족 아동	국민기초생활 보장법, 의료급여법, 한부모가족지원법, 아동의 빈곤예방 및 지원 등에 관한 법률
	장애아동	장애아동복지지원법
	아동학대, 성폭력 및 실종	아동학대범죄의 처벌 등에 관한 특례법, 실종아동 등의 보호 및 지원에 관한 법률, 아동·청소년의 성보호에 관한 법률, 가정폭력방지 및 피해자 보호 등에 관한 법률, 성폭력범죄의 처벌 및 피해자보호에 관한 법률, 특정 성폭력범죄자에 대한 위치추적 전자장치 부착에 관한 법률
	비행 및 범죄 관련 아동	소년법, 보호소년 등의 처우에 관한 법, 보호관찰 등에 관한 법
	근로아동	근로기준법
	입양아동	입양특례법

출처: 도미향 외(2015).

아동복지 관련법을 일반아동, 보호대상아동으로 분류하고 아동대상, 가족대상 관련된 법으로 분류하면 〈표 4-6〉과 같다.

〈표 4-6〉 아동분류에 따른 법률

구분	보호대상아동	일반아동
아동을 일차적 대상으로 하는 법률	• 입양특례법 • 소년법 • 보호소년 등의 처우에 관한 법률 • 장애인 등에 대한 특수교육법 • 보호시설에 있는 미성년자의 후견 직무에 관한 법률 • 실종아동 등의 보호 및 지원에 관한 법률 • 장애아동복지지원법 • 한부모가족지원법	• 아동복지법 • 영유아보육법 • 청소년 보호법 • 청소년 기본법 • 청소년복지 지원법 • 교육기본법 • 유아교육법 • 학교보건법 • 아동·청소년의 성보호에 관한 법률 • 모자보건법
가족 및 모성을 일차적 대상으로 하는 법률	• 다문화가족지원법 • 가정폭력방지 및 피해자보호 등에 관한 법률 • 국민기초생활 보장법 • 산업재해보험법 • 장애인복지법	• 저출산·고령사회기본법 • 건강가정기본법 • 사회복지사업법 • 사회보장기본법 • 국민연금법
기타 아동복지 관련 법률	• 장애인고용촉진 및 직업재활법 • 정신보건법 • 의료급여법 • 성매매알선 등 행위의 처벌에 관한 법률	• 국민건강보험법 • 남녀고용평등과 일·가정 양립 지원에 관한 법률 • 근로기준법 • 지역보건법 • 민법

출처: 한성심 · 송주미(2015).

제5장

아동복지행정

본 장에서는 아동복지행정과 아동복지 전달체계의 연관성을 이해하고 이의 실행 방식을 탐색하며 공공아동복지 전달체계와 민간아동복지 전달체계를 이해한다.

1 아동복지행정의 개념 및 원칙

1) 개념

사회복지행정이란 사회복지와 행정의 합성어로 사회복지정책이 서비스 대상자에게 효과적이고 효율적으로 전환되도록 하는 일련의 활동이다. 사회복지를 실현하기 위한 모든 활동을 조직화하고 기관의 활동이 설립 목표와 부합하게 하며 서비스 대상자에게 최적의 서비스를 제공받도록 하는 일련의 행위를 포함한다(홍봉수 외, 2016).

아동복지행정이란 아동복지정책을 아동복지서비스로 전환시키는 데 필요한 사회복지조직에서의 총체적 활동이다. 아동복지행정은 사회복지행정의 하위 영역으로 아동과 그 가족을 대상으로 하는 행정이라 볼 수 있다(김성경 외, 2013). 아동복지행정은 아동복지기관의 목표설정, 정책형성, 기획, 인사활동, 재정조달평가 등 직접적 서비스를 지원하는 실천방법이다. 아동복지행정은 아동을 그 대상으로 하기에 아동의 권리와 아동에 대한 인간으로서의 존엄성을 보장해야 하는 것이 전제이다. 아동복지행정은 아동복지실천사업 방법의 하나로서 아동복지서비스를 용이하게 하는 기능을 한다.

2) 사회복지서비스의 전달체계에서 구축되어야 할 원칙

아동복지는 사회복지의 하위체계이므로 사회복지서비스의 전달체계에서 구축되어야 할 원칙에 따른다. 전달체계에는 원칙이 필요하다(홍봉수 외, 2016).

(1) 전문성의 원칙

핵심적인 업무는 반드시 전문가의 개입이 필요하다.

(2) 통합성의 원칙

클라이언트의 문제는 대개 복합적이고 상호 연관되어 있으므로 문제의 해결을 위해서는 서비스 간의 서로의 연관성을 파악해야 한다.

(3) 포괄성의 원칙

인간에게 발생하는 문제는 하나의 문제가 하나의 원인으로만 생겨나는 것이 아니라 다른 여러 가지 문제가 상호 연관되어 있다. 접근 방식에서 좀 더 포괄적으로 접근해 나갈 필요성이 있다.

(4) 적절성의 원칙

수요자 입장에서 서비스제공이 어떻게 이루어지는지를 염두에 두어야 한다. 클라이언트에게 제공되는 서비스의 양과 질, 제공하는 기간이 클라이언트나 소비자의 욕구충족과 서비스의 목표달성에 충분해야 한다.

(5) 지속성(연속성)의 원칙

지역사회 내에서 지속적으로 제공받도록 서비스를 상호 연계해 주는 것이 필요하다.

(6) 평등성의 원칙

서비스는 자신의 욕구 및 문제해결을 원하는 사람에게 차별 없이 제공되어야 한다. 차별이란 나이, 성별, 교육 수준, 국적, 언어, 종교, 지위에 관계없이 평등한 서비스제공이 국가와 사회를 통해 이루어져야 한다.

(7) 책임성의 원칙

복지조직은 국가로부터 위임받은 조직이므로 사회복지서비스 전달에 있어서 책임을 다하여야 한다.

(8) 접근 용이성의 원칙

클라이언트가 필요로 하는 서비스를 원하는 시점에서 제공받을 수 있어야 한다. 클라이언트가 접근하기 쉬운 서비스 전달체계가 이루어져야 한다.

2 아동복지정책의 전달체계

아동복지서비스 전달체계는 수요자에게 각종 복지서비스에 대한 정보제공과 교육기능, 다른 서비스 기관과 협력하는 기능을 수행한다. 사회복지에서의 전달체계란 급여 또는 서비스를 효율적으로 요보호자에게 전달하기 위하여 어떠한 조직을 통하여 실천할 것인가의 전략을 선택하는 것이다. 아동복지정책을 잘 실현하기 위해서는 공공과 민간의 조직에 의한 효율적인 전달체계의 활동 및 법적인 보장, 전문가 개입이 필수적이다.

1) 정책 형성에 관한 분석틀

(1) 대상체계

어떤 대상자에게 사회복지급여를 할당할 것인가의 수급자격을 결정하는 것이다.

보편주의와 선별주의 대상자의 자격 조건, 거주 여부나 기간, 시민권, 연령 등 인구학적 조건, 근로능력, 사회보험에의 기여 여부, 소득, 자산조사, 전문적 행정적 판단을 한다.

사회복지정책의 급여대상을 선정하는 것은 보편주의(universalism)와 선별주의(selectivity)이다. 보편주의에서 가장 중요한 것은 사회복지수급이 전 국민의 기본권의 하나로 생각하는 것이다. 보편주의는 제도적 개념으로 사회적 급여가 모든 국민에게 하나의 사회적 권리로 인정되고 있다. 대상자의 자격과 조건에 소득과 재산을 조사하지 않고 보편적으로 평등한 급여를 원칙으로 삼아야 한다는 생각이 보편주의이며 그 전형적인 예로 사회보험급여가 있다. 소득 수준에 관계없이 보편적인 사회급여를 제공해야 한다는 제도로 필요를 충족시키는 데 가족과 시장보다는 국가의 적극적 역할이 극대화된다. 보편주의 복지의 대표적 국가는 북유럽의 핀란드 스웨덴 등으로 이 국가는 국민의 조세부담이 많다. 그러나 운용의 효율성이 높다(홍봉수 외, 2016). 예를 들면, 모든 노인을 위한 사회보장연금과 모든 취학 아동을 위한 초·중등교육이 있다.

선별주의는 사회복지대상자를 사회적, 신체적, 교육적 기준에 따라 구분한 다음 복지서비스를 제공하는 것이다(원석조, 2014). 선별주의는 잔여적 개념으로 복지의 사회적 급여가 소수의 사회적 약자를 대상으로 제한적으로 주어진다. 사회보장급여를 저소득층에 효과적으로 집중시키기 위해 소득 및 재산조사, 기타 필요한 사항을 엄격한 조사에 바탕을 두고 수급 자격 요건에 해당하는 사람에게만 선별적으로 급여를 제공하는 것을 원칙으로 한다.

선별주의의 대표적인 국가는 미국이며 신자유주의 경제정책을 실시하는 국가의 공통적인 특징이기도 하다. 우리나라도 공공부조는 선별주의 성향이 대부분이다.

- 예 영국의 아동수당: 6개월 이상의 거주조건과 16세 미만의 아동. 인구학적 조건과 보편주의 원칙 적용
- 예 미국의 아동가족급여(AFDC): 거주조건, 16세 미만, 아동의 인구학적 특성, 소득, 자산조사, 모성의 근로능력과 선별주의 원칙을 적용

(2) 급여체계

수급 자격자에게 어떤 형태의 급여를 제공할 것인지를 결정하는 것이다. 기회 제공, 정책결정 참여, 비물질적 사회서비스 제공, 물품 제공, 신용, 물품교환권, 현금 제공이다.

아동복지의 급여체계는 소득보장(현금)과 서비스(대부분의 아동복지)로 구분한다.

(3) 전달체계

전달체계에는 공공조직, 민간조직, 공공과 민간의 혼합형태, 순수 민간조직이 있다.

- 공공조직: 모든 국민이 대상일 경우 유용하지만 가격과 질의 저하, 관료주의적 경직성, 접근의 어려움이 있다.
- 민간조직: 다양성, 선택의 자유, 창의성, 접근 용이성, 융통성의 장점이 있으나 서비스의 통합성과 지속성, 안정성이 취약하다.

(4) 재정체계

급여나 서비스의 비용을 어떻게 조달한 것인지를 결정하는 차원이다. 아동복지를 실현에 필요한 재원을 공공재정, 민간재정 등 어떤 방법으로 충당할 것인지를 결정해야 한다. 아동복지서비스는 공공재로서의 특성으로 인하여 민간재정으로 운영하면서 공공재정의 지원을 받는 혼합 형태이다. 비영리적 요인과 영리적 요인이 도입되어 혼합경제의 성향을 지닌다(표 5-1 참조).

〈표 5-1〉 사회복지정책의 재원

사회복지정책의 재원	내용
공공재원	일반세(소득세, 소비세, 재산세), 조세의 지출용도를 정하지 않고 징수하는 세금
	목적세(지출용도를 정한 세금), 조세비용(조세를 감면, 공제, 면제해 주는 것, 기부금 세금 감면 등)
사회보험의 재원	보험료, 목적세(담배, 술), 본인부담금(건강보험)
고용주 부담의 보험료	전체 자본이 전체 근로자에게 지급하는 사회적 임금

사회복지정책의 재원	내용
보험료와 조세	소득세, 아동수당
민간재원 (민간 사회복지조직의 재원)	정부보조금, 기부금, 후원금, 이용료, 모금, 직업복지(임금 외 급여, 부가급여, 유급휴가, 주택구입비 지원 등)

출처: 홍봉수 외(2016).

2) 아동복지정책의 전달체계

아동복지의 전달체계란 서비스 제공자 사이 또는 서비스 제공자와 수급자 사이에 존재하는 조직체계이다. 서비스 제공자는 정부와 민간기관이다. 정부가 시행하는 것을 공공복지라고 하고 민간기관이 운영하는 사회복지를 민간복지라고 한다. 민간복지는 개인이나 비영리사회단체 및 기업의 민간 부문이 주체가 되어 행하는 비정부 사회복지활동이다. 박애사업, 자선사업, 민간 사회복지기관과 시설, 기업복지가 여기에 속한다(원석조, 2014).

〈표 5-2〉 한국 사회복지 행정조직

구분			조직
공공 사회복지 행정조직	중앙정부의 사회복지행정조직	복지전담조직	보건복지부, 고용노동부, 교육부, 문화체육관광부, 국민연금관리공단, 근로복지공단, 국민건강보험공단 등
		복지겸무조직	국가교통부, 국가보훈처 등
	광역자치단체의 사회복지행정조직	복지전담조직	복지국, 여성정책관 등
		복지담당부서	복지정책과, 여성정책담당관, 보육담당관, 청소년담당관, 저출산대책담당관, 보건정책담당관 등
	기초자치단체의 사회복지행정조직	복지전담조직	주민생활국과 보건소 등
		복지담당부서	생활보장과, 가정복지과, 노인복지과, 환경과, 위생청소과, 보건행정과, 지역보건과 등
민간복지의 행정조직		전국적 단위	한국사회복지사협의회 등
		개별 단위	법인과 시설 단위

출처: 홍봉수 외(2016).

3 아동복지 공공 및 민간 전달체계

행정은 정책이 구체적인 서비스 제공으로 이어지는 과정 또는 구조이다. 우리나라 아동복지 행정체계는 아동복지 관련 '심의기구'와 아동복지 관련 '행정기관'으로 구분된다. 심의기구는 아동정책조정위원회 및 아동정책실무위원회이며 관련 행정기관은 보건복지부와 여성가족부이다.

1) 공공 및 민간 전달체계

아동복지에 관한 국가의 정책은 국가와 지방자치단체, 민간조직의 전달체계를 통해 집행되어 대상자에게 급여나 서비스가 제공된다. 아동복지의 실천 주체는 국가, 지방자치단체, 민간기관, 단체, 시설 또는 지역주민이 포함된다(윤매자 외, 2014). 아동복지서비스 국가 전달체계는 보건복지부 산하의 사회복지정책실과 인구정책실 산하의 인구아동정책관 등에서 정책을 수립하는 데 기여하고 있다(그림 5-1 참조).

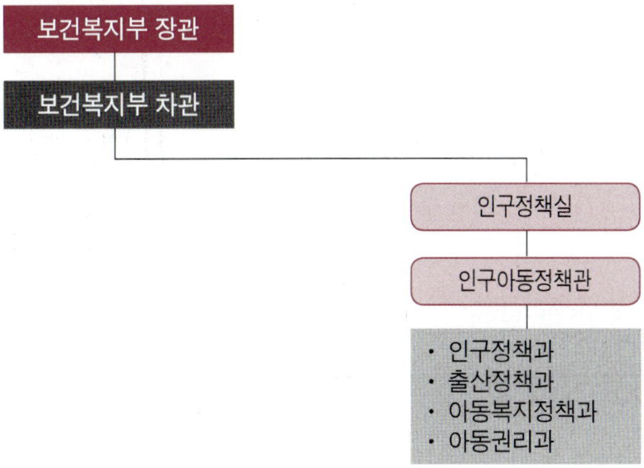

[그림 5-1] 우리나라 아동복지 정부부처

보건복지부(2016).

① 공적 전달체계: 특별시, 광역시, 도 → 시, 군, 구 → 읍, 면, 동 → 아동복지 수혜자

② 민간전달체계: 민간단체, 민간시설 → 아동복지 수혜자

③ 중앙부처: 보건복지부, 여성가족부, 기획재정부, 교육부 등

④ 지방부처: 시, 도 자치단체

⑤ 일선기관: 구 자치단체 사회복지과

⑥ 사적 전달체계와 연결한 민·관 합동 전달체계 수립

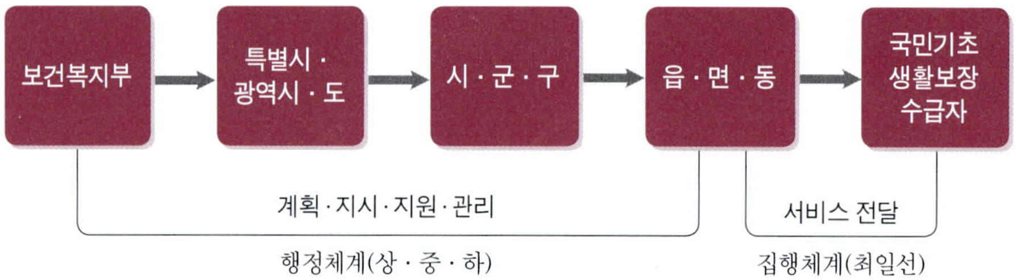

출처: 홍봉수 외(2016).

[그림 5-2] 국민기초생활보장서비스 전달체계

2) 아동복지기관 및 단체

아동복지기관 및 단체에는 정부기관, 민간기관 및 공적 단체, 아동복지 국제기구가 있다.

(1) 정부기관

보건복지부, 여성가족부, 교육부에서 아동복지의 주 업무를 담당한다.

(2) 민간기관 및 공적 단체

민간기관 및 공적 단체는 〈표 5-3〉과 같다.

〈표 5-3〉 민간기관 및 공적 단체

민간기관 및 공적 단체	연혁 등	홈페이지
사회복지관	1989년 한국사회복지관협회	kaswc.or.kr
아동보호전문기관	2000년 1월 울산지역 개소	korea1391.org
아동상담소	서울 시립아동상담치료센터	sp.dbnawoori.seoul.kr
지역아동센터	지역아동센터 중앙지원단	www.icareinfo.info
가정위탁지원센터	중앙가정위탁지원센터	www.fostercare.or.kr
건강가정지원센터	건강가정지원센터	www.familynet.or.kr
장애아동지원센터	사회적응운동, 사회성 증진반, 재활심리치료, 지역네트워크사업	www.m.broso.or.kr
장애인복지관	한국장애인복지관협회	www.hinet.or.kr
청소년상담지원센터	서울시 청소년상담복지센터	www.teen1318.or.kr
청소년상담복지센터	청소년진흥원	www.gb1388.or.kr
정신건강증진센터	전국 서울시 정신건강증진센터	www.kscmhc.or.kr
Wee센터[32]	2008년 9월	www.wee.go.kr
초록우산 어린이재단	1948년에 첫발. 2008년 이후 아동복지전문재단으로서 도약	www.childfund.or.kr
굿네이버스	1991년 국내에서 설립된 비정부기관(NGO)	www.goodneighbors.kr
홀트아동복지회	1955년, 홀트아동복지회로 변경	www.holt.or.kr
대한사회복지	1954년	www.sws.or.kr
동방사회복지회	1971년 외원단체	www.eastern.or.kr
부스러기 사랑나눔회	1986년 12월 선교회 창립	www.busrugy.or.kr
국내월드비전	1950년	www.worldvision.or.kr
유니세프	1946년 12월 11일 유니세프 창립	www.unicef.or.kr
한국아동복지협회	1952년 2월 15일	www.adongbokji.or.kr
기아대책	1989년 10월 창립	www.kfhi.or.kr
한국아동단체협의회	1992년 창립	www.kocconet.or.kr
사회복지공동모금회 사랑의 열매	1998년 설립. 민간모금기관	www.chest.or.kr
국내 세이브 더 칠드런 코리아	1953년 폭력, 학대, 차별 반대 2004년 어린이보호재단과 합병	www.sc.or.kr
플랜코리아	1953년	www.plankorea.or.kr

32) 교육청과 지역사회가 연계하여 학생의 건강하고 즐거운 학교생활을 지원하는 다중의 통합지원 서비스망. 학교 Wee클래스, 지역교육청 Wee센터, 시·도 교육청 Wee스쿨, 학습부진 및 학교 부적응 학생

(3) 아동복지 국제기구

아동복지 국제기구에는 〈표 5-4〉와 같은 기구가 있다.

〈표 5-4〉 아동복지 국제기구

기구명	사업주제
세계보건기구(WHO)	건강
국제노동기구(ILO)	근로아동의 복지
국제연합 교육, 과학 문화기구(UNESCO)	교육 부문, 환경문제, 세계문화유산 보존
국제아동기금(UNICEF)[33]	2차 세계대전 직후 1946년에 창립된 유엔 기구
국제아동복지연합(IWCW)	모자보건, 심신장애아동, 재활, 사회 부적응 아동
세이브더칠드런코리아국제구호개발 비정부기관(www.sc.or.kr)	1953년. 모든 아동의 생존, 보호, 발달 및 참여의 권리
국제월드비전(www.worldvision.or.kr)	1950년 재난, 구호
플랜인터내셔널(Plan International)	2002년 어린이와 함께 지역개발을 추진하는 국제 비정부기관 1937년 영국의 저널리스트 존 랭던 데이비스에 의해 설립된 국제 구호기구
세계어린이복지기구(www.wcwo.or.kr)	
한국국제봉사기구(www.kvo.or.kr)	

4 아동복지시설의 종류

아동복지시설의 종류를 「아동복지법」(제52조)에 따라 기술하면 〈표 5-5〉와 같다.

〈표 5-5〉 아동복지시설의 종류

종류	업무
아동양육시설	보호대상아동을 입소시켜 보호, 양육 및 취업훈련, 자립지원 서비스 등을 제공하는 것을 목적으로 하는 시설
아동일시보호시설	보호대상아동을 일시보호하고 아동에 대한 향후의 양육대책수립 및 보호조치를 행하는 것을 목적으로 하는 시설

33) united nations children's fund

종류	업무
아동보호치료시설	아동에게 보호 및 치료 서비스를 제공하는 다음의 시설 • 불량행위를 하거나 불량행위를 할 우려가 있는 아동으로서 보호자가 없거나 친권자나 후견인이 입소를 신청한 아동 또는 가정법원, 지방법원소년부지원에서 보호위탁된 19세 미만인 사람을 입소시켜 치료와 선도를 통하여 건전한 사회인으로 육성하는 것을 목적으로 하는 시설 • 정서적·행동적 장애로 인하여 어려움을 겪고 있는 아동 또는 학대로 인하여 부모로부터 일시 격리되어 치료받을 필요가 있는 아동을 보호·치료하는 시설
그룹홈	보호대상아동에게 가정과 같은 주거 여건과 보호, 양육, 자립지원 서비스를 제공하는 것을 목적으로 하는 시설
자립지원시설	아동복지시설에서 퇴소한 사람에게 취업준비기간 또는 취업 후 일정기간 동안 보호함으로써 자립을 지원하는 것을 목적으로 하는 시설
아동상담소	아동과 그 가족의 문제에 관한 상담, 치료, 예방 및 연구 등을 목적으로 하는 시설
아동전용시설	어린이공원, 어린이놀이터, 아동회관, 체육·연극·영화·과학실험전시 시설, 아동휴게숙박시설, 야영장 등 아동에게 건전한 놀이·오락, 그 밖의 각종 편의를 제공하여 심신의 건강유지와 복지 증진에 필요한 서비스를 제공하는 것을 목적으로 하는 시설
지역아동센터	지역사회 아동의 보호·교육, 건전한 놀이와 오락의 제공, 보호자와 지역사회의 연계 등 아동의 건전육성을 위하여 종합적인 아동복지서비스를 제공하는 시설
추가사업시설	
아동가정지원사업	지역사회아동의 건전한 발달을 위하여 아동, 가정, 지역주민에게 상담, 조언 및 정보를 제공하여 주는 사업
아동주간보호사업	부득이한 사유로 가정에서 낮 동안 보호를 받을 수 없는 아동을 대상으로 개별적인 보호와 교육을 통하여 아동의 건전한 성장을 도모하는 사업
아동전문상담사업	학교 부적응 아동 등을 대상으로 올바른 인격형성을 위한 상담, 치료 및 학교폭력 예방을 실시하는 사업
학대아동보호사업	학대아동의 발견, 보호, 치료 및 아동학대의 예방 등을 전문적으로 실시하는 사업
그룹홈사업	보호대상아동에게 가정과 같은 주거 여건과 보호를 제공하는 것을 목적으로 하는 사업
방과후 아동지도사업	저소득층 아동을 대상으로 방과후 개별적인 보호와 교육을 통하여 건전한 인격형성을 목적으로 하는 사업

5 아동복지 전문 인력

1) 공공 부문

(1) 아동위원

「아동복지법」 제14조에 따르면 "시·군·구에 아동위원을 둔다."고 되어 있다. 아동위원은 시·군·구의 명예직으로서 아동위원은 그 관할 구역의 아동에 대하여 항상 그 생활상태 및 가정환경을 상세히 파악하고 아동복지에 필요한 원조와 지도를 행하며 전담공무원 및 관계 행정기관과 협력하여야 한다. 아동위원은 그 업무의 원활한 수행을 위하여 적절한 교육을 받을 수 있다. 아동위원은 명예직으로 하되, 아동위원에 대하여는 수당을 지급할 수 있다. 그 밖에 아동위원에 관한 사항은 해당 시·군·구의 조례로 정한다.

(2) 아동복지 전담공무원

「아동복지법」 제13조에 따르면 아동복지에 관한 업무를 담당하기 위하여 특별시·광역시·도·특별자치도(이하 '시·도') 및 시·군·구(자치구를 말함)에 각각 아동복지 전담공무원을 둘 수 있다.아동복지 전담공무원은 「사회복지사업법」 제11조에 따른 사회복지사의 자격을 가진 사람으로 하고 그 임용 등에 필요한 사항은 해당 시·도 및 시·군·구의 조례로 정한다. 아동복지 전담공무원은 아동에 대한 상담 및 보호조치, 가정환경에 대한 조사, 아동복지시설에 대한 지도·감독, 아동범죄 예방을 위한 현장확인 및 지도·감독 등 지역 단위에서 아동의 복지 증진을 위한 업무를 수행한다. 관계 행정기관, 아동복지시설 및 아동복지단체(아동의 권리를 보장하고 복지 증진을 목적으로 설립된 기관 및 단체를 말함)를 설치·운영하는 자는 아동복지 전담공무원이 협조를 요청하는 경우 정당한 사유가 없는 한 이에 따라야 한다.

「사회복지사업법」 제14조에는 사회복지 전담공무원의 역할을 "관할지역 내의 사회복지를 필요로 하는 사람 등에 대하여 그 생활실태와 가정환경 등을 파악하고, 사회복지에 관하여 필요한 상담과 지도를 행한다."라고 규정되어 있으나, 지방공무원으로서 현장에서 수행하고 있는 업무 영역은 매우 광범위하다. 실제로 사회복지직의 89%가 읍·면·동에서 근무하고 있으며, 각 읍·면·동에는 1~2명(전국 평균 1.7명)의 사회복지 전담공무원이 복지업무의 대부분을 담당하고 있다. 또한, 사회복지 전담공무원의 지위는 1992년 개정된 「사회복지사업법」에 법적 근거 및 배치 기준이 명시되었고, 이후 지방공무원 임용령의 개정으로 사회복지 직렬이 5급에서 9급까지 신설되기에 이르렀다.

사회복지 전담공무원이 맡고 있는 업무를 분야별로 나누면, 보건복지부의 업무로는 공공부조로서 기초생활보장사업 및 자활사업, 의료급여, 사회복지서비스로서 저소득 노인, 아동, 장애인 지원사업, 소년소녀가장 지원사업, 노인일자리사업, 경로당 지원사업, 아동급식사업, 각종 차상위계층 지원사업 등을 담당하고 있다. 또한, 여성가족부의 보육료 감면사업과 저소득 모·부자가정 지원사업, 청소년위원회의 청소년 관련 사업, 건설교통부의 주거복지사업, 교육부의 유치원 교육비 감면과 방학 중 아동급식사업, 보훈청의 유공자 지원사업, 통일부의 북한이탈주민에 대한 지원사업 등을 담당하고 있다.

(3) 건강가정사

건강가정사는 「건강가정기본법」에 규정된 건강가정사업을 수행하기 위하여 관련 분야에 대한 학식과 경험을 가진 전문가이다. 건강가정사 자격은 대학 또는 이와 동등 이상의 학교에서 사회복지학·가정학·여성학 등 관련 교과목을 이수하고 졸업한 자에게 주어진다(「건강가정기본법」 제35조 제2, 3항).

(4) 아이돌보미

만 12세 이하 아동을 둔 맞벌이 가정 등에 직접 방문하여 아동을 안전하게 돌보는 아이돌봄 서비스이다. 아이돌봄지원사업은 가정의 아이돌봄을 지원하여 아이의 복지 증진과 보호자의 일·가정 양립을 통한 가족 구성원의 삶의 질 향상과 양육 친화적인 사회 환경을 조성하는 데 목적이 있으며, 여성가족부에서 운영한다(https://idolbom.go.kr).

2) 민간 부문

(1) 아동복지시설 및 기관종사자

아동복지시설 종사자란 아동복지시설에서 아동의 상담·지도·치료·양육, 그 밖에 아동의 복지에 관한 업무를 담당하는 사람을 말한다(「아동복지법」 제3조 제11항)(표 5-6 참조).

(2) 아동보호전문기관 상담원

중앙아동보호전문기관은 「아동복지법」 제45조에 의거하여 아동학대 예방사업을 활성화하고 지역 간 연계체계를 구축하기 위해 보건복지부에 의해 2001년 10월 설립되었다. 중앙아동보호전문기관은 지역아동보호전문기관을 지원하고, 아동학대 예방사업 연구 및 자료 발간, 효율적인 아동학대 예방사업을 위한 연계체계 구축, 아동학대예방 프로그램 개발 및 평가, 상담원 직무교육 및 아동학대 예방 관련 교육 및 홍보, 아동보호전문기관 전산시스템 구축 및 운영 등의 업무를 수행하고 있다.

(3) 학교사회복지사

학교에서 일어나는 학생의 문제를 개인의 문제만이 아닌 개인을 둘러싼 환경과의 상호작용 문제로 보고 이러한 심리·사회적 문제를 학생, 학교, 가정, 지역사회의 연계를 통해 예방하고 해결함은 물론, 학생에게 최상의 교육 환경과 교육 기회를 제공한다. 사회복지의 전문 분야라고 할 수 있다(한국학교사회복지사협회, 2016).

(4) 사회복지사

1970년대 사회복지사업 종사자로 시작하여 1983년 5월 「사회복지사업법」이 개정되면서 사회사업가 또는 사회사업 종사자의 명칭이 '사회복지사'로 규정되어 사회복지사 자격증이 발급되기 시작하였다. 우리나라는 「사회복지사업법」 제11조 제1항의 규정에 의하여 "사회복지에 관한 전문지식과 기술을 가진 자"를 사회복지사로 규정하고 있다(한국사회복지사협회, 2016).

(5) 지역아동센터 생활복지사

- 「사회복지사업법」에 따른 사회복지사 2급 이상 자격이 있는 사람
- 유치원, 초등학교 또는 중등학교 교사 자격이 있는 사람
- 「영유아보육법」에 따른 보육교사 1급 자격이 있는 사람(지역아동센터 중앙지원단, 2016)

(6) 방과후 지도사

학생 지도의 전반적인 지식과 운영능력을 갖추고 방과후 교실을 운영하는 전문 교사로서 학생의 특성을 파악하여 그들에 맞는 교육방법을 모색하고 지도함으로써 학생 개개인의 소질과 적성을 개발하고 다양성을 찾아내는 역할을 하는 지도사이다(한국자원봉사교육협회, http://www.kvea.or.kr).

〈표 5-6〉 아동복지시설 종사자의 자격기준(제52조 관련)

아동복지 시설의 장	• 「사회복지사업법」에 따른 사회복지사 2급 이상의 자격 취득 후 아동과 관련된 사회복지사업에 3년 이상 또는 사회복지사업에 5년 이상 종사한 경력이 있는 사람 • 학대아동보호사업과 관련된 기관에서 3년 이상 근무한 경력이 있는 사람 • 7급 이상 공무원으로서 국가나 지방자치단체에서 사회복지사업에 관한 행정업무에 5년 이상 종사한 경력이 있는 사람 • 「의료법」에 따른 의사·한의사 또는 치과의사 면허 취득 후 3년 이상 진료 경력이 있는 사람 • 「정신보건법」에 따른 정신보건전문요원 자격 취득 후 사회복지사업에 5년 이상 종사한 경력이 있는 사람 • 「영유아보육법」에 따른 보육교사 1급 자격 취득 후 사회복지사업에 5년 이상 종사한 경력이 있는 사람 • 유치원, 초등학교 또는 중등학교 교사자격증 취득 후 사회복지사업에 5년 이상 종사한 경력이 있는 사람 • 직업훈련교사, 간호사, 영양사 자격 취득 후 사회복지사업에 5년 이상 종사한 경력이 있는 사람

사무국장	• 「사회복지사업법」에 따른 사회복지사 2급 이상의 자격 취득 후 아동과 관련된 사회복지사업에 1년 이상 또는 사회복지사업에 3년 이상 종사한 경력이 있는 사람 • 학대아동보호사업과 관련된 기관에서 1년 이상 근무한 경력이 있는 사람 • 9급 이상 공무원으로서 국가나 지방자치단체에서 사회복지사업에 관한 행정업무에 3년 이상 종사한 경력이 있는 사람 • 「정신보건법」에 따른 정신보건전문요원 자격 취득 후 사회복지사업에 3년 이상 종사한 경력이 있는 사람 • 「영유아보육법」에 따른 보육교사 1급 자격 취득 후 사회복지사업에 3년 이상 종사한 경력이 있는 사람 • 유치원, 초등학교 또는 중등학교 교사자격증 취득 후 사회복지사업에 3년 이상 종사한 경력이 있는 사람 • 직업훈련교사, 간호사, 영양사 자격 취득 후 사회복지사업에 3년 이상 종사한 경력이 있는 사람
보육사	• 「사회복지사업법」에 따른 사회복지사 3급 이상 자격이 있는 사람 • 「영유아보육법」에 따른 보육교사 자격이 있는 사람 • 유치원, 초등학교 또는 중등학교 교사 자격이 있는 사람
생활복지사 또는 상담지도원	• 「사회복지사업법」에 따른 사회복지사 2급 이상 자격이 있는 사람 • 유치원, 초등학교 또는 중등학교 교사 자격이 있는 사람 • 「영유아보육법」에 따른 보육교사 1급 자격이 있는 사람
직업훈련 교사	• 「근로자직업능력 개발법」에 따른 직업능력개발훈련교사 자격이 있는 사람 • 「학원의 설립·운영 및 과외교습에 관한 법률」에 따른 학원강사 자격이 있는 사람
임상심리 상담원	• 「고등교육법」에 따른 대학 또는 이와 같은 수준 이상의 학력이 있다고 교육부장관이 인정하는 학교에서 심리학을 전공하여 졸업한 사람
자립지원 전담요원	• 「근로자직업능력 개발법」에 따른 직업능력개발훈련교사 자격이 있는 사람 • 「사회복지사업법」에 따른 사회복지사 2급 이상의 자격이 있는 사람 • 초등학교 또는 중등학교 교사 자격이 있는 사람 • 대학 또는 이와 같은 수준 이상의 학력이 있다고 교육부장관이 인정하는 학교 졸업자(다른 법령에서 이와 동등 이상의 학력이 인정된 사람을 포함한다)로서 아동복지 또는 사회복지 관련 학과를 졸업하고 1년 이상 아동복지 업무에 종사한 경력이 있는 사람

6 아동복지의 실천

아동복지의 실천에는 광의의 실천방법과 협의의 실천방법이 있다. 광의의 실천방법은 아동복지정책, 행정, 관련법과 같은 제도적 접근과 아동과 아동복지 전문가와의 전문적 원조관계에서 형성되는 실천적 기술을 의미하는 전문적 접근 모두를 포함하는 방법을 말한다.

협의의 실천방법인 미시적·기술적 실천에는 개별, 집단, 지역사회아동복지, 사례관리 등이 있다.

1) 개별적 아동복지실천방법

아동복지서비스는 아동 및 그 부모 혹은 아동과의 관계하는 자로부터의 소개로 아동과 만나게 된다.

(1) 정의

클라이언트와의 일대일 관계 속에서 이루어지는 직접 실천이다. 개별 문제에 초점을 두고 이를 해결하기 위한 클라이언트와 사회복지사와의 전문적 관계를 도구로 활용한다. 다양한 모델과 개입방법을 활용하여 개인의 적응과 변화 또는 개인과 환경과의 상호작용을 변화시키기 위한 노력이다. 즉, 개별아동복지실천은 아동이 갖는 문제에 초점을 두고 아동의 적응과 변화 또는 아동과 환경과의 상호작용을 변화시키기 위한 노력이다.

(2) 과정

① 초기 접촉(접수면접)

아동이 직접 심리적 요청하는 경우는 없으며 부모나 교사의 전화나 방문으로 시작된다.

클라이언트의 문제나 욕구를 확인한다. 아동의 문제와 상황에 대한 진실한 관심과 욕구와 현존한 문제의 긴급함을 사정하고 위기 혹은 비상 상황에 주목한다. 경우에 따라 아동이 저항을 나타낼 수도 있는데, 사회복지사로부터 이해와 지지를 느끼고 변화를 이룰 가능성에 대한 희망을 느낀다면 아동은 작은 변화를 시도한다.

다른 경로는 아동의 문제와 욕구를 충족시킬 수 있는 서비스를 제공할 수 있는 전문가, 기관, 프로그램에 아동을 연결하는 것이다. 지역사회자원, 서비스, 기회를 연결하는 것은 매우 중요한 사회복지활동이다. 초기 접촉에서 서비스 내용이 기관의 목적이나 기능에 부합하는지를 검토한다.

② 사정과 계획

자료수집과 사정은 개입과 문제해결 노력에서 주요한 요소이다. 자료수집은 정보수집이며, 사정은 정보를 해석하고 자료로부터 추론하는 지적인 활동이다. 사정은 자료에 기초하여 이루어진다. 2가지 활동은 초기에 집중적으로 이루어지지만 원조과정 내내 지속된다.

자료수집은 직접 질문, 간접적 투사적 질문, 관찰, 자기관찰, 보관기록을 활용한다. 발달력, 생활력, 현재 발달상태 및 기능수행 정도, 가족 구성원에 대한 정보, 가족의 역동성, 가족문화 등을 조사한다. 학교, 이웃, 기관과 같은 아동과 가족의 주변 사회적 지지망을 조사한다. 인터뷰, 놀이 활동, 가족치료의 기법을 활용하여 조사한다. 사정은 클라이언트의 관심과 상황을 이해하고 활동계획을 개발하기 위한 활동이다.

계획을 세울 때는 개입에서 역점을 두어야 할 문제나 관심사, 개입의 목표나 기대되는 결과, 개입과정 동안 사회복지사가 취해야 할 행동에 주의하고 시간계획을 한다. 계약단계에서는 문제에 관한 상호 이해를 통해 문제를 구체화, 목표설정, 효과적 접근방법 개발, 단계적 행동방법 구상, 평가계획을 세운다.

전문적 관계의 특성은 목적 지향적, 시간 제한적, 클라이언트 중심적이며 아동은 자유롭게 사고나 감정을 표현할 권리가 있다. 또한, 이 단계에서는 비밀유지의 원칙에 대해 설명하고 약속한다.

③ 개입

개입방법은 아동의 상태에 따라 심리치료모델, 행동수정모델, 클라이언트 중심 혹은 아동중심모델, 놀이치료, 정신역동아동치료, 인지행동아동치료 등 다양하다.

④ 평가와 종결

최종단계로서 적절한 시점에서 회기를 종결하는 것이 필요하다.

(3) 아동복지실천에서의 고려사항

개별 실천이 효과적인 경우는 아동의 불안이 심할 때, 아동이 부모에 의한 방임, 학대, 유기, 자아존중감을 저하시키는 장애가 있을 때이다.

집단 실천이 효과적인 경우는 상호 원조, 치료를 시행하며 상담집단은 공통적인 문제나 경험을 가진 아동에게 안전한 사회적 경험과 정서적 표현을 격려하는 양육환경을 제공한다.

2) 집단적 아동복지실천방법

집단은 적게는 4, 5명에서 수십 명에 이르는 아동 또는 부모집단을 대상으로 다양한 프로그램을 통해 도움을 제공하는 방법이다. 집단 실천이란 전문가에 의한 의도적 집단과정과 경험을 통해 개인의 사회적 기능수행을 향상시키며 개인, 집단, 지역사회의 당면한 문제를 더욱 효과적으로 대처해 나갈 수 있도록 하는 것이다.

집단 실천에는 집단사회사업, 집단치료의 두 종류가 있다. 집단사회사업이란 치료에 주 목적이 있는 것이 아니라 개인의 사회화 촉진, 정보 교환, 문제 대처방법의 교환, 잘못된 행동, 가치 등의 교정에 중점을 둔다. 집단치료는 정서적 문제, 행동문제, 대인관계상의 문제 등 비슷한 문제를 갖고 집단에 참여하여 집단 내에서의 상호작용 가운데 문제를 해결한다. 아동대상 집단에는 지지집단, 교육집단, 성장집단, 치료집단, 사회화 집단이 있다.

(1) 지지집단(support group)

구성원이 스트레스를 주는 생활상의 사건을 잘 대처하고 효과적으로 적응할 수 있도록 원조하는 집단으로 클라이언트들은 대개 유사한 문제나 경험을 갖고 있다. 지지집단은 다른 형태의 집단에 비해 유대가 빨리 형성되는 것이 특징이다. 이혼부부 자녀 집단 등이 이에 속한다.

(2) 교육집단(educational group)

구성원의 지식, 정보, 기술의 향상이 주목적이다. 학습에 대한 공통 관심사를 가진 사람으로 구성된다. 성교육 청소년 집단, 소아당뇨·특정 질환 아동에 대한 식이요법 훈련집단이 있다.

(3) 성장집단(growth group)

자신과 타인에 대해 생각, 감정, 행동을 인식, 확장, 변화시키는 기회를 통해 자신의 잠재력을 최대한 발휘하도록 하는 데 목적이 있다. 심리사회적 건강 향상이 목적이다.

(4) 치료집단

구성원의 행동 변화, 개인적인 문제의 개선 또는 상실된 기능의 회복을 원조한다. 약물중독 치료집단, 보호관찰 처분받은 청소년 집단 등이 있다.

(5) 사회화 집단(socialization group)

사회적 관계에 어려움을 가진 클라이언트를 중심으로 사회생활에서 효과적으로 기능하기 위해 필요한 사회기술을 학습하거나 사회적으로 받아들여지는 행동 형태를 배우는 것이다. 공격적 아동 집단, 치료센터에 입소하는 아동의 주별 모임 집단, 스카우트 활동 집단이 있다(표 5-7 참조).

〈표 5-7〉 집단의 종류

구분	교육 및 지도중심 집단	성장 및 훈련중심 집단	상담 및 치료중심 집단
목적	정보제공과 학습을 통한 지식 증가	집단 구성원의 잠재력 개발 및 대인관계 경험, 정서적 성장, 자아인식, 통찰의 증진	집단 구성원의 성격 및 행동변화, 문제해결, 이상행동의 수정, 교정, 재활
방법	강연, 토론, 직접 경험	소집단 대화, 훈련, 상호작용, 역할놀이	집단상담 및 치료
대상	일반아동	일반아동 상담 및 치료대상 아동	적응문제, 이상행동 등의 문제를 가진 아동

3) 지역사회중심의 아동복지실천

지역사회복지는 중앙정부의 복지정책과 기능의 일부 또는 전체가 지방자치단체로 이관됨에 따라 지역사회를 단위로 하는 새로운 개념의 복지가 시작되었다.

지역사회 아동복지가 성공적이기 위해서는 한 지역사회 내 아동과 부모, 가족, 지역사회 전체의 아동복지에 관련된 욕구 혹은 문제를 정확하게 파악하고 있어야 하며 지역사회가 지닌 특성에 관한 전반적인 이해가 있어야 한다.

지역사회중심의 아동복지실천이란 지역사회가 지닌 아동 관련 문제 및 욕구 등을 예방하고 해결하기 위하여 지역사회의 지역아동복지 관련 전문가와 지역주민에 의해 이루어지는 지역아동복지정책 및 서비스를 포함한 노력의 총체이다.

지역사회중심의 아동복지가 실천되는 분야는 다음 4가지 기준에 의한다. 지역사회아동복지를 위한 지방자치단체, 지역사회기관의 정책중심의 지역아동복지, 각종 위원회와 협의회를 통한 지역아동복지, 모금(재정 지원)을 통한 지역아동복지, 직접적 서비스를 제공하는 서비스 기관을 통한 지역아동복지이다.

4) 사례관리

사례관리는 장기간 서비스를 제공받아야 하는 복합적인 문제를 가진 아동 및 부모에게 서비스를 제공하는 중재방법이다. 특히, 서비스의 지속성과 연계성 및 통합성을 필요로 하는 발달 초기 아동과 가족을 위한 서비스 프로그램에 효과적이다(한성심·송주미, 2015).

복합적이고 장기적이며 다양한 욕구를 가진 클라이언트를 대상으로 개별적인 상황에 따른 원조계획을 세워 클라이언트 자신의 자원뿐 아니라 가족, 친구, 이웃 등의 비공식적인 자원, 수당, 급여와 같은 공적인 프로그램과 서비스 등 공식적인 자원과 연계하여 대응한다. 이것은 클라이언트의 복지추구와 기능의 강화, 서비스의 효과성을 증진하기 위해 전문화되고 분화된 공적 서비스와 사적 서비스 등의 제반 서비스를 적절하게 조정하는 서비스 체계이다.

사례관리는 지속성, 서비스 간의 연계성, 통합성을 필요로 하는 아동이나 그 가족을 위한 서비스 프로그램에 효과적인 방법이다. 클라이언트체계는 개인이지만 개입은 개인을 비롯한 다양한 체계로 확대시킨 통합적 접근에 기초한다.

(1) 기본 원칙

개별화된 서비스제공의 원칙, 조정의 원칙, 서비스 통합의 원칙, 연속성의 원칙, 사례관리자 책임의 원칙이 있다.

(2) 사례관리의 주요 기술

직접 서비스 기술에는 개별상담과 치료, 집단상담과 치료, 가족상담과 치료 및 교육 훈련이 있다. 간접 서비스 기술에는 각 시설 간의 연결 및 조정 정보제공, 사회망 형성 보조, 자조집단 형성 지지, 사회교육 및 아동 옹호가 있다.

(3) 사례관리의 과정과 단계별 기능

클라이언트가 필요로 하고 원하는 서비스를 제공받을 수 있도록 원조해 주는 방향으로 움직인다.

① 초기 접촉

기관, 가족, 지역사회, 조직, 교회, 경찰, 학교로부터 의뢰받거나, 스스로의 방문을 통해 기관과 접촉한다. 혹은 자원봉사자, 실습생이 지역사회를 방문하는 아웃리치를 통한 접근이 있거나 의뢰받는다.

② 접수면접, 사정, 실천계획 및 목표수립

클라이언트의 문제 상황을 밝혀 내는 것이다. 사정은 문제의 확인이며 실천계획 및 목표수립은 사정에 기초하여 종합적인 서비스 계획 및 목표를 수립한다.

③ 개입계획수립과 자원개발

구체적이고 개별화된 전략이다. 위기개입, 정서적 지지, 교육, 옹호, 자원연계가 있다.

④ 클라이언트 서비스 체계와의 연결

또 다른 필요한 서비스에 연결될 수 있도록 하는 등 클라이언트와 서비스 체계 간의 연결이 순조롭게 진행되도록 돕는 과정이다.

⑤ 점검과 재사정

서비스 제공과 조정이 어느 정도 만족스러운지 개입계획의 새로운 변화 가능성이 있는지 평가하기 위해 실시하는 데 목적이 있다.

시간, 서비스와 자원에 관한 것, 서비스와 지원계획이 어느 정도 이해되고 있는지 계획이 성공적인지 역행적 결과인지를 점검한다.

⑥ 평가

사례관리자에 의한 서비스 계획 등이 시간과 비용을 투자할 만큼 가치가 있는지 혹은 없는지를 알아 보기 위한 과정이다.

⑦ 종결

문제해결능력을 가진 클라이언트를 삶의 주체로 세우는 관계 전환의 과정이다.

클라이언트가 욕구가 해결된 상태를 유지하고 또 다른 욕구가 생겼을 때 스스로 해결할 수 있는 기회를 갖도록 한다.

제6장

보육사업서비스

최근 출산율의 급격한 저하와 육아 비용의 증대, 핵가족화의 급속한 진행, 지역사회의 자녀 양육능력 저하 등은 아동복지 서비스에 관련한 수요를 극도로 증대시키고 있다. 이러한 시대적 요구와 기대에 따라 보육사업은 초기에는 저소득층 가정 및 맞벌이 가정의 아동을 위해 부모의 역할을 보완해 주는 선별적·대리적 서비스로 시작되어 현재는 보육서비스를 희망하는 모든 가정과 아동에게 지원하는 아동복지 및 가정 복지의 보편적·지지적 서비스로 확대되고 있다. 이에 보육교사의 활동 대상이 아동뿐 아니라 보호자와 지역사회로 확대되면서 보육교사의 지역사회 연계에 기초한 적극적인 실천력이 현장이나 보육서비스 이용자로부터 요구되고 있다. 따라서 보육사업은 단순히 아동을 보육하고 교육하는 것만이 아니라, 아동의 발달을 위해 아동 및 아동 주변의 환경에 적극적으로 개입하고 다양한 프로그램 개발과 실행을 하는 등 적극적인 보육을 의미한다.

본 장에서는 보육의 개념과 필요성, 보육의 발달과정, 보육과 영유아복지, 현재 추진되고 있는 보육의 현황을 살펴봄으로 우리나라 보육사업의 과제를 살펴보고자 한다.

1 보육의 개념과 필요성

1) 보육의 개념

보육의 개념은 시대와 상황에 따라 변화되어 왔으나, 기본적으로 '탁아'(託兒)라는 용어에서 시작되어 현대의 '보육'(保育)이라는 사회적 개념으로 변화되어 왔다. 탁아란 '아동을 위탁한다'는 의미로 아동이 그의 가정에서 정상적 양육을 받기 어려운 경우 하루 중 일정시간 동안 타인이나 기관으로부터 보호와 양육서비스를 제공받는 것을 의미한다(이순형 외, 2004). 즉, 각 가정의 개별적인 요인에 의한 '단순 보호' 차원이었다. 그러나 1991년 「영유아보육법」이 제정·공포되면서 이전의 보호 기능에 머물렀던 탁아의 개념이 보호(care)와 교육(education)의 기능을 통합하게 되어 '보육'으로 명명되어 탁아와는 차별성을 가지게 되었다.

보육은 보충적 서비스로 분류되며, 부모에 의한 양육상의 부적절함에 대한 사회의 보충적 지원체계로 부모가 수행해야 할 양육의 역할 보충에 초점을 둔다. 보육사업을 통해서 아동의 전인적 발달을 돕고 복지를 향상시키며, 넓은 의미의 교육적 활동을 통한 교육보호의 개념을 바탕으로 한 것이라 볼 수 있다.

즉, 단순히 영유아를 보호하는데 그치지 않고 영유아의 발달 특성에 따른 교육적 서비스를 제공하는 보육은 교육, 사회적 서비스, 영양, 건강 서비스 등을 종합한 보호·교육의 통합적 개념이며, 이를 실현하기 위해 기관, 지역사회, 가정의 양육을 모두 지원하는 서비스라고 할 수 있다.

2) 우리나라 보육 개념의 역사적 변천

보육 개념의 변천은 우리나라 영유아 보육 관련 제도 및 정책적 변화와 함께해 왔으며 이 속에서 이해되어야 한다. 보건복지부(2012)는 우리나라 보육제도와 정책을 1961년 「영유아보육법」이 제정되기 전인 제1기와 제 2기, 제정된 후에는 제3기~7기로 분류하고 있다. 이 책에서는 보육의 개념 변화에 주목하여 5기로 분류해 설명하고자 한다.

(1) 제1기(1921~1981년)

1961년 「아동복리법」[34]이 제정된 이후부터 국가 차원의 보육정책이 시작되었던 보육은 위탁과 보호를 목적으로 하는 구호적 차원의 탁아의 성격이 강하였다. 1977년 보건사회부가 탁아시설의 법인화를 추진하고, 1978년에 일반아동에게도 개방하는 '탁아시설 운영 개선 방안'을 발표함으로써 어린이집을 중산층 위주의 시설로 변화시키는 계기가 되었다.

(2) 제2기(1982~1990년)

「유아교육진흥법」이 1982년에 제정되면서 탁아사업의 주관 부처는 보건사회부에서 내무부로 이관되었고, 유치원과 탁아시설에 대한 주관 부서는 내무부로 통합되었다. 이러한 유치원과 탁아시설의 이원화로 유치원은 교육 기능, 탁아시설은 아동 보호 기능으로 이해되어지게 되며, 이 시기의 보육 개념은 아동보호의 성격이라고 할 수 있으나 탁아사업의 법적 근거가 「유아교육진흥법」으로 유아교육의 틀 속에 탁아가 포함됨으로써 아동의 보호와 양육의 측면은 퇴색되었다.

(3) 제3기(1991~2003년)

「영유아보육법」 제정과 함께 본격적으로 보육의 체계화가 이루어지며, 보육의 주관 부서는 다시 보건복지부로 일원화되었다. 또한, 이 시기에 이전까지 사용되어온 '탁아'라는 용어가 '보육'이란 용어로 전환되었다(김경회 외, 2013).

(4) 제4기(2004~2008년)

이 시기는 「영유아보육법」이 전면 개정되었고, 주관 부서가 여성가족부로 이관되었으며, 보육이 주요 국정 과제로 인정되어 국가적 차원으로 접근하기 시작하였다. 전면 개정된 「영유아보육법」에는 보호뿐만 아니라 교육이 포함됨에 따라 어린이집 기능이 보호와 교육으로 제시되었다.

참여정부의 제1차 육아지원정책으로 '보육 및 육아교육 지원의 공공성 확대'에 대

34) 「아동복지법」의 이전 명칭으로 1981년 4월 변경되었다.

한 대책을 발표하였으며, 이는 육아 부담을 부모의 소득 수전에 따라 50% 경감하고 1년간의 육아휴직, 어린이집 평가인증제 도입 및 보육교사 국가자격제도 시행 등의 내용을 포함하고 있다. 제2차 육아지원정책에는 '출산율 제고 및 여성 경제활동의 참가'에 대한 대책을 발표하여, 어린이집 표준보육료 산정과 어린이집 영아 기본보조금제도 도입의 내용이 포함되어 있다. 또한, 여성가족부에서 공보육 강화를 위한 제1차 중장기 보육계획인 새싹플랜(2006~2010년)을 발표하였으며, 영아 기본보조금 확대 지원, 어린이집 차등 보육료를 이용자의 평균 소득 130% 이하까지 확대하는 내용을 포함하고 있다.

(5) 제5기(2009~2012년)

제1차 중장기 보육계획(새싹플랜: 2006~2010년)을 수정·보완하고, 아이사랑플랜 수립 및 시행 시기로 보육에 대한 국가책임 강화, 수요자 중심의 보육정책으로 개편하는 보완계획 수립하였다. 이는 어린이집 이용자에 대한 보육료 지원 확대, 시설 미이용 가구에 대한 양육수당 도입, 어린이집 평가인증 활성화, 보육 전자 바우처(아이사랑카드) 도입, 보육서비스 품질 제고(보육프로그램, 아동의 건강·영양·안전 등), 3~5세 누리과정 도입, 공공형 어린이집 사업 도입 등의 내용을 포함하고 있다(김경회 외, 2013).

이와 같이 우리나라 영유아보육 관련 제도 및 정책의 변천과정에서 살펴본 보육의 개념은 1991년 「영유아보육법」 제정 전에는 '탁아'로서의 위탁과 보호·양육의 개념으로, 같은 법 제정 후에는 보호·양육의 개념으로, 같은 법 개정 후에는 보호·양육과 교육의 개념으로 나타난다.

「영유아보육법」에 규정된 보육 개념의 변화

1991. 1. 14. 법 제정

- 보육법의 목적: 보호자가 근로 또는 질병 기타 사정으로 인하여 보호하기 어려운 영아 및 유아를 심신의 보호와 건전한 교육을 통하여 건강한 사회성원으로 육성함과 아울러

보호자의 경제적·사회적 활동을 원활하게 하여 가정 복지 증진에 기여함을 목적으로 한다.

2004. 1. 29. 전체 개정

- 보육법의 목적: 영유아를 심신의 보호와 건전한 교육을 통하여 건강한 사회성원으로 육성함과 아울러 보호자의 경제적·사회적 활동을 원활하게 함으로써 가정 복지 증진에 기여함을 목적으로 한다.
- 보육의 정의: '보육'이라 함은 영유아를 건강하고 안전하게 보호·양육하고 영유아의 발달 특성에 적합한 교육을 제공하는 사회복지 서비스를 말한다.

2008. 12. 19. 일부 개정

- 보육의 정의: '보육'이란 영유아를 건강하고 안전하게 보호·양육하고 영유아의 발달특성에 맞는 교육을 제공하는 보육시설 및 가정양육 지원에 관한 사회복지 서비스를 말한다.

2011. 6. 7. 일부 개정

- 보육의 정의: '보육'이란 영유아를 건강하고 안전하게 보호·양육하고 영유아의 발달특성에 맞는 교육을 제공하는 어린이집 및 가정양육 지원에 관한 사회복지 서비스를 말한다.

2011. 8. 4. 일부 개정

- 보육법의 목적: 영유아의 심신을 보호하고 건전하게 교육하여 건강한 사회 구성원으로 육성함과 아울러 보호자의 경제적·사회적 활동이 원활하게 이루어지도록 함으로써 영유아 및 가정의 복지 증진에 이바지함을 목적으로 한다.

출처: 국가법령정보센터.

3) 외국의 보육제도 체제

천은영과 유수정(2014)에 따르면 현재 세계의 보육제도는 그 나라 형편에 따라 알맞은 제도 및 행정 관리 체계를 채택하여 운영하고 있다. 먼저, 수요자가 영유아교육기관을 선택하고 수익자 부담에 의해 운영하며 행정부서가 이원화된 체제를 선택하고 있는 국가와 다음으로 국가나 지방정부에서 영유아교육기관을 설치하여 정부 지원 체제로 운영하고 있는 일원화 국가로 구분할 수 있다.

이원화 체제를 채택하고 있는 국가는 시장경제를 채택하고 있는 미국과 영국, 한국, 일본 등이 있으며, 일원화 체제를 채택하고 있는 국가는 공교육 체제를 확립하고 있는 스웨덴 및 노르딕 국가가 있다. 또한, 연령으로 구분하는 국가는 프랑스, 이탈리아, 러시아, 중국 등이 있다.

〈표 6-1〉 외국의 보육체도 체제

유형	이원병행 체제 (유치원과 어린이집 별도 운영)	일원병행 체제 (유치원과 어린이집 통합 운영)	연령구분 체제
내용	• 교육과 분리의 분리 병행 • 수요자(보호자)가 선택	• 보호기능과 교육을 일원화 • 종일제, 반일제, 시간제 운영	• 0~2세의 보호 • 3세~취학 전 교육
주관 부서	• 교육부 • 보건복지부	• 보건복지부	• 교육부 • 보건복지부
실시 국가	한국, 미국, 영국, 일본, 호주, 캐나다, 뉴질랜드	스웨덴(현재 교육부로 이관), 덴마크, 피란드, 노르웨이	프랑스, 독일, 이탈리아, 러시아, 중국

출처: 천은영·유수정(2014).

4) 보육의 필요성

현재 우리 사회의 변화는 영유아를 둘러싼 환경에도 큰 변화를 가져왔으며, 이러한 가정환경과 사회환경의 변화는 보육의 필요성을 부각시키고 있다. 보육의 개념 변화에서와 같이 초기 보육은 '보호'에 중점을 두었다면 현대사회의 보육은 포괄적 서비스로 변화하면서 사회적 관심사로 대두되었다. 또한, 여성 교육 수준 향상에 따른 가치관의 변화와 여성취업의 증가, 출산율의 저하, 가족 구조의 변화에 따른 다양한 가족 형태 증가, 자녀 양육에 대한 가족 기능의 약화 등의 현 사회 현상은 보육에 대한 사회적 관심을 더욱 부각시키고 있다. 이제 보육은 아동과 여성 취업활동에 관한 권리적인 서비스임과 동시에 아동의 복지권 보장의 차원으로까지 생각할 수 있다.

1900년 엘런 케이는 『어린이의 세기』에서 아동의 권리를 제기했으며, 보육수요는 아동의 복지권이라는 측면에서 국가가 능동적으로 대응할 필요가 있으며 아동복지

제도 및 서비스의 발전이 요구되고 있다. 이러한 보육의 필요성을 간단히 정리해 보면 다음과 같다.

(1) 아동의 권리

유엔은 1989년 '아동권리에 대한 협약'을 채택하였다. 이를 비준한 나라의 정부는 협약된 명시된 아동의 권리인 생존의 권리, 발달의 권리, 유해한 것으로부터 보호받을 권리, 학대받고 착취당하지 않을 권리, 문화적·사회적 삶에 대한 권리를 보장할 의무가 있다. 우리나라는 1991년 12월 23일 비준서를 유엔에 기탁하였다. 이에 우리 정부는 영유아를 보호의 대상이 아닌 권리의 주체로 인정하고, 권리를 보장을 의무를 가지게 되었다.

(2) 가치관의 변화

현 사회는 아동의 권리 및 아동발달과 사회화의 측면에서 영유아기에 대한 중요성을 인식하게 되었다. 또한, 여성의 일에 대한 의식의 변화, 자녀의 양육 방식에 대한 변화는 부모와 자녀 역할에 대한 사회적 가치관의 변화를 가져오게 되었고 이는 양질의 보육 서비스에 대한 관심의 증대를 가져왔다.

(3) 저출산 문제

육아휴직의 어려움, 양육비 및 사교육비에 대한 부담, 보육시설의 미비 등의 여러 가지 원인으로 현재 우리나라는 출산율 저하가 심각한 사회문제로 부각되고 있다. 2014년 6월 16일 미국 중앙정보국(CIA)의 월드팩트북(the world factbook)에 따르면 올해 추정치 기준으로 한국의 합계출산율은 1.25명에 그쳐 분석 대상 224개국 중 219위였다. 이는 OECD 평균(1.65명)에 못 미치는 결과이다. 이에 정부는 2004년부터 출산장려 정책으로 인구정책을 전환하고, 2005년과 2010년 두 차례에 걸쳐 저출산·고령사회 기본계획을 수립했다. 그런데도 15년째 합계출산율이 1.3명을 하회하는 초저출산이 지속하고 있다. 또한, 정부는 지난 2015년 12월 제3차 저출산·고령사회 기본계획으로 '브릿지 플랜 2020'을 수립했다. 2020년까지 출산율을 1.5명으로 높이고, 노인 빈곤율을 39%로 낮추겠다는 계획이다. 출산율 저하에 따른 아동 인구의 감소는 앞으로의 노동력 부족 및 사회보장비용 부담의 증가로 이어질 것이다. 그러므로 보육시설이 확충으로 시급한 문제의 개선은 물론, 임신·출산·육아를 사회가 함께 책임지는 근본적인 대책이 필요하다.

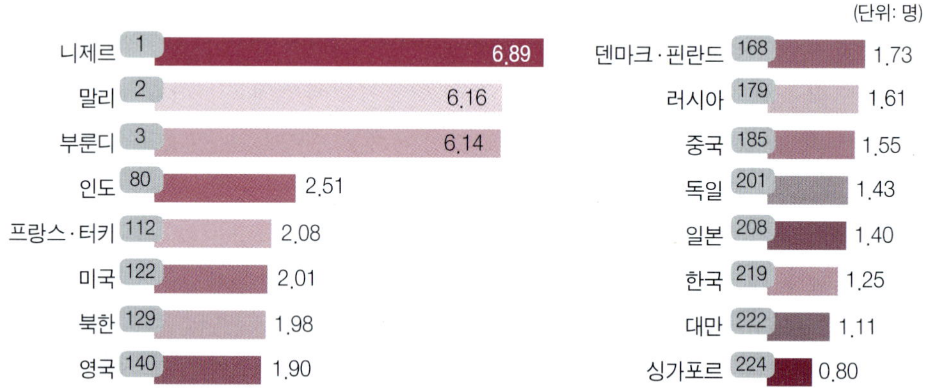

(주1) 세계 224개국 대상 2014년 추정치
(주2) 여자 한 명이 평생 낳을 것으로 예상하는 평균출생아 수
(주3) 자료: 미국중앙정보국(CIA) 월드팩트북(the world factbook)

출처: 연합뉴스(2014. 6. 16.).

[그림 6-1] 주요국 합계출산율 현황

(4) 여성의 사회참여 및 경제활동 참여 증가

우리나라 여성의 경제활동 참여율은 꾸준히 증가하고 있으며 이제는 미혼여성의 일시적인 경제활동이 아닌 결혼 후에도 지속적인 사회생활의 참여로 인해 기혼여성의 취업률 또한 증가하고 있는 추세이다. 또한, 현대의 부부 역할은 가부장적인 역할관에서 벗어나 부부 2인 부양인 맞벌이 부부관으로 변화하고 있어 여성이 결혼 후에도 지속적인 경제활동에 참여하고 있다. 그러므로 다양한 산업현장에서 일하고 있는 취업모의 평안한 경제활동과 자녀양육을 지원하는 취업모 여건을 고려한 보육서비스의 제공이 필요하다.

(5) 가족 구조의 변화 및 가족기능의 저하

현 사회는 급속한 경제 발전과 가족 구조 및 기능의 변화, 핵가족화, 가족 해체의 증가 및 대안 가족의 출현 등이 나타나고 있다. 가정환경의 변화는 가족의 기능을 저하시키는 요인으로 작용하고 있다. 전통적 대가족제도 하에는 조모나 형제, 자매를 통한 아동양육의 지원이 가능했으나, 핵가족화된 현 가족현상에서는 아동양육에 대한 지원을 가정 외에서 찾아야 하는 현실에 이르렀다. 이에 부부는 전적으로 자녀양육을 책임져야 하지만 적절한 양육 모델이나 지원을 받을 수 없는 상황이다. 그러므로 젊은 부모의 양육을 지원하고 역량을 강화하는 보육서비스의 제공이 절실하며 한부모가족, 조부모가족, 다문화가족 등 다양한 가족 형태를 지원하는 보육서비스 또한 매우 필요하다.

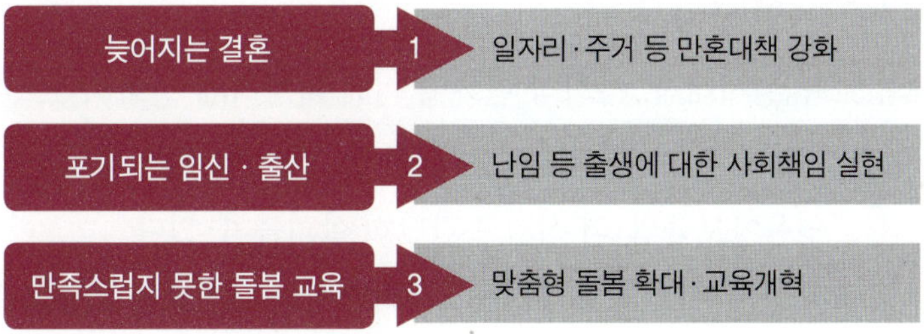

출처: 보건복지부(2015). 저출산·고령사회 기본계획.

[그림 6-2] 제3차 저출산·고령사회 기본계획 주요 내용 중 저출산 대책

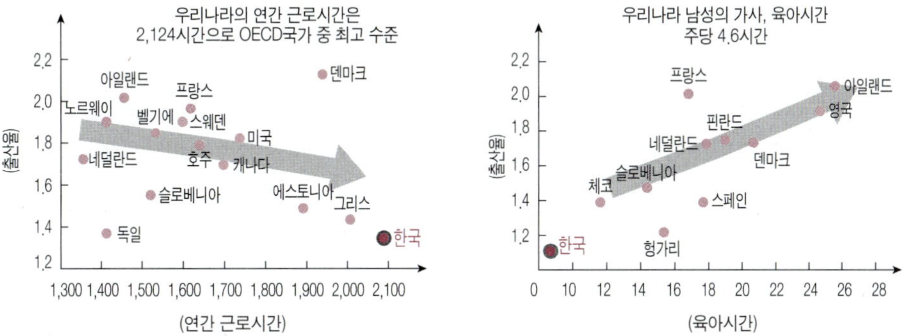

출처: 보건복지부(2015). 저출산·고령사회 기본계획.

[그림 6-3] 제3차 저출산·고령사회 기본계획 주요 내용 중 근로시간과 남성 육아참여 현황

- **영유아 보육문제와 관련된 사회적 현상**: 기혼여성의 노동시장참여 증가로 아동이 가정에서 적절한 보호를 받지 못하는 경우가 발생하고 맞벌이 가정, 특히 저소득층 자녀가 방치되어 화재 등 각종 사고가 발생하기도 한다. 많은 기혼 여성이 육아로 인해 노동시장 참여를 포기하며 여성의 풍부한 노동력 활용에 곤란을 겪고 있다. 육아는 사회의 공동적 책임이다.
- **우리나라 보육사업**: 기혼여성의 사회적, 경제적 활동을 지원하기 위한 여성 복지사업의 일환과 아동의 건전육성을 도모하기 위한 아동복지 사업의 측면에서 이루어지고 있으며, 보육정책의 질적 향상을 위해 수요자 중심의 정책으로 전환하여 추구하고 있다.

2 보육사업의 발달 및 현황

1) 우리나라 보육사업의 발달

우리나라의 보육은 시대적, 사회적 변화에 의해 다양하게 변화되었으며, 그 시작은 1961년 이전인 법 제정 이전 시기와 그 이후인 「아동복리법」, 「아동복지법」, 「유아교육진흥법」, 「영유아보육법」의 시기로 간단히 살펴볼 수 있다.

우리나라 보육사업은 1921년 태화기독교사회관에서 보육프로그램을 개설하였고 이는 1950년대까지 임시 구호적인 성격을 벗어나지 못하였다.

1926년 부산 공생 탁아소, 대구 탁아소 등의 시설이 설치된 것을 계기로 1939년 전국에 11개소의 공·사립보육시설이 설치되었다(서영숙·김경혜, 2000).

1961년 아동복리법의 제정은 우리나라의 보육문제가 복지적 측면에서 본격적으로 시작된 근거라고 할 수 있다. 보육시설의 설치기준, 직원 배치 기준, 보육 기간, 보호 내용 등이 구체적으로 규정되어 보육시설에 대한 설치 근거가 마련되었다.

1968년 '미인가 탁아시설 임시 조치령'의 시행으로 빈곤층 아동 대상의 민간 보육시설 설치가 가능해졌고, 시설 확대 및 질적 향상과 함께 '어린이집'으로 명칭을 변경하였다.

1978년 보건사회부는 '탁아시설운영 개선방안'을 발표하여 탁아시설의 활성화를 도모하였다.

1980년 제 5공화국은 유아교육을 개혁시책의 주요사업으로 채택하여 1981년 4월 31일에 「아동복리법」이 「아동복지법」으로 개정되고 1982년 3월 26일 '유아교육진흥 5개년 계획'을 수립하며 「유아교육진흥법」의 제정으로 '어린이집'을 '새마을 유아원'으로 통합하였다.

1989년에 관할부처가 내무부, 노동부, 교육부, 보건복지부 등으로 다양화되어 있던 '새마을 유아원'의 한계에 의해 「아동복지법 시행령」을 개정하였고, 1990년 1월 15일에는 「탁아시설의 설치·운영 규정」을 마련하였다.

1991년 1월 14일 「영유아보육법」이 제정·공포로 보육사업에 관한 독립 법안의 마련은 보건복지부로 관할 부처를 통일하는 근거가 되었고, 이후 어린이집은 양적 성장으로 급속도로 확대되었다.

2004년 6월에 보육업무가 여성가족부로 이관되었고, 1, 2차에 걸친 육아지원정책을 발표하였으며 '고령화 및 미래사회위원회'에서 보육 및 육아교육지원의 공공성 확대에 대한 대책을 발표하였다. 이는 육아부담을 소득에 따라 50% 경감시켜 주고, 1년간 육아휴직을 포함하는 일, 평가인증제 도입, 보육교사 국가자격제도 시행, 표준보육료 산정, 영아 기본보조금제도를 시범 도입하는 방안 등이 포함되었다.

2006년 7월에는 여성가족부에서 공교육 강화를 위한 제1차 중장기 보육계획인 새싹플랜을 발표하였다.

2013년에 3, 4세 누리과정(어린이집, 유치원) 및 0~2세 표준보육과정을 개발(어린이집)하였다.

〈표 6-2〉 우리나라 시기별 보육제도 및 특성

시기	관련법	관련부서	특성
법제정 이전 초창기 (일제시대~1960)	–	–	• 구호·구빈적 성격으로서의 보육 • 아동보호사업
보육정책 전기 태동기 (1961~1981)	아동복리법	보건사회부	• 국가 차원의 보육정책 시작 • 탁아의 성격 • 어린이집으로 명칭 변경

시기	관련법	관련부서	특성
보육정책 후기 태동기 (1982~1990)	유아교육진흥법	내무부(교육부, 보건사회부로 관할부처 혼재)	• 탁아기능 중 보호보다 교육에 중점을 둠 • '새마을 유아원'으로 통합
보육정책 모색기 (1991~1994)	영유아보육법	보건복지부	• 보육의 체계화. • '보육'이란 용어로 전환
보육정책 전개기 (1995~2004)	영유아보육법	보건복지부	• 국가적 차원에서 접근 • 보육의 성격이 보호와 교육을 포함 • 보육사업 활성화
보육정책 확립기 (2004~2008)	영유아보육법	여성가족부	• 표준보육과정 마련 • 공보육 강화계획 '새싹플랜' 발표·추진 • 표준보육과정 개발
보육정책 발전기 (2008~현재)	영유아보육법	보건복지부	• 보육의 질적 수준 향상 및 수요자 중심의 보육정책 전환 추구 • 보육비용의 지원 • 누리과정 시행 • 어린이집 평가 인증제

선진 국가의 보육정책 추진 방안

- 모든 아동에게 서비스를 제공한다는 보편주의 원칙
- 양질의 탁아와 교육을 제공하는 교육적 탁아체제
- 정부 재정지원이 증대되는 추세
- 다양한 보육 욕구가 수용되도록 보육서비스의 형태와 프로그램이 다양화됨.

즉, 보육사업이란 모든 아동을 대상으로 한 아동의 발달과 생활 환경을 고려한 광범위한 사회복지 지향적인 보육교육사업이다.

2) 보육사업의 현황

(1) 어린이집의 일반 현황

우리나라의 어린이집은 2011년 이후, 특히 국공립 어린이집의 증가가 확연한 것으로 나타났다.

〈표 6-3〉 연도별 어린이집 설치·운영 현황

(단위: 명)

구분 / 연도	계	국공립	사회복지 법인	법인·단체 등	민간	가정	부모협동	직장
2015	42,517	2,629	1,414	834	14,626	22,074	155	785
2014	43,742	2,489	1,420	852	14,822	23,318	149	692
2013	43,770	2,332	1,439	868	14,751	23,632	129	619
2012	42,527	2,203	1,444	869	14,440	22,935	113	523
2011	39,842	2,116	1,462	870	14,134	20,722	89	449

출처: 보건복지부(2016). 보육통계.

2011년 말 보육아동 수는 135만 명으로 2007년 이후로 연평균 5.3% 증가를 보였으며, 2015년 말 약 145만 명으로 연평균 2.5% 증가를 보이고 있다. 2015년 말 보육아동 수를 어린이집별로 보면 민간 어린이집이 약 74만 8천 명으로 가장 많으며, 다음으로 가정 어린이집이 34만 4천 명, 국공립 어린이집이 14만 3천 명 순으로 나타났다.

〈표 6-4〉 어린이집별 보육아동 현황

(단위: 명)

구분 / 연도	계	국공립	사회복지 법인	법인·단체 등	민간	가정	부모협동	직장
2015	1,452,813	165,743	99,715	46,858	747,598	344,007	4,127	44,765
2014	1,496,671	159,241	104,552	49,175	775,414	365,250	3,774	39,265
2013	1,486,980	154,465	108,834	51,684	770,179	364,113	3,226	34,479
2012	1,487,361	149,677	113,049	51,914	768,256	371,671	2,913	29,881
2011	1,348,729	143,035	112,688	50,676	706,647	308,410	2,286	24,987

출처: 보건복지부(2016). 보육통계.

(2) 보육교사 현황

2011년 말 보육교사는 18만 명으로 2007년 연평균 10.5% 증가하였다. 이는 보육아동 수 연평균 증가율 5.3%보다 높은 증가를 나타내고 있으며, 이에 따라 교사 1인당 아동 수를 보면 2007년 9.1명에서 2011년 말에는 7.5명으로 1.6명 감소하였다.

〈표 6-5〉 연도별 교사 1인당 보육아동 수 현황 (단위: 명)

구분	2007년	2008년	2009년	2010년	2011년
교사 1인당 아동 수	9.1	8.2	7.8	7.7	7.5

출처: 보건복지부(2012). 보육통계.

2015년 말 보건복지부 조사에 따르면 2011년에 비해 교사 1인당 보육아동 수가 감소한 것으로 나타났다.

〈표 6-6〉 어린이집별 보육교직원 1인당 보육아동 수 현황(2015. 12. 31. 기준) (단위: 명)

구분	계	국공립	사회복지 법인	법인·단체 등	민간	가정	부모 협동	직장
보육교직원 1인당 아동 수(C/D)	4.5	5.4	5.3	5.4	5.1	3.3	4.3	4.1

출처: 보건복지부(2016). 보육통계.

(3) 보육사업정책의 현황

현재 우리나라는 「영유아보육법」상 국공립 어린이집, 법인·단체 등 어린이집, 민간 어린이집, 직장 어린이집, 가정 어린이집, 부모협동 어린이집의 설립 및 운영에 관한 사항을 명시하며 다양한 어린이집에서 보육서비스를 제공하고 있다. 영유아의 전인적인 발달을 위해 표준보육과정과 누리과정을 운영 중이며 보육현장을 일정한 지침으로 점검해 보고 객관적이며 전문적인 과정을 거쳐 국가가 인증 자격을 부여하는 어린이집 평가인증제도 시행중이다. 이 외에도 다양한 보육사업을 중·장기적으로 계획을 세워 진행하고 있는 실정이다.

〈표 6-7〉 제2차 중장기 보육기본계획(2013~2017년)의 추진 과제

구분	내용
부모의 보육, 양육부담 경감	• 소득 구분 없이 0~5세 전 계층 보육료 양육수당지원 • 표준보육비 재계측을 통한 보육료 지원 적정화 및 부모 부담경비에 한해 합리적 지원과 규제 추진

구분	내용
수요자 맞춤형 보육, 양육 지원	• 아동, 부모, 가구특성에 따라 다양한 양육 여건 환경에 맞는 맞춤형 서비스 제공 • 영아의 가정양육 활성화 • 맞벌이 등 실수요층 및 3~5세 유아는 양질의 맞춤형 시설 지원
공공형 확대와 품질관리 강화	• 믿고 맞길 수 있는 국공립, 직장 등 복지형 어린이집을 지속적으로 확대 • 평가인증 내실화
양질의 안심보육 여건 조성	• 보육교직원 자격관리와 전문성 강화 지원을 확대함 • 임금 근로 여건 등 사기 진작과 처우개선 • 질 높은 보육·교육 프로그램 제공 및 급식, 아동학대, 차량 등 안전사고 재발을 위한 안심 보육환경 기반 마련
신뢰 있고 투명한 보육생태계 구축	• 정보 공개와 부모 지역사회 참여 등 민관 협력강화 및 시스템화를 통한 효율적 체계적인 관리 방식으로 전환 • 지역사회 아이사랑 보육지원단 운영
보육서비스 재정 및 전달체계 개선	• 중앙-지자체 합리적인 재정분담 추진 및 어린이집 유치원 통합발전 방안 검토 • 서비스 질 평가 관리 및 원스탑 보육, 양육전달체계 마련 • 보육정보센터 개편·확대

출처: 보건복지부(2013), 재구성.

3 보육과 영유아복지

1) 영유아보육법

이 법은 보호자가 근로 또는 질병 기타 사정으로 인하여 보호하기 어려운 영아 및 유아를 심신의 보호와 건전한 교육을 통하여 건강한 사회성원으로 육성함과 아울러 보호자의 경제적·사회적 활동을 원활하게 하여 가정 복지 증진에 기여함을 목적으로 한다.

이 법은 영유아의 심신을 보호하고 건전하게 교육하여 건강한 사회 구성원으로 육성함과 아울러 보호자의 경제적·사회적 활동이 원활하게 이루어지도록 함으로써 영유아 및 가정의 복지 증진에 이바지함을 목적으로 한다(개정 2011. 8. 4.).

(1) 보편적 보육의 관점

- 보육의 목적은 기본적으로 아동복지의 실현에 있다는 아동복지적 관점
- 어린이집을 통한 사회양육이 가정양육보다 바람직하다는 관점

(2) 보충적 보육의 관점

- 취업모나 취업을 원하는 기혼 여성의 욕구를 충족시키기 위해서는 보육사업의 제공이 선결 조건이며 보육사업은 기혼 여성의 취업선택을 가능하게 하는 여성복지 증진을 위한 도구적 성격

(3) 기본적 보육의 관점

- 기혼여성의 취업은 주로 경제적 요구에 의해서 이루어지고 있으며 저학력, 저소득 계층에 집중되어 있음
- 보육사업은 저소득아동의 보호를 위한 것
- 보육사업은 교육 차원과 함께 아동과 가족의 복지적 고려를 핵심으로 하는 사회복지정신에 입각한 아동 및 가족 복지적 차원에서 고려할 필요성이 있음

2) 영유아 복지정책

우리나라 아동복지정책은 대리적 서비스의 기능이 강하나 앞으로는 지지적·예방적 서비스로의 전환이 이루어져야 한다. 이에 우리 정부는 저출산·고령사회 기본계획을 수립하여 실시하고 있고, 현재 제3차 저출산·고령사회 기본계획을 발표하였다.

※ 저출산·고령사회 기본계획 연혁

- 2005년 5월: 노무현 정부 「저출산·고령사회 기본법」 제정
- 2005년 9월: 대통령 직속의 '저출산·고령사회 위원회' 설치

- 2006년 8월: 「제1차 저출산·고령사회 기본계획」 수립
- 2008년 4월: 이명박 정부가 들어서면서 '저출산·고령사회 위원회'를 대통령 직속의 위원회에서 보건복지가족부장관 소관 위원회로 조정하여 새 위원회 출범
- 2010년 9월: 「제2차 저출산·고령사회 기본계획」 발표
- 2012년 12월: '저출산·고령사회 위원회'를 대통령 소속으로 격상시키고 「제2차 저출산·고령사회 기본계획 수정본」 발표
- 2015년 12월: 「제3차 저출산·고령사회 기본계획」 발표

출처: 경제이슈분석 12호(2015).

3) 보육지원

현재 우리나라에서 제공되고 있는 영유아보육사업의 지원내용은 국고보조금이 지원되는 영유아 보육료 외 지방자치단체 자체 재원확보로 제공되는 셋째아 이상 보육지원 등 다양한 지원이 이루어지고 있다.

〈표 6-8〉 영유아 보육지원 종류

사업명	내용
영유아 차등 보육	도시근로자 가구 소득 100% 이하 가정(398만 원, 4인 가구 2008년 기준)의 만 0~4세 아동이 어린이집 및 유치원 등 육아지원 시설을 이용하는 경우 자녀의 연령과 소득 수준에 따라 보육비 지원
만 5세아 무상보육	도시근로자 가구소득 100% 이하 가정의 만 5세 아동이 어린이집 및 유치원 등 육아지원 시설을 이용하는 경우 보육
두 자녀 이상 보육지원	도시근로자 가구소득 100% 이하 가정의 두 자녀 이상이 어린이집 및 유치원 등 육아지원시설을 동시에 이용할 경우 둘째아 이후부터는 보육비를 연령별 정부지원 단가의 50%까지 추가로 지원
장애아 무상 보육·교육비	만 12세 이하 취학 전 장애아동에 대한 보육비를 전액(정부지원 단가의 100%) 지원
맞벌이가구 자녀 보육료 지원	맞벌이 가구의 소득 일부를 공제 후 차등보육료 지원기준에 적합할 경우 보육료 지원
보육시설 미이용 아동 양육수당 지원	차상위계층 월평균소득 159만 원 이하 가정의 보육시설·유치원 미이용 아동(0~1세)에게 월 10만 원씩 양육수당을 지급(2009년 7월 시행)
셋째아 이상 보육료	셋째아 이후 아동에 대한 추가 보육료 지원 10만 원까지

출처: 영유아보육법(2011).

(1) 가정양육수당 지원

어린이집, 유치원 미이용아동 부모의 양육부담을 경감시키기 위한 지원사업이다.

① 지원대상

- 보육료나 유아 학비 또는 종일제 아이돌봄 서비스를 받지 않고 가정에서 양육되는 신청일 기준 만 5세 이하 모든 영유아

② 선정기준

- 소득재산 기준 없음

③ 지원내용

- 만 5세 이하: 월 10~20만 원
- 12개월 미만: 20만 원
- 24개월 미만: 15만 원
- 24개월 이상: 10만 원

(2) 만 0~5세 보육료 지원 사업

어린이집 이용 영유아에 대한 보육료 지원을 통해 부모의 자녀양육 부담 경감 및 원활한 경제활동을 지원하기 위한 사업이다.

① 지원대상

- 어린이집을 이용하는 만 0~5세 해당 연령의 영유아 가구

② 선정기준

- 소득에 상관없이 지원대상의 영유아를 둔 가구는 거주지 동주민센터에 방문 및 인터넷 접수로 서비스 이용 가능

③ 지원내용

- 만 0세아: 394,000원
- 만 1세아: 347,000원
- 만 3세아: 286,000원
- 만 3~5세아: 220,000원

(3) 유아 학비

「유아교육법」 제24조 및 같은 법 시행령 제29조에 의거 유치원에 다니는 초등학교 취학 전 3년의 유아에 대해 무상교육을 실시하며 유아 학비를 지원하는 사업이다.

① 지원대상

- 국·공사립 유치원에 다니는 만 3~5세 유아

② 선정기준

- 소득에 상관없이 초등학교 취학 직전 3년의 유아 학비 지원
- 단, 취학대상아동이 취학을 유예하는 경우 유예한 1년에 한해서만 만 5세아 무상교육비를 재지원

③ 지원 내

- 교육비: 국공립 유치원 월 6만 원, 사립유치원 월 22만 원
- 방과후 과정비: 국공립 유치원 월 5만 원, 사립유치원 월 7만 원

(4) 다문화보육료 지원

① 지원대상

- 「다문화가족지원법」 제2조 제1호에 따른 다문화가족 자녀 중·초등학교 취학 전 만 0~5세 이하 영유아
- 단, 다음의 아동에 대해 지원 가능
  - 「다문화가족지원법」 제2조 제1호에 따른 다문화가족의 결혼이민자(인지 신고 또는 귀화허가를 받은 자 포함)와 「국적법」 제2조부터 제4조까지의 규정에 따라 대한민국 국적을 취득한 자 사이에서 출생한 자녀가 아닌 전처 또는 전남편과의 사이에서 출생한 자녀의 경우는 다문화가족과 동일 세대원으로 생계를 같이하는 경우 지원 가능
  - 다만, 대한민국 국적인 아동에 한해 지원
  - 취학대상이 취학을 유예하는 경우 만 5세아 보육료 1회에 한해 재지원

② 선정기준

- 보호자의 소득 수준에 상관없이 지급
- 「다문화가족지원법」 제2조 제1호에 따른 다문화가족의 결혼이민자(인지 신고 또는 귀화허가를 받은 자 포함)와 「국적법」 제2조부터 제4조까지의 규정에 따라 대한민국 국적을 취득한 자 사이에서 출생한 자녀는 동일 세대 여부와 상관없이 지원
- 단, 결혼이민자 중 다음의 경우에는 다문화보육료를 지원하지 않음
  - 직계존속이 외국에 영주할 목적 없이 체류한 상태에서 출생하여 외국 국적을 취득함으로써 복수국적자가 된 남자가 병역을 기피할 목적으로 대한민국 국적을 이탈하여 외국인이 된 경우
  - 대한민국 남자가 병역을 기피할 목적으로 외국 국적 취득하고 대한민국 국적을 상실하여 외국인이 된 경우
  - 「재외동포의 출입국과 법적 지위에 관한 법률」 제2조 제2호에 따른 외국 국적 동포의 경우 외국에서 만 15년 미만 거주한 자(외국에서의 거주기간은 외국 국적 취득과 상관없이 본인의 현재 생활연령에서 국내에서의 거주기간을 모두 합산하여 뺀 잔여기간으로 산정)

③ 지원내용

- 만 0세: 394,000원
- 만 1세: 347,000원
- 만 2세: 286,000원
- 만 3~5세: 220,000원

4 우리나라 보육사업의 과제

현 사회에서 보육사업은 국가적 사업이 되었고 정부와 민간의 공동 노력에 의하여 보육시설의 양적 확대는 크게 성장하였다. 그러나 보육사업의 질적 향상은 여전히 우리 사회가 해결해야 할 과제이다.

1) 보육교사의 전문성 제고 및 처우개선

보육교사는 보육사업의 중대한 영향을 미치며 앞서 아동 1인당 보육교사 수에 대한 현황에서 살펴보았듯이 보육교사의 질적 향상은 보육사업의 중요한 요소이다. 현재 우리나라는 보육교사에 대한 양성 및 관리 체제가 적절하게 이루어지지 않아 보육의 질적 수준이 저하되고, 근무 조건이 열악하여 이직률이 높은 편이다. 보육교사의 전문성 향상을 위하여 2005년 보육교사 양성과정의 정비 및 보육교사 자격제도가 시행되어 보수교육이 확대, 강화되었으나 보육교사의 근무 여건이 현저히 나아지지는 않고 있는 실정이다. 보육교사의 질이 교사와 영유아 간 상호작용에 큰 영향을 미치므로 보육교사의 적정 근무시간 확보, 탄력근무제 도입, 시간연장형 교사 등을 활용한 다양한 근무 여건의 향상이 절실하다. 또한, 보육교사의 처우를 개선하기 위한 적정한 보수체제도 고려되어져야 할 것이다.

2) 보육의 공공성 강화

이제 보육은 국가의 책임 하에 보편적 관점에서 추진되어야 하나 그동안의 보육현장은 민간에 의해 주도되어 왔다.

최근 국가는 보육의 공공성 강화를 위해 무상교육 및 보육료 감면제도 확대, 국공립 어린이집 확충, 민간시설에 대한 정부의 지원을 확대하려고 노력하고 있지만 수요자의 요구에는 충분하게 대응하지 못하고 있는 실정이다. 민간시설에 의존도가 높은 우리나라 실정에서 앞으로의 보육의 공공성 확대를 위해서는 국공립 어린이집을 비롯한 민간 어린이집이 영아 및 장애아, 시간연장제 보육, 방과후 보육시설 등 특수 보육을 실시할 수 있는 여건을 마련해 나감으로써 다양한 수요자의 요구를 충족시켜 나갈 필요가 있다.

3) 다양한 보육프로그램 개발

우리나라는 이제 더 이상 단일민족 국가가 아닌 다문화사회에 접어들었으며 보육시설에서도 다양한 문화적 배경을 가진 영유아가 증가하고 있는 추세이다. 또한, 가족의 구조 또한 매우 다양해지고 있다. 그러므로 영유아기부터 우리나라 문화와 보육시설 사회에 잘 적응할 수 있도록 다문화가족 및 조손가족, 한부모가족, 입양가정 등 다양한 가정을 위한 여러 가지 보육 프로그램의 개발과 운영이 필요하다. 특별히 결혼이주여성이 우리사회의 자녀에 대한 보육과 생활방식을 이해하여 올바른 자녀 양육을 실천할 수 있도록 돕는 부모교육 프로그램을 개발하는 것이 필요하다.

4) 보육재정의 안정화

현재 우리나라는 질 높은 보육사업을 위하여 다양한 재정적 지원을 하고 있음을 앞서 살펴본 바 있다. 정부는 질 높은 보육사업을 위해 보육시설 평가인증제도의 시행, 누리과정 운영 등 다양한 노력을 하고 있으나 재정적 지원의 불안을 해소하지는 못하고 있는 실정이다. 국가적 사업된 보육사업의 안정과 발전을 위해서는 보육재정의 확보와 안정화가 절실하다.

예 '보육혼란' 현실화됐다…경기교육청 유치원 보육비 지급 못 해(연합뉴스, 2016. 1. 4.).
현재 전국 17개 시·도 교육청 가운데 어린이집 누리과정 예산이 0원인 곳은 7곳(서울, 경기, 세종, 강원, 전북, 전남, 광주).
교육부 "보육대란 일어나면 교육감에 모든 책임" 경고(문화일보, 2016. 1. 4.).

5) 포괄적 보육서비스 제도화

보육서비스는 영유아의 전인적 발달을 돕고 나아가 영유아의 가족을 지원하며, 지역사회와 협력하는 서비스라고 할 수 있다. 따라서 보육서비스의 질적 향상을 위해서는 보육아동과 가족, 지역사회가 함께하는 포괄적 보육서비스가 제도화되어야 한다(문선화 외, 2013). 지역사회 내에서 보육시설이 복지기능을 수행하기 위해서는 우선적으로 지역사회 주민과 부모가 직접 보육활동에 참여할 수 있는 기회가 제공되어야 한다. 지역사회는 많은 공식·비공식적 자원이 있으므로 보육시설은 이러한 자원을 활용하여 보육대상자에게 포괄적 서비스를 제공하고 자원봉사자를 조직화하고 부모참여 프로그램을 개발하여 보육시설의 사회복지 기능을 강화해 나가야 할 필요가 있다.

제3차 저출산·고령사회 기본계획 중 보육관련 내용

- **출산과 양육에 대한 정책 지원**: 정부는 기존의 보육·돌봄 서비스와 일·가정 양립제도를 보완·발전시키고, 임신·출산에 대한 사회의 책임을 대폭 강화하기 위한 대책 마련으로 우선 2016년부터 초음파, 상급병실료 등 건강보험이 적용되지 않는 항목을 건강보험급여 대상에 포함하고, 임신·출산에 수반되는 의료비의 건강보험 본인 부담을 대폭 축소할 계획이다 2017년부터는 난임 시술비 및 검사, 마취, 약제 등 시술에 들어가는 모든 비용을 건강보험 급여로 포함하고, 난임 부부에 대한 의학·심리 상담 서비스를 제공해 나갈 계획이다.
- **맞춤형 보육체계 개편**: 2016년부터는 맞춤형으로 보육체계를 개편하고 시간제 보육반을 확대한다. 이를 통해 양육 때문에 생기는 여성의 경력 단절을 예방하고, 국공립·공공형·직장 어린이집을 지속적으로 확충해 공공성 높은 어린이집을 만들어 나갈 계획이다.
- **초등돌봄 서비스 제도**: 돌봄이 필요한 초등학교 1~2학년을 위해 초등돌봄 서비스를 내실화하고, 시간제 돌보미 등 공공 아이돌봄 서비스를 확대해 나갈 계획이다.
- **중소기업과 남성 지원제도**: 중소기업의 일·가정 양립 활성화를 위해 대체인력 뱅크(출산휴가, 육아휴직 등으로 공백이 예상되는 자리에 맞는 대체인력을 확보해 맞춤인력을 지원하는 사업)를 확대하고, 중소기업 직장 어린이집을 지속적으로 늘려 나갈 방침이다. 현행 1개월인 아빠 육아휴직 인센티브를 3개월로 확대해 남성의 적극적인 참여를 유도할 계획이다.

출처: 보건복지부(2015).

제7장

빈곤아동 복지서비스

1 빈곤의 개념

빈곤(貧困, poverty)은 '가난하여 살기가 어려움'을 뜻하는 말로 흔히 물질적으로나 경제적으로 결핍되고 부족한 상태를 의미한다. 유사한 단어로는 '가난', '빈궁' 등이 있다. 그러나 빈곤은 물질적·경제적 특성만을 의미하지는 않는다. 빈곤은 사회적·문화적 특성과도 광범위하게 관련을 맺는데, 이는 빈곤한 특성이 문화와 관련되어 상호작용하면서 빈곤한 사람의 사회·문화적 삶과 복잡한 관련을 맺기 때문이다. 이러한 관점에서 루이스(Lewis, 1959)는 빈곤문화론을 주장하였는데, 이는 사회의 주류 문화와 달리 빈곤한 사람의 문화, 즉 가정환경, 교육의 기회, 직업의 안정성과 관련된 빈곤문화가 존재하며 이러한 문화가 세대를 걸쳐 전수된다는 개념이다. 따라서 빈곤은 물리적 차원을 넘어서 사회·문화적 차원으로 다양하게 해석해 볼 수 있다. 일반적으로 절대적 빈곤, 상대적 빈곤, 주관적 빈곤의 개념으로 구분하여 정리해 볼 수 있다.

1) 절대적 빈곤

절대적 빈곤은 생계비나 소득 수준을 기준으로 국가가 공식적으로 사용하는 절대적 의미에서의 빈곤 개념이다. 절대적 빈곤에서 말하는 빈곤이란 한 가구가 최저한의 생활을 유지하는 데 필요한 생계비(최저생계비: 빈곤선)에 비하여 연간 소득액이 부족함을 의미한다. 따라서 절대적 빈곤상태는 최소한의 생활 수준을 영위할 수 없는 상태로 생활자원이 절대적인 기준인 빈곤선 혹은 최저생계비에 도달하지 못하는 상태를 말한다. 절대적 빈곤을 객관적으로 측정하기 위한 시도로서는 기본적 욕구방법과 소득에서 음식비의 차지 비율, 즉 엥겔 방식이 사용된다(권순원, 1998; 김태성·손병돈, 2002; 한미현 외, 2015)(표 7-1 참조).

현재 우리나라에서는 기본적 욕구방법에 따라 국민기초생활보장을 위한 대상자 선정과 급여의 수준 및 절대빈곤층과 차상위계층 정도로 구분하고 있다(한국여성복지연구회, 2005). 차상위계층은 최저생계비 120% 이하에 속하는 가구를 의미하며, 최저생계비는 매년 물가상승률을 감안하여 산정되고 있다. 한편, 빈곤의 개념은 빈민의 생활 수준 자체뿐만 아니라 빈곤하지 않은 사람과의 상대적 위치가 고려되어야 하지만, 절대적 빈곤은 이 점을 충분히 감안하지 못했다는 점이 한계로 지적되고 있다(국토개발원, 1989).

〈표 7-1〉 절대적 빈곤의 측정방법

구분	내용
기본적 욕구방법 (전물량 방식)	• 의식주의 기본욕구를 해결하는 데 드는 모든 비용을 계산함 • 기본욕구 해결에 필요한 전 물량을 모두 포함하기 때문에 전물량 방식으로 불림 • 기본욕구 해결에 필요한 최소한의 필수품 목록 및 사용량을 구성하는 데 어려움이 있음
엥겔 방식 (반물량 방식)	• 소득에서 음식비가 차지하는 비율을 계산함 • 전물량 방식과 달리 기본욕구 해결에 필요한 내용 가운데 음식비만을 기준으로 계산하여 반물량 방식으로 불림 • 최소한의 식품의 종류와 양을 구성하는 데 어려움이 있음

2) 상대적 빈곤

상대적 빈곤이란 절대적 빈곤과 달리 다른 사람과 비교하여 주관적으로나 객관적으로 소득, 교육, 권력, 기회 등이 상대적으로 적은 상태를 말한다(도미향 외, 2015, 참조). 상대적 빈곤은 현대사회에서 절대적 빈곤보다 더 흔히 사용되는 개념으로 이는 대부분의 사회 구성원이 누리고 있는 생활 수준과 비교해서 박탈을 경험하고 있는 상태, 또는 사회적 배제상태에 처해 있는 경우를 말한다(도미향 외, 2015; 한미현 외, 2015, 재인용).

상대적 빈곤을 측정하는 객관적인 방법으로는 일반적으로 평균소득(mean income) 또는 중위소득(median income)을 기준으로 측정하는 방법, 사회의 최저 빈곤선을 기준으로 측정하는 방법, 상대적 박탈을 기준으로 측정하는 방법의 3가지가 적용된다(김영모, 1990; 김병수, 2000; 김미선, 2005; 도미향 외, 2015; 이재연 외, 2015; 서보준 외, 2015; 한미현 외, 2015)(표 7-2 참조).

〈표 7-2〉 상대적 빈곤의 측정방법

기준	내용
평균(중위)소득	• 평균소득(중위소득)의 일정 비율을 빈곤선으로 정하고, 그 이하의 소득 수준에 해당하는 경우를 빈곤한 것으로 여김 • OECD 국가는 중위가구 소득의 40～60%, EU 국가는 평균소득의 40～60% 미만을 기준으로 함. 세계은행은 선진국은 평균소득의 50% 이하, 개발도상국은 1/3 이하 • 우리나라의 평균소득의 20% 이하 또는 가구평균지출의 60% 이상(단, 차상위계층을 포함할 경우 50% 이상) • 상대적 빈곤의 측정방법으로 가장 오래되고 널리 사용됨
최저 빈곤선	• 한 사회의 소득분배 분포상 가장 낮은 일정 비율을 빈곤선으로 정하여 그 이하의 가구를 빈곤한 것으로 여김(예 하위 10%, 하위 20%) • 통계학적으로 일정 비율이 항상 가난하다고 간주된다는 의미에서 순수 상대적 빈곤(purely relative poverty)으로 불림 • 소득분배의 불평등 정도를 분석하는 데 편리함
상대적 박탈	• 사람이 열망하는 속성, 즉 소득, 고용조건, 권력 등을 상대적으로 덜 갖게 정도를 기준으로 측정함

〈표 7-3〉 OECD 주요 국가 및 우리나라의 상대적 빈곤율

스웨덴	노르웨이	프랑스	벨기에 (2007년)	일본 (2006년)	미국	한국	OECD 평균
8.4%	8.7%	7.2%	9.1%	15.7%	17.3%	14.7%	11.1%

(주) OECD평균 : 1인 및 농가 포함 전체 가구의 가처분소득 기준 중위 50% 이하

출처: 이재연 외(2015). 「아동복지론」, p. 171.

3) 주관적 빈곤

주관적 빈곤은 객관적인 준거가 없이 순수하게 개인의 주관적 판단에 의해 정의되어지는 빈곤의 개념이다. 측정 방식에는 보편적으로 라이덴 방식과 사회적 조사 방식 2가지가 사용된다(도미향 외, 2015; 박정란·서홍란, 2001; 한미현 외, 2015)(표 7-4 참조).

〈표 7-4〉 상대적 빈곤의 측정방법

구분	내용
라이덴 방식	• 최소한의 소득과 실제 소득을 조사하여 일치하는 점을 빈곤선으로 정함 • 실제 소득이 높아짐에 따라 주관적으로 판단하는 최소 소득 또한 높아지게 됨
사회적 조사 방식	• 한 세대가 지역사회에서 살아가는 데 필요한 최소비용을 산출해 평균 금액을 빈곤선으로 정함 • 빈곤선 이하를 빈곤가정으로 정함

2 빈곤아동의 개념 및 현황

1) 빈곤아동의 개념

빈곤아동은 빈곤한 가정의 만 18세 미만의 아동을 말한다. 즉, 경제적 어려움과 부모의 사망, 유기, 방임 등으로 충분한 부양을 받지 못하여 사회적으로 보호가 필요한 요보호아동을 의미한다. 구체적으로는 현재 소년소녀가장세대, 저소득 한부모가족

의 아동과 법적 지원체계에서 벗어나 차상위계층에 속하는 결손·결식가정의 아동이 빈곤아동에 포함될 수 있다(박순자, 2007).

우리나라의 경우 절대적 빈곤 개념을 적용하므로, 법률에 근거한 빈곤아동의 범위를 살펴보면「아동의 빈곤예방 및 지원 등에 관한 법률」(2014. 11. 19. 시행) 제3조에 따라 아동빈곤은 "아동의 일상적인 생활 여건과 자원이 결핍하여 사회적·문화적 불이익을 받는 빈곤 상태"로 규정된다. 또한, 같은 법에 의거하여 빈곤아동은 "생활 여건과 자원의 결핍으로 인한 복지·교육·문화 등의 격차를 해소하기 위하여 지원이 필요한 아동"을 말한다. 빈곤아동의 구체적인 범위는 〈표 7-5〉 가운데 어느 한 가지에 해당되는 아동으로 볼 수 있다.

반면, 상대적 빈곤 개념을 적용해 본다면, 빈곤아동은 우리나라 평균가구소득의 하위 20% 이하에 포함되는 가정의 아동으로 볼 수 있으며, 차상위계층 아동까지 포함할 경우 평균가구소득의 하위 50% 이하에 속하는 가정의 아동이라고 볼 수 있다(김성경 외, 2005). 절대적 빈곤과 상대적 빈곤의 개념을 고루 포함하여 빈곤아동으로 추정되는 대표적인 대상에는 소년소녀가정과 빈곤 한부모가족 아동 등이 있다.

〈표 7-5〉 빈곤아동의 범위

관련 법률	빈곤아동의 범위
아동복지법(제3조 제4호)	보호대상아동 및 지원대상아동
국민기초생활 보장법(제2조)	수급자인 아동
한부모가족지원법(제4조)	한부모가족 아동
다문화가족지원법(제2조)	다문화가족 아동

2) 빈곤아동의 현황

(1) 아동 빈곤율

우리나라의 아동 빈곤율을 절대 빈곤율과 상대 빈곤율을 기준으로 전반적으로 상승세를 보이고 있다. 절대 빈곤율의 경우 〈표 7-6〉에서 보듯이 1996년 3.55%이던 것이 2010년에는 7.42%로 5년 동안 약 2배 정도 높아졌다. 상대적 빈곤율은 1996년은 절대 빈곤률 3.55%와 비교할 때 3.71%로 큰 차이를 보이지 않던 것이 2010년에는 10.8%로 약 3배 정도 상승했을 뿐 아니라 절대 빈곤율과 비교해 볼 때에도 3.38%나 더 높게 나타났다.

〈표 7-6〉 우리나라의 아동 빈곤율

연도	절대 빈곤율	상대빈곤율	비고
1996	3.55	3.71	17세 이하 기준
2000	7.68	6.47	17세 이하 기준
2004	9.3	8.9	19세 이하 기준
2010	7.42	10.8	19세 이하 기준

출처: 보건복지부(2011).

OECD 주요 국가와 우리나라의 아동 빈곤율을 비교해 보면 〈표 7-7〉과 같다. 〈표 7-7〉에서 보듯이 우리나라의 아동 빈곤율은 10.2%로 OECD 주요 국가의 평균인 12.4%보다 낮게 나타나고 있다.

〈표 7-7〉 OECD 주요 국가의 아동 빈곤율 (단위 : %)

국가	호주	캐나다	덴마크	핀란드	프랑스	독일	이탈리아	일본	영국	미국	한국	평균
빈곤율	11.8	15.1	2.7	4.2	7.6	16.3	15.5	13.7	10.1	20.6	10.2	12.4

출처: 보건복지부(2009). 통계연보.

(2) 가구 유형에 따른 아동 빈곤율

우리나라의 가구 유형에 따른 빈곤율을 살펴보면 조손가족의 아동 빈곤율이 다른 유형과 비교해 현저하게 높게 나타나고 있다(표 7-8 참조). 그리고 모자가구 또한 전체 가구 및 일반가구, 맞벌이가구에 비해 높은 아동 빈곤율을 보이고 있다(김미숙·배희옥, 2007). 특히, 모자가족의 어머니의 기술 수준이 낮아 소득이 낮은 직업이나 불안정한 임시직에 종사하는 경우가 많고, 혼자서 자녀의 부양과 보육 및 교육을 책임져야 하기 때문에 양친가정에 비해 이들의 비용이 과다하여 빈곤으로의 진행이 가속화되기 쉽다(한성심·송주미, 2015).

〈표 7-8〉 가구 유형별 아동 빈곤율

(단위 : %)

가구 유형	구분	2003년	2004년	2005년	2006년
전체 가구	도시	5.3	7.4	5.7	4.8
	전국	5.9	8.5	6.1	5.3
조손가구	도시	64.0	100.0	80.1	67.8
	전국	47.1	85.7	65.0	63.7
모자가구	도시	16.3	30.0	14.9	16.1
	전국	16.7	33.9	16.4	17.7
맞벌이가구	도시	1.9	2.4	2.8	1.6
	전국	2.0	2.5	2.6	1.5
일반가구	도시	6.2	8.3	6.6	5.4
	전국	7.2	9.0	7.2	5.6

(주) 자영업자 제외함

출처 : 김미숙 외(2007).

3 빈곤이 아동에게 미치는 영향

빈곤이 아동에게 미치는 영향은 의식주 및 신체적 성장에 필요한 기본적인 영양결핍, 의료서비스 수혜 어려움, 신체발달 저하 외에도 학업부진, 학교 부적응, 인지발달 어려움, 안정적 정서발달 어려움, 부모의 부적절한 양육 방식, 우울·불안 등의 내면화 문제, 과잉행동 및 반사회적 행동 등의 외현화 문제, 창조성 제한, 열악한 물리적 환경으로 인한 사고 및 질환 위험, 범죄 가능성 등으로 매우 폭넓고 다양하다(권은서·구인회, 2010; 노혁, 2002; 박순자, 2007; 한미현 외, 2015).

빈곤이 아동에게 영향을 미치는 경로는 투자이론과 가족과정모델의 2가지 모형으로 설명된다. 투자이론은 경제적 빈곤 자체가 자녀의 교육이나 건강에 대한 투자를 어렵게 함으로써 부정적 영향을 미친다고 보는 입장이다. 반면, 가족과정모델에서는 빈곤이 생계유지에 우선순위를 두고 있는 부모에게 부부갈등 혹은 부모-자녀 관계를 악화시킴으로써 같은 가족 맥락 속에 포함되어 있는 자녀인 아동에게 영향을 미친다고 본다(그림 7-1 참조).

아래에서는 투자이론과 가족과정모델 관점을 통합적으로 고려하여 빈곤이 아동의 발달에 미칠 수 있는 전반적인 영향을 신체적 발달, 정서·사회적 적응문제, 학업 및 학교적응 어려움, 부모의 부적절한 양육태도로 구분하여 살펴보고자 한다.

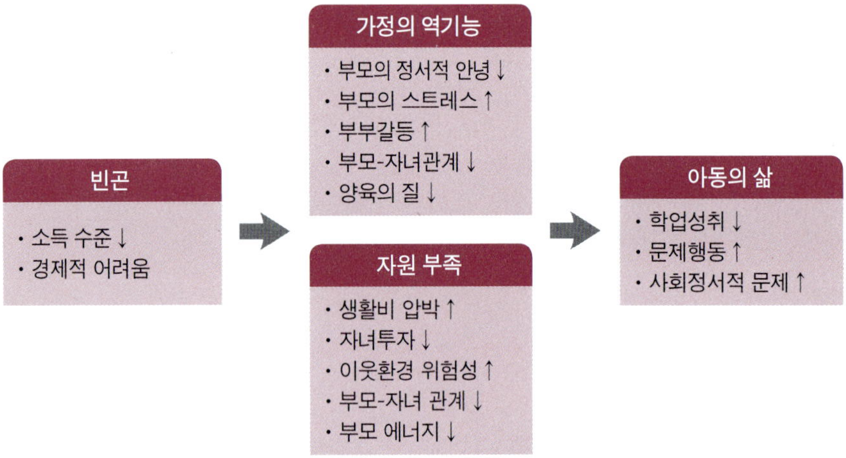

출처: 서보준 외(2015).

[그림 7-1] 빈곤이 아동의 삶에 영향을 미치는 경로

1) 신체적 발달 문제

빈곤아동은 비빈곤아동에 비해 출생 시부터 차이를 보이고 있다. 1997년 이루어진 브룩스-건과 던컨(Brooks-Gunn & Duncan)의 연구에 따르면 빈곤아동은 비빈곤아동에 비해 유아사망률이 1.7배 높고, 병원 입원률이 2배 높으며, 미숙아 출생률이 1.7배 높게 나타난다(도미향 외, 2015, 재인용). 미국의 경우 1988년 시행된 국민보건조사에 따르면 비빈곤아동과 비교해 빈곤아동의 유아사망률은 1.7배에 이르며, 건강상태가 좋다고 응답한 부모 비율 역시 비빈곤아동이 55.2%인 것에 비하여 빈곤아

동의 경우 37.4%로 낮게 나타난다(서보준 외, 2015). 우리나라의 경우도 빈곤아동은 비빈곤아동에 비해 평균 키가 1cm 이상 작게, 체중은 1kg 이상 적게 나타나 발육이 전반적으로 부진한 것으로 나타났다(최선희, 2003).

2) 정서적 · 사회적 적응 문제

빈곤가정의 경우 부모에게 가장 우선시되는 관심사는 생계문제이다. 또한, 대체적으로 교육 수준, 직업, 월수입 등에서 낮은 사회경제적 지위를 가지고 있다. 이 때문에 부모는 하루 중 많은 시간을 직장에서 보내게 되고, 자녀를 지도하고 돌보는 데 필요한 시간적·경제적 여유도 부족하다. 또한, 자녀의 발달이나 정서적 건강을 촉진시킬 수 있는 양육기술이나 태도도 부족하기 쉽다. 이 때문에 종종 원하지 않는 방임 등의 학대가 발생하기도 한다. 이러한 충분하지 못한 돌봄과 학대는 아동의 정서 및 사회적 적응에 부정적인 영향을 미치게 된다.

저소득 가정의 자녀를 대상으로 부모의 학습준비 관여 행동이 아동의 심리사회적 적응에 어떠한 경로를 통해 영향을 미치는지 살펴본 이귀숙(2014)의 연구에서 부모 관여는 자녀의 심리사회적 적응에 직접적인 영향을 미치고 있을 뿐 아니라 아동의 자아 개념과 또래관계를 통해서 간접적으로도 영향을 미치는 것으로 밝혀졌다.

1990년 이루어진 로엘러(Loeler)의 연구에 따르면 빈곤아동은 비빈곤아동에 비해 정서 및 행동문제의 발생률은 1.3배, 청소년기의 임신률은 3배 높게 나타났다. 또한, 우리나라의 경우도 빈곤아동은 비빈곤아동에 비해 질병 발생률이 1.4배, 학습부진은 2.2배, 술·담배 등의 비행행동은 2배, 가출은 2배 높게 나타났다(최선희, 2003).

3) 학업 및 학교적응 어려움

학업은 부모의 사회경제적 지위가 자녀인 아동에게 가장 큰 영향을 미치는 영역이다(유나현 외, 2007). 이뿐만 아니라 계층 간 교육 격차는 단순히 학령기의 학력 격차를 넘어서 생애 전반에 걸쳐서 지속적으로 영향을 미치고 계층 간 격차를 유발하는 주요한 원인이 된다(안우환, 2007).

미국에서 이루어진 조사에 따르면 학년 유급 및 학업중단에 있어서 빈곤아동이 비빈곤아동에 비해 2배 정도 높은 비율을 차지하고 있으며, 학습장애 비율 또한 1.4배나 높은 것으로 나타났다(Duncan & Brooks-Gunn, 2000). 우리나라의 경우도 한 해 학업을 중단하는 약 7만 명의 청소년 가운데 빈곤층이 높은 비율을 차지한다(민주정책연구원, 2011).

4) 부모의 부적절한 양육태도

빈곤가정은 비빈곤 가정과 비교해 상대적으로 더 많은 가족문제가 있는 것으로 인식되는 경향이 있다. 그러나 가족과정모델은 빈곤이 직접적인 영행을 미치기보다는 빈곤으로 인해 스트레스를 받은 부모라는 사회적 맥락이 자녀에게 부정적 영향을 미친다고 설명한다. 가령, 빈곤한 부모는 경제적 어려움으로 인해 잦은 부부싸움을 하기 쉽고 이로 인해 자녀는 우울을 경험하기 쉽다(문지혜·윤혜경·박혜원, 2011). 또한, 생계유지를 위해 부모가 자녀와 함께 할 수 있는 시간이 부족하기 때문에 자녀는 방임 혹은 환경적 결손을 경험하기가 쉬운데, 이러한 맥락이 자녀에게 낮은 자아 개념과 자존감, 대인관계 어려움, 학습부진, 학교 부적응 등의 어려움을 더 쉽게 경험할 수 있도록 만든다고 설명한다(민경화, 2000; 오승환, 2000; 이근매, 2004). 빈곤가정의 부모는 자녀에 대하여 권위적이고 통제적인 양육태도를 보이는 경향이 높다(이선미, 2005). 부모는 자녀에게 체벌을 할 때에도 이유를 설명하지 않고 복종과 순응을 사회적으로 적합한 행동으로 생각하며 그것에 가치를 두어 자녀를 양육한다(김보형, 1999, 재인용). 또한, 이선미(2005)의 연구에 따르면 경제적 소득이 낮을수록 자녀에게 명령적인 언어를 사용하고, 자녀의 바람직한 행동에 대해 칭찬을 적게 하며, 자녀에 대한 애정표현이 소극적이고 덜 반응적인 것으로 나타났다.

빈곤으로 인한 부모의 부정적 양육태도가 아동에게 부정적인 영향을 미치는 가장 큰 문제점은 이러한 부모의 양육태도가 청소년기와 성인기를 거치면서 삶에 지속적으로 비빈곤아동과의 차이를 만들어 내어 빈곤이 대물림될 수 있다는 점이다(그림 7-2 참조).

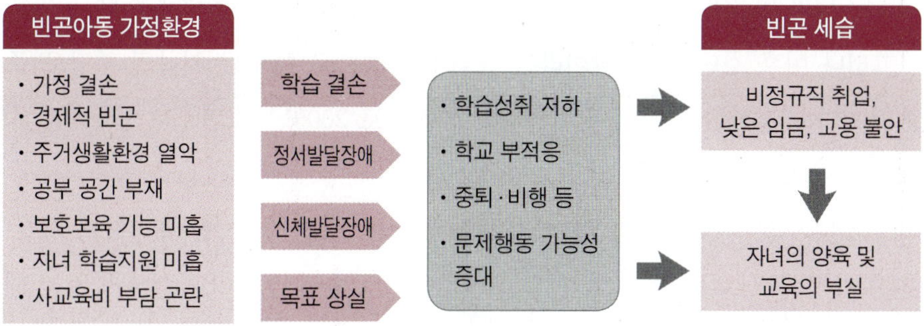

출처: 박순자(2007).

[그림 7-2] 빈곤의 대물림 경로

4 빈곤아동을 위한 복지서비스

우리나라 정부 차원의 초기 빈곤아동에 대한 지원은 「국민기초생활 보장법」을 기준으로 한 소년소녀가정과 빈곤한부모가족 지원사업 및 급식 지원서비스가 주를 이루었다. 그러나 2004년 「아동복지법」이 개정됨에 따라 지역아동센터가 지정되어 빈곤아동에 대한 돌봄과 학습지원이 이루어지기 시작했고, 교육부에서는 교육복지 투자우선지역을 선정하여 지원하는 등 지원이 확대되었다. 이후 2007년 빈곤의 대물림을 끊기 위해 시행된 드림스타트 사업과 빈곤아동의 자립지원을 돕기 위해 시행된 아동발달지원계좌 지원서비스 등으로 확대되었다.

민간 차원의 빈곤아동에 대한 지원은 2004년부터 시행되어 온 빈곤아동을 위한 시민운동인 We Start운동, 굿네이버스, 초록우산 어린이재단 등을 중심으로 이루어지고 있다.

1) 정부 지원서비스

(1) 소년소녀가정 지원사업

소년소녀가정 지원사업은 1984년 '소년소녀가장세대 보호대책'에 의해 도입되었다. 그러나 이후 소년소녀가장이라는 표현이 아동으로 하여금 지나친 부담을 주고 아동복지가 지향하는 가치에 위배된다는 지적으로 2000년 '소년소녀가정 지원사업'으로 명칭을 변경하였다.

소년소녀가정이 겪는 가장 큰 어려움은 경제적 빈곤이며 이를 유발하는 가장 큰 원인은 가정 내 근로를 할 수 있는 사람이 없음으로 인해 소득이 발생하지 않기 때문이다. 소년소녀가정 지원사업은 이러한 점에 초점을 맞추어 실질적으로 가정을 이끌어 가는 소년소녀가정 아동에 대하여 기본적 생활보장을 지원함으로써 자립능력을 배양하고 건전한 사회인으로 성장하도록 돕기 위한 목적을 가진다.

이 사업의 지원대상은 「국민기초생활 보장법」에 따른 수급권자(가구) 가운데 18세 미만의 아동이 실질적으로 가정을 이끌어 가고 있는 세대로 구체적인 지원대상은 다음과 같다.

- 18세 미만(출생일 기준)의 아동으로만 구성된 세대
- 18세 미만의 아동이 부양능력이 없는 부모와 동거하는 세대
- 15세 미만의 아동으로만 세대를 구성할 경우 소년소녀가정 지정을 제한하고 가정위탁이나 시설입소 권장
- 지원 아동이 만 18세 이상이나 중·고등학교에 재학 중인 경우에는 졸업 시(졸업하는 날이 속하는 달)까지 지원 가능

소년소녀가정 지원사업에서는 다음과 같이 급여지급, 후견인 지정, 결연사업 등의 서비스 등이 제공되며 구체적인 내용은 아래와 같다.

① 생계급여, 교육급여, 의료급여, 부가급여

「국민기초생활 보장법」에 의한 생계급여 및 교육급여를 제공한다. 생계급여로는 주·부식비, 연료비, 피복비, 장제비 등이 지급되고, 중·고교생의 교통비, 교복비, 영

양급식비, 부교재 및 교양도서비 등이 지원된다. 교육급여로는 초·중·고교생의 학비가 지원된다. 그리고 「의료급여법」에 의해 1종 보호대상자로 선정하여 외래 및 입원진료비의 전액이 지원된다. 이 외에 효정신 함양비, 자립정착금, 대학입학금, 직업훈련비, 미진학생 학원수강비 등의 항목으로 월 12만 원의 부가급여가 지급된다(2015년 기준).

② 후견인 지정

소년소녀가정에 대해 정서적 지지를 위해 후견인을 지정하여 고충이나 애로사항을 의논하고 해결하는 데 도움을 받을 수 있도록 하고 있다. 후견인으로는 이웃에 거주하는 아동위원, 종교인, 공무원 등을 지정할 수 있다. 후견인은 결연기관과 협조체계를 통해 소년소녀가정에 지급되는 후원금을 적절히 사용할 수 있도록 지도하고 후원금 사용에 따른 문제 발생 시 해결을 도울 수 있다.

③ 한국복지재단 결연사업

한국복지재단은 1981년부터 정부로부터 불우이웃 결연사업에 대한 위탁을 받아 각종 경비를 지원하고 있으며, 소년소녀가정 아동도 지원대상에 해당된다. 아동은 결연을 통해 매월 1만 원 이상의 경제적 후원과 정서적 지원을 제공받을 수 있다.

(2) 한부모가족 지원사업

한부모가족은 양육 세대주가 한 사람으로 18세 미만의 자녀와 동거하는 가족을 말하며, 기존의 '편모'나 '편부'의 부정적인 용어상의 부정적인 이미지를 순화하여 온전하고 가득하다는 순 우리말의 '한'을 붙여 부르게 된 표현이다(노병일, 2012; 주정일·이소희, 2003).

한부모가족지원 서비스는 1989년 「모자복지법」 지정에 따른 모자복지사업으로 시작되었으나 확대되면서 2002년 「모·부자복지법」으로 변경되었고, 이후 2007년 「한부모가족지원법」으로 개정되어 모·부자가족과 조손가족을 대상으로 지원하고 있다. 저소득 한부모가족 지원사업의 대상은 세대주인 모 또는 부와 그들에 의해 양육되는 18세 미만의 자녀(취학 시 22세 미만의 자녀)로 이루어진 가정으로서 세대주인 모와 부의 구체적 지원대상은 다음과 같다.

- 배우자와 사별 또는 이혼하거나 배우자로부터 유기된 자
- 정신 또는 신체장애로 인하여 장기간 근로능력을 상실한 배우자를 가진자
- 미혼자(사실혼 관계에 있는 자는 제외)
- 배우자의 생사가 분명하지 아니한 자
- 배우자의 해외거주, 장기복역 등으로 인하여 부양을 받을 수 없는 자

저소득 한부모가족에 대한 지원정책의 주요 사업에는 임신·출산지원, 양육지원, 돌봄지원 등이 있으며 구체적인 내용은 〈표 7-9〉와 같다.

〈표 7-9〉 저소득 한부모가족 지원대상 및 지원내용

구분		지원대상	지원내용
임신·출산지원		임신이 확인된 건강보험 가입자(피부양자)	임신 1회당 50만 원
		임신이 확인된 만 18세 이하 산모	임신과 출산 전후 의료비 (임신 1회당 120만 원 이내)
		전국 가구 월평균소득 65% 이하 출산 가정	산모 및 신생아 건강관리 방문 서비스 (바우처)
양육 지원	아동양육비	만 12세 미만 아동	한부모: 아동 1인당 10만원/월 청소년 한부모: 아동 1인당 1만원/월
	보육료	만 0~5세 (어린이집, 유치원 취원)	만 0세: 40.6만 원 만 1세: 35.7만 원 만 2세: 29.5만 원 만 3~5세: 22만 원
	양육수당	만 0~5세 (가정에서 양육)	12개월 미만: 20만 원 24개월 미만: 15만 원 24개월 이상~5세: 10만 원
돌봄 지원		만 3개월~만 12세	시간제 돌봄: 시간당 6,500원 종일제 돌봄: 1인당 130만 원 (소득 수준에 따라 차등지원)

출처: 여성가족부(2016). http://withmom.mogef.go.or.

(3) 급식 지원사업

아동급식 지원사업은 1989년 교육부가 도시락을 준비해 오지 못하는 아동에 대한 지원사업으로 시작되었다. 이후 2000년 「학교급식법」을 개정하여 시행하면서 결식 학생에 대한 중식 지원기간을 365일로 연장하는 저소득층 지원방안을 발표하였으며 2004년부터는 방학, 토요일 및 공휴일에도 중식 지원을 하는 내용으로 확대 실시하고 있다.

급식지원사업의 지원대상은 「아동복지법」 제2조에 따라 18세 미만의 취학 및 미취학 아동으로 경제적 빈곤이나 가족결손 등으로 결식하는 아동 또는 결식 우려가 높은 아동으로 사회복지 전담공무원이 필요하다고 인정하는 아동이다(단, 18세 이상이라도 고등학교에 재학 중인 아동 포함). 2005년 시행된 보건복지부의 아동급식 표준운영지침에 따른 구체적인 지원대상은 다음과 같다.

- 국민기초생활보장 수급자 중 희망자
- 차상위 저소득계층 중 가정 사정 등으로 급식 지원이 필요한 아동
- 지역아동센터, 사회복지관 등의 아동복지 프로그램을 이용하는 아동
- 학교급식비 지원대상자 중(교육청에서 지자체로 명단 통보) 가정 사정 등으로 급식 지원이 필요한 아동
- 학교교사, 민간 사회복지사, 이장·통장·반장 등의 아동 관련 민간관계자가 추천하는 자 중 가정 사정 등으로 급식지원이 필요한 아동
- 그 밖에 이에 준하는 자로서 시장·군수·구청장이 급식 지원이 필요하다고 판단되는 아동

급식지원아동을 선정은 연 2회 기초생활보장 수급자 아동에 대한 희망조사, 차상위 아동에 대한 실태조사, 지역사회의 추천 아동에 대한 사실확인조사 등을 전화, 방문조사, 편지조사 등의 방식을 통해 이루어진다. 이후 급식지원 아동으로 선정되면, 개인별 급식지원계획을 수립하여 지역 실정과 아동의 여건에 따라 급식소 급식, 일반음식점 급식, 도시락 배달, 주·부식 지원, 기타(식품권 지급) 등의 방식으로 시행된다.

급식지원사업의 지원내용을 살펴보면, 미취학 아동은 조·중·석식을 지방자치단체에서 제공하고, 취학 아동은 조·석식 및 방학 중 중식은 지방자치단체에서 연중 제공하고, 학기 중 중식은 교육청(학교)에서 제공하며, 학기 중 토·일·공휴일 중식은 시·도교육비특별회계를 지원받아 지방자치단체에서 제공하도록 하고 있다.

〈표 7-10〉 급식지원사업의 내용

대상	지원내용
미취학 아동	조·중·석식 중 아동별 특성에 따라 급식형태 선택지원
취학 아동	조·중·석식 중 아동별 특성에 따라 급식형태 선택지원 ① 학기 중 중식 지원: 교육청(학교) ② 학기 중 토·일·공휴일 중식 지원: 시·도교육비특별회계를 지원받아 지방자치단체에서 실시(※ 교육청과 협의) ③ 방학 중 중식 지원: 지방자치단체 ※ 취학 아동의 특성과 지역 여건에 따라 다양한 급식지원방법으로 지원

(4) 지역아동센터 사업

지역아동센터 사업은 1980년대에 민간단체, 종교단체, 사회운동단체 등이 중심이 되어 공부방으로 운영되던 것이 2004년 「아동복지법」이 개정되면서 명칭이 변경되어 정부 차원의 사회복지제도 안으로 들어오게 된 것이다. 지역아동센터는 2004년 법제화될 당시 전국적으로 894개소(23,347명)가 운영 중이었으나, 2013년 4,081개소(109,066명)로 4.6배나 확장되었다(지역아동센터중앙지원단, 2016).

「아동복지법」 제52조 제11항 제8호에 따르면 지역아동센터는 지역사회 아동의 보호·교육·건전한 놀이와 오락의 제공, 보호자와 지역사회 연계 등 아동의 건전육성을 위하여 종합적인 복지서비스를 제공하는 것을 목적으로 운영되고 있다. 이에 빈곤아동을 대상으로 아동보호(안전한 보호, 급식 등), 교육기능(일상생활 지도, 학습능력 제고 등), 정서적 지원(상담·가족지원), 문화서비스(체험, 공연) 등으로 지역사회 내 아동돌봄에 대한 예방적 기능 및 사후 연계를 주요 지원내역으로 제공하고 있다. 이를 바탕으로 지역아동센터 사업의 주요 기능을 요약하면 다음과 같다.

- 아동의 심리정서적 안정 및 건강한 신체발달 기능 강화
- 일상생활, 학교생활의 유지 및 적응력 강화 기능
- 가족지원 기능 강화
- 지역사회 내 아동·청소년 문제에 대한 예방적 기능
- 지역사회 자원확보, 발굴 및 지지망 강화

지역아동센터 사업의 지원대상은 맞벌이 가정 등의 지역사회의 돌봄서비스를 필요로 하는 18세 미만의 학령기의 아동으로, 소득기준은 중위 100% 이하이다(보건복지부, 2016). 구체적인 지원대상 및 선정기준은 〈표 7-11〉과 같다.

〈표 7-11〉 지역아동센터 사업의 대상

지원대상	선정기준(증빙서류)
교육급여대상 가정 아동	교육급여대상 여부
한부모가족지원법에 의한 가정 아동	한부모가족증명서
다문화가족지원법에 의한 가정 아동	가족관계증명서 등 다문화가족 여부
장애인복지법에 의한 장애가정 아동	아동 본인 또는 장애 가정 내 아동을 포함하여, 장애인등록증 사본, 가족관계증명서 등 확인서류
조손가족 아동	주민등록등본, 가족관계증명서 등
3명 이상 다자녀가정 아동	가족관계증명서
맞벌이가정 아동	맞벌이가정 아동 서류

(주1) 연령기준: 초등학생 및 중학생 연령대 중심으로 선정(단, 이용 중 아동이 고등학교로 진학 시 이용 가능)
- 미취학 아동의 경우 지역적 특성(농어촌 등) 고려하여 이용 가능

지역아동센터에서 제공하는 주요 프로그램은 보호 프로그램, 교육 프로그램, 문화 프로그램, 정서지원 프로그램, 지역사회연계 프로그램으로 구분해 볼 수 있으며, 자세한 내용은 〈표 7-12〉와 같다.

〈표 7-12〉 지역아동센터의 주요 지원 프로그램

구분	지원범주	구체적 내용
보호 프로그램	생활 및 안전	빈곤위기·방임아동 보호, 일상생활 지도, 급식 제공, 위생지도 등
교육 프로그램	학습, 특기·적성, 성장과 권리 등	숙제지도, 기초학습 부진아동 특별 지도, 경제교육, 독서지도 등
문화 프로그램	체험활동 및 참여활동	문화체험, 견학, 캠프, 공동체 활동, 특기·적성, 예술치료 등
정서지원 프로그램	상담 및 가족지원	가정방문 상담·정서적 지지, 부모·가족상담 등
지역사회연계 프로그램	홍보 및 연계	후원자 연계, 지역사회 내 인적·물적 자원 연계, 사례관리 등

출처: 지역아동센터중앙지원단(2016). http://www.icareinfo.info .

(5) 교육복지 투자우선지역 사업

교육복지 투자우선지역 사업은 저소득층 아동 및 청소년의 출발점 평등을 통해 실질적인 교육 기회를 보장하기 위하여 마련되었다. 이를 위해 교육인적자원부는 소외계층의 복지 확대 차원에서 지역·계층 간 격차 해소를 중요한 과제로 여기며 이 사업을 추진하게 되었다.

교육복지 투자우선지역 사업은 2003년 지역별로 협의회를 개최하면서 도시지역에서 교육·문화적 조건이 상대적으로 열악한 지역을 중심으로 서울 4개 지역 33개 학교, 부산 2개 지역 12개 학교를 선정하여 시범운영함으로써 시작되었다.

교육복지사업은 교육의 출발점 평등이라는 가치를 실현하기 위하여 취학 전 단계의 영유아에게는 양질의 프로그램을 제공하여 교육·문화 접근 기회의 형평성을 보장한다. 그리고 초등학생에게는 학습결손 예방 및 치유, 방과후 보호 등의 기본적 복지서비스에 중점을 두고, 중학생에게는 정서적 함양을 위한 문화활동을 지원한다(한미현 외, 2015).

전반적으로 사업의 내용과 기본 방향은 〈표 7-13〉과 같다.

〈표 7-13〉 교육복지 투자우선지역 지원사업의 지원내용

지원영역	지원내용
학습	학습동기 유발, 교원의 전문성 향상 지원, 지역사회의 자원 활용
문화활동	다양한 문화적 욕구충족 기회 제공, 지역 전체의 문화 활성화 지원
심리·심성발달	긍정적 자아 개념 형성, 건강한 사회성 형성 지원
복지프로그램	지역 내 보건소 및 의료기관과 연계한 의료서비스 지원, 지역아동센터 연계 등
영유아 보육·교육	유아보육·교육기관과 상호 협력 활성화

출처: 한미현 외(2015).

(6) 드림스타트 사업

드림스타트 사업은 취약 지역에 거주하는 저소득 임산부와 12세 이하의 아동을 대상으로 건강·복지·보육 등의 맞춤형 서비스를 통합적으로 제공하여 전인적인 발달을 지원하는 제도이다. 아울러 부모에게는 직업훈련·고용촉진 서비스를 제공하여 가족기능을 회복시키고 경제적 취약으로 인해 불리한 양육 여건을 갖지 않도록 보장해 주려는 프로그램으로 구성된다.

드림스타트 사업은 금전적 지원의 확대만으로는 빈곤문제의 대물림을 해결할 수 없다는 인식에서 예방적 분야의 발달을 지원하자는 취지에서 시작되었다.

드림스타트 사업은 미국의 Head Start, 캐나다의 Fair Start, 영국의 Sure Start, 그리고 국내 민간에서 2004년 시작된 We Start 사업 등 빈곤층 아동지원사업의 영향을 받아 2007년 시작되었다. 이름에서 Start를 사용한 것은 이는 교육과 복지적 측면에서 빈곤으로 인한 불이익이 없도록 공정한 출발선을 마련해 주자는 의미를 담고 있다.

드림스타트 사업의 주요 대상은 기초생활수급가정 및 0~12세 까지의 차상위계층 아동 및 임산부이다. 주요 사업으로는 보건, 복지, 보육, 통합서비스 제공 및 가족지원사업이 있으며 구체적으로는 〈표 7-14〉와 같다.

〈표 7-14〉 드림스타트 사업의 지원내용

영역	지원내용
신체건강	• 취약계층 아동의 건강한 마음과 신체발달 증진 • 취약계층 임산부의 건강한 출산 및 양육지원 • 예방적 건강검진, 치료적 개입 및 부모교육
인지/언어	• 취약계층 아동의 의사소통 및 기초 학습능력 강화 • 맞춤형 학습지원을 통한 개별 아동의 강점 계발 • 부모-자녀 상호작용 및 적합한 교육환경을 위한 부모 역량 강화
정서/행동	• 자아존중감 및 긍정적 성격형성을 위한 정서발달 서비스 제공 • 취약계층 아동과 가족의 생활안정, 삶의 질 개선, 가족 유대감 증진 프로그램
가족 및 통합지원	• 맞춤형 아동 및 가족방문으로 전문 사례관리자 1:1 가정방문 지원, 부모의 자긍심 강화 및 양육기술 지원

출처: 서보준 외(2015).

(7) 아동발달지원계좌사업

아동발달지원계좌사업은 저소득층 아동의 사회자립을 지원하기 위한 사업으로 보다 쉽게 이해하기 위한 별칭으로 디딤씨앗통장지원사업으로도 불린다.

이 사업은 기존 저소득층 아동에게 지원되는 복지정책이 생계유지, 학비지원 등 최소한의 단기적·사후적 지원에 머무른다는 한계 때문에 18세 이후 사회에 진출하여 성인이 되어서도 자립하지 못하고 빈곤이 대물림되는 안타까운 현실을 극복하기 어려운 경우가 많다. 아동발달지원계좌는 이러한 현상을 예방하고 빈곤아동에게 자신의 꿈을 키울 수 있는 디딤돌로써의 씨앗(종자돈)을 심어 주고자 만들어졌다.

아동발달지원계좌사업은 2007년 시설보호·가정위탁·소년소녀가정·그룹홈·장애인생활시설 아동 등 사회적으로 보호가 필요한 아동이 후원자 등의 도움으로 저축을 하면 매월 같은 금액만큼 저축해 주는 저소득아동 자산형성 지원사업으로 시작되었다.

아동발달지원계좌사업의 지원대상은 만 18세 미만의 가정위탁보호 아동, 소년소녀가정 아동, 그룹홈 아동, 장애인시설보호 아동, 가정복귀 아동이며 2012년부터 국민기초생활수급가정 아동에게도 확대하여 시행해 오고 있다.

지원내용 및 방식은 대상 아동이 보호자나 후원자의 지원으로 월 50만 원 이내의 기본 적립금을 아동의 계좌에 적립하면 정부에서도 17세까지 3만 원 이내에서 매칭 금액으로 같은 금액으로 지원하여 18세 이후 사회 진출 시 학자금, 기술 습득 비용, 창업 비용 등 자립 자금으로 사용할 수 있도록 도와주는 것이다(진윤희, 2012).

2) 민간지원 서비스

(1) 위스타트 운동

We Start 운동은 2004년 우리 사회 모두가 나서서 빈곤아동의 출발점을 건강하게 시작하도록 도와주자는 취지에서 시민운동으로 시작되었다. We Start 운동은 2004년 3개 마을을 시범사업으로 시작한 이래 2014년 기준으로 서울, 경기, 강원도, 전라남도 등의 4개 지역에 23개의 마을과 캄보디아 및 베트남에 2개의 해외 마을이 운영되고 있다(한미현 외, 2015).

We Start 운동은 'Children Start, Community Start, Family Start'의 3가지 영역으로 사업이 구분된다. Children Start에서는 아동·청소년의 인권과 권리 보장을 위해 복지·교육·건강을 위한 맞춤형 서비스를 제공하는 것을 주요 내용으로 한다. Community Start에서는 지역사회의 네트워크를 통하여 조직활동을 하고, 주민참여를 활성화하기 위한 다양한 활동을 지원한다. 그리고 Family Start에서는 아동과 가족이 건강하고 책임감 있는 지역사회 구성원으로 성장할 수 있도록 다양한 역량 강화 활동을 지원한다. 이러한 영역에 걸쳐 제공되는 구체적인 사업내용은 〈표 7-15〉와 같다.

〈표 7-15〉 We Start 운동의 사업내용

영역	사업내용
복지사업	• 학교사회복지 • 방과후 프로그램(지역아동센터) • 주거환경 개선 • 경제적 자립을 우한 교육/자활 연계 • 문화체험 활동 • 결연 후원 연계 • 지역주민 참여 프로그램
교육사업	• 영유아 가정/기관 방문 교육 중재 프로그램 • 기초학력 증진(멘토링 사업) • 예비 초등학생 프로그램 • 부모교육 및 양육지원 • 특기적성 교육 지원
건강사업	• 가정방문 보건사업(발달 스크리닝, 건강관리) • 임신, 출산 및 양육지원 • 정신건강 증진사업 • 영양지도 교육 및 지원 • 의료비 지원

출처: 위스타트운동본부(2016). http://www.westart.or.kr.

(2) 굿네이버스 빈곤가정아동 지원사업

굿네이버스(Good Neighbors)는 1991년 보건사회부로부터 사단법인 한국이웃사랑회(영문명: Good Neighbors)로 허가를 받아 운영되기 시작하였으며, 2002년 국문과 영문 명칭을 통일하여 굿네이버스로 사용하고 있다. 굿네이버스는 아동의 권리를 최우선의 가치로 지향하며 국내·외의 사회복지사업을 실현하기 위해 설립된 비정부기관(NGO)이다.

굿네이버스의 빈곤가정아동 지원사업의 지원대상은 빈곤가정 아동이며 주요 사업은 희망나눔학교, 중학교 희망프로젝트, 아동권리지원센터, 전국 16개 지역아동센터 사업을 중심으로 이루어지고 있다. 구체적인 내용은 〈표 7-16〉과 같다.

〈표 7-16〉 굿네이버스의 빈곤가정아동 지원사업의 내용

구분	지원사업	지원내용
희망나눔학교	건강지킴이 (신체발달지원)	• 방학 중 중식 제공 • 영양교육 및 건강교육 • 건강검진 및 진료 지원
	마음지킴이 (정서발달지원)	• 자아존중감 향상 프로그램 제공 • 또래관계 증진 프로그램 제공 • 가족관계 증진 프로그램 제공
	생각지킴이 (인지발달지원)	• 학습지도 제공 • 독서지도 제공
	또래지킴이 (사회성 발달지원)	• 체험학습 지원 • 야외활동 지원
중학교 희망프로젝트	Unique	• 긍정적 자기인식, 자아존중감 향상 • 진로 인식 능력 및 성숙도 향상 • 주체적 행복 강조
	Creative	• 흥미 유발을 통한 참여도 향상 • 다양한 자기표현 기회 제공・재능발견 • 대인관계 향상 및 성취감 제공
	Dream	• 욕구 및 특성에 따른 개별적 성장 지원 • 학교기반 빈곤가정아동 지원서비스 수행 • 예방적 측면 고위험군 조기발견체계 구축
아동권리센터	아동상담 권리 증진	• 개별사례 및 가족역량 지원서비스 • 멘토링 서비스 • 급식 및 경제적 지원
	지역사회 조직 및 홍보	• 아동권리인식 증진 및 세계시민의식 형성을 통한 사회변화 추구 • 지역사회의 네트워크를 통해 빈곤아동과 가정에 건강한 변화 추구
지역아동센터	아동보호 지원사업	• 급식지원, 건강지원, • 안전지원(5대 의무교육)
	정서지원사업	• 아동상담, 집단상담, 보호자상담, • 심리검사/치료 • 가정지원, 가정방문 • 사례관리

구분	지원사업	지원내용
지역아동센터	교육지원사업	• 학습지도 및 특기교육 • 인성·사회성 교육 자치회의, • 동아리활동 등
	문화지원사업	• 야외활동, 현장학습, 캠프 • 공연관람, 생일파티 등
	지역사회조직	• 운영위원회 조직 및 회의 • 자원봉사자 조직 및 활동 등

출처: 굿네이버스(2016). http://www.goodneighbors.kr.

(3) 초록우산 어린이재단 결연사업

초록우산 어린이재단은 1948년 해방 직후 어려웠던 아동을 지원하기 위해 미국의 클라크 목사가 구세군 시설에 있는 아동을 도우면서 시작되었다. 그리고 전쟁 이후 시설아동지원 중심의 사업을 전개하였고, 2008년에는 어린이재단으로 명칭을 변경하였으며, 아동복지 전문기관이다.

초록우산 어린이재단의 결연사업은 시설보호아동, 가정위탁아동, 소년소녀가정아동, 모·부자세대 아동 등 불우한 아동과 지역사회 이웃과의 결연으로 물질적·정신적 지원을 통해 아동의 건전한 성장을 도모하는 목적으로 실시되는 사업이다(도미향 외, 2015).

초록우산 어린이재단에서는 빈곤가정지원사업을 별도로 시행하고 있는데, 2013년을 기준으로 58,294명의 어린이에게 366억 원의 분유비, 생필품비, 등하교 교통비 등의 보육비와 학원비, 교재구입비 등의 학습비를 지원하였다. 또한, 학업, 체육, 예술 등의 특정 분야에 재능이 있는 아동에게 6억 원의 인재 양성비를 지원하였다. 그리고 균형 잡힌 식사를 하지 못하는 빈곤아동에게 급식을 지원하였다(초록우산 어린이재단, 2013).

제8장

다문화 · 북한이탈주민 가족 아동 복지서비스

1 다문화 · 북한이탈주민 가족 아동의 개념과 유형

1) 다문화가족 아동의 개념

'다문화가족'이란 외국인 이주노동이나 국제결혼을 통해 가정이 이루어지고 현재 국내에 거주하고 있으며 다양한 문화를 가진 가정을 의미한다. 과거에는 단순히 국제결혼을 통해 이루어졌다는 의미에서 '국제결혼가정'으로 불리기도 했으나, 지금은 '다문화가족'이라고 칭하는 것으로 사회적 합의가 이루어진 상태이다.

「다문화가족지원법」은 2008년 다문화가족 구성원이 안정적인 가족생활을 영위할 수 있도록 함으로써 이들의 삶의 질 향상과 사회통합에 이바지할 목적으로 제정되었다. 「다문화가족지원법」에 의한 다문화가족은 '결혼이민자와 한국인으로 이루어진 가족'과 '국제법에 의해 귀하 허가를 받은 자와 한국인으로 이루어진 가족'이며 구체적인 내용은 아래의 「다문화가족지원법」 제2조와 같다.

「다문화가족지원법」 제2조

1. "다문화가족"이란 다음 각 목의 어느 하나에 해당하는 가족을 말한다.
   가. 「재한외국인 처우 기본법」 제2조 제3호의 결혼이민자와 「국적법」 제2조부터 제4조까지의 규정에 따라 대한민국 국적을 취득한 자로 이루어진 가족
   나. 「국적법」 제3조 및 제4조에 따라 대한민국 국적을 취득한 자와 같은 법 제2조 부터 제4조까지의 규정에 따라 대한민국 국적을 취득한 자로 이루어진 가족
2. "결혼이민자 등"이란 다문화가족의 구성원으로서 다음 각 목의 어느 하나에 해당하는 자를 말한다.
   가. 「재한외국인 처우 기본법」 제2조 제3호의 결혼이민자
   나. 「국적법」 제4조에 따라 귀화허가를 받은 자

한편, 「다문화가족지원법」에서 정의하는 개념을 협의의 개념으로 보고, 광의의 개념으로 접근하는 입장도 있다. 교육과학기술부(2008)[35]는 다문화가족을 넓은 의미로 결혼이민자, 이주노동자, 유학생, 난민, 외국 국적동포, 북한이탈주민 등 서로 다른 민족 또는 문화적 배경을 가진 사람으로 구성된 가족을 통칭하여 사용한다. 이는 광의의 개념에서 본 다문화가족의 학령기 아동이 모두 함께 학교에서 공부하고 배우기 때문이다.

2) 다문화가족 아동의 유형

다문화가족 아동에 대한 호칭은 그동안 '혼혈아', '외국인 노동자 자녀', '코메리칸', '아메리시안', '아니노꼬', '코시안', '라이따이한', '코피노' 등으로 다양하게 불려 왔다. 그러나 「다문화가족지원법」의 제정과 법률에 따른 여러 가지 지원을 통해 기존의 차별적이고 부정적인 의미로 사용하던 용어도 점차 '다문화가족 아동' 또는 '다문화 아동' 등으로 바꾸어 사용되고 있다. 다문화가족 아동에 대한 협의의 개념을 가족 형성의 배경과 가족 구성원에 따라 범주화하면, 다문화가족 아동은 다음과 같

35) 주요 연혁 : 교육부(2013. 3. 23. 출범), 교육과학기술부(2008. 2. 29~2012. 8. 8.), 교육인적자원부(2001. 1. 29. 변경)

이 크게 세 유형으로 분류할 수 있다.

〈표 8-1〉 다문화가족 아동의 유형

가족유형	아동유형
결혼이민자 가족	• 한국인 남성과 외국인 여성 사이에서 출생한 아동 • 한국인 여성과 외국인 남성 사이에서 출생한 아동 • 한국인 남성 또는 여성의 전 혼인관계에서 출생한 아동 • 한국으로 귀화한 외국인 남성과 여성 사이에서 출생한 아동
외국인 근로자 가족	• 외국인 근로자인 남성과 여성이 한국에서 결혼하여 출생한 아동 • 외국인 남성과 여성이 외국에서 결혼 후 한국으로 이주한 가정의 아동
북한이탈주민 가족	• 탈북자 출신의 남성 또는 여성이 한국에서 결혼하여 출생한 아동 • 북한에서 부모(부 또는 모)와 같이 입국한 아동

2 다문화 · 북한이탈주민 가족 아동의 현황

1) 결혼이민자 및 귀화자 가족 아동 현황

2015년 결혼이민자 및 귀화자 가족 전체는 미국적 취득자와 국적 취득자를 모두 포함해 전체 305,446명(남 147,382명, 여 158,064명)이다(행정자치부[36], 2015). 그리고 이들의 자녀, 즉 아동 현황을 보면 전체 인원 수는 207,693명이다. 연령별, 부모출신국별, 지역별로 구분해 보면 다음과 같다.

(1) 연령별 현황

연령별로 살펴보면 만 6세 이하가 전체의 56.8%(11,877명)로 대다수를 차지하고 있으며, 만 7~12세(27%), 만 13~15세(9%), 만 16~18세(7.2%)의 순으로 높은 비율을 차지한다(그림 8-1 참조).

36) 주요 연혁 : 행정자치부(2014. 11.), 안전행정부(2013. 3.), 행정안전부(2008. 2.), 행정자치부(1998. 2.)

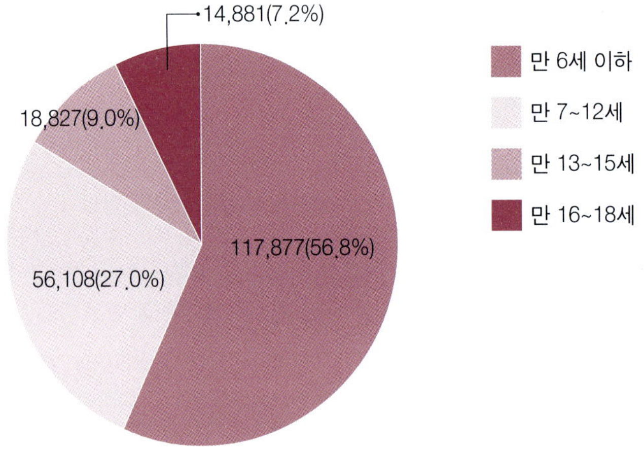

출처: 여성가족부(2016). http://www.mogef.go.kr .

[그림 8-1] 결혼이민자 및 귀화자 가족 아동의 연령 분포

(2) 부모 출신국별 현황

부모 출신국별로 아동의 현황을 살펴보면 전체 207,693명 가운데 베트남이 전체의 27.9%(57,856명)를 차지해 가장 많은 분포를 보인다. 다음으로는 중국(20.6%), 한국계 중국(18.9%0, 필리핀(10.0%), 일본(8.3%) 등의 순이다(표 8-2 참조).

〈표 8-2〉 결혼이민자 및 귀화자 가족 부모의 출신국 현황 (단위: 명)

구분	계	만 6세 이하	만 7~12세	만 13~15세	만 16~18세
합계	207,693	117,877	56,108	18,827	14,881
중국(한국계)	39,160	15,214	13,491	5,690	4,764
중국	42791	22,822	12,548	3,937	3,484
베트남	57,856	44,507	11,087	1,095	1,167
필리핀	20,584	11,090	6,294	2,274	926
일본	17,195	5,248	5,244	3,779	2,927
캄보디아	7,343	6,500	555	162	126
몽골	2,911	1,710	929	149	123
태국	2,810	1,215	1,129	313	153
미국	1,888	1,227	454	118	89

구분	계	만 6세 이하	만 7~12세	만 13~15세	만 16~18세
러시아	1,304	573	550	94	87
대만	1,985	752	524	348	361
기타	11,866	7,018	3,303	871	674

출처: 여성가족부(2016). http://www.mogef.go.kr.

(3) 거주 지역별 현황

거주하는 지역을 중심으로 결혼이민자 및 귀화자 가족 아동의 현황을 살펴보면, 경기 지역이 전체의 25.4%로 1/4 정도를 차지하고 있다. 다음으로는 서울(14.3%), 경남(7.5%), 전남(6.3%), 경북(6.1%), 인천(5.9%), 전북(5.2%), 부산(4.4%) 등의 순으로 높게 거주하고 있는 것으로 보인다(표 8-3 참조).

〈표 8-3〉 결혼이민자 및 귀화자 가족 아동의 거주 지역별 현황 (단위: 명)

구분	계	만 6세 이하	만 7~12세	만 13~15세	만 16~18세
전국	207,693	117,877	56,108	18,827	14,881
서울	29,790	15,631	8,931	2,969	2,259
부산	9,142	5,579	2,196	725	642
대구	6,369	3,844	1,582	499	444
인천	12,334	6,649	3,544	1,209	932
광주	5,067	3,115	1,284	389	277
대전	4,734	2,814	1,219	367	334
울산	4,559	2,767	1,122	359	311
세종	726	438	183	55	50
경기	52,810	28,807	15,028	4,997	3,983
강원	7,015	3,663	1,919	792	641
충북	7,868	4,464	2,108	710	586
충남	12,341	7,156	3,232	1,071	882
전북	10,820	6,269	2,774	1,008	769
전남	13,086	7,607	3,330	1,291	858

구분	계	만 6세 이하	만 7~12세	만 13~15세	만 16~18세
경북	12,712	7,741	3,210	974	787
경남	15,498	9,442	3,840	1,224	992
제주	2,817	1,889	606	188	134

출처: 여성가족부(2016). http://www.mogef.go.kr.

2) 외국인 근로자 가족 아동 현황

외국인 근로자 가족 아동은 근로를 목적으로 한국에 거주하고 있는 외국인의 자녀를 의미한다. 외국인 근로자 가족 아동의 경우 학교에 재학 중인 아동의 현황은 파악되나 불법체류자 신분 등으로 신분이 노출되는 것을 꺼리고 있어 미취학 상태인 경우는 정확한 현황 파악이 어렵다. 〈표 8-4〉에서 보는 바와 같이 재학 중인 아동을 중심으로 살펴보면, 전반적으로 초등학생의 비율이 가장 높게 나타나고 다음으로는 중학생과 고등학생의 순으로 나타나고 있다.

〈표 8-4〉 외국인 근로자 가족 아동 현황 (단위 : 명)

연도	초등학교	중학교	고등학교	합계
2005	995	352	227	1,574
2006	1,115	215	61	1,391
2007	775	391	63	1,229
2008	981	314	107	1,402
2009	884	307	129	1,320
2010	1,099	446	203	1,748

출처: 한성심·송주미(2015), 재구성.

3) 북한이탈주민 가족 아동 현황

(1) 북한이탈주민 가족 현황

북한이탈주민 가족은 1990년대 중반부터 늘어나기 시작하여 2006년에는 한 해 동안 1998년까지 전체 입국자 947명의 2배를 넘어서는 2,028명이 입국하여 매우 급격히 증가하고 있다. 그리고 2015년 6월의 잠정적 기준으로 전체 북한이탈주민 수는 28,133명으로 추산된다. 이 같은 추세에 힘입어 가족 단위로 입국하는 북한이탈주민이 늘고 있어 북한이탈주민 가족 아동의 수 또한 급격하게 증가하고 있는 추세이다.

북한이탈주민 가족의 거주 지역 분포를 보면 경기도(28.8%)와 서울(25.9%)에 가장 많이 거주하고 다음으로는 인천, 충남·세종, 충북, 경남, 경북, 부산 등의 순으로 많이 거주하고 있는 것으로 나타난다.

〈표 8-5〉 북한이탈주민 입국 현황

(단위: 명)

구분	1998년까지	2001	2002	2003	2004	2005	2006	2007	2008	2009	2010	2011	2012	2013	2014	2015.6.(잠정)	합계
남	831	565	510	474	626	424	515	573	608	662	591	795	404	369	305	106	8,358
여	116	478	632	811	1,272	960	1,513	1,981	2,195	2,252	1,811	1,911	1,098	1,145	1092	508	19,775
합계(명)	947	1,043	1,142	1,285	1,898	1,384	2,028	2,554	2,803	2,914	2,402	2,706	1,502	1,514	1,397	614	28,133
여성비율	12%	46%	55%	63%	67%	69%	75%	78%	78%	77%	75%	70%	72%	76%	78%	82%	70%

출처: 남북하나재단(2016). http://www.koreahana.or.kr.

〈표 8-6〉 북한이탈주민 거주 지역별 현황

(단위: 명)

지역	서울	경기	인천	부산	경북	경남	대구	충북
남	2,255	1,963	719	286	231	255	164	195
여	4,493	5,534	1,731	681	756	727	530	798
합계(명)	6,748	7,497	2,450	967	987	982	694	993

지역	충남·세종	광주	강원	대전	전남	전북	울산	제주	계
남	263	144	167	131	151	121	158	53	7,256
여	857	434	489	394	430	393	350	167	18,764
합계(명)	1,120	578	656	525	581	514	508	220	26,020

(주) 사망, 말소자와 주소 불명, 이민, 보호시설수용자 제외

출처: 남북하나재단(2016). http://www.koreahana.or.kr.

(2) 북한이탈주민 가족 아동 현황

〈표 8-7〉에서 보는 바와 같이 2016년 현재 0~9세 아동은 1,197명으로 북한이탈주민 전체의 4.4%를 차지하고 있으며, 10~19세 아동·청소년의 비율은 전체의 12.0%를 차지하고 있다. 북한이탈주민 가족 아동의 재학생 수를 2012년 학교급별 기준으로 살펴보면 전체 2,202명 가운데 초등학생이 1,204명으로 가장 많고, 고등학생이 437명, 중학생이 351명으로 나타나고 있다.

〈표 8-7〉 북한이탈주민 연령별 현황

(단위 : 명)

구분	0~9세	10~19세	20~29세	30~39세	40~49세	50~59세	60세 이상	계
남	598	1,512	2,258	1,945	1,185	442	312	8,252
여	599	1,803	5,460	6,203	3,314	1,008	880	19,267
합계(명)	1,197	3,315	7,718	8,148	4,499	1,450	1,192	27,519

(주) 2014년 12월 말까지 입국자의 입국시점 연령기준

출처: 남북하나재단(2016). http://www.koreahana.or.kr.

〈표 8-8〉 북한이탈주민 가족 아동의 학교급별 재학생 수

(단위 : 명)

<table>
<tr><th>구분</th><th colspan="6">정규학교</th><th>대안교육시설</th><th>합계</th></tr>
<tr><td rowspan="5">재학 현황</td><td colspan="2">초등학교</td><td colspan="2">중학교</td><td colspan="2">고등학교</td><td rowspan="5">210</td><td rowspan="5">2,202</td></tr>
<tr><td>남</td><td>여</td><td>남</td><td>여</td><td>남</td><td>여</td></tr>
<tr><td>602</td><td>602</td><td>162</td><td>189</td><td>212</td><td>225</td></tr>
<tr><td colspan="2">1,204</td><td colspan="2">351</td><td colspan="2">437</td></tr>
<tr><td colspan="6">1,992</td></tr>
</table>

(주) 대안교육시설은 전일제 민간교육시설에서 수학하는 학생기준

출처 : 교육과학기술부(2012).

3 다문화가정 아동의 어려움

1) 가정생활의 어려움

다문화가정 아동은 가정 속에서 모국어 발달에 직접적인 어려움을 겪을 수 있다. 특히, 국제결혼은 중개업자를 통한 짧은 시간 동안의 형식적인 만남을 통해 결혼에 이르게 되는 경우가 많다. 이때 한국어 습득이 충분하지 못한 채로 자녀를 출산하게 되는 경우 자녀는 서로 다른 2가지의 언어로 의사소통하게 됨으로써 혼란을 경험할 수 있게 된다. 또한, 어린이집이나 유치원 등 보육·교육기관과의 연계 교육이 원활하지 못할 가능성이 높다. 즉, 보육·교육기관에서 보내 오는 가정통신문이나 과제, 가정연계 학습 등에서 충분한 의사소통이 잘 이루어지지 않고 이는 자녀로 하여금 공평한 교육의 기회를 누리지 못하게 할 수도 있다.

또한, 다문화가정 아동은 가정 속에서 언어습득에서 간접적으로도 부정적 영향을 받기 쉽다. 영유아기 및 아동기는 발달적으로 언어적 모델링과 언어적 자극의 중요성이 매우 중요한 시기이다. 이 시기에 어떻게 언어적 상호작용을 하고, 어떤 언어를 듣고 배우는지에 따라 자아 개념과 대인관계의 많은 부분이 영향을 받게 되기 때문이다. 그러나 다문화가정의 경우 부부 간에 일상생활이나 자녀양육에 대한 의사소통이 충분하지 못한 경우가 많고, 두 가지 언어를 동시에 듣게 됨으로써 아버지와 어머니가가 사용하는 두 가지의 언어 모두에서 혼란과 어려움을 경험하며, 언어습득 지체현상이 자주 발견되기도 한다(임경혜, 2004). 이러한 언어적 혼란은 학교에 입학한 이후 학습에 영향을 미치기도 한다는 점에서 조기 개입과 예방이 매우 중요한 부분이라고 할 수 있다.

다문화가정 아동의 경우 가정 내에서 이중 문화로 인해 일어날 수 있는 갈등과 긴장, 경제적 어려움으로 인한 부부 불화, 조부모 및 확대가정과의 관계, 교사 및 이웃과의 관계 등으로 인해 심리적 불안정감을 경험하기 쉽다. 가령, 농촌지역의 경우 외국인 아내와의 이혼률이 70% 이상으로 차지하고 있는데(이한우·정정란, 2015), 이러한 가정갈등은 가정 내에서 안정감을 갖고 개인의 발달과정을 수행해 내기 어려울 것임을 충분히 예측하게 한다.

2) 학교생활의 어려움

다문화가정 아동에 관한 많은 연구는 아동의 학교생활에 집중하고 있는데, 이는 다문화가정 아동의 학교생활 부적응이 매우 심각함을 반증해 주는 것이라고 할 수 있다.

실제, 다문화가정 아동의 상당수는 학습문제를 가진다. 이들은 한국어 사용이 미숙한 어머니 또는 아버지로부터 충분한 언어적 모델링과 자극을 경험하지 못한 채로 초등학교에 입학하게 되는 경우가 많다. 또 듣기나 말하기에 큰 어려움이 없는 경우에도 읽기와 쓰기에서는 어려움을 보이는 경향도 높게 나타난다. 초등학교에 입학함과 동시에 많은 의사소통과 학습이 문자로 이루어지기 때문에 이처럼 한국어 사용의 미숙함은 학습부진으로 이어지는 경우가 많다. 그리고 다문화가정 아동의 한국어 능력은 학업성취와 밀접하게 관련되어 있으며, 다수의 다문화가정 아동은 국어 읽기, 수학문제, 한국의 역사와 문화 관련 사회과목에서 어려움을 호소하고 있는 것으로 보인다. 반면, 한국어와 관련이 상대적으로 적은 예체능 과목에는 큰 어려움을 호소하지 않는 것으로 보고된다(권오희, 2006; 이지애, 2007). 교육과학기술부에서 이루어진 오성배·강태중·이기범(2008)의 연구를 보면, 다문화가정 아동은 독해, 어휘력, 쓰기, 작문능력, 언어학습 능력에서 가장 큰 어려움을 보이는 것으로 나타났다.

다문화가정 아동이 학교에서 경험하는 또 다른 어려움은 학교폭력을 비롯한 또래관계 어려움이다. 2012년 교육과학부 주최로 이루어진 학교폭력 실태조사에서 다문화가정 아동의 학교폭력 피해율은 8.7%인데 남학생(9.9%)이 여학생(7.6%)보다, 외국에서 성장한 아동(10.4%)이 국내에서 성장한 아동(8.5%)보다 더 높은 피해율을 보였다(그림 8-2 참조).

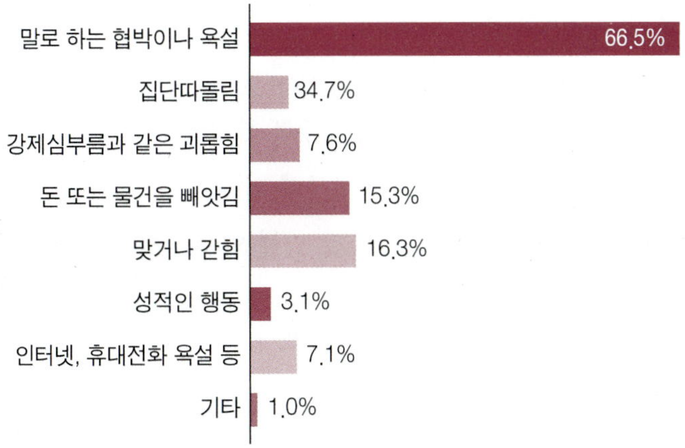

출처: 김순옥 외(2014).

[그림 8-2] 다문화가정 아동의 학교폭력 피해경험 내용

또한, 연령별로 보면, 연령이 낮을수록 피해율이 더 높게 나타났는데, 9~11세의 초등학생(10.5%)이 15~17세의 중·고등학생(4.2%)에 비해 2배 이상 높았다(그림 8-4 참조).

다문화가정 아동의 경우 20%가 집단따돌림을 경험하는 것으로 알려져 있다(설동훈, 2005). 다문화가정 아동이 경험하는 집단따돌림이 더욱 심각한 것은 따돌림을 당하는 이유는 '다문화가정 자녀이기 때문에'(34.1%), '특별한 이유 없이'(15.9%) 등 아동이 쉽게 납득하기 어려운 경우가 많다. 이처럼 아동 스스로의 노력으로 해결할 수 없는 이유로 집단따돌림을 당하게 되는 경우 심각한 우울감과 무기력감에 빠질 수 있어 이를 위해서는 학교와 주변의 도움이 더욱 필요하다.

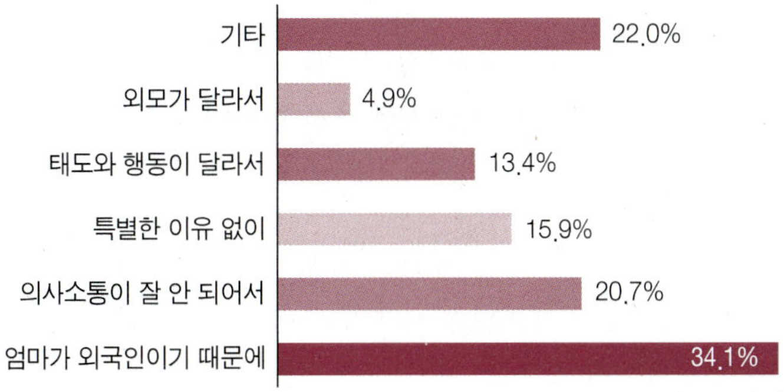

출처: 설동훈(2005).

[그림 8-3] 다문화가정 아동의 집단따돌림 피해 이유

다문화가정 아동의 학교생활에 영향을 미치는 요인으로는 체류연한, 한국어 수준, 가정의 지원 정도 등이 있다(이한우·정정란, 2015). 즉, 체류연한이 길수록 한국어 수준이 높을수록, 가정의 지원 정도가 많을수록 학교생활에 잘 적응한다. 이 외에 다문화가정 아동의 또래관계는 아동 개인의 특성 외에도 부모의 외모적 특성이나 미숙한 한국어 실력, 부족한 학업적 관여 등으로 인해 영향을 받기도 한다.

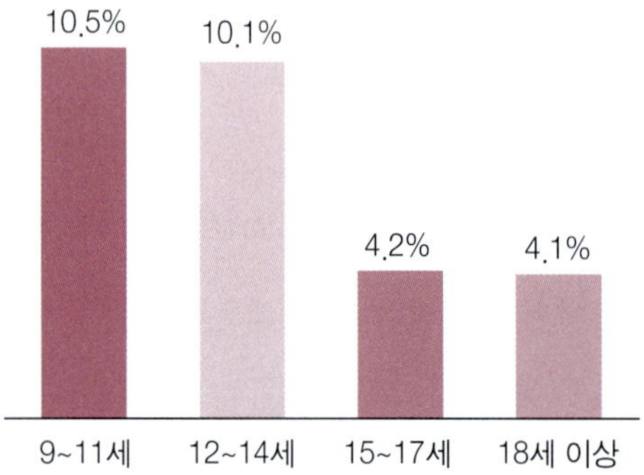

출처: 김순옥 외(2014).

[그림 8-4] 다문화가정 아동의 연령별 학교폭력 피해 경험률

3) 심리사회적 적응의 어려움

다문화가정 아동은 정체감 혼란을 경험하기 쉽다. 우리나라의 경우 오랜 역사에서 단일민족이라는 자부심이 매우 강해 다른 문화권에 대한 가부장적이고 배타적인 성향이 강하다. 이 때문에 다문화가정 아동 또한 외모적으로 피부색이 다르거나 생김새가 다른 경우 또래나 주변인으로부터 비하, 놀림, 동정의 대상이 되곤 한다. 이러한 경향은 결혼이주 혹은 근로 외국인의 출신 이주배경에 따라서도 차이가 난다. 가령, 동남아시아 계열에 대해서는 비하적인 경향이 더 높게 나는 반면, 선진국이나 백인의 경우는 수용하려는 경향이 좀 더 높게 나타난다.

한편, 학령기에 해당하는 아동은 타인에 대한 자신과 타인의 감정을 충분히 배려하는 조망능력이 성숙하지 못하여 다문화가정 아동에 대한 부정적인 감정이 여과 없이 표출되기도 한다. 이 때문에 어린이집이나 유치원, 초등학교, 중학교 등에서 때로 심각한 학교폭력이나 집단따돌림 등이 일어나기도 한다.

다문화가정 아동은 또한 낮은 자존감을 경험할 가능성이 높다. 결혼이주 여성의 경우 갑작스럽게 바뀌어진 문화권에서 적응해 가는 과정에 많은 스트레스를 경험하게 된다. 특히, 미숙한 한국어 능력은 스스로 노력하더라도 극복하는 데 많은 시간과 장애를 초래하기도 한다. 이러한 과정에 자녀를 출산하고 양육하면서 남편, 시부모 및 확대가정, 이웃과의 관계에서도 갈등을 경험할 수 있는데, 이를 해소할 수 있는 방편이 쉽지 않은 경우도 흔하다. 이러한 스트레스는 가족관계와 양육태도에 부정적 영향을 미치기 쉽다. 특히, 양육 효능감이 부족하기 쉽고 이로 인해 아동의 애착, 자아존중감, 또래관계 등에 부정적인 영향을 미칠 수 있다.

한편, 다문화가정 아동 가운데는 학업성취도 높고 대인관계도 좋으며, 문화적으로도 전혀 어려움을 경험하지 않는 경우도 종종 있다. 그러나 이런 아동에 대해 자신의 신체적·문화적·언어적 정체성을 완전히 버렸다고 지적하기도 한다. 이는 한국사회가 다문화가정 아동의 적응에 대한 일관된 기준의 부재를 반증해 주는 것이기도 하다. 즉, 적응을 잘 하는 아동에 대해서는 자신의 부모 가운데 외국인 또는 이주배경을 가진 부모의 정체성을 잃었다고 비난하면서, 적응을 잘 하지 못하는 아동에게는 부적응자라는 비난을 가한다. 이는 다문화가정 아동의 적응 여부에 상관없이 비난하는 입장을 취한다고 할 수 있다. 다문화가정 아동의 건강한 적응을 위해서는 이들 아동을 위한 재정적 노력과 함께, 이들을 우리와 동일한 사회 구성원으로 받아들이려는 기존 사회의 노력이 필요하다.

4 다문화 · 북한이탈주민 가족 아동 지원정책

1) 다문화가족 아동 관련 지원법

다문화가족 아동 관련 지원법 가운데 다문화가족을 직접 대상으로 하는 「다문화가족지원법」과 「재한외국인 처우 기본법」이 있으며, 다문화가족 아동이 포함되는 「영유아보육법」, 「아동복지법」 등이 있다.

(1) 다문화가족지원법

「다문화가족지원법」은 2008년 다문화가족 구성원이 안정적인 가정생활을 영위할 수 있도록 함으로써 이들의 삶의 질 향상과 사회통합에 이바지함을 목적으로 제정되어, 이후 다문화가족 지원에 관한 가장 기초적인 법률적 근거로서의 역할을 하고 있다. 다문화가족 아동의 지원에 관해서는 같은 법 제10조에서 설명하고 있다. 주요 내용은 아래에서 보는 바와 같이 보육·교육에 있어서의 차별금지, 교육지원 대책 마련, 방과후 교육 프로그램 지원, 취학 전 보육 및 교육지원, 모국어 교육을 위한 교재지원 및 학습지원 등이다.

「다문화가족지원법」 제10조

① 국가와 지방자치단체는 아동 보육·교육을 실시함에 있어서 다문화가족 구성원인 아동을 차별하여서는 아니 된다.

② 국가와 지방자치단체는 다문화가족 구성원인 아동이 학교생활에 신속히 적응할 수 있도록 교육지원 대책을 마련하여야 하고, 특별시·광역시·도·특별자치도의 교육감은 다문화가족 구성원인 아동에 대하여 학과 외 또는 방과후 교육 프로그램 등을 지원할 수 있다.

③ 국가와 지방자치단체는 다문화가족 구성원인 아동의 초등학교 취학 전 보육 및 교육 지원을 위하여 노력하고, 그 아동의 언어발달을 위하여 한국어 및 결혼이민자 등인 부 또는 모의 모국어 교육을 위한 교재지원 및 학습지원 등 언어능력 제고를 위하여 필요한 지원을 할 수 있다.

(2) 재한외국인 처우 기본법

「재한외국인 처우 기본법」은 재한외국인에 대한 처우 등에 관한 기본적인 사항을 정함으로써 재한외국인이 대한민국 사회에 적응하여 개인의 능력을 충분히 발휘할 수 있도록 하고, 대한민국 국민과 재한외국인이 서로를 이해하고 존중하는 사회환경을 만들어 대한민국의 발전과 사회통합에 이바지함을 목적으로 2007년 제정되었다. 재한외국인 가정 아동에 대한 지원은 같은 법 제12조에서 설명하고 있으며 주요 내용은 결혼이민자 및 그 자녀에 대한 보육 및 교육지원, 의료지원 등이다.

「재한외국인 처우 기본법」 제12조

① 국가 및 지방자치단체는 결혼이민자에 대한 국어교육, 대한민국의 제도·문화에 대한 교육, 결혼이민자의 자녀에 대한 보육 및 교육 지원, 의료 지원 등을 통하여 결혼이민자 및 그 자녀가 대한민국 사회에 빨리 적응하도록 지원할 수 있다.
② 제1항은 대한민국 국민과 사실혼 관계에서 출생한 자녀를 양육하고 있는 재한외국인 및 그 자녀에 대하여 준용한다.

(3) 영유아보육법

「영유아보육법」은 영유아의 심신을 보호하고 건전하게 교육하여 건강한 사회 구성원으로 육성함과 아울러 보호자의 경제적·사회적 활동이 원활하게 이루어지도록 함으로써 영유아 및 가정의 복지 증진에 이바지함을 목적으로 2007년 제정되었으며 다문화가족 아동에 대한 보육은 제3조와 제26조에서 명시하고 있다. 제3조의 주요 내용은 보육이 영유아의 이익을 최우선으로 하여 어떠한 차별도 받지 않아야 함이며, 제26조의 주요 내용은 어린이집은 다문화가족 아동 등에 대한 보육을 우선적으로 실시해야 한다는 것이다.

「영유아보육법」 제3조

① 보육은 영유아의 이익을 최우선적으로 고려하여 제공되어야 한다.
② 보육은 영유아가 안전하고 쾌적한 환경에서 건강하게 성장할 수 있도록 하여야 한다.

③ 영유아는 자신이나 보호자의 성, 연령, 종교, 사회적 신분, 재산, 장애, 인종 및 출생지역 등에 따른 어떠한 종류의 차별도 받지 아니하고 보육되어야 한다.

「영유아보육법」 제26조

① 국가나 지방자치단체, 사회복지법인, 그 밖의 비영리법인이 설치한 어린이집과 대통령령으로 정하는 어린이집의 원장은 영아·장애아·「다문화가족지원법」 제2조 제1호에 따른 다문화가족의 아동 등에 대한 보육(이하 "취약보육"이라 한다)을 우선적으로 실시하여야 한다.
② 보건복지부장관, 시·도지사 및 시장·군수·구청장은 취약보육을 활성화하는 데에 필요한 각종 시책을 수립·시행하여야 한다.
③ 취약보육의 종류와 실시 등에 필요한 사항은 보건복지부령으로 정한다.

(4) 아동복지법

「아동복지법」은 아동이 건강하게 출생하여 행복하고 안전하게 자랄 수 있도록 아동의 복지를 보장하는 것을 목적으로 2000년 제정되었다. 다문화가족 아동에 대한 지원은 제2조와 제4조에서 명시하고 있다. 제2조에서 명시되는 주요 내용은 아동이 자신 또는 부모의 인종 등에 따른 어떠한 종류의 차별도 금지한다는 것이다. 그리고 제4조에서 명시되는 주요 내용은 국가와 지방자치단체는 아동이 자신 또는 부모의 인종에 따른 어떠한 차별을 받지 않도록 시책을 강구해야 한다는 것이다.

「아동복지법」 제2조

① 아동은 자신 또는 부모의 성별, 연령, 종교, 사회적 신분, 재산, 장애유무, 출생지역, 인종 등에 따른 어떠한 종류의 차별도 받지 아니하고 자라나야 한다.
② 아동은 완전하고 조화로운 인격발달을 위하여 안정된 가정환경에서 행복하게 자라나야 한다.
③ 아동에 관한 모든 활동에 있어서 아동의 이익이 최우선적으로 고려되어야 한다.
④ 아동은 아동의 권리보장과 복지 증진을 위하여 이 법에 따른 보호와 지원을 받을 권리를 가진다.

「아동복지법」 제4조

① 국가와 지방자치단체는 아동의 안전·건강 및 복지 증진을 위하여 아동과 그 보호자 및 가정을 지원하기 위한 정책을 수립·시행하여야 한다.
② 국가와 지방자치단체는 보호대상아동 및 지원대상아동의 권익을 증진하기 위한 정책을 수립·시행하여야 한다.
③ 국가와 지방자치단체는 장애아동의 권익을 보호하기 위하여 필요한 시책을 강구하여야 한다.
④ 국가와 지방자치단체는 아동이 자신 또는 부모의 성별, 연령, 종교, 사회적 신분, 재산, 장애유무, 출생지역 또는 인종 등에 따른 어떠한 종류의 차별도 받지 아니하도록 필요한 시책을 강구하여야 한다.
⑤ 국가와 지방자치단체는 「아동의 권리에 관한 협약」에서 규정한 아동의 권리 및 복지 증진 등을 위하여 필요한 시책을 수립·시행하고, 이에 필요한 교육과 홍보를 하여야 한다.
⑥ 국가와 지방자치단체는 아동의 보호자가 아동을 행복하고 안전하게 양육하기 위하여 필요한 교육을 지원하여야 한다.

2) 정부부처별 다문화가족 아동 지원정책

우리나라의 정부부처별 다문화가족 아동지원 정책은 문화체육관광부, 법무부, 여성가족부, 교육부, 보건복지부 등을 중심으로 이루어지고 있다. 2011년 여성가족부에서는 제2차 다문화가족정책 기본계획을 발표하였는데, 이를 중심으로 정부부처별 역할을 정리해 보면 〈표 8-9〉와 같다.

〈표 8-9〉 우리나라의 정부부처별 다문화가족 아동 지원 과제

영역	과제명	부처명
다문화가족 자녀의 건강한 발달 지원	건강정보 문해력 향상	보건복지부
	언어발달 진단 및 교육 확대	여성가족부 문화체육관광부
	이중 언어교육 단계적 확대	여성가족부 교육과학기술부
	찾아가는 부모교육서비스 지원	여성가족부

영역	과제명	부처명
한국어능력 향상	한국어 교육 프로그램 공유	문화체육관광부
	다문화 배경 학생 한국어 교육과정 운영	교육과학기술부 문화체육관광부
학교생활 초기 적응 지원	초등학교 입학 전 준비 프로그램 개발 및 실시	여성가족부 문화체육관광부
	예비학교 전국 운영	교육과학기술부
	자녀생활서비스 확대	여성가족부
	초기 적응 프로그램 'Rainbow School' 운영	여성가족부
기초학력 향상 및 진학지도 강화	한국어 향상 및 기초학력 지원 강화	교육과학기술부
	진로, 진학지도 강화	교육과학기술부
공교육 등에 대한 접근성 제고	입학절차 안내 및 학교 진입 유도	교육과학기술부, 법무부
	각종 위원회 등에 다문화가족 청소년 참여 가이드라인 마련	여성가족부
	CYS-Net에 이주배경 청소년 상담 및 복지 포함	여성가족부

출처: 여성가족부(2011). 제2차 다문화가족정책 기본계획(2013~2017), 재구성.

(1) 교육부의 다문화가족 아동 지원

교육부는 다문화가족 아동지원정책은 학교와 학생을 중심으로 이루어지고 있다. 2011년 교육과학기술부는 급증하는 다문화가족 자녀의 수를 고려하고 이들을 위한 맞춤형 교육지원을 강화하고 다문화에 대한 이해와 인식을 개선하기 위한 배경에서 '다문화가족 학생 교육지원계획'을 발표한 바 있다(교육과학기술부, 2011). 이 지원계획은 다문화가족 학생을 지원하는 실천의 근간이 되고 있어 이를 중심으로 살펴보고자 한다.

지원계획은 7가지로 하위 항목으로 구성되어 있으며 그 내용은 ① 다문화가족 학생 맞춤형 교육지원, ② 다문화가족 학생을 글로벌 인재로 육성하는 글로벌 브릿지 사업, ③ 교사의 다문화교육 전문성 제고, ④ 다문화가족 학부모 지원, ⑤ 다문화가족 유아교육 지원, ⑥ 다문화가족 동반·중도입국 자녀교육 지원, ⑦ 다문화교육 기반 및 지원체제 강화이다. 각 추진계획별 주요 내용은 〈표 8-10〉에 요약되어 있다.

〈표 8-10〉 2011년 교육부의 다문화가족 학생 교육지원 계획

추진 계획	주요 내용
다문화가족 학생 맞춤형 교육지원	• 다문화가족 학생 1:1 멘토링 지원 • 다문화가족 학생 교육 거점학교 지원 • 다문화가족 학생 대상 방학 집중 캠프
다문화가족 학생을 글로벌 인재로 육성 –글로벌 브릿지 사업	• 다문화가족 자녀의 부모 출신국 이해 및 리더십 등 역량 강화 • 다문화가족 중 다수를 차지하는 일본·중국·베트남·필리핀 출신 등을 대상으로, 해당 자녀의 강점을 살릴 수 있는 지원
교사의 다문화교육 전문성 제고	• 교대 및 사범대학에 '다문화교육 강좌' 개설 지원 • 현직 교사 연수 지원 강화
다문화가족 학부모 지원	• 다문화가족 학부모 교육 및 상담 지원 • 학부모를 이중 언어 강사요원으로 양성·활용 • 다문화가족 학부모 평생교육 지원
다문화가족 유아교육 지원	• 다문화가족 등을 위한 교육 정보 제공 • 다문화가족 유아를 위한 교육 프로그램 보급 • 다문화교육 전문성 제고를 위한 유아 교사 연수 실시 • 다문화가족 학부모의 유아교육 현장 활용 확대
다문화가족 동반·중도입국 자녀 교육 지원	• 취학 전 예비과정 지원 • 학교 내 특별학급 운영 지원 • 공립 대안학교 설립 지원 • 진로·직업교육 지원 강화
다문화교육 기반 및 지원체제 강화	• 일반 학생의 다문화 이해교육 지원 • 중앙다문화교육센터 운영 지원 • 시·도교육청 다문화교육 정책추진 역량 강화

출처: 교육과학기술부(2011). 다문화가족 학생 지원계획, 재구성.

(2) 여성가족부의 다문화가족 아동 지원

여성가족부의 다문화가족 아동 지원은 다문화가족을 중심으로 이루어지고 있다. 2012년 여성가족부에서 발표한 제2차 다문화가족정책 기본계획(추진기간: 2013~2017년)은 다문화가족 자녀의 건강한 성장을 위하여 특별한 서비스보다 보편적 서비스에 대한 접근성 제고, 학교생활에 적응하고 원만한 교우관계를 형성할 수 있도록 한국어 능력 향상, 학교정보 제공, 입학 전 적응 등 지원을 목표로 하고 있다.

〈표 8-11〉 여성가족부의 제2차 다문화가족정책 기본계획

구분	내용
비전	• 활기찬 다문화가족, 함께하는 사회
목표	• 사회발전 동력으로서의 다문화가족 역량 강화 • 다양성이 존중되는 다문화사회 구현
추진 과제(방향)	• 다양한 문화가 있는 다문화가족 구현 – 평등한 가족문화 구축, 사회적 여건 조성 • 다문화가족 자녀의 성장과 발달지원 – 다문화가족 자녀 취학 및 학교생활지원, 다문화 이해 제고 중점추진 • 안전한 가족생활 기반 구축 • 결혼이민자 사회경제적 진출 확대 – 신규 입국자에게는 사회통합서비스를, 일정기간 경과 시는 취업 등 자립기반 강화 • 다문화가족에 대한 사회적 수용성 제고 • 정책추진체계 정비 – 정책추진 협력·분담체계 강화 및 다문화가족지원센터의 서비스 전달체계 효율화 – 주요 국제결혼 상대국과의 협력 강화를 통해 제도적 사각지대 개선 및 인권침해 예방
추진기관	13개 중앙행정기관, 법원 및 지방자치단체(교과부, 법무부, 행안부, 문화부, 농식품부, 국방부, 복지부, 고용부, 경찰청, 방통위, 법원, 여가부 및 국무총리실)

여성가족부에서는 다문화가족에 대한 생애주기별 맞춤형 서비스를 지원하고 있다. 생애주기별 맞춤형 서비스의 목적은 다문화가족을 위한 가족교육·상담·문화 프로그램 등 서비스 제공을 통해 결혼이민자의 한국사회 조기적응 및 다문화가족의 안정적인 가족생활을 지원하는 것이다(여성가족부, 2016). 제공되는 서비스의 구체적인 내용은 〈표 8-12〉와 같다.

이 서비스에 다문화가족 아동에 대한 지원은 3단계인 자녀양육 및 정착기와 관련되어 있다. 이 단계에서는 제공되는 서비스는 다문화가족 부모대상 자녀양육 능력 향상을 위한 부모교육, 학업성취가 낮고 발달에 어려움을 겪는 자녀대상 생활서비스, 언어발달지원, 이중언어 가족환경 조성사업 지원 등이다.

〈표 8-12〉 생애주기별 맞춤형 서비스

단계	주기	서비스 내용
1단계	입국 전 결혼준비기	• 국제결혼 과정의 인권보호와 교육 프로그램 – 결혼중개업의 관리에 관한 법률 제·개정 시행 – 결혼중개업자 전문지식 및 윤리의식 향상교육 실시 – 결혼이민(예정)자 현지 사전교육 운영의 내실화
2단계	입국 초 가족관계 형성기	• 결혼이민자의 조기적응 및 안정적 생활지원 – 한국어교육, 다문화가족통합교육, 다문화가족 취업연계 및 교육지원, 개인·가족상담 등 종합 서비스 제공 – 다국어판 생활·정책 정보 매거진(Rainbow+, 연4회), 한국 생활 가이드북, 다문화가족지원 포털 '다누리' 운영 등 한국 생활 정보 제공 • 다양한 매체를 통한 한국어교육 – 229개 시·군·구에서 집합 한국어교육 실시(다문화가족지원 센터 등에서 운영 실시) – 다문화가족지원센터에서 한국어 방문교육 실시 • 위기개입 및 가족통합교육 실시 – 가정폭력 피해 상담·보호를 위해 다누리콜센터(1577-1366) 및 전용 쉼터, 법률구조기관 등 관련 기관 간 연계 강화 – 다문화가족의 생활 적응과정에서 발생하는 각종 고충상담 및 생활정보 제공을 위해 다누리콜센터 운영 – 다문화가족(이혼가족 포함)의 개인·가족 상담 – 다문화가족 구성원 간 가족 내 역할 및 가족문화에 대한 이해 향상을 위한 가족통합교육 추진
3단계	자녀양육 및 정착기	• 다문화가족 자녀의 양육·교육 지원 – 부모의 자녀 양육 능력 향상을 위해 부모교육서비스 실시 – 학업성취가 낮고 자아·정서·사회성 발달에서 어려움을 겪고 있는 다문화가족 자녀에게 자녀생활서비스 실시 – 다문화가족 자녀 언어발달지원 – 이중언어 가족환경 조성사업 지원
4단계	역량 강화기	• 다문화가족의 경제·사회적 자립 지원 – 다문화가족 취업연계 및 취업기초소양교육 실시 – 결혼이민자 적합직종 개발 및 직업교육훈련 실시 – 자조 모임 및 봉사단 등 운영지원

단계	주기	서비스 내용
전단계	다문화 역량 강화	• 대국민 인식 개선 및 홍보 – 다문화가족 모니터링단 운영 – 다문화가족지원 포털사이트 '다누리' 운영 지원 – 다문화 인식 개선을 위한 콘텐츠 개발 및 보급 • 다문화가족 실태조사 실시(다문화가족지원법 제4조) – 전국 규모의 다문화가족 실태를 조사·분석해 정책수립에 필요한 기초 통계자료 확보 및 맞춤형 서비스 개발

출처: 여성가족부(2016). http://www.mogef.go.kr.

이 외에 여성가족부에서는 다문화가족지원센터를 설치하여 운영하고 있다. 다문화가족지원센터는 2016년 현재 전국 시·도 및 시·군·구에 217개소가 운영중이다. 설립의 기본 방향은 다문화가족을 위한 가족교육·상담·문화 프로그램 등 서비스 제공을 통해 결혼이민자의 한국사회 조기적응 및 다문화가족의 안정적인 가족생활 지원이다(여성가족부, 2016).

다문화가족지원센터 사업은 방문사업과 결혼이민자 통·번역 서비스로 구성되는데, 이 가운데 방문사업이 다문화가족 아동 지원과 관련된다. 방문사업의 주요 사업내용으로는 한국어교육, 부모교육서비스, 자녀생활 서비스이며 구체적인 대상과 서비스의 내용은 〈표 8-13〉과 같다.

〈표 8-13〉 다문화가족지원센터의 방문서비스 대상 및 내용

서비스	대상	서비스 내용
한국어 교육	입국 5년 이하 결혼이민자, 중도입국 자녀(만 19세 미만)	• 한국어 교육 1~4단계 • 어휘, 문법, 화용, 문화
부모교육 서비스	생애주기별 각 1회 지원 (최대 15개월, 총 3회 지원) • 임신·신생아기 (임신~생후 12개월) • 유아기 (12개월 초과~48개월 이하) • 아동기 (48개월 초과~만 12세 이하)	• 자녀양육 지원을 위한 부모교육 • 가족상담 및 정서 지원서비스 • 기타 한국생활에 필요한 정보 제공

서비스	대상	서비스 내용
자녀생활 서비스	만 3~12세 이하의 다문화가족 자녀	• 인지 영역: 독서 코칭, 숙제지도, 발표토론 지도 • 자아·정서·사회 영역: 자아·정서·사회성 발달을 위한 지도 • 문화 역량 강화 영역: 문화 인식, 정체성 확립, 공동체 인식 지도 • 시민교육 영역: 기본생활습관, 건강 및 안전, 가정생활, 진로 지도

출처: 여성가족부(2016). http://www.mogef.go.kr.

3) 북한이탈주민 아동 지원정책

(1) 북한이탈주민지원재단(남북하나재단)의 지원

북한이탈주민을 위한 지원정책은 북한이탈주민지원재단을 중심으로 이루어지고 있다. 북한이탈주민지원재단에서 시행하는 정착지원사업은 초기 정착, 일자리, 교육·청소년, 의료건강, 여성복지, 가족복지 등으로 구분해 볼 수 있다.

북한이탈주민지원재단의 정착사업 가운데 북한이탈주민 아동을 위한 지원은 무연고 청소년 그룹홈, 청소년 교육·장학, 청소년 교육·보호시설지원 등이 있다. 무연고 청소년 그룹홈 사업은 사회적 보호가 필요한 무연고 탈북 청소년을 위해 그룹홈, 대안가정 등 공동생활시설을 지원하는 것으로 여기서는 멘토링 교육, 심리상담, 현장학습 등 각종 교육 프로그램을 받을 수 있으며 2016년 현재 전국적으로 13개소가 있다. 청소년 교육·장학 사업은 장학지원, WEST 프로그램, 화상영어교육지원, 학습지원 프로그램을 포함하며 구체적인 내용은 〈표 8-14〉에 제시한 바와 같다.

〈표 8-14〉 남북하나재단의 청소년 교육·장학 사업

구분	대상	지원 내용
장학지원	중·고등학생 및 대학(원)생	안정적인 학업수행을 위한 학비 및 생활비 보조
WEST 프로그램	국내 소재 4년제 대학 4학기 이상, 전문대학 2학기 이상 이수한 탈북 대학생	왕복 항공료, 참가비, 어학연수 생활비, 무급인턴 생활비 등 50% 지원
화상영어교육지원	9세 이상 탈북 청소년 및 북한이탈주민 자녀	인터넷을 이용하여 문법, 발음, 회화 등 1:1 실시간 교육
학습지원	만 3세~초등학생까지 탈북아동 및 북한이탈주민 자녀	희망하는 1개 과목 학습지 지원(담당 강사가 주 1회, 약 15분 동안 가정방문, 교재제공 및 개별학습관리

출처: 남북하나재단(2016). https://www.koreahana.or.kr.

청소년 교육·보호 시설지원 사업은 탈북가정 청소년의 학교적응, 중도이탈, 방과후 방임을 예방하기 위하여 대안교육시설, 방과후 지역아동센터, 그룹홈 등에 대하여 최대 2년까지 시설운영비 지원과 시설운영 관리·감독을 통한 교육 인프라 구축을 지원해 주는 사업이다.

〈표 8-15〉 북한이탈주민지원재단의 정착지원사업

구분	지원사업	내용
초기 정착	정착도우미	• 전국 31개 하나센터를 중심으로 민간단체의 자원봉사자로 구성된 정착도우미가 하나원 수료자를 거주지까지 안내하고, 수시 방문 및 생활 안내를 통해 안정적인 정착을 도움
	생활안정키트	• 하나원을 수료한 북한이탈주민에게 전입 초기에 필요한 식료품(쌀, 잡곡 등)과 생활용품(냄비, 프라이팬, 가스레인지 등)을 제공함으로써 안정적으로 정착할 수 있도록 지원
	쉼터 및 그룹홈	• 하나원 수료 이후 배정된 주택에 입주하지 못한 북한이탈주민이 주택에 입주할 때까지 임시적으로 거주할 수 있는 공동생활시설 운영 – 취업 및 생활 정보교육, 심리상담 등의 프로그램을 운영(전국 14개소)

구분	지원사업	내용
초기 정착	쉼터 및 그룹홈	• 무연고 청소년 그룹홈: 사회적 보호가 필요한 무연고 탈북 청소년을 위해 그룹홈, 대안가정 등 공동생활시설 운영 지원 – 멘토링 교육, 심리상담, 현장학습 등 각종 교육 프로그램 병행 실시(전국 13개소)
	전문상담사 (하나센터)	• 북한이탈주민이 정착과정에서 겪는 다양한 문제점과 어려움에 대한 깊은 이해를 바탕으로 전문상담사는 취업, 의료, 교육, 복지 등의 분야에서 종합 상담서비스 제공
	24시간 콜센터 (종합상담센터)	• 북한이탈주민 전용 24시간 종합상담센터 운영하며, 교육상담, 취업상담, 심리상담, 주택상담, 의료상담, 지원제도 상담, 법률상담 등을 제공
일자리	취업지원센터	• 북한이탈주민에 대한 취업지원을 목적으로 구직상담, 구직등록, 알선상담, 사후 관리 등을 제공
	취업 역량 강화	• 전문 직업교육을 통해 북한이탈주민의 현장 맞춤형 인력 양성 및 취업을 통해 자립지원을 도움 • 내용: 청년취업 아카데미, 청년세대 취업지원 바우처, 전문직종 특화사업, 온라인 배움터 자격 취득 교육
	사회적 기업	• 일자리 창출을 위해 기업의 조직형태를 갖춘 법인기업을 대상으로 경영 컨설팅, 지자체 시행 일자리 및 재정지원 사업 등에 참여기회 부여
	창업 및 영농	• 영농희망자를 대상으로 영농실습지원, 농촌정착 커뮤니티 형성 지원, 창업농가 운영자금 지원
교육·청소년	청소년 교육·장학	• 탈북청소년을 대상으로 학비 및 생활비 보조, 어학연수 생활비, 화상영어교육 지원, 무급인턴 생활비, 학습 등을 지원
	청소년 교육· 보호 시설 지원	• 탈북가정 청소년의 학교적응, 중도이탈, 방과후 방임을 예방하기 위하여 대안교육시설, 방과후 지역아동센터, 그룹홈 등에 대하여 시설운영비 및 교육 인프라 구축을 지원
	통일 미래리더 육성	• 탈북대학생 적응 역량 강화를 위해 진로진학지도, 예비대학 운영, 대학생 리더 육성, 통일 미래 리더 네트워크 구축, 탈북학생 전담 코디네이터 제도 운영
	정착지원 전문인력 양성	• 북한이탈주민 정착지원 기관 실무자를 대상으로 정착지원 및 통일준비 과정에 대한 교육 실시

구분	지원 사업	내용
의료건강	의료지원	• 북한이탈주민 확인서를 제출하는 대상자에게 당해 연도에 일반질환, 만성·중증·희귀질환, 장기이식에 대한 진료비를 지원
	생활안전 지원	• 사망위로금, 무연고 장제비, 납골안치 지원
여성지원	여성쉼터	• 가정폭력·성폭력 피해를 입은 탈북여성을 위해 임시보호시설을 운영하며 심리상담, 정서안정교육 프로그램 지원
가족복지	쉼터 및 그룹홈	• 주택 미배정자 공동생활시설 제공 및 무연고 청소년 그룹홈, 여성전용 쉼터 지원

출처: 남북하나재단(2016). https://www.koreahana.or.kr.

(2) 교육부의 지원

교육부는 지난 2010년 탈북청소년 입국이 매년 증가하면서 이들에 대한 교육지원 정책에 대한 수요에 부응하여 탈북청소년의 적응을 돕고 역량 있는 민주시민으로서의 성장을 지원하는 취지에서 '탈북청소년 교육지원 추진계획'을 발표한 바 있다. 이 계획을 통하여 교육부는 초기 적응교육 지원, 학교 교육 내실화 지원, 학교 밖 탈북청소년 교육지원, 종합 지원체계 구축 및 연계 강화를 주요 내용으로 하는 향후 10년간의 계획을 밝혔다. 주요 내용을 요약하면 〈표 8-16〉과 같다.

〈표 8-16〉 교육과학기술부(2010)의 탈북청소년 교육지원 추진계획

추진영역	주요 내용
초기 적응교육 지원	• 하나원 초기 적응교육 지원 • 탈북청소년의 학력 인정절차 개선 및 학생 교육정보 공유 • 한겨레 중·고등학교의 기능 재정립 및 교육 여건 개선
학교 교육 내실화 지원	• 탈북학생 밀집학교 및 밀집지역 지원 • 학생 역량 강화 및 성장 지원 • 교사 지도 역량 강화 • 학부모 교육지원 역량 강화
학교 밖 탈북청소년 교육지원	• 학력 인정 대안학교설립 지원 • 민간교육시설 교육 역량 강화 • 학교 밖 사각지대 탈북청소년 학교복귀 지원 • 탈북성인 평생교육 지원 강화

추진영역	주요 내용
종합 지원체계 구축 및 연계 강화	• 탈북청소년 교육 우수사례 체계적 발굴·확산 • 탈북청소년 교육지원센터 기능 강화 • 탈북청소년 교육지원 연계·협력체제 강화 • 탈북청소년 인식 개선 및 통일대비교육 역량 강화

출처: 교육과학기술부(2011).

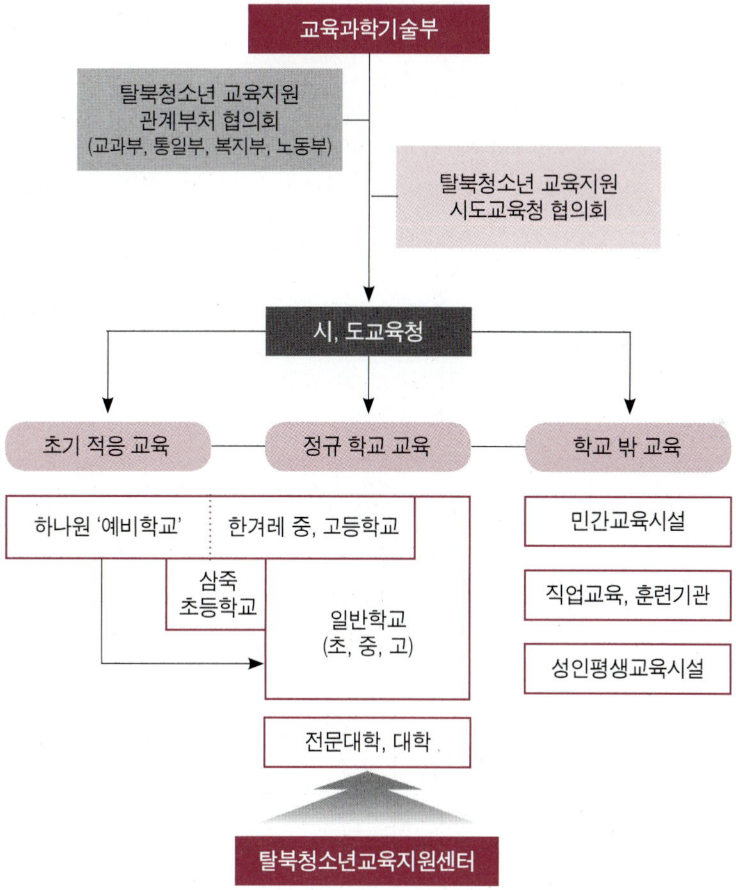

출처: 교육과학기술부(2011).

[그림 8-5] 교육부의 탈북청소년 교육지원 추진체계

제9장

한부모 · 조손가족 아동 복지서비스

1 한부모가족 아동

1) 한부모가족 아동의 개념

한부모가족은 부모 가운데 한 사람, 즉 부(父) 또는 모(母) 한 사람과 18세 미만의 자녀가 함께 동거하는 가족을 의미한다. 한부모가족이 되는 원인으로는 부부의 이혼, 부 또는 모의 사망, 유기, 미혼상태에서의 출산 등이 있다. 한부모가족은 오랫동안 모자가족, 부자가족, 결손가족 등의 다양한 용어로 불렸다. 그러나 한부모가족이 건강하고 문화적인 생활을 영위할 수 있도록 함으로써 한부모가족의 생활 안정과 복지 증진에 이바지함을 목적 하에 2007년 「한부모가족지원법」이 제정됨에 따라 '한부모가족'으로 그 용어가 통일되어 불리고 있다.

한부모가족이라는 용어는 1997년부터 여성민우회가 주축이 되어 '편부모'라는 부정적 의미의 용어를 없애고자 사용하고 있으며, 여기서 '한'의 의미는 '하나'라는 의미 외에도 '크다', '가득하다', '온전하다'의 뜻이 있다.

「한부모가족지원법」에서 말하는 한부모가족 아동은 한부모인 세대주와 동거하는 18세 미만(취학 중인 경우는 22세까지)의 아동을 말한다. 여기서 한부모 세대주는 세대원을 사실상 부양하는 자를 포함한 부 또는 모를 말하며 24세 미만의 청소년이 세대주인 경우는 청소년 한부모라고 칭한다. 「한부모가족지원법」에 의한 한부모가족의 정의는 아래와 같다.

「한부모가족지원법」 제4조(정의)

1. "모" 또는 "부"란 다음 각 목의 어느 하나에 해당하는 자로서 아동인 자녀를 양육하는 자를 말한다.
   가. 배우자와 사별 또는 이혼하거나 배우자로부터 유기(遺棄)된 자
   나. 정신이나 신체의 장애로 장기간 노동능력을 상실한 배우자를 가진 자
   다. 교정시설·치료감호시설에 입소한 배우자 또는 병역복무 중인 배우자를 가진 사람
   라. 미혼자[사실혼(事實婚) 관계에 있는 자는 제외한다.]
   마. 가목부터 라목까지에 규정된 자에 준하는 자로서 여성가족부령으로 정하는 자

1의2. "청소년 한부모"란 24세 이하의 모 또는 부를 말한다.

2. "한부모가족"이란 모자가족 또는 부자가족을 말한다.
3. "모자가족"이란 모가 세대주[세대주가 아니더라도 세대원(世代員)을 사실상 부양하는 자를 포함한다]인 가족을 말한다.
4. "부자가족"이란 부가 세대주(세대주가 아니더라도 세대원을 사실상 부양하는 자를 포함한다)인 가족을 말한다.
5. "아동"이란 18세 미만(취학 중인 경우에는 22세 미만을 말하되, 「병역법」에 따른 병역의무를 이행하고 취학 중인 경우에는 병역의무를 이행한 기간을 가산한 연령 미만을 말한다)의 자를 말한다.
6. "지원기관"이란 이 법에 따른 지원을 행하는 국가나 지방자치단체를 말한다.
7. "한부모가족복지단체"란 한부모가족의 복지 증진을 목적으로 설립된 기관이나 단체를 말한다.

2) 한부모가족 아동 현황

(1) 한부모가족 현황

우리나라의 전체 한부모가족 세대 수는 2007년 7,305세대이던 것이 2014년

142,069세대로 7년 사이에 2배 가량 증가하는 추세를 보였다. 이 가운데 가장 높은 비율을 차지하는 것은 모자가족으로 전체의 74% 정도를 차지하고 있으며, 조손가족도 2010년 큰 폭으로 증가한 이후 지속적으로 증가하고 있는 추세이다.

〈표 9-1〉 한부모가족 현황 (단위: 세대)

구분	2007	2008	2009	2010	2011	2012	2013	2014
합계	73,305	81,792	94,487	107,775	115,402	130,509	140,015	142,069
모자가족	57,757	63,469	71,775	81,299	86,830	98,209	104,915	106,598
부자가족	15,548	18,150	22,532	26,112	28,173	31,781	34,518	34,884
조손가족	–	173	180	364	399	519	582	587

(주) 「한부모가족지원법」 지원대상에 대한 현황임

출처: 여성가족부(2016). http://withmom.mogef.go.kr.

(2) 한부모가족 아동현황

2014년 2월 기준으로 조사된 나라e음복지정보시스템의 저소득 한부모가족 현황 보고자료를 토대로 할 때, 한부모가족 아동 수는 전체 209,302명이며 모자가족이 차지하는 비율(73.9%)이 가장 높게 나타나고, 다음으로는 부자가족(24.8%), 청소년모자가족(0.8%), 조손가족(0.3%), 청소년부자가족(0.1%)의 순으로 높은 비율을 차지한다.

한편, 이 가운데 미혼모를 포함한 청소년 한부모가족의 경우 경제적 근로능력이 부족한 청소년이 미성년 가족을 부양해야 하기 때문에 경제적으로나 심리사회적으로 더욱 어려움을 크게 겪을 수 있다. 또한, 이들 청소년 한부모는 청소년기에 이루어야 할 자아정체감 형성과 진로고민에 관한 해결 등 스스로의 발달과업에 충실하지 못하여 자칫 성인기까지 심리적 고통과 빈곤이 이어질 수 있다. 통계청의 장래인구가구에 대한 추계를 2010년부터 살펴보면 청소년 한부모가족의 수는 꾸준히 증가하고 있어 이들에 대한 복지지원 마련의 중요성이 부각되고 있다.

〈표 9-2〉「한부모가족지원법」상 지원대상 가구의 자녀 현황 (2014년 12월 기준, 단위: 명)

구분	합계	6세 미만	8세 미만	10세 미만	12세 미만	15세 미만	18세 미만	22세 미만
합계	209,302	17,3254	13,346	15,057	18,628	39,768	55,199	49,980
모자가족	154,737	13,054	10,200	11,287	13,904	29,064	39,721	37,507
부자가족	52,008	2,565	2,975	3,690	4,660	10,546	15,267	12,305
조손가족	700	17	32	51	64	158	210	168
청소년 모자가족	1,607	1,469	113	25	0	0	0	0
청소년 부자가족	250	219	26	4	0	0	1	0

※ 자료: 2014년 행복e음 복지정보통계시스템(DW) 저소득 한부모가족 현황 정형보고자료

출처: 여성가족부(2016). http://withmom.mogef.go.kr.

〈표 9-3〉 24세 이하의 청소년 한부모(미혼모 포함) 가구수 추계 (단위: 가구)

연도	2010	2011	2012	2013	2014
가구수	13,181	13,887	14,374	14,976	15,604

※ 자료: 통계청 장래인구가구 추계

출처: 여성가족부(2016). http://withmom.mogef.go.kr.

3) 한부모가족 아동의 어려움

(1) 경제적 어려움

경제적 어려움은 한부모가족이 당면하는 가장 큰 어려움 중에 한 가지이다. 한부모가족은 양부모가족에 비해 근로능력을 가진 성인의 수가 적을 가능성이 높고, 청소년 한부모가족의 경우 아예 부재할 수도 있다. 특히, 이혼이나 사망으로 인해 한부모가족으로 전환되는 경우 대부분 가계 내의 근로 수입이 감소하게 되고, 근로와 자녀양육을 동시에 병행해야 하기 때문에 양육에 따른 비용은 상대적으로 증가하게 된다.

모자가족의 경우 부자가족에 비해 경제적 어려움이 더 심각하다(김윤재 외, 2015,

재인용). 모자가족의 경우 일반적으로 여성이 남성보다 노동시장에서 더 적은 임금을 받는 경향이 있고, 자녀양육을 병행해야 하므로 장시간 근로에 몰입하기 어렵기 때문이다. 부자가족의 경우도 모자가족과 비교해 더 높은 임금을 받을 수 있다고 하더라도, 가사와 자녀양육을 도와줄 배우자가 부재하므로 이를 보완하기 위한 비용을 추가적으로 지출해야 한다.

(2) 심리정서적 어려움

한부모가족은 부모의 이혼, 사망, 가출, 유기, 미혼모의 출산 등으로 이루어지는데, 이 경우 모두가 아동에게는 심리적 충격을 주는 외상적 사건이 대부분이다. 사건이 발생할 당시의 아동의 연령이나 경과기간에 따라 충격의 정도는 달라질 수 있으나 대부분의 아동이 초기 반응로 공포, 생명의 위협, 슬픔, 상실감, 분노, 무력감, 강한 외로움, 죄책감 등을 경험한다. 특히, 부자가족인 경우 어머니의 부재는 아동에게 애착형성의 어려움과 상실감, 동일시 대상의 상실로 인한 자아 개념 발달의 저하, 위축감 등의 정서적 문제를 유발할 가능성이 더욱 높다(서보준 외, 2015; 신수자, 1995).

이러한 외상적 경험으로 인한 심리적 충격은 4~6세 정도에 가장 큰 타격을 받는 것으로 알려진다. 사춘기 등의 나이 든 아동에게서는 우울증상이 높게 나타나고, 2세 미만의 어린 아동에게는 이혼 당시의 고통스러운 기억을 적게 가진다(서보준 외, 2015). 반면, 4~6세는 초기 기억을 형성하는 연령으로 이 시기에 형성된 강렬한 부정적 기억은 일생 동안 개인의 기억 속에 존재하면서 영향을 미칠 수 있기 때문이다. 또한, 발달적으로도 4~6세에는 아버지나 어머니의 행동을 관찰하면서 동일시를 통해 성 역할을 배우는 시기이고, 어린이집이나 유치원 등에서 또래관계가 시작되어 친구와의 상대적 비교가 가능해져 주변 사람의 반응과 비교를 통해 자아 개념을 형성하는 데 영향을 받는 시기이다.

(3) 양육 세대주에 따른 어려움

한부모가족 아동은 양육 주체가 누구인지에 따라, 즉 한부모 세대주로 거주하고 있는 사람이 누구인지에 따라 많은 차이를 보인다. 일반적으로 부자가족은 모자가족보다 상대적으로 위생이나 학업 등에서 더 큰 어려움을 경험한다. 가령, 영양이 충분히 갖추어지지 못한 식사, 학습준비물 준비의 소홀함, 비위생적인 외모 및 의복상태 등을 생각해 볼 수 있다. 또한, 부자가족의 경우 여아에게 부정적인 영향을 끼치기 쉽다. 이때 여아는 사교성이 떨어지거나 의존성이 더 높게 나타난다. 반면, 남아의 경우 독립심이 강하고 덜 요구적이며 애정표현을 적게 하는 경향이 있다.

모자가족 아동의 경우 근로소득의 수준이 낮을 가능성이 있어 경제적 빈곤으로 인한 스트레스를 더 높게 경험할 수 있다. 이로 인해 세대주인 어머니는 자녀에게 강압적이고 신경질적인 양육태도를 보이기 쉽다. 남아의 경우 부성의 부재로 인해 모방을 통한 자연스러운 성 역할 습득에 어려움을 보일 수 있다. 또한, 학령 전기나 초등학교 재학시기 동안 아버지와 스포츠나 등산 등의 활동을 공유함으로써 또래관계 많은 도움을 받는 경향이 있으나 모자가족 남아는 이러한 도움을 받기 어려울 수 있다.

4) 한부모가족 아동 지원정책

(1) 한부모가족지원법

「한부모가족지원법」은 1989년 「모자복지법」 지정에 따른 모자복지사업으로 시작되었으나 2002년 「모·부자복지법」으로 확대 변경되었다. 이후 한부모가족이 건강하고 문화적인 생활을 영위할 수 있도록 함으로써 한부모가족의 생활 안정과 복지 증진에 이바지함을 목적으로 2007년 「한부모가족지원법」으로 개정되어 모·부자가족과 조손가족을 대상으로 지원하고 있다.

「한부모가족지원법」에 나타난 한부모가족 아동의 지원에 관한 내용은 제12조, 제14조, 제16조, 제17조 등이다. 〈표 9-4〉에서 보는 바와 같이 제12조의 주요 내용은 한부모가족 아동을 위한 아동교육지원비와 아동양육비 및 그 밖에 대통령령으로 정하는 비용을 지원하는 것이다. 제14조 및 제14조의2의 주요 내용은 한부모가족 아동의 고용촉진 및 연계를 위하여 취업지원사업 등 효율적인 연계가 이루어져야 한다는 것이다. 제16조의 주요 내용은 한부모가족의 아동이 공공의 아동 편의시설과 그 밖의 공공시설을 우선적으로 이용할 수 있도록 지원하는 것이다. 제17조 및 제17조의2의 주요 내용은 한부모가족에 대하여 양육 및 교육서비스를 제공하고 자녀양육비 가이드라인을 마련하여 법원이 이혼 판결 시 적극 활용할 수 있도록 노력하는 것이다.

〈표 9-4〉「한부모가족지원법」의 아동 지원내용

관련법	지원내용
「한부모가족지원법」 제12조	복지급여의 내용 ① 국가나 지방자치단체는 제11조에 따른 복지급여의 신청이 있으면 다음 각 호의 복지급여를 실시하여야 한다. 다만, 이 법에 따른 지원대상자가 「국민기초생활 보장법」 등 다른 법령에 따라 지원을 받고 있는 경우에는 그 범위에서 이 법에 따른 급여를 하지 아니한다. 1. 생계비 2. 아동교육지원비 3. 삭제 [2011. 4. 12.] 4. 아동양육비 5. 그 밖에 대통령령으로 정하는 비용 ② 제1항 제4호의 아동양육비를 지급할 때에 미혼모나 미혼부가 5세 이하의 아동을 양육하거나 청소년 한부모가 아동을 양육하면 예산의 범위에서 추가적인 복지급여를 실시하여야 한다. 이 경우 모 또는 부의 직계존속이 5세 이하의 아동을 양육하는 경우에도 또한 같다. ③ 국가나 지방자치단체는 이 법에 따른 지원대상자의 신청이 있는 경우에는 예산의 범위에서 직업훈련비와 훈련기간 중 생계비를 추가적으로 지급할 수 있다. ④ 제1항부터 제3항까지의 규정에 따른 복지급여의 기준 및 절차, 그 밖에 필요한 사항은 여성가족부령으로 정한다.

관련법	지원내용
「한부모가족지원법」 제14조	고용의 촉진 ① 국가 또는 지방자치단체는 한부모가족의 모 또는 부와 아동의 직업능력을 개발하기 위하여 능력 및 적성 등을 고려한 직업능력개발훈련을 실시하여야 한다. ② 국가 또는 지방자치단체는 한부모가족의 모 또는 부와 아동의 고용을 촉진하기 위하여 적합한 직업을 알선하고 각종 사업장에 모 또는 부와 아동이 우선 고용되도록 노력하여야 한다.
「한부모가족지원법」 제14조의2	고용지원 연계 ① 국가 및 지방자치단체는 한부모가족의 모 또는 부와 아동의 취업기회를 확대하기 위하여 한부모가족 관련 시설 및 기관과 「직업안정법」 제2조의2 제1호에 따른 직업안정기관 간 효율적인 연계를 도모하여야 한다. ② 고용노동부장관은 한부모가족의 모 또는 부와 아동을 위한 취업지원사업 등이 효율적으로 추진될 수 있도록 여성가족부장관과 긴밀히 협조하여야 한다.
「한부모가족지원법」 제16조	시설 우선이용 국가나 지방자치단체는 한부모가족의 아동이 공공의 아동 편의시설과 그 밖의 공공시설을 우선적으로 이용할 수 있도록 노력하여야 한다.
「한부모가족지원법」 제17조	가족지원서비스 국가나 지방자치단체는 한부모가족에게 다음의 가족지원서비스를 제공하도록 노력하여야 한다. 1. 아동의 양육 및 교육 서비스 2. 장애인, 노인, 만성질환자 등의 부양 서비스 3. 취사, 청소, 세탁 등 가사 서비스 4. 교육·상담 등 가족 관계 증진 서비스 5. 인지청구 및 자녀양육비 청구 등을 위한 법률상담, 소송대리 등 법률구조서비스 6. 그 밖에 대통령령으로 정하는 한부모가족에 대한 가족지원서비스
「한부모가족지원법」 제17조의3	자녀양육비 이행지원 여성가족부장관은 자녀양육비 산정을 위한 자녀양육비 가이드라인을 마련하여 법원이 이혼 판결 시 적극 활용할 수 있도록 노력하여야 한다.

(2) 국민기초생활 보장법

「국민기초생활 보장법」은 생활이 어려운 사람에게 필요한 급여를 실시하여 이들의 최저생활을 보장하고 자활을 돕는 것을 목적으로 제정되었다. 한부모가족 가운데 「국민기초생활 보장법」의 기준에 부합하는 저소득 한부모가족은 생계급여, 주거급여, 의료급여, 교육급여, 해산급여(解産給與), 장제급여(葬祭給與), 자활급여를 지원받을 수 있다. 저소득 한부모가족의 선정기준은 소득 수준은 여성가족부장관이 연도별 고시하는 소득기준에 부합할 경우 자격이 주어진다.

〈표 9-5〉 저소득 한부모가족 소득기준 (단위: 원/월)

구분	2인 가구	3인 가구	4인 가구	5인 가구	6인 가구	소득기준
한부모·조손가족	1,438,634	1,861,090	2,283,546	2,570,061	3,128,458	기준중위소득 52%
청소년 한부모가족	1,659,962	2,147,411	2,634,860	2,122,309	3,609,759	기준중위소득 60%

(주1) 2014년 지원가구별 소득인정액 기준: 연도별 보건복지부, 여성가족부 고시 확인
(주2) 소득인정액 = 소득평가액 + 보유한 재산 소득환산액

출처: 여성가족부(2016).

(3) 건강가정기본법

「건강가정기본법」은 2005년 건강한 가정생활의 영위와 가족의 유지 및 발전을 위한 국민의 권리·의무와 국가 및 지방자치단체 등의 책임을 명백히 하고, 가정문제의 적절한 해결방안을 강구하며 가족 구성원의 복지 증진에 이바지할 수 있는 지원정책을 강화함으로써 건강가정 구현에 기여하는 것을 목적으로 제정되었다. 「건강가정기본법」 가운데 한부모가족 아동의 지원에 관한 내용은 제34조의2에 명시되어 있다. 주요 내용은 가족정책의 효율적 지원을 위해 건강가정진흥원을 설립하고, 이혼으로 인한 한부모가족 발생 시에 양육비 확보를 위한 전담기구를 설립하여 운영하도록 하고, 한부모가족을 위한 역량 강화 사업을 실천할 수 있다는 것이다.

〈표 9-6〉 건강가정기본법의 아동 지원내용

관련법	지원내용
건강가정기본법 제34조의2	한국건강가정진흥원의 설립 등 ① 다양한 가족의 삶의 질 제고 및 가족 역량 강화를 위한 가족정책을 효율적이고 체계적으로 지원하기 위하여 한국건강가정진흥원(이하 "진흥원"이라 한다)을 설립한다 ⑤ 진흥원은 다음 각 호의 사업을 한다. 4. 「양육비 이행확보 및 지원에 관한 법률」에 따른 양육비 이행 전담기관 운영 5. 다문화가족, 한부모가족, 조손가족 등 취약 가족의 역량 강화 지원사업

5) 한부모가족 아동을 위한 사회복지서비스

(1) 한부모가족복지시설

「한부모가족지원법」에 따른 한부모가족복지시설은 모자보호시설, 부자보호시설, 모자자립시설, 모자일시보호시설, 미혼자시설, 미혼모 그룹홈, 미혼모공동생활시설 등으로 구분되며 〈표 9-7〉에서 보는 바와 같이 2015년 기준으로 126개소가 운영 중에 있다(여성가족부, 2016). 한부모가족복지시설의 입소대상 및 지원내용은 〈표 9-8〉에 제시된 바와 같다.

〈표 9-7〉 한부모가족복지시설 현황(2015. 7. 1. 기준)

<table>
<tr><th rowspan="3">시·도</th><th rowspan="3">계</th><th colspan="9">생활시설</th><th>이용시설</th></tr>
<tr><th colspan="3">모자가족복지시설</th><th colspan="2">부자가족복지시설</th><th colspan="3">미혼모자가족복지시설</th><th rowspan="2">일시지원복지시설</th><th rowspan="2">한부모가족복지상담소</th></tr>
<tr><th>기본생활지원</th><th>공동생활지원</th><th>자립생활지원</th><th>기본생활지원</th><th>공동생활지원</th><th>기본생활지원</th><th>미혼모자공동생활지원</th><th>미혼모공동생활지원</th></tr>
<tr><td colspan="2">126</td><td>41</td><td>4</td><td>3</td><td>2</td><td>2</td><td>18</td><td>39</td><td>1</td><td>12</td><td>4</td></tr>
</table>

출처: 여성가족부(2016). http://www.mogef.go.kr.

〈표 9-8〉 한부모가족복지시설의 입소대상 및 지원내용

시설종류	입소대상	지원내용	이용기간 (연장가능기간)
모자보호시설	무주택 저소득 모자가족	보호 및 생계지원	3년(2년)
부자보호시설	무주택 저소득 부자가족	보호 및 생계지원	3년(2년)
모자자립시설	무주택 저소득 부자가족 및 모자보호시설에서 퇴소한 모자	주택편의 제공	3년(2년)
모자 일시보호시설	배우자의 물리적·정신적 학대로 아동의 건전양육과 모의 건강에 지장을 초래할 우려가 있는 모와 아동	숙식, 의료, 법률상담, 심리상담	6개월(6개월)
미혼모시설	미혼의 임산부 및 출산 후(6개월 미만) 보호를 요하는 여성	분만의료지원, 인성교육 및 상담, 자립지원	1년(6개월)
미혼모자 그룹홈	2세 미만의 영유아를 양육하는 미혼모로 일정기간 숙식보호와 자립지원을 필요로 하는 여성	직업교육 등 자립지원, 양육교육	2년(1년)
미혼모 그룹홈	출산 후 해당 아동을 양육하지 않는 미혼모로써 일정기간 숙식보호와 자립지원을 필요로 하는 여성	직업교육 등 자립지원	2년(6개월)
모자 그룹홈	독립적인 가정생활이 어렵고 일정기간 공동으로 가정을 이루어 생활하면서 자립을 준비하고 하는 모자가족	직업교육 등 자립지원	2년(1년)
부자 그룹홈	독립적인 가정생활이 어렵고 일정기간 공동으로 가정을 이루어 생활하면서 자립을 준비하고 하는 부자가족	직업교육 등 자립지원	2년(1년)

(2) 저소득 한부모가족 복지서비스

여성가족부는 저소득 한부모가족에 대하여 임신·출산지원, 양육지원, 돌봄지원, 기타지원을 제공하고 있다. 여성가족부(2016)에서 제시한 지원내용을 구체적으로 살펴보면 다음과 같다.

① 임신 · 출산지원

임신·출산지원은 건강보험 임신·출산 진료비 지원, 청소년산모 임신·출산 의료비 지원, 산모·신생아 건강관리지원 등의 서비스를 포함하며 구체적인 내용은 〈표 9-9〉에 제시되어 있다.

〈표 9-9〉 저소득 한부모가족 대상 임신 · 출산지원

항목	지원대상	지원내용
건강보험 임신·출산 진료비 지원	임신확인서로 임신이 확인된 건강보험 가입자(피부양자)로서 임신·출산 진료비 지원을 신청한 자	• 지원방법: 임신·출산 관련 진료비를 결제할 수 있는 이용권(국민행복카드) 지급 • 지원내용: 임신 1회당 50만 원(다태아 임산부는 70만 원) • 지원기간: 사용시작일～분만예정일로부터 60일까지
청소년산모 임신·출산 의료비 지원	임신이 확인된 만18세 이하 산모로서 청소년 임신·출산 의료비 지원을 신청한 자	• 지원방법: 사회서비스전자바우처 홈페이지에서 신청 (www.socialservice.or.kr) • 지원내용: 임신 1회당 120만 원 이내 • 지원기간: 카드 수령 후～분만예정일 60일까지
산모·신생아 건강관리지원	전국 가구 월평균소득 65%	• 지원내용: 산모의 산후 건강관리 및 신생아 관리를 위한 가정방문 서비스를 받을 수 있는 서비스 이용권(voucher) 지급 • 지원기간: 출산예정일 40일 전부터 출산 후 30일 이내

출처: 여성가족부(2016). http://mogef.go.kr, 재구성.

② 양육지원

저소득 한부모가족을 대상으로 한 양육지원에는 아동양육비 지원, 추가 아동양육비 지원, 중·고등학생 학용품비, 보육료 지원, 양육수당 지원, 아이행복카드 서비스 등이 있으며 구체적인 내용은 〈표 9-10〉에 제시되어 있다.

〈표 9-10〉 저소득 한부모가족대상 양육지원

항목	지원대상	지원 내용
아동양육비	만 12세 미만의 아동	• 한부모가족 및 조손가족의 아동양육비 – 아동 1인당 100,000원/월 • 청소년 한부모가족의 아동양육비 – 아동 1인당 150,000원/월
추가 아동양육비	만 5세 이하 아동	• 만 5세 이하 자녀 1인당 50,000원/월

항목	지원대상	지원 내용
중·고등학생 학용품비	중학생 및 고등학생	• 중·고등학생 학용품비
보육료	만 0~5세 어린이집이나 유치원 이용 아동의 가정	• 만 0세: 40.6만 원 • 만 1세: 35.7만 원 • 만 2세: 29.5만 원 • 만 3~5세: 22만 원
양육수당	만 0~5세 가정에서 양육하는 아동의 가정	• 12개월 미만: 20만 원 • 24개월 미만: 15만 원 • 24개월 이상~5세: 10만 원
아이행복카드	어린이집에 다니며 정부 보육료를 지원받는 모든 아동의 보호자	• 부모는 어린이집에 설치된 단말기에 아이행복카드로 보육료 결제

출처: 여성가족부(2016). http://mogef.go.kr, 재구성.

③ 자녀돌봄지원

저소득 한부모가족을 대상으로 한 돌봄지원에는 아이돌보미와 방과후 학교 등이 있으며 구체적인 내용은 〈표 9-11〉에 제시되어 있다.

〈표 9-11〉 저소득 한부모가족 대상 돌봄지원

항목		지원대상	지원내용
아이돌보미		만 3개월~ 만 12세 이하	• 가정에 아이돌보미가 직접 방문하여 1:1로 아동을 안전하게 돌보는 서비스 • 시간제 서비스, 종일제 서비스, 기관파견 돌봄서비스, 질병감염아동 특별지원 등이 있음
방과후 학교	청소년 방과후 아카데미	초 4~중 2	• 체험활동, 특기적성, 교육, 보충학습, 급식, 귀가차량 등 지원 • 1일 5시간 내외 운영(토요일, 방학운영)
	지역아동센터	만 18세 미만	• 보호, 교육, 문화체험, 정서지원, 지역사회연계 서비스
	초등돌봄교실	1~2학년 희망학생 (여건에 따라 고학년으로 확대)	• 돌봄, 숙제지도, 특기지도 등 – (오후 돌봄) 방과후~17:00 – (저녁 돌봄) 17:00~22:00

출처: 여성가족부(2016). http://mogef.go.kr, 재구성.

(3) 청소년 한부모가족 복지서비스

여성가족부는 「국민기초생활 보장법」과 「한부모가족지원법」 제17조의2에 따라 청소년 한부모가족에 대한 양육비와 교육비 지원을 하고 있다. 대상은 한부모가족 중 모 또는 부의 연령이 만 24세 이하이고 소득인정액이 최저생계비의 150% 이하인 청소년 한부모가족으로 최장 5년간 지원을 받을 수 있다. 지원내용은 〈표 9-12〉와 같다.

〈표 9-12〉 청소년 한부모가족대상 지원내용

항목	지원내용
아동양육비	청소년 한부모가구의 아동 1인당 월 15만 원 지원 (「국민기초생활 보장법」상 생계급여 수급자 제외)
검정고시 학습비	청소년 한부모가구의 부 또는 모가 검정고시 학습 시 연 154만 원 이내 지원(「국민기초생활 보장법」상 수급자 포함)
고교생 학비	청소년 한부모가구의 부 또는 모가 정규 고교과정 이수 시 입학금·수업료 실비지원(「국민기초생활 보장법」상 생계급여 수급자 제외)
자립지원촉진수당	만 24개월 이하의 아동을 키우는 「국민기초생활 보장법」상 수급자인 청소년 한부모가구의 부 또는 모가 학업이나 취업 등 자립 활동 시 월 10만 원 지원

출처: 여성가족부(2016). http://mogef.go.kr.

2 조손가족 아동

1) 조손가족 아동의 개념

조손가족은 부모의 이혼, 가출, 재혼, 파산 및 질병, 죽음 등 여러 가지 이유로 인하여 부모가 아이를 직접 돌보지 못하고 조부모가 18세 미만의 손자, 손녀를 양육하는 가족형태를 말한다. 즉, 손자녀가 부모로부터 직접 양육 받을 수 없는 상황에서 부모와 떨어져 조부모에게 양육되고 있는 가족을 말한다.

조손가족에 대한 공식적인 명칭이나 개념은 마련되어 있지 않다. 일반적으로는 조부모-손자녀세대, 조부모가구, 조부모-손자녀가족으로 불리다가 최근에는 주로 조손가족, 조손가정 등의 형태로 불리고 있다(김정자, 2012, 재인용). 서구에서는 조부모가장가정(grandparent-headed home), 세대를 건너뛴 가구(skipped-generation household), 손자녀양육조부모(grandparents raising grandchild), 보호적 조부모(custodial grandparents), 조부모양육자(grandparents caregivers), 양육자로서의 조부모(grandparents as caregivers), 조모친족관계양육제공자(grandmother kinship care providers) 등으로 불리고 있다(김미혜·김혜선, 2004, 재인용).

김미혜·김혜선(2004)은 조손가정은 아동과 부모가 실제로 동거하지 않은 상태에서 조부모가 아동과 함께 살면서 생활 전반을 일차적으로 책임지고 있는 가족으로 정의하였다. 박정순(2005)과 이화영(2007)은 조손가정을 가족해체 등으로 인해서 아동의 부모가 아동과 동거하지 않는 상태에서 조부모가 6개월 이상 아동과 함께 생활하여 기본적인 의식주와 생활 전반을 책임지는 가족으로 정의하였다. 2007년 여성가족부의 '조손가족 실태조사 및 지원방안 연구'에서는 조손가족을 광의의 의미로 해석하여 조부모와 손자녀만으로 이루어진 모든 가구를 의미하지만 실태조사와 지원방안을 위한 연구에서는 주로 손자녀의 양육자인 조부모가 생계를 꾸려 나가거나 가구를 대표하고, 손자녀에 대한 부양과 양육의 책임을 지고있는 가구가 정책의 대상이 된다는 점에서 18세 이하의 손자녀를 양육하는 조부모 가구만을 의미한다고 정의하였다.

조손가족 형성에 가장 직접적인 영향을 높게 미치는 것은 부모의 이혼으로 볼 수 있다. 조손가족 형성에 대한 김정은(2002)의 연구를 보면, 이혼(38.8%), 가출이나 장기간생사불명(31.0%), 자녀의 사망(20.7%), 자녀의 질병(6.0%)의 순으로 높은 비율을 차지하는 것으로 나타났다. 또 유사한 정일선(2004)의 연구에서도 이혼으로 인한 경우가 45.7%, 김혜선(2004)의 연구에서도 이혼으로 인한 경우가 55.6%를 차지해 부모의 이혼으로 인한 조손가족 형성 비율이 높다고 할 수 있다(형영순, 2008, 재인용).

2) 조손가족 아동 현황

(1) 조손가족 아동 현황

조손가족이 형성되는 원인은 사고나 질병, 실직, 이혼, 사망, 가출, 행방불명 등의 이유로 기존의 가족관계가 해체되면서 성인자녀가 더 이상 부모 역할을 할 수 없어 미성년 자녀가 홀로 남겨지면서 조부모가 아동을 양육하게 되기 때문이다(박충선, 2010). 우리나라의 경우 1990년대에 이혼이 급격히 증가하고 1990년 후반 경기불황으로 인한 IMF 사태를 맞이하면서 2000년대에 들어 조손가족의 수가 급증하였다.

2012년 경기도가족여성연구원에서 발표한 1995~2010년의 우리나라 조손가족 및 조손가족 아동의 비율을 살펴보면, 2010년 전체 일반가구인 17,339,422세대의 0.7%를 차지하는 119,294세대이다. 그리고 조손가족 아동의 비율은 2010년 116,930명으로 일반가구 아동의 1.1%에 해당되었다.

(2) 조손가족의 인구사회학적 특성

2007년 여성가족부가 실시한 전국 18세 이하의 조손가족 600가구를 대상으로 연구하여 발표한 '조손가족 실태조사 및 지원방안 연구'를 보면 조부모의 인구사회학적 특징에 대해 다음 〈표 9-13〉, 〈표 9-14〉와 같이 밝히고 있다.

〈표 9-13〉 조부모의 인구사회학적 특성

항목	내용
연령	• 70세 이상(47.6%), 60대(43.2%), 50대 이하(9.2%)
부부동거	• 조부모 부부가 동거하며 손자녀를 양육(43.2%) • 사별이나 별거 등 배우자 없이 혼자 손자녀를 양육(56.8%)
학력	• 국졸 이하(79.5%), 중졸(13.8%), 고졸(5.2%), 대졸(1.5%)
월평균소득	• 평균 70만 원 정도 • 50~70만 원(31.0%), 70~100만 원(21.3%), 30~50만 원(24.8%), 30만 원 미만(4.8%), 100~150만 원(12.8%), 150만 원 이상(5.3%)
지원금 수령	• 정부지원금을 받고 있는 가족(77.5%) • 지원금액 평균(41만 원 정도)

출처: 여성가족부(2007). 조손가족 실태조사 및 지원방안 연구, 재구성.

〈표 9-14〉 손자녀의 인구사회학적 특성

항목	내용
가구당 손자녀 수	평균 1.5명 (전체 600가구에 880명 거주)
평균연령	13~18세(48.1%), 7~12세(40.1%), 6세 이하(11.8%)
맡겨진 기간	6년 이하(46.9%), 7~12년(38.9%), 13~18년(14.2%)
친부모 행방불명	친부 행방불명(30.7%), 친모 행방불명(42.7%), 친부모 행방불명(18.5%)
친부모 독신여부	친부 독신(32.8%), 친모 독신(19.8%), 친부모 독신(13.7%)
친부모 사망여부	친부 사망(19.0%), 친모 사망(8.2%), 친부모 사망(3.7%)
친부연령 및 직업	40대(58.3%), 고졸(47.5%). 단순노무직(22.5%)이 가장 많음
친모연령 및 직업	30대(49.0%), 40대(41.0%), 고졸(49.5%), 주부(53.5%)가 가장 많음

출처: 여성가족부(2007). 조손가족 실태조사 및 지원방안 연구, 재구성.

3) 조손가족 아동의 어려움

(1) 경제적 어려움

조손가족이 당면하는 가장 큰 어려움은 열악한 경제적 상황이다. 이는 우리나라의 조손가족이 농어촌에 집중되어 소득을 발생시키기 어렵고, 조부모의 연령이 60대 이상으로 근로를 통해 소득을 발생시키기 어려움에도 양육비용 부담은 일반가족과 다르지 않기 때문이다. 조손가족에게는 이와 같은 이유로 경제적 지원이 매우 절실하지만 서류상 아동의 친부모가 부양자로 되어 있어 지원을 받지 못하는 가족도 빈번히 발견된다.

조손가족 아동의 경우 경제적 어려움과 부모의 부재로 일반가정 아동에 비해 빨리 조부모로부터 독립을 원하는 경향이 강하다. 이 때문에 청소년기에 비행과 일탈을 쉽게 접하거나 10대 임신 등의 어려움에 빠지게 되기도 한다.

(2) 심리사회적 어려움

조손가족 아동은 부모가 부재하거나 동거하지 않음으로 인한 우울, 불안, 철회, 긴장, 분노, 산만함, 허탈감, 두려움 등의 문제를 경험하기 쉽다(이재연 외, 2015).

조손가족으로 전환되는 과정에서 부모의 이혼이나 별거, 사망, 행방불명 등을 경험했다면 이로 인한 심리적 외상이 매우 큰 상태일 수 있다. 즉, 부모로부터 버림받았다는 배신감과 분노, 함께 하지 못하는 부모에 대한 그리움과 현실에서 스스로 환경을 변화시키지 못하기 때문에 경험하는 무기력감과 절망감 등을 경험할 수 있다. 또한, 양부모와 동거하는 또래와 끊임없이 스스로를 비교하면서 위축, 분노, 소외감을 경험하기 쉽고, 주변으로부터 동정을 지속적으로 받게 될 경우 낮은 자아 개념을 가지기 쉽다. 이 밖에도 정서적 불안정과 산만함으로 인해 과잉행동이나 공격성, 충동성과 같은 외현적인 문제행동을 일으킬 수 있다. 이정이와 최명선(2007)에 따르면 조손가족의 아동은 가족해체나 부적절한 양육 때문에 우울, 불안, 철회 등 심리·정서적 부적응을 나타내고 있으며, 낮은 사회적 능력으로 인해 대인관계 문제, 반사회적 행동과 같은 행동적 문제를 보인다고 밝혔다.

(3) 인지 및 학습문제

조손가족 아동의 경우 충분하거나 적절한 정도의 학습지원을 받기 어려운 경우가 많다. 대부분 조부모는 손자녀가 좋은 학업성취를 이루어 주기를 원하는 기대 수준은 있지만, 경제적 어려움과 최신의 정보부족 등으로 손자녀에게 적절한 학습 환경을 지원해 주는 데 많은 제약을 갖는다. 여성가족부(2007)에서 발표한 조손가족 실태조사 및 지원방안 연구에서 보듯이 조손가족 조부모의 경우 학력이 국민학교 졸업 이하가 약 80%에 달하고 있는데, 이는 자녀의 학습을 위한 구체적 지원이 어려울 수 있음을 추측하게 한다. 특히, 최근 초등학교부터 교육과정에 반영되는 영어 교과목의 경우에는 더욱 그러하다.

4) 조손가족 아동 지원정책

(1) 조손가족 통합지원서비스(조손가족 희망사다리 사업)

조손가족 통합지원서비스는 2011년 4개 지역의 건강가정지원센터에서 가족 역량 강화 사업의 하나로 시작되었으며 조손가족 희망사다리 사업으로 불린다. 주요 내용은 학습부진, 정서적 상실감 등 다양한 어려움을 가지고 있는 조손가족의 기능을 강화하고, 가족건강성을 회복하기 위하여 학습·생활 지원·생활가사 지원·주거환경개선 지원서비스를 기본으로 제공한다. 지원대상은 최저생계비 180% 이하의 해당되는 65세 이상의 가구주 또는 그의 배우자와 만 18세 미만의 손자녀로 이루어진 조손가족이다. 조손가족 통합지원서비스의 지원대상 및 세부내용은 〈표 9-15〉에 제시된 바와 같다.

〈표 9-15〉 조손가족 통합지원서비스의 지원대상 및 내용

서비스	대상	내용
학습·정서 지원	초·중·고 재학 및 이에 상응하는 연령대의 손자녀	• 가정방문을 통한 손자녀 학습지도 지원 및 정서적 지원 • 일상생활지도, 안전지도 • 정서지원, 가족 혹은 또래관계 지원
생활가사 지원	조부모 건강악화로 일상생활이 어려운 가구	• 거동불편 조부모 외출 및 병원진료 등 개인활동 보조 • 조부모 건강악화로 인한 손자녀 긴급 일시돌봄 및 전반적인 생활가사 지원 • 정서지원서비스
교육·문화 지원	조손가족사업 대상자	• 부모교육서비스 • 가족유대감 형성과 이해를 위한 문화체험 프로그램
주거환경 개선지원	조손가족사업 대상자 중 주거환경개선이 요구되는 가정	• 도배 및 장판교체, 방수, 전기, 안전, 방역 등을 위한 비용지원

출처: 송정애(2015).

(2) 조손가족지원 사회보장제도

현재 우리나라에서 시행되는 조손가족대상 지원정책은 대부분 조손가족을 위한 별도의 정책으로 시행되기보다는 기본적인 생활유지를 위한 보장적 제도에 조손가족이 일부 포함된 경우가 많다. 대표적으로 조손가족을 위한 국민기초생활보장제도,

한부모가족지원제도, 대리양육가정위탁 보호제도, 아이돌보미지원사업, 드림스타트 사업 등이 있다.

국민기초생활보장제도에서는 65세 이상의 저소득 조손가족은 의료보호 및 주거급여를 지원받을 수 있고, 기초노령연금을 받을 수 있다. 한부모가족지원제도는 2007년 「모·부자복지법」에서 「한부모가족지원법」으로 개정되면서 조손가족을 포함하여 지원할 수 있게 되었다. 따라서 조손가족은 한부모가족 자녀양육비 지원, 중·고등학생 학용품비, 보육료지원, 양육수당 지원 등 다양한 서비스를 제공받을 수 있다. 대리양육가족위탁제도는 「아동복지법」 제2조에 의해 요보호아동이 안전하고 건강한 가정적 분위기에서 성장할 수 있도록 위탁보호를 제공하는 제도이다. 이에 따라 대리양육에 해당되는 조손가족의 경우 1인당 월 12만 원 이상의 양육보조금이 지급되고 있다.

아이돌보미지원사업은 「건강가정기본법」 제22조에 의하여 개별 돌봄서비스를 통하여 취업모의 양육부담을 경감해 주고자 생후 3개월부터 만 12세 이하의 아동을 대상으로 시행되고 있다. 이에 아동 연령이 해당 범위에 속하는 조손가족의 경우도 우선 지원대상으로 지원받을 수 있다.

드림스타트 사업은 기초생활수급자 및 차상위계층 가정의 임산부에서 만 12세의 아동을 대상으로 건강, 보육, 교육, 복지 등의 통합서비스를 제공하는 사업이다. 여기에 조손가족을 우선지원대상으로 하는 사업으로 지역아동센터, 방과후 아카데미 등의 서비스를 지원받을 수 있다.

제10장

장애아동 복지서비스

1 장애아동의 개념과 유형

1) 장애아동의 개념

장애란 어떤 일의 성립, 진행에 거치적거려 방해하거나 충분히 기능하지 못하게 하는 것으로 정의되기도 하고, 신체 기관이 본래의 제대로 기능하지 못하거나 정신 능력에 결함이 있는 상태를 말하기도 한다.

1975년 제30차 유엔 총회에서 결의한 장애인 인권선언의 1조에서 "장애인이라 함은 선천적이든 후천적이든 신체적, 정신적 능력의 불완전으로 인하여 일상의 개인적 또는 사회적 생활에서 필요한 것을 자기 자신으로서는 완전히 또는 부분적으로 확보할 수 없는 사람을 말한다."(문선화 외, 2009)고 정의하고 있다.

1980년 세계보건기구에서는 장애를 손상(impairment), 능력장애(disability), 사회적 장애(handicap)로 구분하고 있다. 손상이란 심리적, 생리적, 해부학적 구조 또는 기능에 이상이 있거나 상실한 상태를 말한다. 이러한 이상이나 상실은 일시적인 것일 수도 있고 영구적인 것일 수도 있다. 손상과 관련된 재활 영역은 일차적인 의료행위가 될 수 있다. 능력장애란 손상으로 인해 야기되는 일상생활에서의 제한을 말한다. 현재 장애인 복지관이나 병원 등에서의 물리치료 등이 이러한 능력 장애와 관련된 재활영역이다. 사회적 장애란 손상이나 능력 장애로 인해 사회적으로 생활하면서 직업이나 결혼, 기타 일상생활과 관련된 부분에서 차별적인 대우를 받거나 상당한 불이익을 받는 상태를 말한다. 장애인의 인권운동이나 편의시설 촉진 등이 이러한 사회적 불리와 관련된 제반 활동 등이다. 장애개념은 손상, 활동(activity), 참여(participation)로 나누고 있으며, 손상은 신체구조나 생리적, 정신적 기능의 상실 혹은 비정상을 말하고, 활동은 개인의 수준에서 기능의 종류와 범위를 말한다.

우리나라 현행법 중 장애인 관련법으로는 「장애인복지법」, 「장애인 고용촉진 등에 관한 법률」, 「장애인 등에 대한 특수교육법」 등이 있다.

「장애인복지법」에서의 '장애인'이란 신체적·정신적 장애로 오랫동안 일상생활이나 사회생활에서 상당한 제약을 받는 자(「장애인복지법」 제2조 제1항)을 말하며 「장애인복지법」의 적용을 받는 장애인은 이러한 장애인 중 신체적 장애가 있거나 정신적 장애가 있는 자로서 「장애인복지법 시행령」에서 정하는 장애의 종류 및 기준에 해당하는 자를 말한다(「장애인복지법」 제2조 제2항).

'신체적 장애'란 주요 외부 신체기능의 장애, 내부기관의 장애 등을 말하고, '정신적 장애'란 발달장애 또는 정신질환으로 발생하는 장애를 말한다(「장애인복지법」 제32조 제1항 전단).

「장애인차별금지 및 권리구제 등에 관한 법률」에서의 장애인

「장애인차별금지 및 권리구제 등에 관한 법률」에서 '장애인'이란 신체적·정신적 손상 또는 기능상실이 장기간에 걸쳐 개인의 일상 또는 사회생활에 상당한 제약을 초래하는 상태가 있는 사람을 말한다(「장애인차별금지 및 권리구제 등에 관한 법률」 제2조 제2항).

「장애인차별금지 및 권리구제 등에 관한 법률」에서는 장애를 이유로 하는 차별행위를 금지하고 있다(「장애인차별금지 및 권리구제 등에 관한 법률」 제6조).

경제 활동 관련 법령에서의 장애인

장애인의 경제 활동과 관련한 법령에서는 주로 「장애인복지법」에 따른 장애인 등록 기준과 「국가유공자 등 예우 및 지원에 관한 법률」에 따른 상이등급 기준을 기초로 하여 장애인(중증장애인)의 범위를 정하고 있다.

「장애인고용촉진 및 직업재활법」에서의 장애인

「장애인고용촉진 및 직업재활법」에서의 '장애인'이란 신체 또는 정신상의 장애로 장기간에 걸쳐 직업생활에 상당한 제약을 받는 자로서 다음에 해당하는 자를 말한다(「장애인고용촉진 및 직업재활법」 제2조 제1호).

- 「장애인복지법 시행령」 제2조에 따른 장애인 기준에 해당하는 자(「장애인고용촉진 및 직업재활법 시행령」 제3조 제1호)
- 「국가유공자 등 예우 및 지원에 관한 법률 시행령」 제14조 제3항에 따른 상이등급 기준에 해당하는 자(「장애인고용촉진 및 직업재활법 시행령」 제3조 제2호)

「장애인기업활동 촉진법」에서의 장애인

「장애인기업활동 촉진법」에서의 '장애인'의 범위는 다음과 같다(「장애인기업활동 촉진법」 제2조 제1호).

- 「장애인복지법」 제 32조에 따른 장애인등록증을 발급받은 사람
- 「국가유공자 등 예우 및 지원에 관한 법률」 제6조의4에 따른 상이등급 중 어느 하나에 해당한다는 판정을 받은 사람

「중증장애인생산품 우선구매 특별법」에서의 중증장애인

「중증장애인생산품 우선구매 특별법」에서 '중증장애인'이란 주요 일상생활 활동을 현저히 제한하는 신체적 또는 정신적 손상으로 인하여 장기간에 걸쳐 직업생활에 상당한 제약을 받는 사람으로서 「장애인복지법」 제2조 제2항에 따른 장애의 종류 및 기준에 해당하는 자 중 다음의 사람을 말한다(「중증장애인생산품 우선구매 특별법」 제2조 제1항).

- 지적장애인·자폐성장애인·정신장애인·호흡기장애인·언어장애인
- 1급부터 3급까지에 해당하는 뇌병변장애인·심장장애인
- 1급 또는 2급에 해당하는 시각장애인·지체장애인·청각장애인·신장장애인·간질장애인·간장애인·안면장애인·장루(腸瘻) 및 요루(尿瘻) 장애인(이에 해당하는 장애를 2가지 이상 가진 3급 장애인 포함) 손가락에 장애가 있는 3급의 지체장애인

장애아동에 대한 개념은 한마디로 정의하기는 어렵지만 일반적으로 대다수의 아동과 달리 여러 가지 장애, 즉 정신지체, 학습장애, 정서장애, 언어장애, 청각장애, 시각장애 중 하나 또는 둘 이상의 장애를 수반했기 때문에 그들의 소질을 최대로 개발하기 위해서 특수교육이나 관련 서비스를 필요로 하는 아동으로 정의된다(Kaufman & Hallahan, 2005). 장애아동은 장애를 가진 아동으로서, 구체적인 정의는 「장애인

복지법」과 「장애인 등에 대한 특수교육법」의 규정에 의하여 파악할 수 있다.

2) 장애의 유형

「장애인복지법」에 따르면 '장애 아동이란 18세 미만의 아동으로서 「장애인복지법」에 규정된 장애를 가진 아동'으로 정의할 수 있다. 「장애인복지법」은 장애인을 "신체적·정신적 장애로 인하여 오랫동안 일상생활 또는 사회생활에서 상당히 제약을 받는 자"로 정의하고 있다. 장애의 범위는 신체적 장애와 정신적 장애의 총 15가지 종류를 포함하고 있다. 정신지체는 2007년 「장애인복지법」 개정에 의해 지적 장애로 개정되었으며, 「장애인복지법」 제2조에 따른 장애유형 분류는 다음 〈표 10-1〉과 같다.

〈표 10-1〉 장애인복지법에 따른 장애 분류 유형

대분류	중분류	소분류	세분류	확대예상 장애범주
신체적 장애	외부 신체 기능의 장애	지체장애	절단장애, 관절장애, 지체기능장애, 변형 등의 장애	소화기장애, 비뇨기장애, 만성통증, 기타 암
		뇌병변장애	중추 신경의 손상으로 인한 복합적인 장애	
		시각장애	시력장애, 시야결손장애	
		청각장애	청력장애, 평형기능장애	
		언어장애	언어장애, 음성장애, 구어장애	
		안면장애	안면부의 추상, 함몰, 비후 등 변형으로 인한 장애	
	내부 기관의 장애	신장장애	투석치료 중이거나 신장을 이식받는 경우	
		심장장애	일상생활이 현저히 제한되는 심장기능 장애	
		간장애	일상생활이 현저히 제한되는 만성, 중증의 간기능 이상	
		호흡기장애	일상생활이 현저히 제한되는 만성, 중증의 호흡기 기능이상	
		장루, 요루장애	일상생활이 현저히 제한되는 장루, 요루	
		간질장애	일상생활이 현저히 제한되는 만성, 중증의 간질	

대분류	중분류	소분류	세분류	확대예상 장애범주
정신적 장애	지적 장애		지능지수가 70 이하인 경우	만성알코올, 약물중독, 기질성뇌증후군, 치매
	정신장애		정신분열병, 분열형 정동장애, 양극성 정동장애, 반복성 우울장애	
	자폐성장애		소아자폐 등 자폐성 장애 기타 정신발달장애	

출처: 보건복지부(2011). 한국보건사회연구원.

우리나라 '보육지침'(보건복지부, 2013)에 따르면, 장애인등록에 의한 복지카드를 받은 대상자를 장애아보육 대상자로 규정하고 있다. 이에 장애판정 시기에 대하여 정리하면 다음 〈표 10-2〉와 같다.

〈표 10-2〉 장애인증명서 발급을 위한 장애판정 시기

장애유형	장애판정 시기
지체·시각·청각·언어·지적 장애·안면장애	장애의 원인 질환 등에 관하여 충분히 치료하여 장애가 고착되었을 때 등록하며, 그 기준 시기는 원인 질환 또는 부상 등의 발생 후 또는 수술 후 6개월 이상 지속적으로 치료한 후 장애진단(지적 장애는 만 2세 이상에서 진단) 단, 지체절단, 척추고정술, 안구적출, 청력기관의 결손, 후두전적출술, 선천적 지적 장애 등 장애 상태의 고착이 명백한 경우는 예외로 한다.
정신장애	1년 이상의 성실하고, 지속적인 치료 후에 호전의 기미가 거의 없을 정도로 장애가 고착된 시점
자폐성장애	전반성발달장애(자폐증)가 확실해진 시점(최소 만 2세 이상)
신장장애	혈액투석 또는 복막투석치료를 3개월 이상 지속적으로 받고 있는 사람 또는 신장을 이식받은 사람에 대하여 장애진단
심장장애	1년 이상의 성실하고, 지속적인 치료 후에 호전의 기미가 거의 없을 정도로 장애가 고착되었거나 심장을 이식받은 사람에 대하여 장애진단
호흡기·간장애	현재의 상태와 관련한 최초 진단 이후 1년 이상이 경과하고, 최근 2개월 이상의 지속적인 치료 후에 호전의 기미가 거의 없을 정도로 장애가 고착되었거나 폐 또는 간을 이식받은 사람에 대하여 장애진단
장루·요루	복원수술이 불가능한 장루(복회음절제술 후 에스결장루 전대장절제술 후 시행한 말단형 회장루 등), 요루(요관피부루, 회장도관 등)의 경우에는 장루(요루) 조성술 이후 진단이 가능하며, 그 외 복원수술이 가능한 장루(요루)에는 장루(요루) 조성술 후 1년이 지난 시점에 진단

출처: 보건복지부(2014).

3) 장애인 등에 대한 특수교육법

「장애인 등에 대한 특수교육법」은 2007년 4월 25일 제정되었고, 1년간의 유보기간을 거쳐 2008년 4월 25일부터 시행되고 있다. 이에 따르면 장애아동은 '특수교육대상자'이며, 「장애인 등에 대한 특수교육법」에서는 특수교육대상자를 시각장애, 청각장애, 정신지체, 정서·행동장애, 자폐성장애, 의사소통장애, 학습장애, 건강장애, 발달지체, 그 밖에 대통령령으로 정하는 장애 등 11가지 장애유형으로 정의하고 있다. 특수교육 대상자 중 정서·행동장애, 학습장애, 의사소통 장애는 「장애인복지법」의 장애 범주에는 포함되지 않는다. 특수교육대상자에 대한 정확한 실태 파악을 위하여 특수교육대상 아동에 대한 실태조사를 3년마다 실시할 수 있도록 2008년 2월 「장애인 등에 대한 특수교육법」이 개정되었다(김순옥 외, 2014). 특수교육의 대상자의 선정기준은 다음 〈표 10-3〉과 같다.

〈표 10-3〉 「장애인 등에 대한 특수 교육법」에 의한 특수교육대상자 선정기준

유형	기준
시각장애	시각계의 손상이 심하여 시각기능을 전혀 이용하지 못하거나 보조공학기기의 지원을 받아야 시각적 과제를 수행할 수 있는 사람으로서 시각에 의한 학습이 곤란하여 특정의 광학기구·학습매체 등을 통하여 학습하거나 촉각 또는 청각을 학습의 주요 수단으로 사용하는 사람
청각장애	청력손실이 심하여 보청기를 착용해도 청각을 통한 의사소통이 불가능 또는 곤란한 상태이거나, 청력이 남아 있어도 보청기를 착용해야 청각을 통한 의사소통이 가능하여 청각에 의한 교육적 청취가 어려운 아동
정신지체	지적 기능과 적응행동상의 어려움이 함께 존재하여 교육적 청취에 어려움이 있는 사람
지체장애	기능·형태상 장애를 가지고 있거나 몸통을 지탱하거나 팔다리의 움직임 등에 어려움을 겪는 신체적 조건이나 상태로 인해 교육적 청취에 어려움이 있는 사람
정서·행동장애	장기간에 걸쳐 다음 어느 하나에 해당하며, 특별한 교육적 조치가 필요한 사람 • 지적·감각적·건강상의 이유로 설명할 수 없는 학습상의 어려움을 지닌 사람 • 또래나 교사와의 대인관계에 어려움이 있어 학습에 어려움을 겪는 사람 • 일반적인 상황에서 부적절한 행동이나 감정을 나타내어 학습에 어려움이 있는 사람

유형	기준
정서·행동장애	• 전반적인 불행감이나 우울증을 나타내어 학습에 어려움이 있는 사람 • 학교나 개인 문제에 관련된 신체적인 통증이나 공포를 나타내어 학습에 어려움이 있는 사람
자폐성장애	사회적 상호작용과 의사소통에 결함이 있고, 제한적이고 반복적인 관심과 활동을 보임으로써 교육적 성취 및 일상생활 적응에 도움이 필요한 사람
의사소통장애	다음 각 목의 어느 하나에 해당하여 특별한 교육적 조치가 필요한 사람 • 언어의 수용 및 표현능력이 인지능력에 비하여 현저하게 부족한 사람 • 조음능력이 현저히 부족하여 의사소통이 어려운 사람 • 말 유창성이 현저히 부족하여 의사소통이 어려운 사람 • 기능적 음성장애가 있어 의사소통이 어려운 사람
학습장애	개인의 내적 요인으로 인하여 듣기, 말하기, 주의집중, 지각(知覺), 기억, 문제해결 등의 학습기능이나 읽기, 쓰기, 수학 등 학업성취 영역에서 현저하게 어려움이 있는 사람
건강장애	만성질환으로 인하여 3개월 이상의 장기입원 또는 통원치료 등 계속적인 의료적 지원이 필요하여 학교생활에 및 학업수행에 어려움이 있는 사람
발달지체	신체, 인지, 의사소통, 사회·정서, 적응 행동 중 하나 이상의 발달이 또래에 비해 현저하게 지체되어, 특별한 조치가 필요한 영아 및 9세 미만의 아동

출처: 국가법령정보센터(2016). 「장애인 등에 대한 특수교육법 시행령」 제10조.

2 장애아동의 특성

1) 장애아동의 특성

장애아동은 일반 아동보다 어느 특정 영역에서 정상의 범위에서 벗어난 행동이나, 일탈현상을 보인다(Hallahan & Kauffman, 1994). 대부분의 장애아동은 지적특성, 감각능력, 신경이나 근육 혹은 신체적 특성, 사회 혹은 정서적 행동, 의사소통 능력, 복합장애 영역에 있어서 평균 또는 정서아동으로부터 벗어난 정도가 심하며, 이로 인해 정신지체, 학습장애, 정서 및 행동장애, 의사소통장애, 지체 및 복합장애, 시각장애, 청각장애, 자폐, 또는 뛰어난 재능이나 우수성 등을 지님으로써 대부분의 다른 아동과는 다른 학업적·행동적·사회적 특성을 보이게 된다. 이런 특성 때문에 잠재능력을 최대한 개발시키기 위해서는 실제 교육의 수정이나 각 아동의 특수한 교육적 욕구에 맞는 교육과 서비스가 요구되는 아동이다(박상희, 2005). 그러므로 물리치료, 언어치료, 음악치료, 미술치료 등 다양한 치료와 함께 이루어져야 한다. 장애아동의 발달특성(국립특수교육원)의 구체적인 사항은 다음과 같다(김주아·류현수·최용득, 2013).

(1) 시각장애

시각장애아동의 지능은 일반아동과 크게 차이가 나지 않지만, 경험 부족으로 인해 인지발달에 영향을 미치는 것으로 나타난다. 사회적 발달은 시각과 많이 관련되어 있으므로 시각장애로 인해 사회적 상호작용을 시작하는 것과 유지하는 것에 어려움을 가질 수 있다. 또한, 시각적 관찰과 모방을 통해 자연스럽게 습득되는 사회성 기술(머리를 똑바로 들고 바른 자세를 하기, 상대방을 쳐다보기, 대화를 적절히 하기 등)에 어려움이 있다.

(2) 청각장애

청각장애는 난청에서부터 전혀 듣지 못하기까지 다양한 정도로 나타나는데, 청력손실 정도의 유형 청력손실이 발생했을 때의 아동의 연령, 지능, 가정과 지역사회의 특성, 교육적 경험에 따라 그 특성이 다르게 나타난다. 청각장애아동은 추상적 개념보다 구체적인 개념에서 보다 이해가 촉진된다. 청각장애인의 특유의 성격 특성이 존재하는 것은 아니지만, 의사소통이 곤란한 환경에 처하는 경우가 많으므로 사회적·정서적 경험의 기회가 제한되어 이런 점이 성격 형성에 영향을 미칠 수 있다.

(3) 정신지체

정신지체아동은 비장애학생과 똑같은 기본 생리적, 사회적, 정서적 요구를 가진다. 그러나 정신지체아동은 주의력에 많은 결함을 보이는데, 과제에 집중하는 시간이 짧고 정신을 산만하게 하는 자극을 억제하는 데 어려움이 있다. 또한, 기억력에도 결함을 보이는데, 장기기억은 비장애 또래와 비슷하나 단기기억 영역에서 많은 어려움을 보인다. 누적된 학습 실패의 경험으로 학습동기가 낮으며, 학습이 전이와 일반화가 어려우며 언어발달 면에서 언어발달 속도가 일반 아동에 비해 지체된다.

(4) 정서 및 행동장애

정서 및 행동장애아는 충동적으로 말을 하거나 행동하고 쉽게 화를 내며 또래와 싸우는 경우가 많다. 그리고 사회적인 면에서 미성숙한 경우가 많다. 학습장애를 가지고 있는 경우가 많으며 늦은 학업성취로 인하여 자신에 대한 부정적인 인식과 낮은 자존감을 갖는 경우가 있다. 또한, 정서 및 행동장애아를 위해서 여러 가지 다양한 행동지원이 필요하다.

(5) 자폐성장애

자폐성장애 아동은 일차적으로 정서, 지각, 언어, 인지 및 의사소통 영역에서 심한 문제를 지니고 있다. 자폐성장애 아동은 기능적인 언어의 발달을 이루지 못하는 것으로 알려졌는데, 그들의 언어적 특성은 상대방의 질문을 그대로 따라하는 반향언어의 형태를 보이고 주로 상호작용의 목적이 아니라 도구적인 목적으로 사용하는 점이다. 사회적인 상호작용에서는 다른 사람과의 눈 맞춤의 결여, 주위 사람과의 빈약한 애착형성, 특정한 사물에 대한 강한 집착, 그리고 또래와 어울리기보다는 고립된 행동을 하며 혼자 노는 모습을 자주 볼 수 있다.

(6) 의사소통장애

일반적으로 말이나 언어에 문제를 보인다. 의사소통장애 아동을 대부분이 정신지체나 학습장애, 기타 장애를 복합적으로 지니고 있어 단어 인지력이나 독해력, 연산능력이 일반아동에 비하여 부족하다.

(7) 학습장애

평균 이상의 지적 기능을 지니고 있으면서도 주의집중이나 지각, 기억력 등의 결함으로 인해서 특정 기술의 학습에 심각한 장애를 보이는 학습장애아는 다양한 행동적 특성을 보인다. 주로 학습 전략의 결핍이나 적용에서의 어려움으로 낮은 학업성취, 학습된 무기력, 낮은 자아 개념 등이다. 또한, 주의집중장애와 과다행동성 주의집중장애가 함께 나타나기도 한다. 시·청각 자극을 받아들이고 정리하고 해석하는데 있어서 결함을 보이는 지각장애, 기억력과 인지적인 면에서의 문제를 보이기도 한다.

(8) 지체장애

뇌성마비 아동을 제외한 지체부자유 아동의 대부분은 일반아동의 지능과 다름이 없다. 뇌성마비 아동 중에는 지적인 결함을 보이는 아동이 있으며(40~60%), 보통 또는 그 이상의 우수한 지적 잠재력을 보이는 아동도 있다. 그러나 뇌성마비 아동은 일반학생의 평균 지능보다 낮다.

2) 장애아 가족의 특성

(1) 부모-장애아동

장애아동의 부모는 장애자녀의 요구와 다른 자녀의 요구를 동시에 충족시켜야 하는 책임을 맡고 있기 때문에 갈등을 겪으며, 장애에 대한 사회의 부정적인 태도로 인해 사회적 고립을 경험하고 있다. 또한, 부모는 장애자녀의 독특한 행동발달 특성을 정확히 인식하지 못하며 적절한 상호작용 형성에 많은 어려움을 겪고 있으며, 장애자녀의 특수한 문제에 어떻게 대처해야 하는지에 관한 지식 및 기술부족, 일반학교에서의 교육 및 통합 가능성, 장애아동과 일반아동 간의 적절하지 못한 상호작용으로 인한 갈등, 장래에 대한 걱정 등으로 스트레스를 받는다.

(2) 장애아동의 형제, 자매

장애아동을 수용하고 분리하는 것이 장애아동이나 일반형제를 위해서 바람직하다고 여겼던 시대에는 일반형제가 장애아동으로 인해 겪게 되는 어려움이 크게 대두되지 않았다. 그러나 장애형제가 그의 일반형제와 한가정에 있고 한 학교에 다니게 되면서 일반형제가 새로운 사건에 부딪히고 색다른 경험을 하게 되자, 부모와 전문가는 장애아동의 형제에 대해 관심을 기울이지 않을 수 없게 되었다.

형제관계를 연구하는 대부분의 학자는 가족 내 장애아동의 존재가 정상으로 자라는 형제에게 어떤 독특한 심리적 영향을 미치는지의 여부에 관심이 있어 왔다. 이런 연구의 대부분은 장애아동이 부모의 입장에서 더 많은 보호와 지원을 요구하게 되므로 장애아동 형제 자신이 필요로 하는 부모의 관심을 장애형제에게 빼앗기고, 그들에게 지나친 보호책임을 부과할지도 모른다는 것을 가정하고 있다.

장애아는 비장애 형제, 자매와의 상호작용을 통해서 많은 심리적 영향을 받고 있으며, 또한 형제-자매 관계를 통해서 언어, 운동기술 등과 관련된 기술뿐만 아니라, 장애아의 사회 적응에 도움을 줄 수 있는 사회기술을 경험할 수 있다. 이들의 사회적 상호작용에서 얻을 수 있는 이점은 본질적으로 상호적이다. 장애아와 비장애아는 상호작용을 통해서 많은 것을 얻을 수 있다(Peck et al., 1990). 그들은 자의식을 발달시키고 자신의 개체성뿐만 아니라 사람 사이의 차이를 인정할 줄 알게 된다. 사회적 상호작용을 통해서 형제, 자매들은 강력하고도 장기적으로 지속되는 관계의 기초를 쌓게 된다. 상호작용을 통해서 형제, 자매들은 단순히 가족 간의 유대를 넘어서서 일생동안의 친구를 갖게 되는 것이다.

장애아동의 형제가 장애형제의 존재로 인해 겪을 수 있는 어려움을 최소화하고 장애형제를 지님으로 얻을 수 있는 긍정적인 영향을 극대화하기 위한 체계적인 조사·연구가 필요하다.

3 장애아동 복지서비스 현황 및 정책

1) 장애아동 현황

장애아동의 현황은 장애인구의 현황을 통해서 추정 가능하다. 우리나라 장애인구에 대한 자료는 장애인 실태조사에 근거하고 있다. 장애인 실태조사 결과에 따르면 추정 장애인구는 2011년 현재 장애인 출현율(인구 100명당 장애인의 수)은 5.61%이며, 2000년 3.09%, 2005년 4.59%로 지속적으로 증가한 것으로 나타났다(윤혜미·김혜래·신영화, 2013).

2011년 전국의 장애인 등록 현황을 〈표 10-4〉에서 살펴보면 2,519,241명이 등록하였다. 이 중 지체가 1,333,429명 52.9%로 가장 높은 비율을 차지하고 있으며, 청각 10.4%, 뇌병변 10.3%, 시각 10% 순으로 나타나고 있다.

전체 등록 장애인 중 19세 이하 아동의 비율을 살펴보면 94.392명으로 전체 등록 장애인의 3.7%를 차지하고 있고, 이 중 자폐성장애가 12,141명 12.8%로 가장 높은 비율을 차지하고 있다.

〈표 10-4〉 등록장애인 수 : 연령별, 장애유형별 (단위 : 명, %)

구분	전체	0~9세	10~19세
전체	2,519,241 (100.0)	24,114 (1.0)	70,278 (2.8)
지체	1,333,429 (100.0)	1,412 (0.1)	7,343 (0.5)
뇌병변	260,718 (100.0)	6,561 (2.5)	7,653 (2.9)
시각	251,258 (100.0)	1,006 (0.4)	3,422 (1.4)
청각	261,067 (100.0)	1,795 (0.7)	4,036 (1.5)
언어	17,463 (100.0)	1,020 (5.8)	736 (4.2)
지적	167,479 (100.0)	8,596 (5.1)	36,346 (21.7)
자폐성	15,857 (100.0)	3,081 (19.4)	9,060 (57.1)
정신	94,739 (100.0)	20 (0.0)	306 (0.3)
신장	60,110 (100.0)	39 (0.1)	330 (0.5)
심장	9,542 (100.0)	224 (2.3)	509 (5.3)
호흡기	14,671 (100.0)	36 (0.2)	34 (0.2)
간	8,145 (100.0)	194 (2.4)	168 (2.1)
안면	2,715 (100.0)	33 (1.2)	97 (3.6)
장루·조루	13,098 (100.0)	39 (0.3)	44 (0.4)
간질	8,950 (100.0)	58 (0.6)	194 (2.2)

출처: 보건복지부(2012). 등록장애인현황.

장애인의 장애 원인은 88.9%가 후천적 질환이나 사고로 인하여 발생한 것으로 나타나며, 특히 후천적 원인 중 질환(56.2%)이 사고(32.7%)보다 더 높게 나타났으며, 보건복지부 아동·청소년정책과의 장애아동 현황조사에 따르면 점점 수급자 인원이 증가하고 있다고 보고하고 있다.

다음 〈표 10-5〉의 장애인의 연령 분포는 만 65세 이상이 43.3%로 가장 높았고, 50~64세가 30.7%로 다음으로 높았다. 이는 우리 사회가 고령화 사회로 진입하면서 장애노인이 지속적으로 증가함을 보여 주며 장애인 중 만 65세 이상 연령이 차지하는 비율을 비교하면 2011년의 38.8%에서 2014년에는 43.3%로 약 4.5% 포인트 증가했음을 알 수 있다.

〈표 10-5〉 2014 등록 장애인의 연령분포

구분	지체 장애	뇌병변 장애	시각 장애	청각 장애	언어 장애	지적 장애	자폐성 장애	정신 장애	신장 장애	심장 장애	호흡기 장애	간 장애	안면 장애	장루·요루 장애	뇌전증 (간질) 장애	전체
만 0 ~17세	0.3	3.9	1.3	1.6	8.3	19.1	53.3	0.6	0.0	5.4	0.0	0.0	15.0	0.0	9.4	2.7
만 18 ~29세	1.1	2.8	2.2	2.2	0.0	31.1	46.7	5.2	0.0	0.0	0.0	0.0	16.4	0.0	8.4	4.1
만 30 ~39세	5.5	5.6	6.0	4.0	23.9	18.3	0.0	12.6	9.3	5.4	2.1	2.6	3.0	1.3	6.8	6.7
만 40 ~49세	12.7	7.9	13.4	7.5	11.9	12.6	0.0	36.0	16.3	10.2	0.6	9.5	18.3	2.4	21.6	12.5
만 50 ~64세	35.1	27.5	28.6	21.8	26.4	14.9	0.0	39.2	37.1	21.9	17.2	71.4	36.0	34.4	32.4	30.7
만 65세 이상	45.3	52.5	48.5	63.0	29.5	4.1	0.0	6.2	37.3	57.1	80.1	16.6	11.4	61.9	21.5	43.3
계	100.0	100.0	100.0	100.0	100.0	100.0	100.0	100.0	100.0	100.0	100.0	100.0	100.0	100.0	100.0	100.0
전국 추정수	1,339,569	289,257	274,484	277,432	21,399	182,333	18,951	105,002	71,876	8,456	15,985	11,839	3,012	16,705	9,764	2,646,064

출처: 보건복지부(2016). 2014장애인 실태조사.

2) 장애아동복지정책 및 복지서비스

장애아동을 위한 복지서비스는 소득보장서비스, 의료재활서비스, 교육보육서비스, 시설서비스, 장애아동가족지원서비스, 장애아동재활치료서비스 등으로 나눈다.

(1) 소득보장정책

장애아동소득보장정책은 장애아동이 최소한의 생활을 유지할 수 있도록 경제적 지원을 하는 정책이며 장애수당과 장애아동수당이 있다.

① 장애수당

기초생활보장대상 장애인에게 장애로 인한 추가 비용을 보충하는 수당을 지급하며 만 18세 이상의 등록한 장애인 중 3~6급의 장애등급을 가진 자로 국민기초생활보장 수급자 및 차상위계층이 지원대상이다.

지급금액은 기초수급 30,000원, 시설기초는 20,000원, 차상위는 30,000원이다.

② 장애아동수당

장애아동 부양으로 인한 추가적인 비용을 보전하여 저소득 장애아동가정의 생활안전을 도모하는 장애아동가정을 지원하는 대표적인 소득보장제도로 「국민기초생활 보장법」에 의한 수급자 및 차상위계층의 18세 미만 등록 재가 장애아동이 지원대상이다.

중증장애인의 경우 국민기초생활보장 수급자 월 20만 원, 차상위계층 월 15만 원, 보장시설 월 7만 원이 지급되고, 경증장애인의 경우 국민기초생활보장 수급자 월 10만 원, 차상위계층 월 10만 원, 보장시설 월 2만 원이 지급된다.

이 외에도 장애아동 가정의 경제적 부담을 경감하기 위해 장애인 등록진단비 지원, 장애인소득세 인적 공제, 장애인 자동차 제 세금 및 요금 감면, 장애인 자동차용 LPG연료 세금인상액 지원 등이 있다(보건복지부, 2012).

(2) 의료재활서비스

장애인을 위한 의료재활서비스는 임산부의 출산에서 장애아동 발생을 사전에 예방하는 것으로부터, 출산 후 모자보건 예방서비스, 질병 또는 산업재해나 사고를 예방하기 위한 대책, 조기치료를 포함한 국가의 의료·재활비용 보조 등을 포함한다(김순옥 외, 2014). 정부는 1996년 국립재활원을 신설하고, 산하에 국립재활병원(1994)과 지역사회재활센터 및 주간재활센터(2002)를 설치하여 장애인이 저렴한 비용으로 의료재활서비스를 받을 수 있도록 하고 있다(윤혜미 외, 2013). 생활이 어려운 저소득 장애인에게 의료비를 지원하여 생활 안정 및 의료 보장을 도모하는 것으로 「의료급여법」에 의한 의료급여 2종 수급권자인 등록장애인이 지원대상이다. 차상위 본인부담 경감대상자의 의료기관 이용 시 발생하는 본인부담금에 대한 일부 또는 전액을 지원한다.

(3) 국립특수학교 및 특수학급 지원

'특수교육보조원 및 종일반 운영지원'은 장애학생의 교수-학습 지원을 위한 특수교육보조원 배치, 종일반 운영 등을 통한 장애학생의 학습권을 보장한다.

'특수교육대상자 치료지원 및 방과후학교 경비 지원'은 치료지원 및 방과후 학교 경비 지원을 통한 장애학생의 학습권을 보장한다.

① 지원대상

- 국립특수학교(급)에 재학 중인 장애 학생

② 선정기준

- 특수교육보조원 지원대상은 특수교육대상 학생 중 중증장애 학생이 우선지원함
- 방과후 교육비, 치료지원비 등이 지원됨
- 종일반은 특수교육대상 학생 중 희망자(전원)

③ 서비스 내용

- 특수교육대상 학생의 교내 교수-학습활동 및 이동 보조, 방과후 교육, 치료지원 등의 지원

(4) 장애인 자녀 교육비 지원

비장애인에 비하여 소득활동에 제한을 받으면서 의료비, 교통비, 보장구 구입비 등 교육 간접 비용이 상대적으로 높은 저소득 장애인 가구의 자녀에 대한 교육비를 지원하여 경제적 부담을 줄여 줌으로써 최소한의 교육기회 보장과 장애인 가구의 생활안정을 도모한다.

① 지원대상

- 1~3급 장애인 초등학생, 중학생 및 고등학생
- 1~3급 장애인의 초등, 중학생 자녀 및 고등학생 자녀

② 선정기준

- 소득인정액 산정을 위한 가구의 범위, 소득 및 재산의 범위, 조사 방법 등은 2013년 국민기초생활보장사업 안내의 선정기준 적용
- 단, 부양의무자 기준 적용 제외(장애인이 속한 개별 가구의 소득인정액만으로 장애인 자녀교육비 수급 여부를 판단)
- 「국민기초생활 보장법」에 의해 개별 가구의 범위를 결정하므로, 「가정해체 방지 등을 위한 별도 가구 인정 특례」 등도 적용

(5) 장애아가족양육지원

상시적인 돌봄이 요구되는 장애아가정 돌봄의 부담 경감 및 이를 통한 가족안정성 강화, 지역사회 내 자원봉사자 등을 돌보미로 활용함으로써 이웃과 함께 하는 가족 돌봄 문화의 정착 및 장애아동에 대한 사회적 인식을 전환한다.

① 지원대상

- 만 18세 미만 장애아동
- 소득기준: 전국 가구 평균소득 100% 이하
- 장애등급: 1~3급 장애아동

② 선정기준

- 연령기준: 만 18세 미만 장애아동
- 대상자로 선정된 후 사업기간 중 만 18세 도래 시에는 해당 사업기간 종료일까지 자격 유지
- 소득기준: 전국 가구 평균소득 100% 이하
- 장애등급: 1~3급 장애아동

③ 제외대상

- 다른 법령(또는 국가 예산)에 따라 장애아가족 양육지원사업과 유사한 재가서비스를 받고 있는 자

(6) 장애인활동보조 지원서비스

① 급여액

- 1가정당 연 480시간 지원

② 서비스내용

- 돌봄서비스, 휴식지원 프로그램

(7) 장애 진단비 및 검사비 지원

장애인 등록 시 기초생활수급대상자에 등록진단 비용을 지급하고 장애인연금 및 활동 보조 등의 수급자격 확인을 위해 장애등급 심사를 받을 장애인에게 검사비 일부를 지급하여 경제적 부담을 경감한다.

① 지원대상

- 진단비 대상자
  - 기초생활수급대상자로서 신규등록 장애인
  - 기초생활수급대상자로서 재판정시기가 도래한 장애인

    * 재판정 : 의무적 재판정 및 장애판정전문의가 재판정 기한을 명시한 경우
    * 장애등급의 조정신청의 경우는 진단비 지원대상이 아님에 유의

- 검사비 대상자
  - 장애인연금 신청, 활동보조 및 중증장애아동수당 신청 및 의무재판정을 오·재진단을 받아야 하는 기존 등록장애인 중 기초생활수급자 및 차상위계층인 자
  - 「장애인복지법 시행규칙」 제7조(장애상태 확인) 제2항에 따라 시장·군수·구청장이 직권으로 장애 상태를 확인하고자 하는 자
  - 허위 또는 부정으로 확인되어 경찰청 등에서 통보된 대상자의 심사결과 장애상태를 확인하고자 하는 자
  - 다만, 허위 또는 부정으로 확인되어 경찰청 등에서 통보된 대상자는 심사결과 장애상태가 확인된 경우 지원 가능

    * 심사결과에 상관없이 지원대상에 적합한 경우는 진단비 및 검사비를 지원할 수 있음 (심사결과 등급 외 결정이라 하더라도 지원금을 환수하지 않음)

② 선정기준

- 진단비 지원대상
  - 기초생활수급대상자로서 신규 등록장애인

    * 기존 등록장애인이 신규로 새로운 장애를 추가하는 경우 포함

  - 기초생활수급대상자로서 재판정 시기가 도래한 장애인

    * 재판정-의무적 재판정 및 장애판정 전문의가 재판정 기한을 명시한 경우
    * 장애등급의 조정신청의 경우는 진단비 지원대상이 아님에 유의

- 검사비 지원대상
  - 장애인연금 신청, 활동보조 및 중증장애아동수당 신청 및 의무재판정으로 재진단을 받아야 하는 기존 등록장애인 중 기초생활수급자 및 차상위계층

– 「장애인복지법 시행규칙」 제7조(장애상태 확인) 제2항에 따라 시장·군수·구청장이 직권으로 장애 상태를 확인하고자 하는 자
– 장애등급심사결과가 장애등급 결정에 해당하지 않더라도 지원가능

* 다만, 허의 또는 부정으로 확인되어 경찰청 등에서 통보된 대상자는 심사결과 장애상태가 확인된 경우 지원가능

③ 급여내용

• 진단비
  – 지적/자폐성장애: 4만 원
  – 기타 장애: 1만5천 원
• 검사비
  – 기초생활수급자: 총 진단비 및 검사비가 5만 원 이상 소요 시 초과분에 대해 10만 원까지 지원
  – 차상위계층: 총 진단비 및 검사비가 10만 원 이상 소요 시 초과분에 대해 10만 원까지 지원 및 특수학급 지원

4 장애아동복지 관련법

우리나라 특수교육은 미국의 영향을 지대하게 받아왔으나, 최근 20여 년간에 걸쳐 장애인 및 특수교육 관련 법률의 제정은 매우 활발해졌다.

우리나라의 특수교육에 영향을 미친 관련법을 살펴보면 다음과 같다.

1) 장애인·노인·임산부 등의 편의증진 보장에 관한 법률(1997년)

장애인·노인·임산부 등이 생활을 영위함에 있어 다른 사람의 도움 없이 안전하고, 편리하게 시설 및 장비를 이용하고 정보에 접근하도록 보장함으로써 이들의 사회활동 참여와 복지 증진에 이바지함을 목적으로 제정되었다. 여기서 편의시설이라

함은 장애인 등이 생활을 영위함에 있어 이동과 시설 이용의 편리를 도모하고 정보에의 접근을 용이하게 하기 위한 시설과 설비를 말하며, 이는 장애인전용 주차장, 건축물 출입구 경사로, 출입문, 승강설비, 계단, 화장실, 공중전화, 점자블록 등 불특정 다수인의 사용하는 모든 시설과 설비를 대상으로 한다.

2) 장애인복지법(1999년, 개정)

이 법은 장애인의 복지에 관한 사항을 종합적으로 추진하기 위한 법률로, 장애인의 인간다운 삶과 권리의 보장을 위한 국가와 지방자치단체 등의 책임을 명백히 하며, 장애발생의 예방과 장애인의 의료·교육·직업재활·생활환경 개선 등에 관한 사업을 정함으로써 장애인 복지대책의 종합적 추진을 도모하고, 장애인의 자립, 보호 및 수당의 지급 등에 관하여 필요한 사항을 정함으로써 장애인의 생활 안정에 기여하는 등 장애인의 복지 증진 및 사회활동 참여증진에 기여함을 목적으로 하고 있다.

이에 포함되어 있는 내용을 요약해 보면 다음과 같다.

① 장애인 복지의 기본 이념은 장애인의 완전한 사회참여와 평등을 통한 사회통합을 이루는 데 있다. 이에 입각하여 장애인은 인간으로서의 존엄과 가치를 존중받으며, 누구든지 장애를 이유로 정치·경제·사회·문화생활의 모든 영역에 있어서 차별을 받지 않아야 한다.

② 장애인은 가지고 있는 능력을 최대한으로 활용하여 사회·경제활동에 참여하도록 노력하여야 하며, 장애인의 가족은 장애인의 자립촉진을 위하여 노력하여야 한다.

③ 국가와 지방자치단체는 장애의 발생을 예방하고, 장애의 조기발견에 대한 국민의 관심을 높이고 자립을 지원하며, 필요한 보호를 실시하여 장애인의 복지를 증진할 책임을 진다.

④ 국무총리 소속 하에 장애인복지조정위원회를 두며, 매년 4월 20일을 장애인의 날로 하고 장애인의 날부터 1주간을 장애인주간으로 정한다.

⑤ 국가와 지방자치단체는 장애발생의 예방, 의료·재활치료, 교육, 문화 환경의 정비 등을 위한 시책과 제도를 강구하고 실시하여야 한다. 이를 시행할 재단법인으로 한국장애인복지진흥회를 설립한다.

⑥ 장애인은 시장·군수·구청장에게 등록하여야 하고, 시·군·구에는 장애인복지 상담원을 두어야 하며, 국가와 지방자치단체는 장애인복지시설을 설치할 수 있다. 이 시설을 총괄하는 사회복지법인으로 장애인복지단체협의회를 설립할 수 있다.

⑦ 보건복지부장관은 재활보조기구의 품목과 기준·규격을 정하여 고시할 수 있다.

⑧ 국가와 지방자치단체 기타 공공단체는 장애인복지 전문인력의 양성 및 훈련에 노력하여야 하고, 장애인은 복지조치에 대하여 이의가 있을 때에는 장애인복지 시설기관에 심사를 청구할 수 있다.

3) 장애인 고용촉진 및 직업재활법(2000)

장애인의 고용촉진 및 직업재활을 도모하기 위한 법으로 장애인의 직업재활에 관한 전반적인 것을 규정하고 있는 전체 6장, 74조 및 부칙으로 구성되어 있는 특별법이다. 이는 직업은 인간의 삶에 있어서 중요한 의미를 가지기 때문에, 직업은 개개인의 삶의 형태나 그 내용을 결정하는 중요한 요인으로 우리의 삶과 분리해서 생각할 수 없다는 직업의 중요성에 근거하고 있다. 이는 노동시장에서 자유로이 결정되어야 할 고용 상황에 국가가 일정 보호적 성격으로 개입함으로써 직업적 제한을 가지는 장애인의 헌법에 규정된 인간다운 생활을 할 기본권과 행복추구권 및 평등권을 보장하려는 데 그 목적을 두고 있다.

4) 장애인 차별금지 및 권리구제 등에 관한 법률(2007년)

「장애인·노인·임산부를 위한 편의증진 보장에 관한 법률」(1997)을 확장한 것으로, 이 법은 모든 생활영역에서 장애를 이유로 한 차별을 금지하고 장애를 이유로 차별받은 사람의 권익을 효과적으로 구제함으로써 장애인의 완전한 사회참여와 평등권 실현을 통하여 인간으로서의 존엄과 가치를 구현함을 목적으로 하고 있다. 교육에서의 차별금지와 편의제공의 의무 등을 부가하고 있다.

5) 장애인 등에 대한 특수교육법(2007년)

특수교육진흥법(1994)이 특수교육현장에 배치된 장애학생에게 충분한 교육적 지원을 제공하지 못하고 있는 현실을 개선하기 위하여 제정된 이 법의 주요 목적은 다음과 같다.

① 특수교육에 있어서 유치원(3~5세) 및 고등학교 과정의 의무교육을 도입한다.
② 장애의 조기발견체제를 구축하면서 장애영아 교육은 무상으로 하여 조기교육의 기회를 부여한다.
③ 대학의 장에게 장애학생지원센터의 설치와 편의제공을 의무화한다.
④ 국가 및 지방자치단체 등이 장애성인평생교육시설을 설치하여 장애인에 대한 생애주기별 교육지원체계를 확립한다.
⑤ 특수학교의 학급 및 일반학교의 특수학급당 학생 수를 현행보다 대폭 낮추어 이를 법률에 명시함으로써 특수교육의 질을 높인다.
⑥ 특수교육대상자에 대하여 가족지원, 치료지원, 보조인력 지원 등 관련 서비스의 제공을 의무화함으로써 장애인의 교육권을 실질적으로 보장한다.

6) 장애아동복지지원법(2011년)

같은 법은 총 7장 41조 및 부칙(부대 의견)으로 구성되어 있으며, 2012년 8월 5일 시행령 공포 이후부터 시행되고, 다만 장애아동지원센터는 시범사업을 거쳐서 2013년 1월 1일부터 시행하도록 한다고 명시하고 있다. 같은 법에는 장애아를 보육하는 어린집에 특수교사와 장애영유아 보육교사(자격 신설)를 배치하고, 장애아보육을 하기 위한 적합적 요건을 갖춘 경우 장애영유아 어린이집 지정을 하여, 해당 어린이집

교직원에 대한 지원을 지역사회 재활시설 수준으로 상향하도록 그 처우 개선을 규정하고 있다. 또한, 통합적이고 연계적인 장애아보육지원이 실행되도록 '장애아동지원센터'를 지역에 설치하여, 장애의뢰-진단평가-개인별 서비스 계획 수립-복지지원서비스 기관 연계-연계 기관의 서비스 시행에 대한 평가와 관리·감독 등을 통한 지속적인 사례관리 등을 시행하여, 장애아보육지원이 체계적으로 시행될 수 있는 기본 인프라인 서비스 전달체계를 갖추는 내용을 포함하고 있다.

참고로, 「장애아동복지지원법」 이전에 장애아동보육은 그 근간을 이루는 「영유아보육법」(2004)상의 무상보육(제34조)과 취약보육 우선 실시 등(제26조), 시설 설치기준(시행규칙 별표 1), 종사자 배치기준(시행규칙 별표 2)에 의거하여 시행되고 있었다. 「장애인 차별금지 및 권리구제 등에 관한 법률」(2007)에는 어린이집을 교육기관으로 규정하고, 해당 기관은 장애아동의 전학이나 입학을 거부할 수 없을 뿐 아니라 이들의 교육권 및 접근권 보장을 위한 편의시설을 의무적으로 설치해야 함을 명시하고 있다. 또한, 「장애인 등에 대한 특수교육법」(2007)에는 3~5세 장애아동에 대한 의무교육 실시 간주 기관으로 어린이집을 지정하고 있다.

장애 관련법은 아니지만 「민법」 내에 '성년후견인제'와 관련해서 법안이 추가되어 있다. 종전 금치산·한정치산 제도에서 후견인은 법에서 정한 순서대로 지정됐으나, 2013년 7월 1일부로 「민법」 일부가 개정됨에 따라 금치산·한정치산 제도가 폐지되고 성년후견인제도가 도입되었다. 성년후견인제도 대상자는 질병과 장애, 노령 등으로 정신적 제약을 받아 사무를 처리할 능력이 부족한 사람이다. 청구는 본인 스스로 하거나, 배우자나 4촌 이내의 친족, 그리고 관할구역 내 검찰청 검사와 지방자치단체의 장 등이 대신할 수도 있다. 후견은 정신적 제약의 정도와 후견의 범위와 경위에 따라 성년후견, 한정후견, 특정후견, 임의후견으로 나뉜다. 일단 성년후견을 청구하면 대상자 본인의 정신상태를 의사의 도움을 받아 감정받게 되고, 법원은 감정결과를 판단해 대상자에게 적합한 사람을 후견인으로 선임한다. 후견인이 법에서 정한 순위에 따라 자동으로 지정되던 금치산·한정치산 제도와의 대표적인 차이점이다. 물론, 청구인으로 선임될 수 있다. 이럴 경우 본인이나 청구인이 후견인을 추천하면,

법원은 본인의 의사를 존중하되 대상자의 건강과 생활관계, 재산사항 등을 고려해 후견인을 선임한다. 후견인이 선임되면 후견계약사항을 등기해 공시함으로써 후견인이 대상자에 관한 법률행위를 할 때 후견사항을 증명하게 된다. 이와 함께 특정 시점에 당사자가 후견을 받고 있지 않다는 사실을 증명하려면 '등기사항부존재증명서'를 발급받아 제시하면 된다. 장애인의 경우 부모 사후에 서비스 제공이나 재산관리, 인권침해 등과 관련된 후견이 이루어진다는 측면에서 그 의미가 있다.

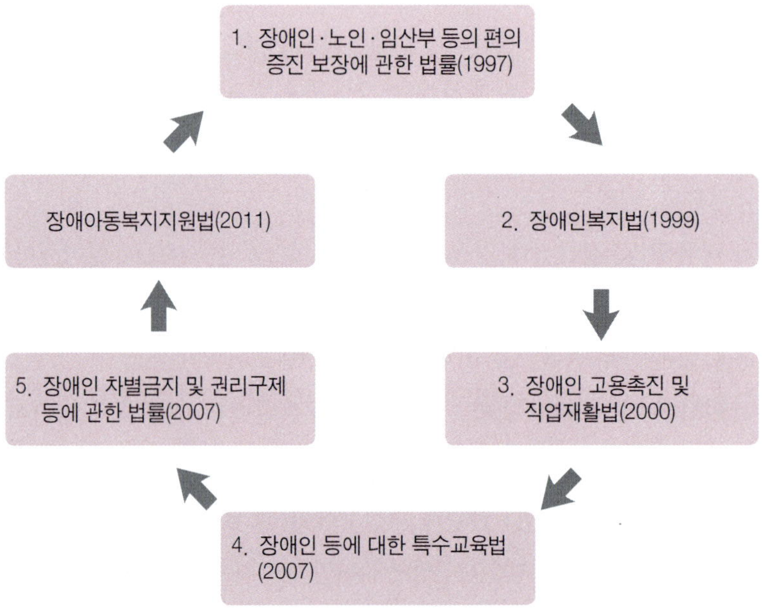

[그림 10-1] 우리나라 장애인 관련 주요 법

5 장애아동서비스의 문제점 및 과제

장애아동복지의 선결과제에 대한 조사결과, 특수교육 무상확대(25.1%), 장애아동 재활치료서비스 확대(21.6%), 부모의 노후 또는 사망 이후 남겨진 자녀의 생계대책(20.9%), 고등교육의 지원강화 등의 순으로 나타났다(보건복지부, 2009). 이에 장애아동서비스의 문제점 및 개선과제를 다음과 같이 제시하고자 한다.

1) 장애아동복지지원의 법적 토대 및 정책 강화

장애아동복지실천은 다양한 영역에서 재활을 위한 사회적 지원을 필요로 하고 이를 위해 다양한 법적 조치가 필요하다. 그러므로 장애를 지닌 아동은 장애인의 범주에 포함되어 앞서 언급한 바와 같이 「헌법」, 「장애인복지법」, 「사회보장기본법」, 「사회복지사업법」, 「국민생활기초생활 보장법」, 「아동복지법」, 「특수교육진흥법」, 「장애인 등에 대한 특수교육법」 등에 규정된 조치를 받는다. 그러나 지원에 대한 법적 토대는 여전히 부족한 경향을 보이므로 이에 대한 보완이 시급하다.

또한, 장애아동복지에서 우선적으로 개선되어야 할 점은 선천적 장애를 예방할 수 있는 예방 정책인 모자보건사업의 강화와 임산부를 대상으로 하는 유전 상담, 영유아에 대한 건강진단의 내실화를 통한 질병의 조기발견 등의 예방정책 및 예방사업의 강화가 필요하다.

2) 장애아동복지지원 전달체계의 수립

우리나라에서 장애아동에 대한 양육책임은 부모에게 있고 부모의 노력 여부에 따라 서비스의 수혜 여부가 달라지며, 이러한 장애아동의 부모는 학교입학이나 복지서비스 이용에 대한 다양한 문제 상황에 직면하게 된다. 부모가 찾아다니며 여러 기관을 전전하는 복지전달체계의 개선을 위해서는 먼저, 장애아 출생 시 보건소나 동사무소(동주민센터)에 장애등록을 하면 아동복지 전담공무원과의 상담을 통해 이들에게 필요한 병원, 보육기관, 치료기관, 조기교육기관, 복지관 등의 정보와 정부지원체계의 정보를 지속적으로 제공받을 수 있는 하나의 통합된 지원전달체계의 수립이 절실하다. 복지전달체계가 장애유형과 경중에 따라 서비스가 자동으로 결정되는 것이 아니라 장애인의 개별욕구에 바탕을 두고 장애 상태, 근로 능력, 서비스 욕구, 경제 상태 등을 충분히 고려하여 복지서비스가 제공될 수 있는 체제로의 일원화와 수용중심의 체제로 전환되어야 할 것이다. 또한, 서비스 기관에서의 초기 면접으로 인한 시간과 인력 낭비를 막고 장애아동에 대한 정보를 공유할 수 있는 관련 기관 간의 네트워크 형성이 필요하다. 이러한 전달체계의 수립으로 지역사회나 기관에서 실시하는 복지서비스가 확대되고 공공기관의 정책에 대한 홍보가 확대되어 정보력이 없는 부모나 장애아동이 복지서비스에서 제외되는 경우가 없도록 하기 위한 공적 전달체계와 민간 전달체계 간의 유기적인 협력이 필요하다.

3) 소득보장정책 및 경제적 지원의 강화

장애아동 가구의 경우 장애아동으로 인해 경제적 어려움이 증가되는 것으로 나타나고 있으나 우리나라에서 제공되는 소득보장정책은 매우 제한적이다. 2010년 7월 도입된 장애인연금은 2016년 현재 만 18세 이상인 중증장애인이 대상이다. 등록한 중증장애인은 장애등급 1급과 2급 및 3급 중복장애인 중 배우자가 없으면 월 100만 원 이하, 배우자가 있으면 월 160만 원 이하인 경우가 해당된다. 기초 급여로 매월 최고 20만 2,600원을 지급하고 부가 급여로 연령 및 소득계층에 따라 2만 원~28만 2,600원 추가 지급을 하고 있다. 그러나 장애인이 안정적인 생활을 하기에는 미흡한 수준이라 할 수 있기에 장애아동을 양육하는 장애가족에 대한 소득지원을 확대할 필요가 있다.

또한, 장애아동 부양수당 및 지급대상을 단계적으로 확대하고, 중증장애인 보호수당을 현실화하며 자녀교육비 지원대상 계층을 확대하는 등의 다양한 교육비 지원의 강화도 필요하다.

4) 치료 · 재활서비스의 확대

장애아동에 있어 가장 절실하게 당면하고 있는 문제는 치료와 재활이며 이에 대한 비용의 문제로 지적되고 있다. 장애인복지 재활기관을 통해 제공되는 기초생활서비스는 장애아동의 수요와 욕구에 비해 매우 부족한 실정이며, 장애아동이 관련 재활치료서비스를 받기 위해서는 장기간 대기해야 하는 경우가 빈번하다. 성인장애인과 달리 장애아동의 경우 조기 치료와 재활훈련을 통해 상당 부분 장애가 호전될 수 있음을 인식하고, 장애아동을 치료할 수 있는 재활시설이나 기관을 확대 설치하는 것이 필요하다. 재활치료서비스가 지속적이고 안정적으로 진행되기 위해서는 중·장기 계획을 수립하고 법제화하는 과정이 필수적이며, 보편적이고 전문적인 서비스가 될 수 있도록 취약지역에 서비스 제공기관을 확대해 나가는 것도 필요하다.

5) 특수교육지원의 강화

장애아동 가족의 어려움의 하나는 자녀양육 및 교육과 교육비 부담으로 인한 경제적 어려움으로 나타났는데(김종인, 2006), 이는 장애아동복지의 교육에 대한 지원의 필요성을 강조한 것이라 볼 수 있다. 우리나라에서는 장애인의 완전한 사회참여와 평등을 통하여 사회통합을 이루는 것을 기본 이념으로 명시한 「장애인복지법」에 의해 특수아동 통합 교육을 실시하고 있으나 아직까지 장애에 대한 이해 부족, 교사의 전문성 부족 등으로 실효성을 거두지 못하고 있는 실정이다. 따라서 통합교육 실시 자체보다 장애아동에 대한 일반아동의 인식 개선을 위해 정부와 지방자체단체 차원에서의 체계적인 지원이 더욱 필요하다. 또한, 장애학생 수요에 적합한 자원을 제공하기 위한 특수교육지원센터 운영을 확대하고, 종일반 및 방과후 학교 운영, 특수교육 행·재정 지원 및 일반교육원 및 특수교육원을 대상으로 특수교육 전문성을 강화할 필요가 있으며 유아특수교육에 지원과 함께 더 나아가 특수교육대상 학생의 밀반 진로 및 직업교육체계를 확립하여 직업 재활훈련의 강화를 지속적으로 확충할 필요가 있다.

6) 장애아동을 위한 재가서비스 확충 및 가족지원서비스의 강화

장애아동 가족은 장애아동에 대해 일차적으로 책임질 뿐만 아니라, 장애아동에 대한 부정적인 인식으로 어려움과 스트레스를 경험하게 된다. 그러므로 이들 가족에 대한 지원체계가 필요하다. 또한, 장애아동에 대한 주의 깊은 보호의 필요성에도 불구하고, 맞벌이 등으로 말미암아 여성의 경제활동이 증가하여 장애아동 보호를 위한 서비스 확대의 요구가 증가하고 있는 실정이다. 따라서 장애아동의 문제를 전문적으로 상담하고 도움을 제공할 수 있는 재가복지기관의 확충이 절실하다. 이를 위해 장애아동 전담 보육시설의 확충과 모든 장애인복지관에 주·단기 보호시설을 확충하는 것도 필요할 것이다.

이외에도 장애아동 가족을 위한 재활치료 및 가족지원 서비스의 확대도 필요하다. 장애자녀에 대한 부모의 감정을 솔직하게 수용하고 부부만의 시간 갖기를 통해 결속력을 다지거나 정서적으로 편안하고 많은 정보를 공유할 수 있는 장애아동부모모임 등을 위한 다양한 프로그램의 개발이 이루어져야 한다. 부모교육이나 가족상담, 형제캠프 등의 프로그램은 물론, 장애아동 가족 스스로가 자기 자신과 아이를 도울 수 있도록 가족의 능력을 향상시킬 수 있는 장애아동 가족중심의 지원 프로그램을 개발하고 이를 운영하기 위한 각종 기술과 기법의 개발도 이루어져야 할 것이다.

제11장

아동학대보호 복지서비스

1 아동학대의 개념과 유형

1) 아동학대의 개념

아동학대의 개념 규정은 고려해야 할 차원이 복잡하게 얽혀 있고 학대의 범주 또한 모호하기 때문에 특히 어려움이 따른다(정화정, 1998). 문선화 외(2013)는 아동학대를 정의하는 데 있어 구체적 어려움에 대해 제시하였다.

첫째, 아동학대자의 고의성과 비고의성을 구분하는 것이다. 아동학대자의 진술 외에는 아동학대 외상을 두고 고이성과 비고의성을 구분하는 것은 어려운 작업이며 이로 인해 우발적 상해인가, 의도적 학대인가를 결정하는 것 역시 오류를 범할 가능성이 있다.

둘째, 아동에게 매우 해로운 양육으로부터 최상의 양육 이하를 구분하는 것이다. 사회에서 허용하는 아동양육의 범위와 사회에서 제한하는 아동학대의 범위를 정확하게 구분한다는 것은 매우 추상적이거나 불가능한 일이다.

셋째, 현재 아동에 대한 실제적 상해뿐만 아니라 앞으로 아동에게 발생할 수 있는 잠재적인 상해의 포함 여부를 결정해야 하는 것이다. 실제적 상해는 아동에게 발생하지 않았으나 잠재적 상해를 어느 정도로 중요하게 다루느냐에 따라 사회적 개입의 여부가 결정될 수 있다는 것이다.

마지막으로, 지역사회의 문화적 다양성 때문이다. 아동양육 행위와 믿음에 대한 차이, 용인된 행위에 대한 문화적 연속성으로부터 특이한 일탈, 아동에 대한 사회적 해악(Korbin, 1987)의 단계로 적절한 문화적 정의를 구성하는 것이 유용하다.

또한, 오정수·정익중(2015)은 아동학대와 방임의 개념에 다음과 같은 사항이 포함되어야 한다고 말한다.

첫째, 아동에 대한 다소 명백한 부모의 어떤 행위가 존재하여야 한다. 예를 들면, 부모가 여러 번 1세 영아를 혼자 내버려둔 채 다른 일을 한다면 아동의 방임이라고 할 수 있다.

둘째, 아동에게 두드러진 손상이 있어야 한다. 손상은 신체적인 것이 될 수도 있고 정신적인 것이 될 수도 있다. 학대는 그 손상이 눈에 드러나지만, 방임으로 인한 손상은 크게 드러나지 않는다.

셋째, 부모의 행위와 아동의 신체적 정신적 손상 간에 인과관계가 있어야 한다. 두드러진 손상은 있지만 부모의 행위가 그 원인이 아닌 경우는 학대가 아니다.

우리나라 「아동복지법」에서는 “아동학대란 보호자를 포함한 성인이 아동의 건강 또는 복지를 해치거나 정상적 발달을 저해할 수 있는 신체적·정신적·성적 폭력이나 가혹행위를 하는 것과 아동의 보호자가 아동을 유기하거나 방임하는 것을 말한다.”라고 정의되어 있다(제3조 제7항). 협의의 의미로서는 의료적인 관점에서 신체적 학대로 제한하고 아동에게 관찰 가능한 상해를 입히는 경우와 실제적인 해 이외의 잠재적인 해까지 포함한다. 광의의 의미로서는 아동의 기본적인 욕구에 대한 두드러진 무관심이나 의도적인 행동, 상처나 상해의 원인이 되는 부모나 양육자의 행위 혹은 물리적 지원을 불합리하게 연기하거나 상처를 악화시키는 것을 포함한다.

법적인 차원에서 아동학대는 아동양육에 대한 일차적 책임을 지는 부모가 적절한 양육환경을 제공하지 않을 때 국가가 제도적으로 취할 수 있는 조치이다. 사회복지적 차원에서는 의료적 접근과 법적 접근의 중간적 입장을 취하고 아동의 권리와 자유를 박탈하거나 아동의 적절한 발달을 저해하는 행위나 방임상태, 개인이나 제도사회의 행위나 태만 등을 포함한다.

아동학대는 부모나 양육자에 의한 학대뿐만 아니라 사회적 제도적 차원까지 포함하는 광의의 개념으로 확대하여야 한다.

2) 아동학대의 유형

과거에는 아동학대에 대한 정의를 신체적·정신적·성적 폭력 행위에 국한했으므로 피학대 아동에 대한 보호서비스는 주로 성인으로부터 폭력이나 위해를 당한 아동에 대한 서비스를 의미했다. 그러나 최근 아동학대는 아동의 복지나 잠정적 발달을 위협하는 넓은 범위의 행동(www.korea1391.org)으로 그 개념이 확대되어 빈곤과 질병, 노동의 위험에 노출되거나 적절한 보호를 받지 못한 아동도 '방임된 아동'으로 간주하고 이를 피학대 아동으로 정의하는 경향이다. 이에 따라 아동학대를 다음 [그림 11-1]과 같이 4가지 유형으로 분류하고 있다(www.korea1391.org).

출처: 중앙아동보호전문기관(2016). www.korea1391.org.

[그림 11-1] 아동학대의 유형

(1) 신체적 학대

보호자를 포함한 성인이 아동에게 우발적 사고가 아닌 상황에서 신체적 손상을 입히거나 신체손상을 입히도록 한 모든 행위를 말한다.

(2) 정서적 학대

언어적, 정신적, 심리적 학대라고도 하며, 보호자나 양육자가 아동에게 언어적·정서적 위협, 감금이나 억제, 기타 가학적 행위를 하는 것을 말한다. 이는 아동의 정신 건강 및 발달에 해를 끼치는 학대행위(「아동복지법」 제29조)이다. 정서적 학대는 눈에 두드러지게 보이는 것이 아니고 당장 그 결과가 심각하게 나타나지 않기 때문에 그냥 지나칠 수 있다.

(3) 성 학대

아동에게 성적 수치심을 주는 성희롱, 성폭행 등의 학대행위와 아동에게 음행을 시키거나 음행을 매개하는 행위, 아동과 성인 사이의 부적절한 성적인 행동을 모두 포함한다. 성인의 성적 만족을 위해 아동의 신체에 접촉하는 행위나 가족 및 친인척 사이의 성 학대 등의 경우도 있다.

(4) 방임

방임이란 자신의 보호, 감독을 받는 아동을 유기하거나, 의식주를 포함한 기본적 보호, 양육 및 치료를 소홀히 하는 행위, 물리적 방임(의식주, 불결한 환경), 교육적 방임(학교에 보내지 않거나 과제 및 준비물을 챙겨주지 않는 행위), 의료적 방임(예방접종이나 의료적 처치 소홀), 보호자가 고의적이고 반복적으로 아동양육과 보호의 책임을 소홀히 하여 아동의 건강이나 복지를 해치거나 정상적인 발달을 저해하는 행위를 말한다.

「아동복지법」 제17조(금지행위) 벌칙 규정

누구든지 다음 각 호의 어느 하나에 해당하는 행위를 하여서는 아니 된다. 〈개정 2014. 1. 28.〉 〈시행일 2014. 9. 29.〉

1. 아동을 매매하는 행위
2. 아동에게 음란한 행위를 시키거나 이를 매개하는 행위 또는 아동에게 성적 수치심을 주는 성희롱 등의 성적 학대행위

3. 아동의 신체에 손상을 주거나 신체의 건강 및 발달을 해치는 신체적 학대행위
4. 삭제 〈2014. 1. 28.〉〈2014. 9. 29.〉
5. 아동의 정신건강 및 발달에 해를 끼치는 정서적 학대행위
6. 자신의 보호 · 감독을 받는 아동을 유기하거나 의식주를 포함한 기본적 보호 · 양육 · 치료 및 교육을 소홀히 하는 방임행위
7. 장애를 가진 아동을 공중에 관람시키는 행위
8. 아동에게 구걸을 시키거나 아동을 이용하여 구걸하는 행위
9. 공중의 오락 또는 흥행을 목적으로 아동의 건강 또는 안전에 유해한 곡예를 시키는 행위 또는 이를 위하여 아동을 제3자에게 인도하는 행위
10. 정당한 권한을 가진 알선기관 외의 자가 아동의 양육을 알선하고 금품을 취득하거나 금품을 요구 또는 약속하는 행위
11. 아동을 위하여 증여 또는 급여된 금품을 그 목적 외의 용도로 사용하는 행위

2 아동학대의 원인과 징후

1) 아동학대의 원인

아동학대의 원인을 과거에는 부모와 아동의 개인적 특성에서 찾는 경우가 많았다. 학대하는 부모는 아동을 관리하는 기술과 사회적 문제해결 능력이 부족하고, 아동의 문제 행동에 예민하게 반응하며, 아동의 행동에 대해 잘못된 기대를 하고, 충동성이 크며(Burgess, 1985), 학대받는 아동의 기질이 까다롭고 반항적이거나 정서적으로 안정감이 부족하다는 것이다. 그러나 부모와 아동의 특성을 학대 원인으로 연결 짓는 것은 무리가 있다. 학대하는 부모의 특성을 지닌 사람이 모두 아동을 학대한다고 말할 수 없고, 학대받는 아동의 특성은 학대 원인이기보다 학대의 결과일 가능성이 크기 때문이다.

아동학대의 원인에 대한 또 다른 관점은 '사회학습 이론'(social learning theory)에 근거한 관점으로, 아동기에 학대받았거나 학대가 자주 일어났던 가정에서 성장한 부

모는 다른 사람보다 자녀를 학대할 확률이 높다는 것이다(노혜련, 2001). 예를 들어, '역기능적 가족'이라는 맥락 속에서 학대 부모는 공격적 성격을 형성하고, 경제적 어려움이나 부부 간 불화 같은 상황적 요인이 반복해서 축적되면서 폭력을 학습하게 된다는 것이다(이정복·이배근, 1997; O'Leary, 1988). "아동학대는 세대 간에 전승된다."라는 주장은 바로 이 관점에 근거를 두고 있다. 그러나 아동학대에 관한 종단 연구 결과는 과거에 학대받은 경험이 현재의 아동학대 행위에 영향을 미친다는 경험적 증거를 충분히 제공하지 못하고(Sidebotham & Golding, 2001), 학대의 세대 간 전이를 중단하는 보호 요인이 존재한다고(Langeland & Dijkstra, 1995) 언급하고 있어 이러한 논리를 주장하는 데 한계가 있다.

한편, 학대의 원인을 설명하는 데 최근 주목받는 이론은 아동학대를 개인과 환경 간 상호작용의 결과로 보는 '생태학적 이론'(ecological theory)이다. 이 이론에 따르면,

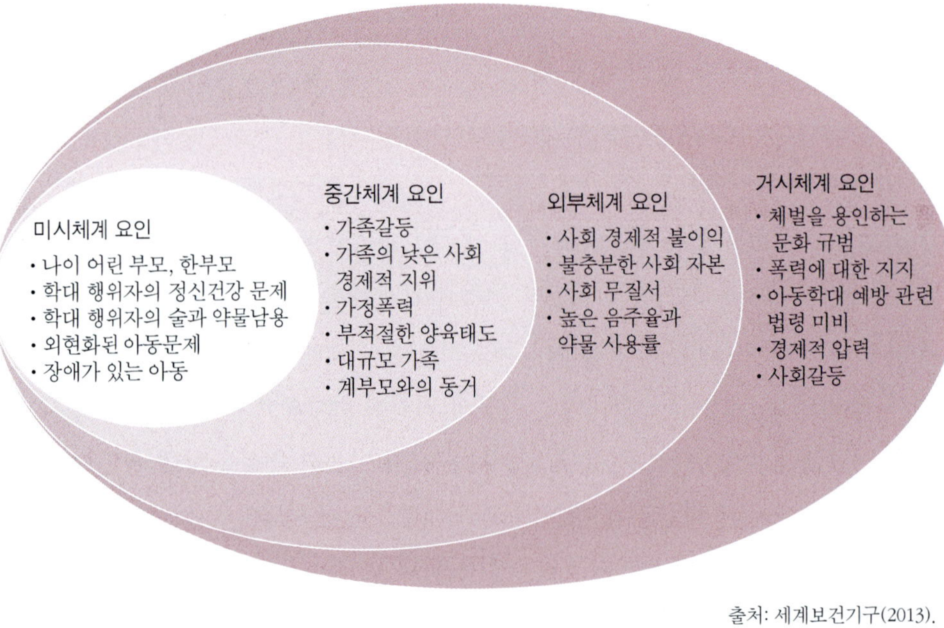

출처: 세계보건기구(2013).

[그림 11-2] 아동학대 위험 요인의 생태학적 모델

아동학대는 미시체계, 중간체계, 외부체계, 거시체계의 요인이 다양하게 얽혀 발생한다(Barak, 2003). 부모와 아동의 특성이나 신체적·정신적 건강 상태 등과 같은 미시체계 요인은 가족 구성원 간의 관계, 가족의 사회·경제적 지위, 가족 구조 등의 중간 체계 요인과 직접적인 영향을 주고받는다. 또한, 부모와 아동이 속한 지역사회의 공식적·비공식적 자원과 지지망, 사회 질서 및 안전 등이 아동학대의 간접적 원인이 되기도 한다(그림 11-2 참조).

이 외에도 아동학대에 대한 여러 가지 이론적 관점이 있는데, 이를 다음 〈표 11-1〉에 정리하였다.

〈표 11-1〉 아동학대의 발생원인

이론적 관점	관련 요인
정신병리학적 관점	• 가해자의 병리적 특성: 정신과적 문제, 분노, 우울증, 통제력 부족, 낮은 자존감, 완고성, 감정이입 능력의 결함, 약물에의 의존 또는 남용, 신체 및 건강상의 문제
발달론적 관점	• 아동이 가지는 특징이 학대 및 방임을 유발한다는 관점 • 아동자신의 특성: 까다로운 기질, 어린 나이, 신체·정신적 장애 등 • 부모의 특성: 자녀에 대한 부정적 편견, 자녀양육에 관한 부족한 문제해결 능력, 자녀관리 능력의 결함, 부모 역할 스트레스 등
심리사회적 관점	• 아동과 가족을 둘러싼 사회적 요인이 가해자로 하여금 아동학대를 유발 • 가정의 특징: 세대 간의 아동학대 행위, 부부 간의 불화, 가족 간 긍정적 상호작용 부족, 가정의 경제적 스트레스 등
사회문화적 관점	• 상황적 요인: 낮은 사회경제적 지위, 한부모가구, 실직 또는 불안정한 직업, 사회적 스트레스, 사회적 고립, 사회적 박탈감 등 • 사회문화적 요인: 사회 전반의 폭력 묵인 분위기, 사회적 체벌허용 분위기, 사회 내 권력 또는 계층의 차이 등
생태학적 관점	• 아동의 제 특성, 아동을 둘러싼 가족환경, 가족이 처해 있는 사회환경, 문화제도, 정치적 요소까지 모든 관련 요인을 통합하여 아동학대의 원인으로 규명

출처: 오정수·정익중(2015), 수정·보완.

2) 아동학대의 위험요인과 보호요인

아동학대 발생 가능성을 증가시키는 요인은 위험요인이고, 감소시키는 것은 보호요인이다. 아동학대의 위험요인이 보호요인을 능가할 때 아동학대가 발생할 가능성이 높으며 아동학대의 원인이 개인적·심리적 원인으로부터 사회적·경제적 환경, 문화적 요인으로 확대되고 있는 추세이다.

(1) 아동학대의 위험요인

① 개인적인 요인

부모 및 양육자 요인으로는 애착형성, 어렸을 때 학대를 당한 경우, 알코올 남용, 양육기술 부족 등의 요인이다.

② 아동요인

부모의 기대와 바람을 충족시키지 못하는 경우, 조산 혹은 장애나 만성질환, 울고 잘 달래지지 않는 경우, 부모생각에 기질적으로 다루기 어렵다고 생각되는 아동, 음식을 먹거나 자는 데 어려움을 보이는 아동이 해당한다.

③ 관계상 요인

애착형성 실패나 가정해체 등 부모와 상호작용 등의 요인이다.

④ 지역사회요인

폭력허용, 성과 사회적 불평등, 가족자치서비스와 제도, 특별한 요구에 의한 지원 부족, 높은 실업률, 빈곤, 무심한 이웃 등의 요인이다.

⑤ 사회적 요인

빈곤과 사회경제적인 불평등, 대중매체에서 신체적 학대를 포함한 타인에 대한 폭력을 부추기는 사회문화 등이 있다.

(2) 아동학대의 보호요인

제대로 된 보살핌, 부모와 아동의 강한 애착, 체벌하지 않는 양육기술, 미학대부모와의 온정적이고 지지적인 관계, 학대와 관련된 스트레스 없는 것 등을 말한다.

3) 아동학대의 후유증

아동학대의 가장 치명적인 결과는 아동의 사망이다. 사망하지 않은 아동학대의 가장 큰 문제점이 바로 후유증인데, 가해자의 대부분이 친부모인 아동학대는 아동의 마음에 큰 상처를 남긴다. 이러한 후유증은 적절한 심리치료를 받지 않을 경우 성인이 되어 사회생활을 하는 데 큰 영향을 미치며, 학대와 관련된 경험으로 인해 또 다른 학대를 유발하기도 한다. 일반적으로 아동은 독자적인 생활이 불가능하고, 자기 방어력이 약하므로 학대를 받을 경우, 아동의 신체적·정서적·인지적 발달을 포함하는 거의 전반적인 발달의 영역에서 심각한 손상을 입는다(정익중·박현선·구인회, 2006). 학대로 인하여 아동에게 가장 보편적으로 나타나는 심리·정서적 후유증은 자아 개념의 왜곡과 자아존중감의 저하다(연진영, 1992). 아동은 대부분 학대경험의 의미를 부여하는 과정에서 자기중심적이고 이분법적인 사고를 한다(Briere, 1992). 이러한 사고를 통해 부모는 나쁠 수 없으므로 학대받는 자신이 나쁘다고 생각하는 것이다. 학대가 자신의 잘못에서 비롯된다고 믿는 아동은 자신을 긍정적으로 생각하고 존중하기 어렵다. 즉, 아동학대는 부모가 격려해 주어야 하는 아동의 자아발달을 위축시키고 부정적인 자아 개념을 심어 주는 것이다. 이뿐만 아니라 부모가 아동에게 학대를 가하면 아동의 자신 및 주변 세계에 대한 내적 신념이 함께 손상되기도 한다. 이렇게 자아존중감이 낮아지면 신경증, 불안, 우울과 같은 심리적인 문제뿐만 아니라 자기파괴적인 행동, 약물남용, 알코올 중독, 비행 등과 같은 일탈행동적 문제를 보인다(Owens, 1994).

또한, 아동학대는 경계성 인격장애라는 복잡한 질환을 일으키기도 한다. 경계성 인격장애는 정서나 행동, 대인관계가 매우 불안정한 이상 성격으로 정상과 비정상의 경계에 있는 장애인데, 다른 사람을 흑백논리로 판단하는 경향을 자주 보인다. 어린시절의 학대 경험은 뇌에 치명상을 입히는 심각한 스트레스이다. 특히, 유아기의 스트레스는 뇌의 성장을 방해하는 독성물질로 작용하기도 한다.

3 아동학대의 징후 및 피해아동의 특성

1) 아동학대의 징후

아동이 명백한 이유 없이 상처를 입었거나, 의기소침해 있거나, 새로운 행동문제를 나타내며 평소와 다른 모습을 보이거나 성인을 두려워하는 행동 등을 보인다면 학대의 가능성을 고려해야 한다. 김주아 외(2013)는 아동학대의 징후를 다음 〈표 11-2〉에서와 같이 신체적 징후, 행동적 징후로 나누어 설명하고 있다.

〈표 11-2〉 아동학대의 징후

징후 학대유형	신체적 징후	행동적 징후
신체적 학대	• 설명하기 어려운 상처와 채찍자국 발생 및 회복에 있어 시간차가 있는 상처 • 사용된 도구의 모양이 그대로 나타나는 상처 • 설명하기 어려운 화상, 손바닥, 발바닥, 엉덩이 등이 담뱃불에 덴 자국 • 설명하기 어려운 골절, 복합 및 나선형 골절 • 설명하기 어려운 입, 입술, 눈, 외음부의 상처	• 어른과의 접촉 회피 • 다른 아동의 접근에 공포를 나타냄 • 공격적이거나 위축적인 극단적 행동 • 집에 가는 것을 두려워함 • 위험에 대한 지속적인 경계를 보임 • 부모가 손상을 알려 옴
정서 학대	• 성장장애 • 신체발달 저하 • 언어장애	• 특정 물건을 계속 빨고 있거나 물어뜯음 • 행동장애(반사회적, 파괴적 행동장애) • 신경성 기질장애(수면장애, 놀이장애) • 정신 신경성 반응(히스테리, 강박) • 극단행동 또는 지나친 행동, 자살시도 • 발달지연

징후 / 학대유형	신체적 징후	행동적 징후
성적 학대	• 걷거나 앉는 데 어려움 • 찢어지고 피로 얼룩진 속옷 • 회음부의 통증과 가려움 • 회음부, 질, 항문 주위의 출혈이나 멍 • 10대 이전의 성병 감염이나 임신	• 위축, 화상, 유아적 행동 • 기괴하고 미묘한 성적 행동과 지식 • 친한친구가 없음 • 성적 모독을 호소함 • 사출
방임	• 지속적인 배고픔, 나쁜 위생상태, 부적절한 옷차림 • 의학적 치료와 치과 치료의 부족 • 지속적인 피로, 불안정감, 수업 중 과도하게 조는 태도	• 음식을 구걸하거나 훔침 • 장기간에 걸친 감독 소홀 • 위험한 행동에 대한 감독 소홀 • 비행 또는 절도 • 이른 등교와 늦은 하교 및 귀가

출처: 김주아 외(2013).

2) 피해아동의 특성

중앙아동보호전문기관(2014)은 피해아동의 특성을 장애, 정서·정신건강, 적응·행동, 발달·신체건강, 특성 없음 및 기타 항목으로 구분하였으며, 피해아동의 주된 특성은 반항·충동·공격성, 거짓말, 도벽 등과 같은 적응·행동으로 전체의 36.3%에 해당하는 8,093건으로 보고하고 있다. 다음으로는 정서·정신건강으로 6,491건(29.1%), 특성 없음이 3,956건(17.8%), 발달·신체건강 2,533건(11.4%), 장애 796건(3.5%), 기타 395건(1.8%)이었다. 피해아동에게 뚜렷한 특성이 없는 경우가 전체의 17.8%를 차지하는데, 이는 아동의 특성이 없는 상황에서도 학대가 일어날 수 있음을 알 수 있다.

다음 〈표 11-3〉과 같이 항목별로 세부적으로 살펴보면, 적응·행동 중에서는 반항·충동·공격성이 1,108건(5.0%)으로 가장 많은 비중을 차지하였고, 그 다음은 거짓말 867건(3.9%), 가출과 학습문제가 각각 804건(3.6%), 783건(3.5%)으로 나타났다. 정서·정신건강 중에서는 불안이 1,427건(6.4%)으로 가장 높았으며, 주의산만 1,015(4.6%), 낮은 자아존중감 746건(3.3%) 순으로 높게 나타났다. 발달·신체건강 중에서는 위생문제가 849건(3.8%)으로 가장 높게 집계되었는데, 이는 대체로 학대행위자가 행한 방임의 결과 중 하나로 볼 수 있다. 장애의 경우 15가지의 장애 유형을 신체 및 정신적 장애로 나누었으며, 그 외에 공식적인 장애 진단을 받지는 않았으나 아동이 장애가 의심되는 경우 또한 분류하여 살펴보았다. 장애가 의심되는 경우가 344건(1.5%)으로 가장 높았으며, 정신적 장애 322건(1.4%), 신체적 장애 130건(0.6%) 순으로 나타났다. 마지막으로 별다른 특성이 발견되지 않은 피해아동은 2,465건(15.9%)으로 비교적 높은 비중을 나타내었다.

〈표 11-3〉 피해아동의 특성

특성		건수(비율)
장애	신체적 장애	130(0.6)
	정신적 장애	322(1.4)
	장애의심	344(1.5)
	소계	796(3.6)
정서·정신건강	주의산만	1,015(4.6)
	과잉행동	537(2.4)
	인터넷(게임)중독	293(1.3)
	불안	1,427(6.4)
	애착문제	633(2.8)
	무력감	451(2.0)
	우울	590(2.6)
	낮은 자아존중감	746(3.3)
	성격 및 기질 문제	550(2.5)
	탐식 및 결식	249(1.1)
	소계	6,491(29.1)
적응·행동	반항·충동·공격성	1,108(5.0)
	거짓말	867(3.9)
	도벽	610(2.7)
	가출	804(3.6)
	약물·흡연·음주	727(3.3)
	성 문제	216(1.0)
	학교 부적응	748(3.4)
	잦은 결석	587(2.6)
	늦은 귀가	559(2.5)
	학습문제	783(3.5)

특성		건수(비율)
적응·행동	폭력행동	325(1.5)
	비행집단활동	211(0.9)
	불건전한 또래 관계	356(1.6)
	대인관계 기피	192(0.9)
	소계	8,093(36.3)
발달·신체건강	신체발달지연	280(1.3)
	언어문제	645(2.9)
	영양결핍	197(0.9)
	대소변문제	177(0.8)
	위생문제	849(3.8)
	틱(음성·신체·투렛)	60(0.3)
	잦은 병치레	115(0.5)
	주요 병력	210(0.9)
	소계	2,533(11.4)
특성 없음		3,956(17.8)
기타		395(1.8)
파악 안 됨		5(0.0)
계		22,269(100.0)

출처: 보건복지부(2015). 2014전국아동학대 현황 보고서.

4 아동학대 보호서비스의 현황과 과제

1) 아동학대 현황

(1) 아동학대 신고접수 현황

보건복지부와 중앙 아동보호전문기관이 조사하여 보고한 〈2014년 전국아동학대 현황 보고서〉에 따르면 2014년 전국 아동보호전문기관에서 집계된 신고접수 건수는 〈표 11-4〉에서 보는 바와 같이 총 17,791건이며, 이 중 응급아동학대 의심사례와 아동학대 의심사례는 각각 2,566건, 12,459건으로 전체 신고접수의 84.5%를 차지하였다. 동일 신고는 전체의 0.5%에 해당하는 93건이었으며, 일반상담은 2,664건으로 15.0%에 해당하였다. 또한, 「아동학대범죄의 처벌 등에 관한 특례법」(2014. 9. 29. 제정) 시행 이전과 이후를 비교해 보았을 때, 비율의 차이가 크게 나타나지 않았다.

아동학대범죄의 처벌 등에 관한 특례법 주요 내용

- 학대행위자 처벌 강화
- 학대행위자 대상 교육과 상담 강제
- 피해아동 보호조치 강화
- 아동학대 의심 시 신고 의무화
- 아동학대 신고체계를 경찰로 일원화, 경찰이 현장 조사에 동행함
- 학대행위자에 대한 격리 친권제한 등 임시조치

〈표 11-4〉 신고접수 건수

구분	아동학대 의심사례			동일 신고	일반 상담	해외 발생 사례	계
	응급아동학대 의심사례	아동학대 의심사례	소계				
아동학대범죄의 처벌 등에 관한 특례법 시행 이전[1]	1,973 (14.8)	9,272 (69.4)	11,245 (84.1)	67 (0.5)	2,052 (15.3)	5 (0.0)	13,369 (100.0)
아동학대범죄의 처벌 등에 관한 특례법 시행 이후[2]	593 (13.4)	3,187 (72.1)	3,780 (85.5)	26 (0.6)	612 (13.8)	4 (0.1)	4,422 (100.0)
총 합	2,566 (14.4)	12,459 (70.0)	15,025 (84.5)	93 (0.5)	2,664 (15.0)	9 (0.1)	17,791 (100.0)

(주1) 2014. 1. 1. ~ 2014. 9. 28.
(주2) 2014. 9. 29. ~ 2014. 12. 31.

출처: 보건복지부(2015). 2014전국아동학대 현황 보고서.

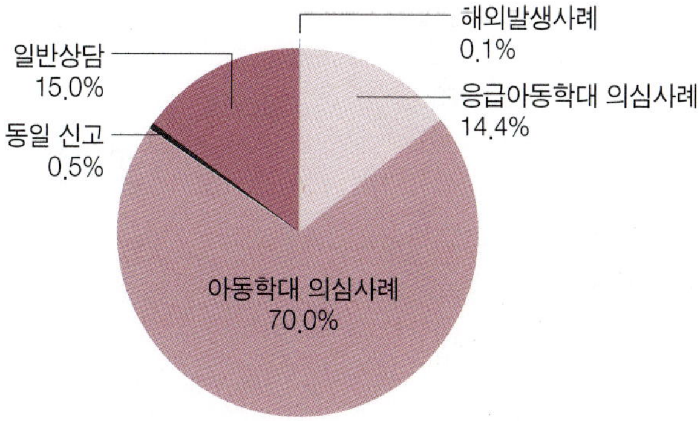

출처: 보건복지부(2015). 2014전국아동학대 현황 보고서.

[그림 11-3] 신고접수 건수

다음 〈표 11-5〉는 2014년에 전국 아동보호전문기관을 통하여 신고 접수된 사례 건수를 월별로 나누어 제시한 것이다. 5월 2,067건(11.6%), 4월 1,879건(10.6%), 6월 1,874건(10.5%) 순으로 월별 중 가장 많은 사례가 신고 접수되었다. 또한 4월·5월·6월에 신고접수 건수가 가장 많은 것은 가정의 달 및 어린이주간을 전후로 아동학대 예방을 위한 언론홍보 및 캠페인 등을 보다 활발하게 진행한 것이 주요 요인으로 보인다. 상대적으로 신고접수가 적게 들어온 시기는 2월 851건(4.8%), 1월 1,038건(5.8%) 순이다. 1·2월은 추운 날씨에 옷차림이 두터워져서 외관상 학대 흔적이 잘 드러나지 않고, 방학 시기와 추운 날씨로 아동이 집에 머무는 시간이 증가하면서 외부인에게 학대피해 사실이 노출되는 일이 적기 때문인 것으로 보인다.

「아동학대범죄의 처벌 등에 관한 특례법」이 2014년 9월 29일 시행된 이후 10월과 11월에는 작년과 비교했을 때 각각 1%, 0.6%의 신고접수율이 상승하였다.

〈표 11-5〉 월별 신고접수 현황

1월	2월	3월	4월	5월	6월	7월	8월	9월	10월	11월	12월	계
1,038 (5.8)	851 (4.8)	1,224 (6.9)	1,879 (10.6)	2,067 (11.6)	1,874 (10.5)	1,795 (10.1)	1,432 (8.0)	1,361 (7.6)	1,502 (8.4)	1,526 (8.6)	1,242 (7.0)	17,791 (100.0)

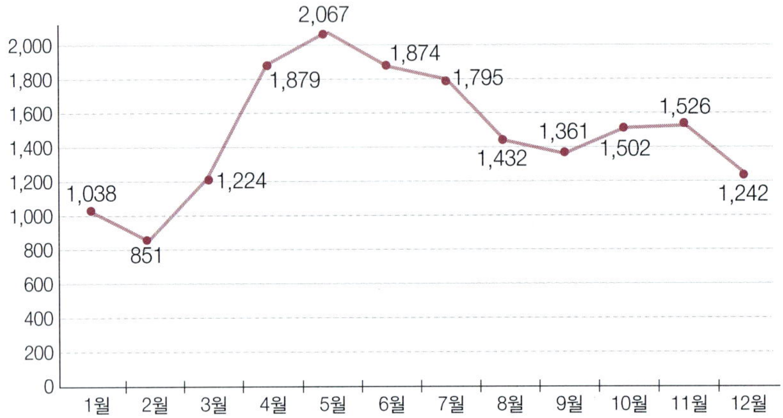

출처: 보건복지부(2015). 2014전국아동학대 현황 보고서.

[그림 11-4] 월별 신고접수 현황

(2) 신고자 유형

아동학대 신고자 유형은 신고의무자와 비신고의무자로 분류할 수 있으며, 신고의무자는 「아동학대범죄의 처벌 등에 관한 특례법」 제10조에 규정하고 있다. 「아동학대범죄의 처벌 등에 관한 특례법」 시행(2014. 9. 29.)으로 기존의 신고의무자 22개 직군에서 아이돌보미와 취약계층 아동에 대한 통합서비스 수행 인력이 추가되어 24개 직군으로 확대되었다.

「아동학대범죄의 처벌 등에 관한 특례법」 시행 이전과 이후를 비교해 보았을 때 가장 주목할 만한 변화는 아동 본인의 신고의 증가이다. 「아동학대범죄의 처벌 등에 관한 특례법」 시행 이전에는 148건(1.3%)이었으나 시행 이후에 480건(12.7%)으로 증가하였다. 이는 아동학대가 범죄라는 암묵적인 사회의 분위기 형성과 더불어 아동 권리교육 또는 미디어를 통한 홍보를 통하여 아동 스스로 권리의식이 향상된 긍정적인 변화로 보여진다.

〈표 11-6〉 신고자 유형

(단위 : 건, %)

신고의무자	아동학대범죄의 처벌 등에 관한 특례법 시행 이전[(1)]	아동학대범죄의 처벌 등에 관한 특례법 시행 이후[(2)]	총합
초·중·고교 직원	1,393(12.4)	595(15.7)	1,988(13.2)
의료인	93(0.8)	30(0.8)	123(0.8)
아동복지시설종사자	238(2.1)	37(1.0)	275(1.8)
장애인복지시설종사자	19(0.2)	5(0.1)	24(0.2)
보육교직원	206(1.8)	67(1.8)	273(1.8)
유치원교직원, 강사	21(0.2)	22(0.6)	43(0.3)
학원강사	26(0.2)	0(0.0)	26(0.2)
소방구급대원	20(0.2)	8(0.2)	28(0.2)
성매매피해시설상담소종사자	1(0.0)	1(0.0)	2(0.0)
한부모가족복지시설종사자	6(0.1)	4(0.1)	10(0.1)
가정폭력상담소보호시설종사자	133(1.2)	41((1.1)	174(1.2)
사회복지 전담공무원	577(5.1)	123(3.3)	700(4.7)
사회복지시설종사자	104(0.9)	47(1.2)	151(1.0)
가정위탁지원센터 종사자	26(0.2)	1(0.0)	27(0.2)
아동복지 전담공무원	97(0.9)	7(0.2)	104(0.7)
건강가정지원센터 종사자	13(0.1)	5(0.1)	18(0.1)
다문화가족지원센터 종사자	18(0.2)	2(0.1)	20(0.1)
정신보건센터종사자	53(0.5)	25(0.7)	78(0.5)
성폭력피해자 보호시설종사자	17(0.2)	3(0.1)	20(0.1)
응급구조사	2(0.0)	0(0.0)	2(0.0)
의료기사	0(0.0)	0(0.0)	0(0.0)
청소년시설, 단체 종사자	141(1.3)	44(1.2)	185(1.2)
청소년보호센터, 청소년재활센터 종사자	10(0.1)	4(0.1)	14(0.1)
아이돌보미	0(0.0)	0(0.0)	0(0.0)
취약계층 아동 통합서비스 지원인력	0(0.0)	73(1.9)	73(0.5)
소계	3,214(28.6)	1,144(30.3)	4,358(29.0)

비신고의무자	아동학대범죄의 처벌 등에 관한 특례법 시행 이전[1]	아동학대범죄의 처벌 등에 관한 특례법 시행 이후[2]	총합
아동 본인	148(1.3)	480(12.7)	628(4.2)
부모	1,297(11.5)	694(18.4)	1,991(13.3)
형제, 자매	43(0.4)	67(1.8)	110(0.7)
친인척	385(3.4)	151(4.0)	536(3.6)
이웃, 친구	932(8.3)	270(7.1)	1,202(8.0)
경찰	1,992(17.7)	212(5.6)	2,204(14.7)
종교인	16(0.1)	4(0.1)	20(0.1)
사회복지 관련 종사자	2,925(26.0)	561(14.8)	3,486(23.2)
낯선 사람	101(0.9)	92(2.4)	193(1.3)
익명	37(0.3)	61(1.6)	98(0.7)
기타	155(1.4)	44(1.2)	199(1.3)
소계	8,031(71.4)	2,636(69.7)	10,667(71.0)
계	11,245(100.0)	3,780(100.0)	15,025(100.0)

(주1) 2014. 1. 1. ~ 2014. 9. 28.
(주2) 2014. 9. 29. ~ 2014. 12. 31.

출처: 보건복지부(2015). 2014전국아동학대 현황 보고서.

(3) 피해아동 가족 유형

피해아동의 가족유형을 분석한 결과, 〈표 11-7〉과 같이 친부모가족 외 형태는 4,919건으로 전체의 49.1%로 가장 높은 수치를 보였고, 친부모가족은 4,458건으로 44.5%였으며, 대리양육형태와 기타는 각각 271건(2.7%), 43건(0.4%)으로 나타났다.

세부적으로 살펴보면, 친부모가족 외 형태 중 한부모가족 형태에 해당하는 부자가족과 모자가족, 미혼부·모가족을 합하면 총 3,509건으로 전체 피해아동 가족의 35%를 차지한다. 한부모가족 실태 조사에 따르면 한부모가족의 소득은 월 172만 원 수준으로 전체 가구 평균가구소득 353만 원의 절반에도 못 미치는 수준으로 경제적 어려움을 겪고 있으며, 부모의 역할을 혼자 수행해야 하기 때문에 양부모 가족보다 자녀양육에 대한 부담이 큰 것으로 나타났다. 이러한 요인은 아동학대를 유발할 수 있는 위험한 요소이므로 한부모가 자녀를 적절히 양육할 수 있도록 지속적인 관심과 정책적 대안이 마련되어야 할 것이다. 대리양육형태의 경우 시설보호에 해당하는 아동은 208건(2.1%)으로 가장 높은 수치를 보였고, 입양가정 39건(0.4%), 가정위탁 24건(0.2%)으로 순으로 나타났다. 시설보호아동의 경우 2013년 356건에 비해 41.6%가 감소하였다. 대리양육형태 가정에서 성장하는 아동은 친인척, 시설 등 제3자에 의해 양육되어 적응상 어려움을 겪거나 심리·정서적 측면에서 불안정할 수 있기 때문에 각별한 관심이 요구된다. 또한, 위탁 및 입양가정 선정할 시 부모의 학대 발생 가능성을 다양한 측면에서 사정하는 것이 중요하며, 아동을 양육하는 과정에서도 아동학대 예방교육 제공 및 지속적인 사례관리가 필요할 것으로 보인다.

〈표 11-7〉 피해아동 가족 유형

친부모가족	친부모가족 외 형태								대리양육형태				기타	파악안됨	계
	부자가정	모자가정	미혼부·모가정	재혼가정	친인척보호	동거(사실혼 포함)	소년소녀가정	소계	가정위탁	입양가정	시설보호	소계			
4,458 (44.5)	1,887 (18.8)	1,414 (14.1)	208 (2.1)	750 (7.5)	297 (3.0)	353 (3.5)	10 (0.1)	4,919 (49.1)	24 (0.2)	39 (0.4)	208 (2.1)	271 (2.7)	43 (0.4)	336 (3.4)	10,027 (100.0)

출처: 보건복지부(2015). 2014전국아동학대 현황 보고서.

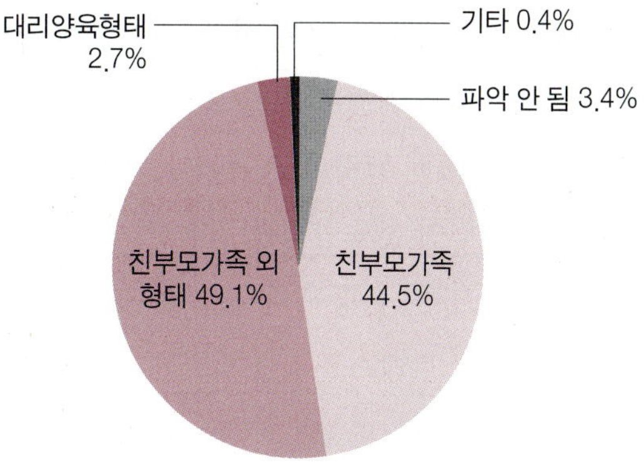

출처: 보건복지부(2015). 2014전국아동학대 현황 보고서.

[그림 11-5] 피해아동 가족 유형

(4) 학대행위자와 피해아동과의 관계

학대행위자와 피해아동과의 관계를 〈표 11-8〉과 같이 부모, 친인척, 대리양육자, 타인, 기타 및 파악 안 됨의 항목으로 나누어 살펴보았다.

2014년에 아동학대로 판단된 10,027건을 대상으로 부모에 의해 발생한 경우는 81.8%에 해당하는 8,207건으로 압도적인 수치를 보여 준다. 아동학대사례 10건 중 8건 이상은 부모에 의해 발생되었음을 알 수 있다. 부모에 의해 발생한 사례 중 친부에 의해 발생한 사례가 4,531건(45.2%), 친모는 3,211건(32.0%), 계모와 계부는 각각 242건(2.4%), 189건(1.9%) 순으로 높게 나타났다. 2014년 언론을 뜨겁게 달군 '울산계모사건', '칠곡계모사건' 등 각종 미디어의 노출을 통해 계부·계모의 아동학대가 심각하게 드러나고 있지만, 실제로는 친모와 친부에 의한 학대가 약 18배 더 많이 일어나고 있다. 「아동학대범죄의 처벌 등에 관한 특례법」이 시행되기 전에는 「아동복지법」 내에서 학대행위자 상담·교육에 대한 강제 이수 조항이 없어 학대행위자에 대한 조치의 한계가 있었지만, 「아동학대범죄의 처벌 등에 관한 특례법」 시행(2014. 9. 29.) 이후 임시조치·조건부 기소유예·보호처분 등을 통해 학대행위자의 상담 및 치료 또는 교육 명령을 강제화할 수 있게 되었다. 대리양육자의 경우 990건으로 9.9%에 해당하였다. 대리양육자 중에서도 보육교직원은 295건(2.9%), 아동복지시설 종사자는 177건(1.8%)으로 높은 비중을 나타냈다. 아동복지시설과 어린이집 등과 같은 돌봄시설은 아동과 많은 시간을 보내며 아동의 일상생활을 지원해 주는 등 아동을 보호하고 교육하는 매우 중요한 역할을 하고 있기 때문에 돌봄시설 내 아동학대 발생을 막기 위한 노력이 요구된다. 아동학대 예방교육뿐만 아니라 신체적인 체벌 대신에 대안적인 훈육방법을 활용할 수 있도록 이에 대한 교육과 훈련이 지속적으로 필요하다. 또한, 아동복지시설 종사자 및 보육교직원의 근무환경 및 처우개선을 통해 이들의 스트레스를 감소시키는 것이 궁극적으로 아동학대를 예방하는 방안이 될 수 있다.

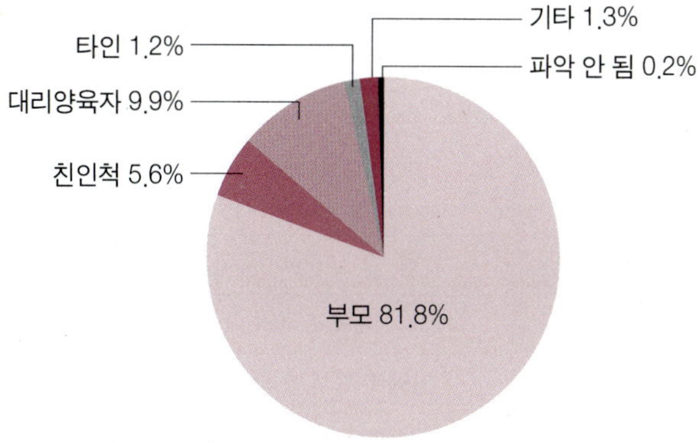

출처: 보건복지부(2015). 2014전국아동학대 현황 보고서.

[그림 11-6] 학대행위자와 피해아동과의 관계

〈표 11-8〉 학대행위자와 피해아동과의 관계

(단위 : 건, %)

관계		건수(비율)
부모	친부	4,531(45.2)
	친모	3,211(32.0)
	계부	189(1.9)
	계모	242(2.4)
	양부	17(0.2)
	양모	17(0.2)
	소계	8,207(81.8)
친인척	친조부	69(0.7)
	친조모	135(1.3)
	외조부	17(0.2)
	외조모	54(0.5)
	친인척	229(2.3)
	형제, 자매	55(0.5)
	소계	559(5.6)

관계		건수(비율)
대리양육자	부,모의 동거인	146(1.5)
	유치원교직원	99(1.0)
	초·중·고교 직원	145(1.4)
	학원 및 교습소 종사자	80(0.8)
	보육교직원	295(2.9)
	아동복지시설 종사자	177(1.8)
	기타시설 종사자	29(0.3)
	위탁부	5(0.0)
	위탁모	7(0.1)
	베이비시터	7(0.1)
	소계	990(9.9)
타인	이웃	73(0.7)
	낯선 사람	51(0.5)
	소계	124(1.2)
기타		129(1.3)
파악 안 됨		18(0.2)
계		10,027(100.0)

출처: 보건복지부(2015). 2014전국아동학대 현황 보고서.

(5) 아동학대 보호서비스의 전달과정

개정된 「아동복지법」에 따르면 아동학대에 대한 우리나라의 서비스 전달과정은 아동학대 행위를 목격하거나 의심되는 학대아동을 발견하면 아동학대예방센터(1391)나 경찰서(112)에 신고, 사례접수, 현장조사 및 위기사정, 아동학대 판정, 사례개입 및 계획작성, 사례개입 및 사례관리, 사례평가, 종결 및 사후 관리의 과정을 거친다.

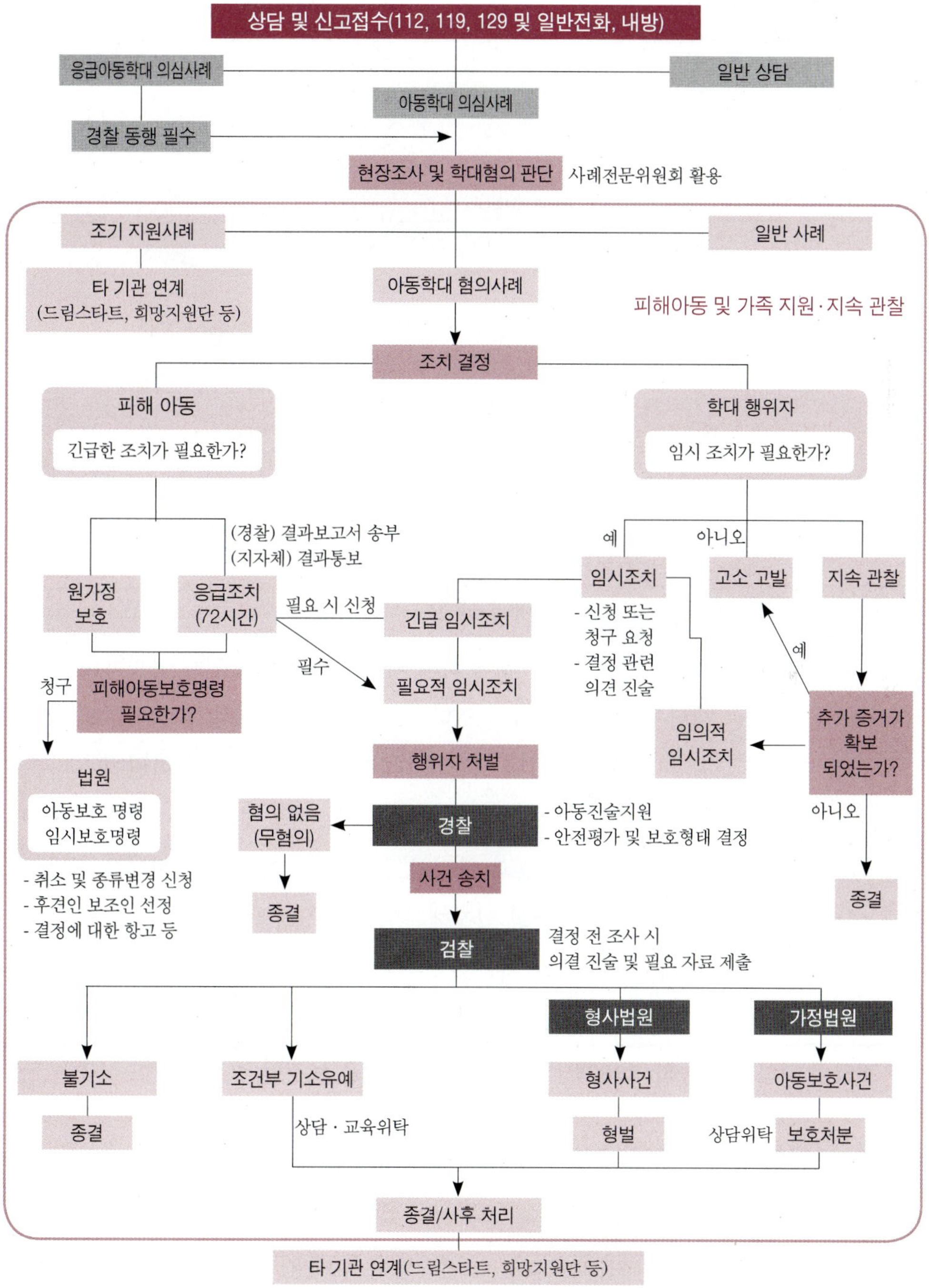

출처:중앙아동보호전문기관(2016), www.korea1391.org.

[그림 11-7] 아동학대 사례업무 진행도

「아동학대범죄의 처벌 등에 관한 특례법」 시행 전후 비교

① **처벌기준 강화 사례**: 상습 폭행해 의붓딸 숨지게 한 '칠곡 계모'
전: 형법상 상해치사죄로 3년 이상 유기징역에 해당. 집행유예 가능
後: '아동학대치사죄'(제4조)를 적용해 무기 또는 5년 이상의 징역

② **친권의 제한 사례**: 중학생 자녀 폭행 아버지, 아동보호기관 개입 거부
전: 친권자인 아버지 동의 없이 아동과 격리 불가능
後: 보호명령(제47조)으로 최대 4년까지 친권 제한·정지

③ **신고의무 확대 사례**: 어린이집 교사 등 신고 의무자가 아동의 몸에서 상처 발견
전: 학대행위를 알고도 신고를 안 한 경우에만 300만 원 이하 과태료
後: '의심되는 경우'라도 반드시 신고해야 함(제10조). 위반 시 500만 원 이하 과태료

2) 아동학대 보호 서비스의 과제

(1) 아동학대와 방임의 정확한 개념 규정

우리나라는 다른 여러 나라와는 다른 문화적 역사적 배경으로 인해 아동학대와 방임에 대한 명확한 개념을 확립할 필요가 있다. 우리나라는 유교적 역사의 뿌리가 깊어 아동에 대한 교육 시 가부장적이며 체벌에 대한 허용도가 다른 문화권이나 다른 나라보다 높음으로 인해 체벌과 아동학대에 대한 구분, 아동에 대한 애정표현과 아동 성 학대의 구분, 아동에 대한 소홀과 방임의 구분 등이 모호하다. 이러한 여건으로 인해 아동학대를 신고하는 사람의 입장에서도 혼돈스러울 수밖에 없는 것이다. 아동학대 예방센터에서도 아동학대 사례판정을 할 때마다 직원이나 분야별 전문가의 입장에 따라서 많은 갈등과 혼란이 야기될 수 있다. 그러므로 정확한 아동학대를 판정하기 위하여 아동학대의 개념 규정과 평가 기준을 설정할 필요가 있다.

(2) 국민의 인식 전환을 위한 지역사회 교육과 캠페인의 활성화

유교사상에 입각한 아동 훈육권과 양육권에 대한 잘못된 인식으로 우리 사회에서는 아직도 '내 아이 내 마음대로'라는 고정관념이 뿌리 깊게 자리 잡고 있다. 이러

한 고정관념에서 벗어나 아동의 인권이 존중되기 위해서는 아동학대에 대한 심각성과 아동의 권리보장에 대한 사회적 인식의 변화가 있어야 한다. 이를 위해 대중매체를 활용한 아동학대 예방교육 및 광고 캠페인, 지역사회 공공기관, 비영리단체, 영리단체에서의 아동학대 예방교육 확대 실시, 아동서비스와 관련된 다양한 전문직 간의 협조체계 구축 등 다각적 차원에서 개입 전략과 예방교육이 요구된다.

(3) 아동학대 예방 프로그램 실시 및 보급

아동학대 예방 프로그램은 1차적·2차적·3차적 예방 프로그램으로 구분할 수 있다. 1차적 예방 프로그램은 아동학대가 발생하지 않은 집단을 대상으로 학대를 예방하고 아동이 건강하게 성장할 수 있도록 지원하는 프로그램이다. 예를 들면, 굿네이버스에서는 아동을 학대로부터 보호하기 위해 아동-부모-교사를 대상으로 '아동힘 키우기 서비스'(CES: child empowering service) 통합교육 프로그램을 실시하고 있다. 이 프로그램의 목적은 아동과 그 지원체계인 가정과 교육현장을 동시에 교육하여 아동권리에 대한 정확한 이해를 도모하고, 아동학대를 예방하며, 아동을 건전하게 양육하도록 돕는 것이다. 또한, 굿네이버스에서는 초등학생을 위한 자기보호 훈련, 부모를 위한 자녀양육기법 훈련, 신고의무자 교육으로 교사대상 참여활동 프로그램(PAPCE: participatory activity for prevention of child maltreatment)을 실시하고 있다.

2차적 예방은 특성 문제가 발생될 위험요소를 잠재적으로 가지고 있는 고위험 집단을 대상으로 문제가 발생하기 전에 개입하는 것을 말한다. 2차적 아동학대예방 프로그램은 아동학대가 발생할 수 있는 위험요소를 가지고 있는 가족과 아동을 선별하여 아동학대가 발생하기 전에 서비스를 제공하는 것을 말한다. 일례로 다양한 사회서비스 기관에서 실시하고 있는 방과후 프로그램은 하교 후 학생이 집안에서 홀로 방치 또는 방임되는 것을 예방하고, 대신 기관에서 보호하고 교육하는 기능을 한다.

3차적 예방은 이미 아동학대가 발생한 집단을 대상으로 아동학대의 재발을 막기 위한 치료 및 개입을 들 수 있다. 아동학대 재발을 방지하게 위해 학대 행위자에 대한 적극적 개입이 시급하다. 우리나라도 서구사회와 마찬가지로 아동학대 행위자에 대한 엄격한 법적 제재와 더불어 아동학대 방지를 위한 프로그램에 의무적으로 참여하도록 구체적인 법적 근거를 조속히 마련해야 한다.

(4) 지역사회 유관기관과의 연계성 확충

아동학대 문제에 대한 개입 및 예방은 그 범위가 매우 포괄적이고 요구되는 서비스도 다양하므로 어느 한 기관에 의해 독자적으로 수행될 수 없다. 따라서 아동학대 예방서비스의 성패 및 제공되는 서비스의 수준은 바로 관련 기관 간의 효과적 상호 연계체계가 절대적이라고 보인다. 아동학대 예방서비스에서 연계성이란 어떤 부분적인 측면의 문제가 아니라, 정책 구상에서부터 직원 간의 관계 정도까지를 포함하는 매우 포괄적이고 다양한 의미를 내포하고 있다(박명숙, 2002).

그러나 아동학대와 관련된 각각의 전문가 집단이나 조직 사이에는 가치, 철학, 전문성, 조직적 특성 등 기본적 차이점이 내재되어 있기 때문에 연계적 서비스의 수행에는 많이 어려움이 야기된다. 연계적 서비스의 중요성을 상기할 때, 효과적 연계서비스의 다양한 방안을 모색하는 것은 매우 중요한 실천적 이슈가 되어야 할 것이다. 현재 우리나라 아동학대 예방서비스에서 관련 기관 간의 연계성에 대한 관심은 여전히 부족한 상황이므로 효과적 아동학대 예방서비스를 위한 관련 기관 사이의 연계 방안을 모색하는 것은 향후 우리 사회에서 아동학대보호사업의 활성화를 위한 중요한 기초 작업이라고 보인다.

(5) 아동학대 전문상담원의 전문성 강화

아동학대는 일반적 상담 사례와는 달리 학대자를 처벌하거나 아동의 격리, 아동학대 사례 판정 등의 업무를 담당하는 상담원의 높은 전문성을 요구한다. 무엇보다 아동학대 사례를 접수한 후 현장 조사를 나갈 경우 조사를 거부하는 학대자나 가정에 들어오지 못하도록 하는 아동의 부모, 학대 희생자로 의심되는 아동과의 인터뷰 요청을 거부하는 학교 교사 등을 만날 수 있다. 이러한 장애는 아동학대 실무 현장에서

번번이 발생하는 일이지만 이러한 문제를 해결할 수 있는 아무런 장치가 없다. 따라서 아동학대 전문상담원이 현장조사 업무와 아동의 격리 조치 등을 수행할 수 있도록 합법적 권리가 부여되어 상담원의 신변을 보장해야 한다. 구체적으로 합법적 조사권이 상담원에게 부여되어 그들의 업무를 전문성을 발휘하여 수행하도록 뒷받침해야 할 것이다. 또한, 과중한 사례의 할당과 24시간 신고 접수 시스템으로 운영되고 있는 점을 감안하여 상담원이 소진되지 않으면서 그들의 전문성이 향상될 수 있도록 지속적인 보수교육과 연수가 이루어져야 하며, 업무 환경의 개선이 요구된다.

제12장

시설아동보호 복지서비스

1 시설아동보호의 개념 및 유형

1) 시설아동보호의 개념

우리나라 초기 시설아동보호서비스는 전쟁으로 인한 요보호아동의 긴급 구호로 시작하여 아동복지서비스의 핵심적인 역할을 해 왔으나, 시설보호에 대한 문제로 인해 대안적 서비스의 방안이 대두되고 있다. 최근에는 탈시설화 정책에 맞추어 시설의 소규모화, 전문화, 지역화의 경향으로 나아가고 있다. 아동은 가정에서 태어나고 양육되며, 가정은 아동의 성장과 발달을 위한 중요한 환경이 되어야 함이 아동복지의 기본 원리이나, 이러한 가정의 기능을 상실하게 된 경우에는 사회적 보호 조치로서 시설보호서비스가 필요하므로 시설아동보호서비스에 대해 이해하고 발전 방안을 모색해 보아야 한다.

카두신(1980)은 시설아동보호는 인척관계가 아닌 아동과 24시간을 거주시설에서 집단을 이루어 살면서 인척관계가 아닌 성인으로부터 집단 보호를 받는 것이라고 정의하고 있다. 즉, 시설아동보호란 여러 가지 이유로 양육자가 없는 아동이나, 있다 하더라도 다양한 사정으로 아동을 직접 양육하지 못할 경우 하루 24시간 집단 보호를 제공하는 서비스이며 입양, 가정위탁과 함께 부모가 아닌 제3자가 부모 역할을 대신하는 대리적 서비스의 일종이지만 보호 방식에는 차이를 두고 있다. 가정과 유사한 입양이나 가정위탁과 달리 시설보호는 아동을 집단보호하는 형태이며 입양과는 달리 일시보호이다. 아동의 복지보장에서 원가정이 제1차 방어선, 대리가정이 제2차 방어선의 역할을 한다면, 시설보호는 제3차 방어선의 역할을 하며, 즉 아동의 생존권 보장이라는 점에서 의의가 있다.

현재는 아동을 장기적으로 보호하는 것이 아니라 일시적으로 보호하면서 아동과 그 가족에게 치료서비스를 제공하고 아동을 가족에게 복귀시키는 것에 중점을 두고 있다.

시설보호는 아동을 보호·양육하는 대표적인 아동복지서비스이나 요보호아동을 보호하는 방식 중 가장 최후에 선택되어야 한다.

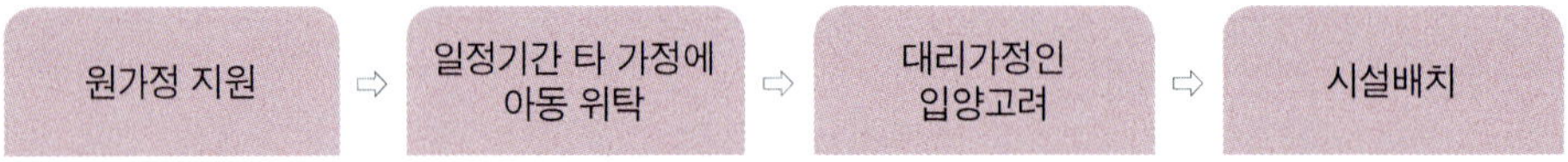

[그림 12-1] 아동복지서비스의 흐름

시설보호가 필요한 아동의 유형

- 부모의 질병이나 가족해체 혹은 이혼 등의 이유로 부모로부터 격리되어야 하는 상황이나 부모 외에 타인과 유대를 이루지 못할 여러 가지 이유로 위탁보호를 할 수 없는 아동
- 신체가 심하게 부자유스러워 부모가 양육하기 어려운 아동
- 문화실조나 정서장애 등 치료과정에서 집단적 생활 경험이 필요한 아동
- 18세 미만의 자로 보호자가 없거나 보호자로부터 이탈된 아동
- 보호자가 아동을 학대하는 경우
- 기타 보호자가 아동을 양육하기에 부적당하거나 양육할 능력이 없는 경우의 아동

2) 시설아동보호 서비스의 유형

아동을 집단보호·양육하는 아동보호시설은 보호아동의 연령, 주거 형태와 규모에 따라 구분된다. 연령에 따라 3세 미만의 아동을 보호하는 영아시설, 3세 이상 18세 미만의 아동을 보호하는 육아시설, 연령에 구분 없이 0세부터 보호하는 영육아시설이 있다. 주거 형태에 따라서는 집단기숙사형, 유사소숙자형, 소숙자형으로 구분하고, 생활아동의 수에 따라서는 대규모 시설과 소규모 시설, 그룹홈으로 구분한다. 우리나라에서도 비록 보육사의 취사에 대한 부담과 운영비 부담이 따르지만 많은 수의 아동이 집단기숙사형에 거주하는 것을 지양하고 최대한 가정의 분위기에서 성장할 수 있도록 소숙자형을 선호하고 있다.

우리나라는 아동복지시설의 종류를 다음과 같이 규정하고 있다(「아동복지법」 제52조).

〈표 12-1〉 아동복지시설의 종류

종류	기능
아동양육시설	• 보호대상아동을 입소시켜 보호, 양육 및 취업훈련, 자립지원 서비스 등을 제공하는 것을 목적으로 하는 시설
아동일시보호시설	• 보호대상아동을 일시 보호하고 아동에 대한 향후의 양육대책수립 및 보호조치를 행하는 것을 목적으로 하는 시설
아동보호치료시설	• 불량행위를 하거나 불량행위를 할 우려가 있는 아동으로서 보호자가 없거나 친권자나 후견인이 입소를 신청한 아동 또는 가정법원, 지방법원 소년부지원에서 보호위탁된 19세 미만인 사람을 입소시켜 치료와 선도를 통하여 건전한 사회인으로 육성하는 것을 목적으로 하는 시설 • 정서적·행동적 장애로 인하여 어려움을 겪고 있는 아동 또는 학대로 인하여 부모로부터 일시 격리되어 치료받을 필요가 있는 아동을 보호·치료하는 시설
그룹홈	• 보호대상아동에게 가정과 같은 주거 여건과 보호, 양육, 자립지원 서비스를 제공하는 것을 목적으로 하는 시설
자립지원시설	• 아동복지시설에서 퇴소한 사람에게 취업준비기간 또는 취업 후 일정 기간 동안 보호함으로써 자립을 지원하는 것을 목적으로 하는 시설

종류	기능
아동상담소	• 아동과 그 가족의 문제에 관한 상담, 치료, 예방 및 연구 등을 목적으로 하는 시설
아동전용시설	• 어린이공원, 어린이놀이터, 아동회관, 체육·연극·영화·과학실험 전시시설, 아동휴게숙박시설, 야영장 등 아동에게 건전한 놀이·오락, 그 밖의 각종 편의를 제공하여 심신의 건강유지와 복지 증진에 필요한 서비스를 제공하는 것을 목적으로 하는 시설
지역아동센터	• 지역사회 아동의 보호·교육, 건전한 놀이와 오락의 제공, 보호자와 지역사회의 연계 등 아동의 건전육성을 위하여 종합적인 아동복지서비스를 제공하는 시설

출처: 「아동복지법」(2016).

우리나라 「아동복지법」 제52조 제3항에는 아동복지시설은 통합하여 설치할 수 있으며, 아동복지시설은 각 시설 고유의 목적 사업을 해치지 아니하고 각 시설별 설치기준 및 운영기준을 충족하는 경우 다음의 사업을 추가로 실시할 수 있다고 규정하고 있다(표 12-2 참조).

〈표 12-2〉 아동복지시설의 사업

사업	내용
아동가정지원사업	지역사회아동의 건전한 발달을 위하여 아동, 가정, 지역주민에게 상담, 조언 및 정보를 제공하여 주는 사업
아동주간보호사업	부득이한 사유로 가정에서 낮 동안 보호를 받을 수 없는 아동을 대상으로 개별적인 보호와 교육을 통하여 아동의 건전한 성장을 도모하는 사업
아동전문상담사업	학교 부적응 아동 등을 대상으로 올바른 인격형성을 위한 상담, 치료 및 학교폭력예방을 실시하는 사업
학대아동보호사업	학대아동의 발견, 보호, 치료 및 아동학대의 예방 등을 전문적으로 실시하는 사업
그룹홈사업	보호대상아동에게 가정과 같은 주거 여건과 보호를 제공하는 것을 목적으로 하는 사업
방과후 아동지도사업	저소득층 아동을 대상으로 방과후 개별적인 보호와 교육을 통하여 건전한 인격형성을 목적으로 하는 사업

출처: 「아동복지법」(2016).

2 시설아동보호 서비스의 특성

1) 시설아동보호 서비스의 목적 및 원리

시설아동보호의 목적은 시대에 따라 변화해 왔다. 과거에는 사회적 보호가 필요한 아동을 장기적으로 집단수용하는 것이었다면, 현재는 아동을 일시적으로 보호하면서 아동과 그 가족에게 치료서비스를 제공함으로 아동을 가족에게 복귀시키는 것이다(Kadushin & Martin, 1988). 즉, 이전의 시설아동보호 서비스는 양육자가 없는 아동에게 단순히 의식주의 욕구를 충족시켜 주는 데 목적이 있었지만, 최근에는 단순한 수용보다는 집단보호를 통해서 아동이 지니고 있는 문제를 치료하고 사회의 적응을 도와 건전한 사회인으로의 성장·발달을 돕는 데 목적을 두고 있는 것이다. 구체적으로 시설아동보호 서비스의 목적은 다음과 같다.

첫째, 정상적인 아동의 성숙을 도와준다.
둘째, 이전의 부정적 경험의 영향을 교정·변화시켜 준다.
셋째, 아동의 인격발달이나 기능에 장애를 가져오게 한 사회적·정서적 문제를 개선해 준다.

시설아동보호 복지서비스 실행 시 아동에게 가장 적절한 대리보호의 환경을 제공하기 위해 지켜야 할 원리는 다음과 같다.

첫째, 인권의 존중과 보장의 원리
둘째, 정서 안정성의 원리
셋째, 친자관계 존중·조정의 원리
넷째, 개별화와 사생활존중의 원리
다섯째, 적극적 사회참여의 원리

2) 시설아동보호 서비스의 발달

시설아동보호 서비스는 아동보호 역사가 시작되는 시기부터 잔여적 아동복지 시대를 거쳐 보편적 아동복지 시대에 이르기까지 보호를 필요로 하는 아동에 대한 대책으로서 중심 역할을 해 왔으나, 집단적 시설보호는 아동의 건전한 성장에 부정적 영향을 미친다는 의견이 대부분이다. 그러나 아동의 권리가 아동복지의 중심 사상이 되고 있는 현재에도 여전히 시설보호는 중요한 서비스로 자리잡고 있다.

최근 선진 복지국가에서는 입소자의 인격적 삶을 보장하는 최적의 생활보장으로 시설보호의 기능이 변화되고 있다. 영국, 미국 등 선진국의 시설보호에 대한 최근 발달과정에서 시설의 감소와 위탁보호의 증가 등 탈시설화 현상이 나타나고 있음을 알 수 있다. 또한, 보호를 필요로 하는 아동이 발생하면 가정위탁보호나 친인척위탁보호를 우선 선택하는 경향을 보이고 있다.

즉, 시설아동보호 서비스의 발달과정은 다음과 같다.

첫째, 소규모 시설로의 변화

둘째, 다양한 보호서비스의 분화

셋째, 공공 부문 외 민간의 비영리·영리기관 등 운영주체의 다원화

넷째, 민간 부문의 재정적 참여 확대로 계약 방식으로 공공기관이 민간시설을 지원하는 방식의 법률상 제도 반영

다섯째, 지역사회 거점 서비스 제공과 일반아동을 포함한 보편적 서비스 제공으로 아동보호, 교육, 건강, 상담 등 포괄적 서비스로의 확대

3) 시설아동보호 서비스의 장 · 단점 및 유의점

(1) 시설아동보호 서비스의 장 · 단점

시설보호에 대해서는 많은 장·단점이 논의되고 있으나 현대적인 시설보호가 아동에게 제공된다고 할 때에 장·단점을 다음과 같이 정리할 수 있다.

〈표 12-3〉 시설아동보호 서비스의 장·단점

장점	단점
• 집단생활을 할 수 있는 기회 • 개인습관화의 규칙화 • 규칙적이고 균형 있는 생활 • 성인의 일반적·객관적 태도 수용 • 지속적인 훈련 • 집단에 대한 관심	• 과도하게 고정된 생활 • 개인의 자유와 창의의 제한 • 교우나 사회생활의 제한 • 경제적 경험에 대한 기회의 제한 • 정서적 욕구의 불충분한 발산

(2) 시설아동보호 서비스의 유의점

시설아동보호의 목적과 장·단점 등을 고려하여 시설아동보호 서비스의 유의점을 다음과 같이 제시할 수 있다.

① 시설의 선택

아동상담소나 아동일시보호소가 어떠한 시설에 아동을 수용하려고 계획할 때에는 그 아동에게 필요한 종류의 보호를 제공할 수 있는 시설을 선택해야 한다. 정신과 의사, 사회복지사, 심리학자의 종합적인 진단과 평가를 통해서 시설의 선정이 이루어져야 한다.

② 서비스나 프로그램

시설의 프로그램이나 서비스는 아동이 갖고 있는 어려운 문제를 타개할 수 있는 것이어야 하며, 특히 그들 가정이나 사회에서 적응할 수 있는 방향으로 이끌고 나가야 한다. 또한 집단 내에서 개별화는 중요한 것이므로 시설의 프로그램이나 서비스는 각 아동이 하나의 개인으로 향상·발전하는 것을 목표로 세우고 직원이 아동의 적응을 돕기 위해 아동의 행동적 이유를 잘 파악해야 한다.

③ 시설과 가족 간의 관계

아동이 시설에 보호되고 있더라도 부모나 친인척관계를 계속 유지할 수 있도록 아동을 위해 부모의 방문을 지원하고 아동의 가정 방문 또한 지원해야 한다. 시설보호는 일시적인 것이므로 가정과 사회로의 복귀를 위해 가족과의 관계를 통하여 거리감을 감소시켜 주어야 한다.

④ 시설과 지역사회와의 관계

시설아동이 지역사회생활에 참여할 기회를 제공하여 시설 밖에서 정상적인 생활을 할 수 있는 준비를 갖출 수 있도록 해야 한다. 가능한 한 지역사회와 접촉할 기회를 많이 마련하고 지역사회 내 소집단 활동(캠프, 체육회, 교회 등)에 적극 참여토록 하여 시설의 일원이 아닌 사회의 일원으로 성장·발달할 수 있도록 도와주어야 한다.

3 시설아동보호 서비스의 운영 및 지원

1) 시설아동보호 서비스의 운영

(1) 입소대상자

아동양육보호시설 및 일시보호시설의 입소대상은 보호자가 없거나 보호자로부터 이탈된 아동, 보호자로부터 학대받은 아동, 아동보호전문기관에 신고되어 기관이 시·도지사에게 보호조치를 의뢰한 아동, 기초생활수급자로서 보호자의 질병, 가출 등으로 가정 내에서 보호받기 어려운 아동, 특별히 보호가 필요하다고 인정되는 아동 등이다. 자립지원시설의 지원대상은 시설퇴소아동 중 취업 준비 중인 18세 이상 25세 미만인 자이다.

시설별 보호기간은 양육시설은 18세까지, 일시보호시설은 3개월, 자립지원시설은 입소 후 25세까지, 단기보호시설은 6개월이다.

(2) 운영관리

시설장은 시설운영위원회를 설치하고 시설운영규정을 마련하여 시·군·구에 보고하여야 한다. 운영위원은 지역주민, 후원자 대표, 전문가, 보호 중인 고등학교 이상

재학 아동, 시·군·구 담당공무원으로 구성하고, 5인 이상 10인 이하로 한다. 시설의 운영형태는 집단시설 형태와 그룹홈 형태로 구분되며, 시설장은 지역사회 내의 복지가 및 후원자를 발굴하고 자원봉사 인력개발에 노력해야 한다.

2) 시설아동보호 서비스의 문제

(1) 심리정서적 문제

통제된 집단환경의 상호작용, 낮은 수준의 정서적 관계, 집단 내에서의 실제행동 등 가정 내에서 성장하는 아동이 경험하지 못하는 생활을 경험하게 된다. 개인이 집단에 매몰되어 퍼스낼리티를 상실하거나 개성의 발달 또는 정서적, 신체적, 창조적 능력의 발달 기회를 놓치기 쉽다. 시설병적인 성격, 의타심, 이기심, 반발심, 열등감, 심적 불안감 등의 성격을 형성하고 원만한 대인관계의 형성능력, 인내심, 성취감, 사회적응력 등이 결여되기 쉽다.

낮은 자아감, 화, 공포, 사기, 슬픔과 같은 감정조절 기술이 미약하고, 타인과의 관계형성에 어려움이 있으며 학습장애를 경험하며 혼자 또는 친구와 함께 놀이를 하는데 어려움을 겪는다.

시설아동 중 김동원 외(2005)의 연구에서 59.8%의 아동이 특별한 장애나 문제를 경험하지 않는 것으로 나타났다. 그러나 학습부진의 문제를 경험하는 아동이 8.8%, 정서적 장애나 정신과 치료가 필요한 아동, 도벽, 거짓말, 폭력 등 행동문제가 있는 아동이 8.3%였다. 학교 부적응, 가출, 형사처벌 등 부적응 아동도 2.5%이다.

시설보호아동은 심리사회 적응에 많은 어려움을 겪고 있는 것으로 나타났는데, 시설 입소 원인, 입소 전 부모-자녀 관계, 입소 후 부모접촉, 형제-자매가 같은 시설에 배치되는 것 등이 시설아동의 심리사회 적응에 영향을 미치는 것으로 나타났다. 입소 전에 안정적 애착을 경험한 아동과 경제적 이유로 입소한 아동은 이혼 별거 등과 같은 가족해체로 입소한 아동, 부정적 가족관계를 경험한 아동보다 정서적 행동적 문제를 적게 나타냈다. 입소 이전의 부모-자녀 관계가 지지적이라고 평가한 아동이 우울 성향이 낮고 학교 적응도가 높은 것으로 나타났다.

홍영미(2010)는 연구에서 시설보호아동이 사회적 지지를 높게 지각할수록 자아존중감이 높은 것으로 나타났고 시설보호아동이 지각한 사회적 지지가 높을수록 행동문제는 감소했으며 시설보호아동의 자아존중감이 높을수록 행동문제는 감소했으며 시설보호아동이 정서적 지지를 높게 지각하고 자아존중감이 높을수록 행동문제는 감소했다.

시설보호를 받게 되는 아동이 부모와 분리되는 상실감, 새로운 생활과 미래에 대한 불안감, 부모와의 재결합에 대해 의문을 가지게 된다. 프로이트(Freud, 1955)는 아동은 친부모와 분리되면서 버려지거나 거부당했다고 여기고, 자신을 무력하고 가치 없는 존재로 느끼며, 이러한 감정은 아동의 자아상과 현실감각에 영향을 미칠 수 있다고 하였다. 리트너(Littner, 1978) 역시 부모와 분리될 때 아동이 느끼는 감정에 대해 슬픔, 외로움과 죄책감, 두려움 등을 느낀다고 하였다. '나는 우리 가족을 사랑하고, 보고 싶다.'는 슬픔, '나의 부모는 나를 원치 않는다.', '나를 원하는 사람이 있을까?'하는 외로움과 버림받았다는 느낌, '나는 부모가 버렸을 정도로 나쁜 아이다.'라는 죄책감 '부모가 나를 거부한 만큼 고통을 받았으면 좋겠다.', '나를 충분히 사랑해 줄 사람은 없다.'는 적대감, '이제 누가 날 보살펴 줄까?'라는 생존에 대한 두려움, '나의 부모는 왜 다른 부모처럼 날 보살펴 줄 수 없을까?'하는 수치심 등을 감정을 겪게 된다.

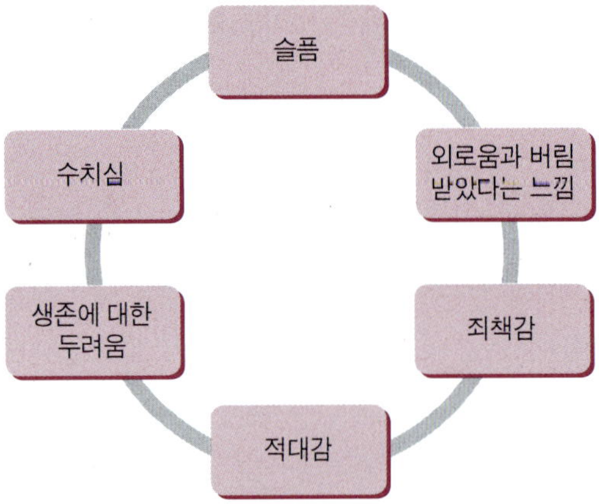

[그림 12-2] 부모와 분리될 때 아동이 느끼는 감정

(2) 발달지체

시설보호아동은 신체, 정서, 인지, 사회발달에서 일반아동에 비해 발달지체현상을 보인다. 신체발달에서 초등학생의 경우 신장과 체중이 한국소아발육표준치에 뒤떨어지고 있으며 영양소 섭취량도 권장량에 미치지 못한다. 인지발달에도 영향을 미친다. 정서발달에서 시설아동은 일반아동에 비해 적절히 자신의 의견을 주장하며 자신의 정서조망능력이 부족하다. 시설아동은 표면적으로는 순종하지만 내면적으로는 반항적이다. 또한, 제한된 경제생활로 물질적 욕구가 강하다. 인지발달 측면에서 수업시간에서 집단보호아동이 다른 학생에 비해 더 부주의하고 수업 활동에 덜 참여하고 보다 수동적이며 비생산적인 활동에 참여하는 경향이 나타난다. 사회성발달 측면에서 어린시절 시설보호의 경험이 있는 아동이 보이는 사회적 관계의 특성은 성인의 관심과 인정을 많이 추구하는 성인 지향적인 경향을 보인다. 불안할 때 또래에게 정서적 지지에 의존하는 경향이 적었으며 친구를 사귈 때에도 본인 의사에 따라 선택하지 않고 자신에게 친절한 사람과 친해지려 하고 친구를 선택하지 않는 경향을 보이기도 한다.

시설거주 남아는 시설거주 여아보다 협동, 자기주장, 자아통제의 모든 영역에서 낮았다.

김보람·이경숙·박진아(2007)의 연구에서는 시설보호아동이 일반아동에 비해 전반적인 지능지수가 낮았고 정서 행동 특성에서 문제가 더 많이 나타났다. 자아 탄력성이 낮은 일반아동이 시설보호아동에 비해 전반적인 지능에서는 높은 점수를 나타냈지만 정서 행동 특성에는 문제가 더 많았다. 시설보호아동이 전반적으로 일반아동보다 지능 면에서는 취약하나 발달적으로 자아 탄력성을 고려할 때 자아 탄력성이 낮은 일반아동보다 정서 행동 문제가 덜하였다.

(3) 자립문제

퇴소 후 자립할 수 있도록 시설입소 기간 동안의 준비가 필요하다.

자립준비에 영향을 미치는 요소는 행동문제, 학교적응, 대처능력, 부모의 이혼 및 가출요인 대처능력의 영향이 가장 높고, 자기관리기술에 대해서 학교적응의 영향력이 가장 높은 것으로 보고되고 있다.

김봉원(2005)의 연구에는 퇴소 후 자립에 가장 부담을 느끼는 것은 거주할 집 문제(55.6%), 생활비 학비 등의 돈 부족(51.5%), 독립생활에 따른 심리적 부담감(35.4%), 취업기술부족(30.3%)으로 나타났다.

신혜령·김성경·안혜영(2003)은 전국 아동복지시설에서 퇴소한 아동을 모집단으로 하여 전국 11개소의 자립지원시설 거주아동과 43개 아동복지시설에서 퇴소한 아동 총 157부의 설문지를 수집하였다. 그 결과, 퇴소아동의 평균 연령은 22세, 퇴소기간은 평균 26.95개월, 주거형태는 60.9%가 자립생활관에 거주하는 것으로 나타났다.

퇴소아동의 자립생활 수준은 자립생활 영역 중에서 자기보호 영역을 제일 높게 평가하였고 사회적 발달 영역, 일, 공부습관, 돈 관리, 주택 및 지역사회자원, 일상생활 과업 순으로 평가했다.

자립지원대상자 및 서비스 기간

① 자립지원대상자: 아동복지시설(양육시설, 그룹홈) 생활 아동
- 6세 이상 아동은 입소(위탁) 3개월 후부터 아동발달 단계별, 수요에 맞는 자립지원서비스 제공
- 5세 이하일 경우는 심리, 정서적 안정을 위한 서비스와 가정적 돌봄 기능을 먼저 제공

② 자립지원서비스 기간: 시설입소(가정위탁 지정) 후 3개월 경과부터 시설퇴소(위탁종결 후) 안정적 자립생활 정착(퇴소 또는 종결 후 5년까지)

출처: 보건복지부. 2012년 아동분야사업안내, p.278.

〈표 12-4〉 퇴소(종결)아동 자립점검 주요 항목

구분	점검항목
취업	취업형태 및 급여수준
직업훈련	자격증 취득현황, 직업훈련 이수현황, 훈련비용 조달방법 등
주거	정부지원주거마련, 개인지원 주거마련, 주거마련비 조달

구분	점검항목
진학	학교명, 전공 및 현 학력 등, 등록금 조달방안 및 기숙사 우선배정 현황
경제	생활 수준, 자금관리 등
생활	일상생활, 돈 관리 등 8개 영역
의료	건강상태, 의료보험 가입 유무, 질병력 등
기타	이성, 군대, 가족 등 기타문제

출처: 보건복지부. 2012년 아동분야사업안내, p.278.

3) 시설아동보호 서비스의 지원

(1) 시설아동의 자립지원 프로그램

아동복지시설은 아동의 자립준비를 위해 다음의 각 8개 영역의 지원프로그램을 제공하고 있다.

〈표 12-5〉 보호아동 자립준비 프로그램 매뉴얼 영역

영역	내용	
일상생활 기술	• 의복구입과 손질 • 음식준비, 요리하기	• 집 관리
자기보호 기술	• 나 자신 돌보기 • 어른 되기	• 건강유지하기 • 성
지역사회 자원 활용 기술	• 교통	• 지역사회자원 활용
돈 관리 기술	• 돈 관리	• 신용카드
사회적 기술	• 나에 대한 탐색 • 대처기술	• 현명한 선택 • 대인관계
직업찾기	• 내게 맞는 직업 찾기	• 취업준비하기
직장생활	• 즐겁게 일하기	
다시 집 떠나기	• 새로운 시작을 향한 출발	• 혼자 살아가기

출처: 보건복지부. 2013년 아동분야사업안내, p.230.

아동자립지원사업단

아동자립지원사업단은 아동복지시설 및 가정위탁보호를 받고 있는 아동의 자립준비와 아동의 진학, 주거, 생활, 기술, 취업 등 퇴소 준비 및 퇴소 후 위기 사례관리를 위한 전문적이고 체계적인 서비스를 지원하여 안정적인 사회적응과 자립을 통한 건전한 사회 구성원을 양성하는 목적으로 설립되었으며, 한국보건복지인력개발원에서 운영하고 있다.

2012년 8월부터 시행된 개정 「아동복지법」에 따라 각 시설에서는 개별아동의 욕구에 맞는 자립지원계획을 위해 모든 아동을 대상으로 자립기술평가를 실시하여야 한다. 자립기술평가는 자립준비를 위해 필요한 일상생활 기술, 자기보호 기술, 지역사회지원 활용 기술, 돈관리 기술, 사회적 기술, 진로탐색, 취업 기술, 홀로서기 등의 8가지 영역으로 구성되어 있다. 자립기술평가를 통해 아동의 개별적인 자립지원계획의 달성 정도를 예측해 볼 수 있다.

아동자립지원사업단은 미취학 아동부터 퇴소 전 아동을 위한 자립지원표준화 프로그램인 'Ready?' 프로그램과 퇴소 후 아동을 위한 'Action!' 프로그램을 통해 보호대상아동의 자립을 지원하고 있다. 자립캠프는 보호아동의 퇴소 전 자립점검을 통해 자신의 삶을 계획하고 준비할 수 있는 기회 제공 및 전문적인 정보 제공으로 퇴소 준비에 도움을 주는 프로그램이다.

출처: 보건복지부(2012); 오정수 · 정익중(2013). 참조하여 재구성.

(2) 그룹홈 지원

그룹홈은 기존의 시설보호에서 탈피하고 가정보호 형태의 강조 및 지역사회중심의 아동보호를 위한 새로운 보호형태로 논의되어 개정 「아동복지법」에 따라 아동복지시설의 종류에 추가되어 여러 가지 지원정책이 진행되고 있다.

① 그룹홈 퇴소아동 자립정착금 지원(지방이양사업)

18세에 퇴소하는 그룹홈 아동을 대상으로 시설퇴소아동과 같은 자립정착금액을 지원한다.

② 그룹홈 생활아동 기초생활보장수급 지원

현재 국가 지원 운영비는 시설운영에 소요되는 제세공과금, 시설관리운영비 등으로 사용하는 금액으로 생활아동에 대한 생계비(주부식비, 피복비 등) 등은 기초생활보장 수급자로 선정하여 지원하며, 아동 그룹홈 등 기타 시설에 거주하는 대상자는 일반 수급자로 선정하여 지원한다.

③ 후원금 관리

그룹홈 아동에게 후원금이 있는 경우 아동의 이익을 최우선으로 고려하여 공동 경비로 사용하고 그룹홈 관리자가 관리한다. 그룹홈 시설장이 필요하다고 판단되면 후원금을 아동별로 관리하여 퇴소 시 지급할 수 있도록 한다.

〈표 12-6〉 아동발달지원계좌 개설 현황(2007~2011년)

총 통장 개설 아동 수(원)	저축 아동 수(원)	아동 저축액(백만 원)	1인당 월평균 저축액(원)
49,302	36,619	13,359	31,003

(주) 매년 12월말 기준이며, 아동발달지원계좌사업은 2007년 4월부터 시작하였음

출처: 보건복지부(2012). 아동정책과, CDA사업부.

아동발달지원계좌

저소득층 아동이 보호자나 후원자의 후원금 중 일부를 저축하면 정부가 같은 금액을 불입, 자립자금을 적립하는 사업이다. 가난의 대물림을 막자는 취지의 아동발달지원계좌사업은 국가 및 지방자치단체에서 보호 양육하고 있는 시설아동(장애아동 포함), 소년소녀가장 아동, 가정위탁 아동, 그룹홈 아동 등 요보호아동을 대상으로 2007년부터 시행되고 있다. 지원대상아동이 정부가 만 17세까지 같은 금액을 1:1 매칭펀드로 적립하여 만 18세 이후 사회 진출 시 학자금, 기술습득 취업훈련 비용, 창업비용, 주거마련 비용 등 자립자금 목적으로 사용한다. 정부 매칭지원금 외에도 별도로 월 5만 원까지 추가로 적립될 수 있어 최대 11만 원을 18년간 적립해 자립정착금을 마련할 수 있다.

4 시설아동보호 서비스의 현황과 과제

1) 시설보호 발생원인

과거에는 시설보호를 받는 아동의 입소 배경이나 원인을 전쟁고아, 비혼(非婚)의 상태에서 출생아동, 부모의 사망, 기아, 미아, 미혼모, 별거, 부모 사망 등 가족의 구조적 해체에서 주로 찾을 수 있었다. 부모의 경제적 무능력, 질병, 장애, 가족갈등에 따른 학대, 방임, 무관심 등 가족의 기능적 해체 초기는 부모 사망이나 실종된 경우

에 해당되는 아동과 혼외의 출생으로 인한 미혼모 자녀가 많았다. 그러나 최근에는 빈곤가정 및 이혼가정의 자녀 등 부모가 생존해 있지만 여러 가지 이유의 가족해체로 인해 보호를 필요로 하는 아동이 증가하고 있다.

2011년 말 보건복지부 소관 사회복지 시설 수는 5,340개소이며, 생활인원은 175,910명으로 나타났으며, 보호가 필요한 아동의 발생 사유를 살펴보면 미혼모와 및 부모 이혼이 가장 높은 비율을 차지하고 있다. 2008년 부모 이혼이 31.7%를 나타내 발생 사유 중 가장 높은 비율을 나타냈는 데 비해, 2009년에는 부모 이혼(24.8%), 미혼모아(34.0%)로 나타났고, 2010년에는 부모 이혼(23.5%), 미혼모아(32.6%)로 2009년부터는 미혼모아가 가장 높은 비율을 차지하였다. 부모 모두 생존하고 있는 아동이 41.2%, 부모 중 최소한 1인 생존 아동 23.6%로서 부모 중 최소한 한명이 생존한 아동은 64.8%로 나타났다. 전체 보호아동의 발생 사유를 보면 미혼모에 의한 사유가 2,804명(32.6%)으로 가장 높았고, 부모이혼으로 인한 사유가 2,015명(23.5%)으로 높게 나타났다.

다음 〈표 12-7〉의 입소사유 조사결과(김통원 외, 2005)에서도 부모의 사별, 별거, 가출, 빈곤, 실직, 즉 부모의 보호기능 약화나 부재에 따른 입소가 많았다. 이러한 가족의 해체나 기능 취약 및 기능 약화를 방지하고 강화해 줄 수 있는 서비스나 프로그램의 개발이 절실하다.

〈표 12-7〉 아동복지시설 입소 사유

부모사망	부모 별거, 가출	경제적 어려움	미혼모, 혼외 출생	아동의 문제	가정폭력, 아동학대	기타
351명	5,333명	2,127명	3,871명	1,209명	181명	793명

출처: 김동원 외(2005). 아동복지시설발전방안 개발연구.

2) 시설아동보호서비스 현황

(1) 아동복지 및 양육시설보호

아동 복지 및 양육시설은 사회적 보호가 필요한 아동 중 입양, 대리양육, 가정위탁 및 소년소녀가정 등 가정보호를 할 수 없는 아동을 입소시켜 건전한 사회인으로 육성하는 것을 목적으로 한다. 최근에는 가정위탁보호, 입양 등은 증가하며 양육시설 보호는 지속적으로 감소하고 있으며, 정부정책은 양육시설의 기능을 단순히 아동을 양육 보호하는 것에서 아동상담, 보호 및 치료, 일시보호, 가정위탁, 입양, 급식, 프로그램 제공 등 아동복지시설 기능의 다양화와 지역사회 아동을 위한 종합서비스시설로 전환하는 것을 추진하고 있다.

2011년 말 보건복지부 소관 사회복지 시설 수는 5,340개소이며, 생활인원은 175,910명으로 나타났다.

〈표 12-8〉 아동복지 시설 수 및 보호아동 현황(총괄)

연도	시설 수	입소자 수	퇴소자 수	연말 현재 수용자
2010	280	6,188	6,655	17,199
2011	280	5,902	6,498	16,523

출처: 보건복지부(2012). 통계연보.

〈표 12-9〉 아동양육 시설 수 및 보호아동 현황

연도	시설 수	입소자 수	퇴소자 수	연말 현재 수용자
2003	239	3,538	3,443	17,437
2004	239	3,507	3,270	17,625
2005	242	2,892	2,838	17,729
2006	243	2,734	2,946	17,517
2007	243	2,273	2,629	17,161
2008	242	2,151	2,606	17,706
2009	239	1,914	2,409	16,239
2010	238	1,983	2,435	15,787
2011	242	2,015	2,489	15,313

출처: 보건복지부(2012). 통계연보.

지역별 보호가 필요한 아동의 보호조치는 전체 보호가 필요한 아동이 보호 조치된 사항을 보면 시설입소 중에서도 양육시설이 28.5%로 가장 높게 나타났으며, 가정위탁은 24.7%로 나타났다.

(2) 그룹홈보호

① 목적

보호를 필요로 하는 아동·청소년에게 가정과 같은 주거 여건과 보호를 제공하여 건전한 사회인으로 성장하도록 지원하는 시설로 기존의 시설보호에서 탈피하고 가정보호 형태의 강조 및 지역사회 중심의 아동보호를 위한 새로운 보호형태를 목적으로 한다. 아동·청소년 그룹홈의 운영에 관하여 필요한 사항을 정한다.

② 배경

대규모 집단시설 위주의 보호에서 소규모 가정형태 보호로의 전환 강조 및 지역사회중심의 아동보호를 위한 새로운 보호형태로 논의되었다. 국민복지기획단(1995. 3. 23.)에서 마련한 국민복지 기본 구상에 그룹홈 도입을 논의하였으며, 1996년 12월 그룹홈제도 도입을 결정하여 1997년부터 시범사업 실시하였다. 그리하여 「아동복지법」(2004. 1.)상 아동복시설 종류에 그룹홈이 추가되었다(보건복지부, 2011).

2014년까지 집계된 그룹홈 보호아동의 성별·취학 현황은 다음 〈표 12-10〉에 제시하였다.

〈표 12-10〉 그룹홈 보호아동 성별·취학 현황(2014. 12. 31. 기준) (단위: 개소, 명)

구분	시설수	종사자수	정원	수용인원			아동 현황						
							미취학		초등학교재학	중학교재학	고학교재학	대학교재학	기타
				계	남	여	0~3세	3~6세					
계	476	1,010	3,267	2,588	1,351	1,237	69	231	878	661	640	79	30
서울	62	133	418	333	152	181	16	34	107	67	89	18	2
부산	31	70	214	167	87	80	6	23	50	36	50	2	
대구	16	34	108	86	59	27	0	6	29	20	21	7	3
인천	13	24	91	71	32	39	1	7	24	18	15	4	2

광주	26	54	180	142	68	74	17	18	48	31	26	2	0
대전	16	34	110	96	51	45	7	11	31	17	25	2	3
울산	7	15	49	35	26	9	0	3	16	7	8	1	0
세종	1	2	7	3	0	3	1	0	0	2	0	0	0
경기	120	246	829	704	398	306	8	44	230	201	197	13	11
강원	21	46	144	114	42	72	0	7	33	31	33	7	3
충북	23	55	155	132	59	73	1	9	48	41	31	2	0
충남	21	43	145	104	50	54	1	4	43	30	22	4	–
전북	44	91	295	223	113	110	2	20	80	58	51	9	3
전남	34	71	238	177	108	69	4	22	50	53	43	3	2
경북	10	21	69	54	24	30	0	5	27	13	9	0	0
경남	27	61	189	127	77	50	5	14	53	33	17	4	1
제주	4	10	26	20	5	15	0	4	9	3	3	1	0

출처: 보건복지부(2012). 공동생활가정현황.

〈표 12-11〉 아동그룹홈 운영프로그램(예시)

영역	프로그램
아동·청소년의 자립능력 향상	• 아동·청소년의 발달론적 관점에서 특성 이해 • 아동의 특성과 능력에 맞는 개별화된 서비스 제공 • 아동의 강점을 이해하고 과제해결중심 접근 • 아동의 학령에 맞는 개별적인 연차적 자립계획수립 • 매년 아동의 욕구를 점검하여 수정
원가족과의 관계회복	• 가족방문 또는 전화, 문자, 편지, 카드 등 지속적인 관계유지 노력 연 1회 이상 • 가족참여 프로그램(가족캠프 등) 연 1회 이상 실시 • 관련 기관 및 단체 등과 연계하여 부모교육 등 연 1회 이상 실시
학교와의 관계형성	• 학교 교사와 정기적이고 지속적인 상담, 정보공유, 학교행사에 참여 • 분기 1회 이상 아동생활 상황에 대해 교류한 기록 보유
지역 내 자원활용	• 지역 내 드림스타트센터를 통한 지역 복지자원 적극 활용 • 지역 내 관공서, 민간자원 등 자원연계 • 자원봉사 및 후원기관과의 관계형성

출처: 보건복지부(2012). 아동분야사업안내.

③ 그룹홈 유형

- 남녀의 구분에 따라 남녀분리형과 남녀혼합형이 있으며, 신규 신고시설은 미취학 아동까지만 혼합 가능
- 기간의 구분에 따라 단기보호와 장기보호가 있음
- 시설보호에 적응하지 못하거나 약간의 정서적 문제 등으로 인하여 시설보호에 적합하지 않은 아동을 보호하는 치료보호가 있음
- 「아동복지법」 제14조 규정에 의해 신고한 그룹홈 시설

④ 지원대상

- 법인시설 외 비영리 민간단체, 개인 등의 신고시설도 지원대상에 포함
- 보호아동 3인 이하를 3개월 이상 보호하는 시설은 4개월째부터는 종사자 1인 인건비 및 운영비의 1/2만 지원하고, 보호아동이 1인으로 감소할 경우 3개월까지 지원 가능
- 아동보호전문기관에서 운영하는 학대피해아동 그룹홈은 요보호아동 수와 관계없이 운영비가 지속 지원(학대피해아동을 위한 일시보호기능 시설)
- 신고시설 중 시·도, 시·군·구별 운영비 지원대상 선정기준에 의해 지원대상 선정

⑤ 입소 및 퇴소

- 요보호아동은 「아동복지법」 제10조 규정에 의거 시·도지사 또는 시·군·구청장이 보호 조치를 결정하는 것으로 그룹홈의 아동입소 결정은 관할 지자체장이 결정
- 그룹홈에서 아동보호 후 관할 지자체로 통보하는 방식 불가하며, 그룹홈의 유형에 따라 입소대상아동 선정 및 입소
- 대상 아동의 입·퇴소 절차는 시설아동의 입·퇴소 절차와 동일

⑥ 인원 및 기간

- 보호아동은 5인을 기준으로 하되 7인 이내로 함
- 입소아동은 5인 이상을 유지하도록 하며, 지자체장은 아동 및 보호자의 의견을 최대한 반영하여 대상시설을 결정하되, 시설 평가결과 우수한 시설을 우선으로

함으로써 최상의 보호환경을 부여하도록 노력

- 장기보호의 경우에는 시설보호와 동일하게 18세 미만(출생일 기준)까지 보호가 능하나, 「아동복지법 시행령」 제11조(시설 보호기간의 연장)에 해당하는 경우 연장이 가능

⑦ 설치 장소

- 단독주택, 공동주택(「건축법 시행령」 제3조의4 별표 1)
- 간판이나 표찰을 부착하지 않으며, 몇 개의 그룹홈이 한 건물이나 한 주거(주택) 단지 내에 집결되지 않도록 해야 함
- 아동수급 상황을 고려하여 그룹홈의 취지에 어긋나는 시설의 집단화 가능성이 없을 경우 또는 같은 주거단지 내에 있어 긴밀한 교류와 협력 등으로 아동양육상 특별한 효과가 있다고 볼 수 있는 경우에는 예외로 할 수 있음(신고시설 운영자가 그룹홈 간 협력계획 등 객관적인 자료를 제시하여야 함)

3) 시설보호아동을 위한 복지정책 및 복지실천 방향

(1) 시설보호아동을 위한 복지정책방향

① 아동양육시설의 기능변화 및 소규모화

현재 전통적 의미의 요보호아동은 감소하고 있는 반면, 부모의 이혼, 별거, 가출에 의한 보호아동과 비행, 가출, 정서장애로 인한 특수 보호가 필요한 아동은 증가하고 있으나 적절한 대비책 마련이 없다.

② 시설종사자의 전문성 강화

시설종사자의 이직을 방지하고 전문성을 담보하기 위해서 시설종사자 처우를 개선하여 우수한 인력을 확보해야 하며 지속적 교육과 수퍼비전을 통해 전문성을 강화해야 한다.

(2) 시설보호아동을 위한 복지실천방향

① 시설아동의 건강한 발달을 위한 학습, 상담, 치료프로그램 제공

- 시설아동이 신체, 정서, 인지, 사회발달 면에서 건강하게 성장하려면 시설아동의 발달에 영향을 주는 시설양육 환경을 개선할 필요가 있음
- 정서적 분위기, 사회적 성숙의 촉진, 지역사회의 관계 등이 인지, 사회, 신체, 자아존중감 등 아동발달에 영향을 미치는 주요한 요인임
- 시설아동의 건강한 발달을 위해서 입소 배경, 심리상태, 발달 수준 등을 고려하여 개별적으로 차별적인 서비스가 제공되어야 함

② 자립준비 프로그램과 퇴소 후 사회적응 프로그램의 제공

- 자립준비는 늦어도 고등학교 1학년부터 개별 자립사정계획을 세워 아동 특성에 따른 자립계획을 세워야 함
- 프로그램에는 퇴소 후 경제적인 부분뿐만 아니라 건강한 가정을 형성하여 가정적으로도 안정되도록 건강 가족의 특성, 시설아동의 가치관 교육, 정서교육, 진로교육, 생활지도교육, 미래 가정형성 교육을 포함

제13장

입양 및 가정위탁보호 복지서비스

1 입양아동보호 복지서비스

아동은 가능한 아동이 태어난 가정에서 가족과 함께 건전하고 자연적인 환경 속에서 성장하고 발달하는 것이 가장 바람직하다는 것이 아동복지의 기본 원칙이다. 그러나 바람직하지 못한 가정환경이나 가정의 부재 또는 해체로 인하여 출생가정에서 보호를 받을 수 없을 때 가정과 가장 유사한 환경에서 자랄 수 있도록 지원하는 서비스가 필요하며, 이가 바로 입양과 가정위탁이다. 입양과 가정위탁 관한 기본적인 이해와 현황을 파악하고 이를 위한 서비스와 제도적 보완 방안 등을 살펴보아야 한다.

1) 입양의 개념과 유형

(1) 입양의 개념

입양이란 부모와 자녀가 생물학적 관계가 아닌 법적, 사회적 관계에서 친자관계를 맺는 것이다. 입양은 사회적이고 법적인 절차에 의해 부모-자녀 관계를 맺는 것으로 아동과 친부모 사이에 존재하는 책임과 권리가 양부모와 아동에게 이동하는 것이라 할 수 있으므로 친자녀를 입양보내야 하는 친부모, 입양아동, 입양부모 등 3자를 위한 아동가족복지사업이다. 즉, 입양은 이러한 입양 3자(입양아, 친부모, 입양부모)에게 도움이 되고 그들이 적응해 가야 하는 과정(Downs, Moore, & Mcfadden, 2007)이라 할 수 있다. 입양이 성공적으로 성립되기 위해서는 입양아동, 친부모, 입양부모 등 3자의 이익이 함께 고려되어야 한다. 『아동복지편람』(아산사회복지사업재단, 1997)에서는 "입양서비스는 태어난 가정에서 양육하기가 곤란한 기아 또는 결손·결함가정의 아동이 성장할 수 있도록 하기 위한 아동복지서비스의 하나이다."라고 정의하고 있다. 최근의 입양보호실천은 아동의 욕구를 강조하고 영구적인 가정이 필요한 아동에게 적합한 부모를 찾아주는 것을 강조하면서 아동중심 입양으로 변화하고 있다.

이러한 입양서비스에 대한 카두신(1980)의 기본적인 원리를 정리하면 다음과 같다.

첫째, 아동은 자신의 가족 지역사회, 국가에서 양육되는 것이 최우선이고 가장 바람직하다. 입양 고려 이전에 친가족을 유지시키고자 모든 노력을 기울여야 한다. 그럼에도 불구하고 친가족이 아동을 건전하게 성장, 발달할 권리를 보장하지 못할 때 입양을 고려해야 한다.

둘째, 대리가정인 입양가정은 우선적으로 자신이 소속해 있는 인종집단, 국가, 문화, 종교집단에서 찾아야 한다. 이것이 불가능할 때 아동이 소속한 사회 밖에서 입양가정을 찾는 노력이 있어야 한다.

셋째, 입양의 일차적 목적은 친부모에 의해 양육될 수 없는 아동에게 영구적 가정을 제공하는 것이다. 그러므로 입양사업은 아동의 복지, 욕구, 관심을 기초로 아동을 위해 입양부모와 입양가정을 선택해야지 입양부모나 입양가정을 위해 입양아동이 선택되어서는 안 된다.

넷째, 입양은 영구적 대리보호가 필요한 아동에게 가장 바람직한 보호방법이다. 입양은 가정위탁보호나 시설보호보다 동일한 부모가 아동에게 필요한 장기적인 안정과 애정 있고 친밀한 보호를 제공해 줄 수 있는 가능성이 높다.

다섯째, 아동의 복지를 위해 영구적 대리보호의 필요를 가능한 조속히 결정하고 이행해야 한다. 모든 일의 저항 요소를 충분히 고려한 상태에서 빠르게 완결해야 한다.

입양의 목적과 기능

- 아동에게 영구적인 가정과 가족관계를 갖게 한다.
- 불임부모에게 부모가 될 수 있는 기회를 제공한다.
- 가문계승의 수단이 된다.
- 유산을 물려 주는 수단이 된다.
- 자녀를 원하지 않거나 보호할 능력이 없는 부모를 위한 대체수단이 된다.
- 자녀가 있는 사람이 아동을 더 양육하려는 욕구와 능력이 있을 때, 이를 만족시키는 제도가 된다.

출처: 카두신(1980).

(2) 입양의 유형

① 친족입양과 비친족입양

친족입양은 입양아동이 친부, 친모의 재혼으로 인한 가족관계인 계부나 계모, 큰아버지 등 친인척과 혈연관계로 가족을 이루고 있는 사람에게 입양되는 경우이다. 미국에서는 친족에 의한 입양이 영구계획의 하나로 호의적인 평가를 받고 있다. 친족입양은 가정위탁 보호보다 많은 이점이 있고, 가족 보존의 한 형태로 여겨지고 있으며(Down et al., 1996, 재인용), 확대가족, 친지의 자원 속에서 아동이 양육될 수 있어 생물학적·문화적 동질성으로 적응에 큰 어려움을 겪지 않는다는 이점으로 좋은 반응을 보이고 있다.

비친족입양은 아동이 전혀 가족이나 혈연관계를 가지지 않은 입양부모에 의해 입양되는 경우이다. 우리나라는 과거에 혈통을 중요하게 여기는 의식이 강해 가문의 대를 잇기 위한 수단으로 대부분 친족입양이 이루어졌으나, 최근 입양 추세는 친족입양이 감소하고 있다.

② 기관입양과 독립입양

기관입양은 자발적이든 비자발적이든 국가가 인정하는 입양알선기관을 통해 입양이 이루어지는 경우이다. 독립입양은 입양기관을 거치지 않고 개인에 의해 독자적으로 입양이 이루어지는 경우이다. 이는 3가지의 유형이 있는데, 첫째는 친부모가 직접 지인이나 입양의사가 있는 사람에게 입양보내는 직접 배치의 형태로 양자제도가 속한다고 할 수 있다. 둘째는 제3자에 의해 금전적인 목적 없이 이루어지는 무료 중개 입양이 있다. 셋째는 매매에 의한 입양으로 아동의 요구에 관계없이 금전적 이익을 목적으로 입양이 이루어지는 불법 인신매매 등의 형태가 속하는 유료 중개입양이 있다.

우리나라는 기관입양만을 인정하고 있으며 미국의 경우 독립입양은 주 정부로부터 인가를 받은 사회복지사 또는 변호사에게 알선 자격이 주어진다.

③ 비밀입양과 개방입양

비밀입양은 입양사실을 입양아동은 물론 주변 모든 사람에게 입양의 비밀을 계속 유지하는 경우로 친부모와의 관계도 완전히 단절된다. 개방입양은 입양사실을 입양아동과 가족 및 주변에 공개하는 경우로 친부모와도 접촉한다. 우리 사회는 혈연 중심의 가족문화를 기반으로 하고 있어 전통적으로 비밀입양이 대부분이었으나, 최근 입양부모를 대상으로 한 연구(신일현, 2004)에 따르면 개방입양에 대한 지지가 24.7%로 점차 공개입양에 대한 인식 변화가 일어나고 있음을 알 수 있다. 미국이나 유럽에서의 개방입양은 우리나라의 개방입양과는 다른 의미로 사용되는데, 이는 아동과 아동의 친부모, 입양부모가 서로에 관한 정보를 공유하여 협의에 의하여 정기적으로 접촉을 가지는 것을 말한다.

④ 국가 간 입양(국외입양)

국가 간 입양은 흔히 국외입양이라 말하는 다른 국가 간의 입양 부모와 아동이 입양관계를 맺는 경우이다. 우리나라는 한국전쟁으로 인한 전쟁고아와 혼혈아를 위한 국외입양이 시작되어 세계에서 국외입양이 많은 나라라는 인식을 받기도 했으나, 현재는 국내입양 활성화 정책으로 점차 감소하고 있는 과정에 있다.

〈표 13-1〉 국내외 입양 아동 수

(단위: 명, %)

구분	계	1998년 이전	1999년	2000년	2002년	2004년	2006년	2008년	2010년	2011년
국내	75,957 (31.6)	56,065 (28.5)	1,726 (41.7)	1,686 (41.7)	1,694 (41.7)	1,641 (42.1)	1,332 (41.2)	1,306 (51.1)	1,462 (59.1)	1,548 (62.8)
국외	164,612 (68.4)	140,929 (71.5)	2,409 (58.3)	2,360 (58.3)	2,365 (58.3)	2,258 (57.9)	1,899 (58.8)	1,250 (48.9)	1,013 (40.9)	916 (37.2)
계	240,569	196,994	4,135	4,046	4,059	3,899	3,231	2,556	2,475	2,464

출처: 보건복지부(2012). 아동복지정책과.

2) 입양의 구성요소 및 입양3자의 문제

(1) 입양의 구성요소

① 입양아동

현행 우리나라 「아동복지법」에 따른 입양대상아동은 보호를 필요로 하는 아동으로 "보호자가 없거나 보호자로부터 이탈된 아동 또는 보호자가 아동을 학대하는 경우 등 그 보호자가 아동을 양육하기에 부적당하거나 양육할 능력이 없는 경우의 아동"을 말한다.

입양전문 사회사업가는 입양의 목표인 아동에게 아동의 욕구를 충족시켜 줄 가정에 배치하기 위해 입양 준비에 대한 세심한 사정을 해야 한다.

제2장 입양의 요건 및 효력

제9조(양자가 될 자격) 신구조문 관련 판례

이 법에 따라 양자가 될 사람은 요보호아동으로서 다음 각 호의 어느 하나에 해당하는 사람이어야 한다.

1. 보호자로부터 이탈된 사람으로서 특별시장, 광역시장, 도지사 및 특별자치도지사(이하 "시, 도지사"라 한다) 또는 시장, 군수, 구청장(자치구의 구청장을 말한다. 이하 같다)이 부양의무자를 확인할 수 없어 「국민기초생활 보장법」에 따른 보장시설(이하 "보장시설"이라 한다)에 보호의뢰한 사람

2. 부모(부모가 사망이나 그 밖의 사유로 동의할 수 없는 경우에는 다른 직계존속을 말한다) 또는 후견인이 입양에 동의하여 보장시설 또는 제20조에 따른 입양기관에 보호의뢰한 사람
3. 법원에 의하여 친권상실의 선고를 받은 사람의 자녀로서 시, 도지사 또는 시장, 군수, 구청장이 보장시설에 보호의뢰한 사람
4. 그 밖에 부양의무자를 알 수 없는 경우로서 시, 도지사 또는 시장, 군수, 구청장이 보장시설에 보호의뢰한 사람

② 입양부모

생물학적 과정, 혈연에 의하지 않고 사회적·법적 과정에 따라 부모가 된 자를 말하며, 새로운 가족 구성원을 얻고 새로운 가족관계가 창조되는 동시에 혈연으로 맺어진 부모-자식 간에 가지는 동일한 권리와 의무가 주어진다. 현대적 의미의 입양제도가 가정이 필요한 입양대상아동에게 건전하게 양육되어질 수 있는 영구적인 가정을 제공해 주는 아동중심 사회복지서비스에 중점을 두지만, 자녀를 갖고 싶어 하는 양부모의 개인적 요구를 충족시켜 주는 기능도 갖고 있다.

제10조(양친이 될 자격 등)

제10조(양친이 될 자격 등) 신구조문관련판례

① 이 법에 따라 양친이 될 사람은 다음 각 호의 요건을 모두 갖추어야 한다

1. 양자를 부양하기에 충분한 재산이 있을 것
2. 양자에 대하여 종교의 자유를 인정하고 사회의 구성원으로서 그에 상응하는 양육과 교육을 할 수 있을 것
3. 양친이 될 사람이 아동학대, 가정폭력, 성폭력, 마약 등의 범죄나 알코올 등 약물중독의 경력이 없을 것
4. 양친이 될 사람이 대한민국 국민이 아닌 경우 해당 국가의 법에 따라 양친이 될 수 있는 자격이 있을 것
5. 그 밖에 양자가 될 사람의 복지를 위하여 보건복지부령으로 정하는 필요한 요건을 갖출 것

② 양친이 될 사람은 양자가 될 아동이 복리에 반하는 직업이나 그 밖에 인권침해의 우려가 있는 직업에 종사하지 아니하도록 하여야 한다.
③ 양친이 되려는 사람은 입양의 성립 전에 입양기관 등으로부터 보건복지부령으로 정하는 소정의 교육을 마쳐야 한다.

③ 친부모

입양대상아동의 친부모는 아동에 대한 친권포기를 자발적 또는 비자발적으로 할 수 있다. 자녀의 입양을 위해 자발적으로 친권을 포기하는 원인은 경제적 빈곤, 이혼, 별거로 인한 가정해체, 결손가정, 미혼부모, 사망 등이 있고, 비자발적으로 친권을 포기하는 경우는 아동을 심각하게 학대하거나 유기하는 데 원인이 있다.

제12조 시·도지사 또는 시장·군수·구청장은 아동의 친권자가 그 친권을 남용하거나 현저한 비행, 기타 친권을 행사할 수 없는 중대한 사유가 있는 것을 발견한 경우, 아동의 복지를 위하여 필요하다고 인정할 때는 법원에 친권행사의 제한 또는 친권 상실의 신고를 청구해야 한다.

(2) 입양3자의 심리적 문제

① 입양아동의 성장과 발달

입양아동은 또 다른 부모를 가지는 원가정이나 친부모로부터 분리를 경험하게 되므로 일반아동과는 다른 심리적인 문제를 가질 수 있다. 또한, 애착관계를 맺고 있던 사람과 분리되는 것은 아동의 신뢰감과 자존심 형성에 해로운 영향을 미치고 다른 사람과 정서적 관계를 형성하는 능력을 저하시킬 수 있다. 입양아동은 자신에게 두 부모 혹은 가족이 있다는 사실을 수용해야 하는 문제를 경험하며, 유전적 당혹감을 경험하게 된다. 이로 인해 공허함을 채우고 자신에 대한 이해를 증진시키기 위해 친생부모에 대한 정보를 얻기를 원하기도 한다.

국외로 입양된 아동은 양부모, 주변 사람과 외모가 다른 것 때문에 자신의 정체성에 관해 혼란을 겪는다. 또한, 자신의 입양배경 및 친부모에 관한 의문에서 시작된 심리적 갈등으로 더욱 혼란하거나 입양가정 및 사회에서 적응하는 데 어려움을 겪기도 한다.

입양아동은 새로운 입양가정에 사회적, 신체적, 심리적으로 '적응'해야 하는 어려움과 정체감 문제로 인한 심리적 적응에 어려움을 겪을 수 있으며, 입양부모와 자신이 유전적 동일성이 없다는 것에도 심리적 상처를 입으므로 이를 항상 염두해 두어야 한다.

입양아동의 발달에 대한 연구(권지성 외, 2008)에 따르면, 입양아동이 만 5세 미만에서는 비입양아동과 비교해 의심스러운 발달의 비율이 비교적 높게 나타났다. 그러나 유아나 초등학교 저학년의 경우에 신체발달과 사회성 발달은 비입양아동과 큰 차이가 없는 것으로 나타났다.

이러한 여러 가지 문제에도 불구하고 입양은 아동의 건전한 성장과 발달에 긍정적인 영향을 미치며 대부분은 성공적인 것으로 평가된다.

② 입양부모

입양부모는 주로 불임과 관련된 여러 가지 심리적인 어려움을 겪게 된다. 불임은 자존감의 상실, 개인과 가족의 유전적 지속성에 대한 상실, 부부가 공동으로 잉태한 아동에 대한 상실, 임신, 출산과 수유로 오는 신체적 만족감의 상실, 친자녀를 양육하는 경험의 상실, 인생의 통제력에 대한 상실을 경험하게 한다. 또한, 입양부모는 부모 역할에 대해 불안감을 갖는 경향이 있다. 입양부모는 입양한 자녀에 대한 보호양육권을 갖는 정당한 부모라는 사실을 입양아와 사회로부터 인정받고자 하는 심리가 나타나기도 하며 입양아동이 친부모를 찾아 나서고 친부모를 더 좋아하게 될 것이라는 두려움 때문에 생부모의 존재를 알리지 않으려고 하기도 한다.

성공적인 양부모 경험에 기여하는 중요한 요인은 입양준비의 질과 입양관계가 가진 본래의 특별한 의미를 인식하는 데 있다.

③ 친부모

친부모는 아이를 버렸다는 이유로 그들의 어려움은 뒷전이 되기도 한다. 친부모는 친권포기를 하기 전 입양 이외에 다른 대안에 대한 정보, 친부모로서의 권리, 입양과정에 대한 정보 등 친부모에게 필요한 복지서비스나 정보를 거의 제공받지 못한다. 입양과정에서 친부모는 부수적인 존재로 간주되고 친권 포기 후에 얼마나 강한 상실함과 심리적 고통을 경험하게 되는지 아무런 조언도 듣지 못한다.

친부모의 애통의 감정은 자신의 상실이 다른 사람에게는 대단한 기쁨의 원천이 된다는 독특한 현실과 침묵 속에서 혼자 괴로워해야 한다는 사실 때문에 보다 더 복잡해지기도 한다.

친권을 포기한 여성의 친모증후군

- 충격적 회상, 악몽, 불안, 기피 또는 공포반응과 같은 외상후 스트레스 장애
- 손상된 자존감과 피동적 자세
- 겉으로는 완벽하고 정상적인 것처럼 행동하지만 내적으로는 수치심, 자기저주 등 정체감의 이분화 현상
- 친권포기 순간에 고착되어 있는 것 같은 감정상태의 정지
- 학대 받는 관계의 형성, 약물남용 등과 같은 자기학대
- 삶 전반에 있어 감정과 행동이 양극단을 오가는 생활

출처: 노혜련(2001).

3) 입양절차 및 입양지원

(1) 입양절차

① 국내입양

가. 입양 숙려제

2011년 개정된 「입양특례법」에 따라 친부모에 대해서는 입양을 결정하기 전 입양 숙려기간을 7일로 지정하여 이 기간 동안 신중히 생각할 시간을 갖기 위해 충분한 상담을 제공할 것을 의무화하였다.

이 기간 동안 친부모에게 친부모가 직접 양육할 때의 정부 내용, 입양 동의 요건 및 철회, 입양의 효력 및 입양정보공개 청구에 대한 정보 등의 내용을 주요 상담으로 제공해야 한다.

나. 입양희망자 초기면접

충분한 합의를 거친 부부가 상담을 요청하면 입양기관의 사회복지사는 입양절차를 설명하고 입양을 희망하는 사람이 입양부모로서 갖추어야 할 법적 자격을 가졌는지를 판단한다. 입양부모가 될 사람은 입양 성립 전에 입양의 요건·절차 및 효과, 자녀의 양육방법, 입양아동의 심리정서에 관한 정보 등에 대한 교육을 받아야 한다.

다. 입양 신청서 제출

입양을 추진하기 위해서는 자격을 갖추고 있는 양부모가 필요한 서류를 제출하여야 한다. 국내입양 시는 가족관계증명서, 주민등록등본, 부부 건강진단서, 혼인관계증명서 등의 서류가 필요하고 국외입양 시에는 신원증명서, 건강진단서, 재정증명서, 본인의 성장배경 소개, 가정과 아동에 대한 철학, 입양한 아동의 양육계획, 부부관계에 대한 설명 등을 협력기관에서 문서로 제출하게 한다.

라. 사전 가정양육환경 조사

신청서나 상담 내용과 실제 상황과의 비교를 위해 직장, 이웃, 가정 등을 2회 이상 직접 방문하여 조사를 한다. 이 과정에서 다른 점이 발견될 시 예비부모는 탈락하게 된다. 가정법원은 입양이 될 아동의 복리를 위하여 필요하다고 인정되는 경우 입양부모가 될 사람의 주소지 시장·군수·구청장에게 그 입양의 동기, 양육의 계획, 동거가족의 구성과 현황, 부양능력, 거주의 형편 등 양육환경에 대한 가사조사관을 촉탁할 수 있다.

마. 가정법원의 입양허가

2011년 개정된 「입양특례법」 제11조에 따라 가정법원의 허가에 의해 입양이 결정된다. 이때 입양가족의 관계등록부 등의 증명서, 양부모 될 자의 교육 이수 증명서, 양부모 가정환경 조사서, 입양동의서 등의 서류를 준비해야 한다. 종전과는 달리 원칙에 근거하여 아동의 출생신고서(가족관계증빙서류)를 법원에서는 원칙에 근거하여 요구하고 있다.

바. 아동의 선정과 배치

사전 가정양육환경 조사 후 적합 판단이 되면 입양기관은 입양대상아동에 관한 정보와 사진을 제공한다. 국내입양은 양부모가 아동을 선보고 난 후 결정 가능하고 국외입양은 사진만으로 결정을 하게 된다. 가정법원의 입양허가가 결정되면 아동이 입양가정에 배치된다.

사. 사후 관리

입양 후 최소 1년 동안 양부모와 입양아동의 상호 적응상황을 관찰하고, 필요한 서비스 제공과 입양가정에서의 아동양육에 필요한 정보를 제공하는 사후 관리가 필요하다. 또한, 입양기관에서 입양가정이 수시로 상담할 수 있는 창구의 개설 및 상담요원의 배치가 요구된다. 개정된 「입양특례법」에 따르면 국내입양은 입양기관의 사회복지사가 입양 후 1년 동안 매 3개월마다 입양아동에 대한 가정조사를 하는 등 사후 관리의 횟수, 방법 등을 구체적으로 명시하고 있다.

아. 파양

파양은 양친자가 관계를 소멸시키는 것으로 입양을 해소하는데, 가능한 이 단계에 진입하지 않도록 노력을 해야 한다. 양친·양자 검사는 양친이 양자를 학대 또는 유기하거나, 그 밖에 양자의 복리를 현저히 해하는 경우, 양자의 양친에 대한 패륜행위로 인하여 양자관계를 유지시킬 수 없게 된 경우 등에 의해 가정법원에 파양을 청구할 수 있다. 가정법원은 파양이 청구된 아동이 13세 이상인 경우 입양아동의 의견을 청취하여 존중해야 한다. 파양은 부모에게 버림받는 유기와 유사하며 한 번 상처 있는 아동에게 한 번 더 상처를 주는 행위이기 때문이다. 이는 아동에게 심각한 영향을 줄 수 있으므로 배치과정이나 사후 관리를 철저히 하여 가능한 한 자제되어야 한다.

요보호아동 발생

- 미혼모 입양숙려기간(7일) 준수
- 양육에 관한 정보, 사회적응서비스, 정부 지원정보제공
- 기아: 기아 발견신고 및 조서 작성, 부양 의무자 공고, 후견인 지정, 가족관계등록 창설(가정법원 성본 창설 허가재판)

↓

입양동의 및 아동 인수

- 친생부모 및 양자가 될 사람(요보호아동)에게 입양의 동의, 입양의 효과 및 파양, 입양정보공개 청구 관련, 입양 동의의 철회 등에 대한 충분한 상담 제공

↓

입양대상아동확인서 발급

- 보장시설의 장 또는 입양기관의 장이 작성 → 아동거주지 관할 시·군·구청에 제출(별지 제4호)
- 입양정보통합관리시스템(AOMS) 등록

예비 양부모 입양 신청

- 전화, 내방 등 상담진행(입양기간)
- 법 제20조(양친이 될 자격 등) 충족
- 양친 가정조사신청서(별지 제5호) 제출

↓

가정조사

- 양친가정조사서(별지 제5호)에 따른 가정조사 실시, 작성 및 발급
- 범죄경력 조회 요청(경찰관서)

↓

예비 양부모 교육

- 보건복지부령으로 정하는 소정의 교육을 이수해야 함(교육이수 증명서 발급)

↓

결연

- 국내입양 우선 추진
- 양친이 될 자와 입양대상 아동, 아기 선보기 및 결연

↔

* 국내에서 양친이 될 자를 찾지 못할 경우

국외입양 예비 양부모

- 25세 이상 45세 미만인 자
- 국외입양의 가정조사는 입양을 원하는 국가 또는 외국 입양기관이 행한 가정조사서로 활용함

↓

해외이주허가(국외입양)

- 해외이주허가신청서(별지 제11호) 및 해외이주허가신청서 제출서류를 구비하여 보건복지부 장관에게 허가신청

* 법 제11조 제1항에 따른 서류 구비

↓

법원허가제

- 양자가 될 사람의 등록기준지 또는 주소지 관할 가정법원에 신청
- 가정법원의 인용심판확정

법원 허가가 반려된 경우

- 구비서류 재정비 및 예비 양부모 소환(가사 조사관) 등

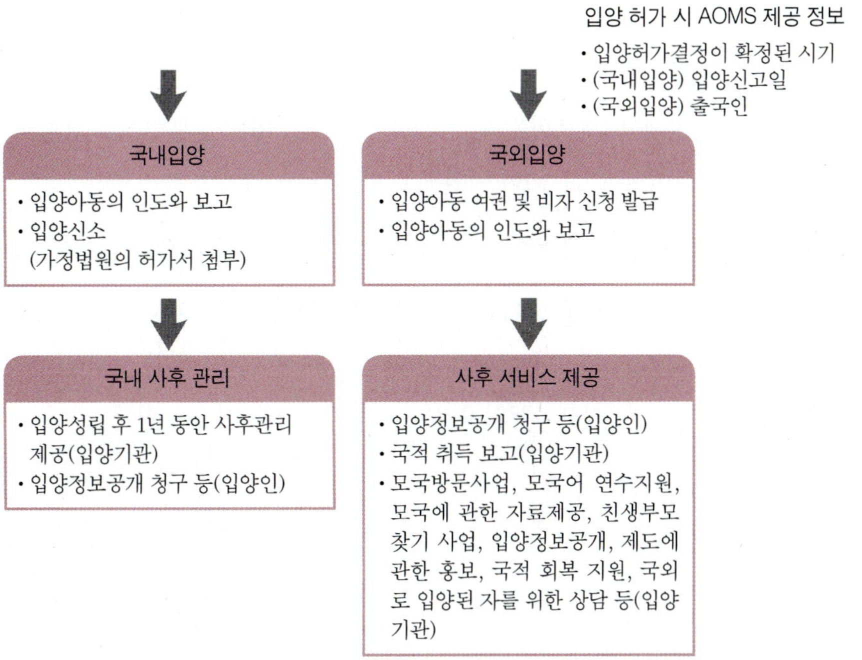

출처: 보건복지부(2014).

[그림 13-1] 입양특례법 개정 후 국내 입양 절차

(2) 입양아동에 대한 지원

국내입양을 촉진하기 위해 정부에서 각종 지원정책을 실천하고 있다(공계순 외, 2013).

① 장애아동 양육보조금 및 의료비 지원

장애아동 양육보조금은 「입양특례법」상 허가를 받은 입양기관에 의해 「입양특례법」의 요건과 절차를 갖춰 장애아동을 국내입양한 가정에 지급한다. 지급대상이 되는 장애아동의 유형으로는 첫째, 「장애인복지법」에 규정된 장애등록된 입양아동, 둘째, 조산·체중미달·분만장애·유전 등을 질환을 앓고 있는 아동, 셋째, 입양 당시 장애 또는 의료적 문제가 없었으나 선천적인 요인으로 장애 또는 질환이 발생한 아동 등이며 이러한 아동에 대해 양육보조금과 의료비가 지원된다. 이러한 요건에 해당하는 경우 입양아동이 18세를 초과하더라도 고등학교에 재학 중일 때에는 졸업 시까지

지원이 가능하다.

양육보조수당은 중증장애아동은 1인당 월 627천 원, 경증장애아동 등 그 외 지원 대상은 551천 원이 지원되고, 의료비는 연간 260만 원 한도 내에서 본인이 부담한 의료비 전액(급여 및 비급여 부분 포함)이 지원되고 있다.

② 입양아동 양육수당 지원

「입양특례법」상 허가를 받은 입양기관에 의해 「입양특례법」의 요건과 절차를 갖춰 국내입양한 가정에서 입양아동이 13세가 될 때까지 아동 1인당 15만 원의 양육수당(2013년 기준)이 지원되고, 장애아동양육보조금과 동시 지원이 가능하다.

③ 입양아동 의료급여 지원

「입양특례법」에 의해 국내에 입양된 만 18세 미만의 입양아동에 대해서는 의료급여 1종으로 의료급여를 지원하고 있으며, 중·고등학교 재학생의 경우 20세까지 의료급여를 제공하고 있다.

④ 입양비용 지원

「입양특례법」상 허가를 받은 입양기관에 의해, 같은 법 요건과 절차를 갖춰 국내입양한 가정에 대해 입양에 필요한 비용을 지원하고 있다.

- 입양알선에 소요되는 인건비, 아동양육비(위탁모 비용 포함), 입양알선 절차에 소요되는 비용, 입양기관의 운영비 및 홍보비, 사후 관리비 등 입양 알선에 실제로 드는 비용으로 2013년 기준 전문기관 270만 원, 지정기관 100만 원 정액이 지원된다.
- 입양대상아동 인수부터 철회까지 아동을 보호하는 동안 소요된 비용으로 아동보호기간에 따라 2주 미만 15만 원에서 8주 이상 73만 원까지 지원된다.
- 2013년부터 입양 숙려기간 동안 아동가족에 대한 보호비용이 신규로 지급된다.

4) 입양서비스의 현황과 과제

(1) 입양아동을 위한 복지서비스 현황

① 입양아동의 현황

국내입양 비중은 꾸준히 증가하여 2000년 이전 총계는 국내입양 대 국외입양의 비율이 29 대 71로 국외입양이 압도적으로 높은 비중을 차지하던 것이, 2001년 이후에는 국내입양 비율이 40%를 넘어섰다.

국내 장애아 입양 비율은 전체 국내입양 건수의 1%도 되지 않으며 국외 장애아 입양의 비율인 23.9%와 크게 비교된다.

남녀 성별에 따른 차이를 보면 국내입양에서는 여아의 비율이 63.5%로 남아보다 여아를 선호하는 것으로 나타났으며, 국외입양에서는 남아의 비율이 65.9%를 차지했다.

최근에는 공개 입양에 대한 관심이 증가하고 실제로 공개 입양이 증가하고 있다.

1997년 말부터 시작된 경제 위기로 요보호아동이 증가하였고 시설보호중심의 아동보호 방법을 지양하고 가정 내 보호, 즉 가정위탁보호와 입양을 지향하는 아동보호정책의 변화가 있었다.

〈표 13-2〉 입양 아동 수

연도	계	국내입양 아동 수	국외입양 아동 수
2003	3,851	1,564	2,287
2004	3,899	1,641	2,258
2005	3,562	1,461	2,101
2006	3,231	1,332	1,899
2007	2,652	1,388	1,264
2008	2,556	1,306	1,250
2009	2,439	1,314	1,125
2010	2,464	1,462	1,013
2011	2,464	1,548	916

출처: 보건복지부(2012). 아동복지정책과.

〈표 13-3〉 입양 신청자 수 및 입양아동 유형

구분	입양 신청자	입양아동 유형							보호유형
		계	미혼모(부) 아동 (혼외자 포함)	유기아동	빈곤 가정 아동	한부모 가정 아동	기타	시설 보호 아동	위탁 보호 아동
계	1,947	34	1,452	34	46	9	7	649	899

출처: 보건복지부(2010). 입양통계.

② 입양기관 현황

홀트아동복지회, 동방사회복지회, 대한사회복지회, 한국사회봉사회 등 국내·외 입양기관과 성가정입양원 등과 같은 국내 입양기관 20개 기관 등 총 24개 입양기관이 있다.

〈표 13-4〉 입양기관 수

연도	계	국내 입양기관 수	국내, 국외 입양기관 수
2003	23	19	4
2004	23	19	4
2005	24	20	4
2006	25	21	4
2007	24	20	4
2008	23	19	4
2009	23	19	4
2010	22	18	4
2011	22	18	4

출처: 보건복지부(2014). 입양통계.

〈표 13-5〉 입양아동의 성별, 발생 유형별, 연령별 현황(2013. 1. 1. ~ 12. 31.) (단위: 명)

기관명	계	성별		발생 유형별			연령별		
		남	여	미혼모 아동	기아, 빈곤	결손 가정	1세 미만	1~3세	3세 이상
계	236	194	42	228	1	7		229	7
홀트	61	46	15	56		5		59	2
동방	85	69	16	84	1			81	4
대한	90	79	11	88		2		89	1

출처: 보건복지부(2014). 입양통계.

(2) 입양서비스의 실천 및 과제

우리나라는 현재 국내입양 활성화를 위한 다양한 정책을 실천하고 있으며 입양서비스의 강화를 위해 입양기관 간 정보를 공유할 수 있는 입양대상아동 통합관리시스템을 구축하여 운영하고 있지만 영아입양이 아닌 가정해체, 아동학대 등으로 입양을 필요로 하게 된 연장 아동에 대한 입양이나 장애아동에 대한 입양이 현저히 저조하며, 이를 활성화할 수 있는 서비스와 정책이 등 입양서비스의 개선을 위한 방안이 필요하다.

① 입양대상아동의 발생 예방

아동복지의 증진을 위해서는 입양대상아동의 발생을 예방하는 것이 무엇보다도 중요하다. 우리나라의 입양의 주 대상이 되는 아동은 미혼모 아동과 장애아동이므로, 이 예방을 위해서 청소년의 성교육을 강화하고 성 가치관을 확립하여야 한다.

② 입양 관련 법규의 정비

「입양특례법」이 2012년부터 실시된 입양 숙려기간 도입, 친부모의 입양 동의, 법원을 통한 입양 허가, 입양인의 입양정보 청구제 등의 제도가 요보호아동이 15세 이상인 경우에는 본인의 동의를 필요로 하는데, 아동의 정신적 성숙이 빨라지고 있는 상황에서 아동 본인의 동의를 구하는 연령이 높게 규정되어 있다.

친부모의 경우 부부의 동의를 원칙으로 하고 있으나 미혼모인 경우는 미혼부의 동의 없이 이루어지고 있어서 입양 후 미혼부에 의한 입양 취소가 제기되고 있다.

친부모가 장기간 연락이 없는 등 실질적으로는 친권포기 상태이나 서류상 친권이 포기되지 않아 입양이 불가능한 경우도 종종 있다. 친부모의 경우는 부부 동의 원칙을 보다 철저히 지켜야 하며, 친부모가 자녀를 입소시키기 원할 때 일정기간 연락이 없으면 친권을 포기한 것으로 한다. 또한, 입양아동에게 불리한 입양 동의도 개선해야 한다.

③ 입양서비스에 대한 정부지원 강화

앞서 살펴본 바와 같이 입양가정을 위한 다양한 지원제도가 시행되고 있지만 입양기관이나 입양가정을 위한 정부의 재정적인 지원은 약한 편이라 할 수 있다. 국내입양의 활성화와 입양서비스의 개선을 위해 정부는 입양기관의 설치 및 운영에 관한 비용을 보조하고 입양가정에 지원되는 지원책을 대폭 확대하여 입양에 따른 경제적 부담을 줄여 나가도록 해야 한다. 양육보조금과 의료급여, 입양휴가제, 연장아 입양이나 공개입양의 경우 다양한 심리치료 서비스 제공 및 입양부모 자조모임, 입양 후 6개월까지의 사후 서비스 등 다양한 입양지원 서비스 또한 필요하다.

④ 입양서비스에 대한 홍보활동의 전문화

국내입양을 활성화하기 위해서는 입양에 관한 인식의 변화가 필요하며 이를 위해 적극적인 홍보가 필요하다. 신문, 라디오, TV, 영화, 전시회, 행사, 기관지 등의 여러 가지 방식을 홍보활동에 이용한다. 특히, 생애주기별로 교육기관 중심의 입양교육과 홍보를 실시하며, 전문가 집단을 대상으로 입양에 대한 인식 개선교육을 지속적으로 실시할 필요가 있다.

⑤ 입양 사후 관리의 강화

현재 우리나라는 입양 후 6개월 이내에 양친과 양자 간 상호 적응상태를 관찰하고 입양가정에서의 아동양육에 필요한 서비스를 제공하며 수시로 상담할 수 있는 창구를 개설하여 실시하고 있으나, 대부분의 국내입양이 비밀입양으로 입양아동에 대한 관리가 매우 힘든 실정이다. 「입양특례법」 개정 이후 입양기관이 1년간의 사후 관리 의무를 가지게 되었지만, 더욱 전문적으로 입양가정에 대한 상담 및 사후 관리 기관을 확대하고 지원해 줄 수 있는 체제를 갖추어야 할 필요가 있다.

⑥ 입양가족을 위한 다양한 프로그램 개발 및 제공

앞서 입양 3자 간의 문제점을 살펴보았듯이 입양가족은 일반가족과는 다른 어려움을 겪게 되므로 이들 가족을 지원해 줄 수 있는 다양한 프로그램을 개발하고 제공해 주어야 한다. 입양아동의 정체감 형성을 위한 다양한 프로그램과 입양가족 생애주기에 따른 입양부모 역량 강화 프로그램 등을 개발하여 제공할 필요가 있다. 또한, 친부모를 위한 상담 및 진로 프로그램에 대한 고민도 필요하다.

2 가정위탁보호서비스

1) 가정위탁보호의 개념과 유형

(1) 가정위탁보호의 개념

가정위탁보호란 아동이 자신의 가정에서 양육될 수 없을 때 입양이 바람직하지 않고 불가능할 경우 다른 가정에서 일정한 계획된 기간 동안 보호와 양육을 받는 대리보호이다. 미국의 아동복지연맹에서 출판된 『가정위탁보호서비스 교본』에서도 가정위탁보호란 "아동복지서비스의 하나로 자기 가정에서 일시적 또는 장기적으로 보호될 수 없는 아동에게 어떤 계획된 기간 동안 주어지는 대리가정에 의한 보호"라고 말한다. 가정위탁보호는 친부모의 양육 역할을 일정기간 대리하며 일정기간 양육하기 어려운 상황이 해소되면 아동을 친가정으로 복귀토록 하는 아동복지실천 활동이므로 아동의 친가정을 지킬 수 있다는 점과 가정의 보호를 받을 수 없는 아동에게 일시적이지만 가정경험을 제공한다는 점에서 매우 중요하다. 가정위탁보호는 친가정이 아닌 다른 가정에서 받는 보호이지만, 영구보호인 입양과는 다르게 한시적으로 제공되어지는 보호이다. 따라서 위탁부모는 친부모나 법적 후견인 내지 보호자에 의해 아동의 양육을 일정기간 위임받은 사람으로 설정되어, 위탁기간 동안만 위탁아동의 삶에 대한 총체적 책임을 지며 위탁기간이 종료되면 모든 권한은 소멸된다.

가정위탁보호가 필요한 상황을 오정수·정익중(2013)은 다음과 같이 설명하고 있다. 첫째, 가정부모의 사망, 이혼, 별거, 신체적 혹은 정신적 질병, 유기, 학대, 적절한 재정자원의 결핍 등의 부모가 관련된 여러 가지 어려움의 경우와 둘째, 아동의 신체적 장애, 정신지체, 사회적 일탈행위, 정서적 혼란 등과 같은 아동과 관련된 여러 가지 어려움의 경우가 있다.

(2) 가정위탁보호서비스의 의의

가정위탁보호서비스 사업의 궁극적인 목적은 부모로부터 격리된 아동이 부모에게 다시 돌아갈 때까지 가정적인 분위기에서 건강하게 성장하도록 보호하며 빠른 시일 내에 보호자에게로 돌아가거나 또는 다른 가정에 입양되도록 돕는 데 있다. 즉, 친부모가 친권을 포기해야 하는 입양제도와 달리 일차적으로 아동이 친가정으로 복귀하는 데 목적이 있으며, 시설에서 성장하거나 방치되는 일 등이 발생하지 않도록 하는 데 있다.

이러한 목적에 의해 가정위탁서비스는 다음과 같은 의의를 가진다. 첫째, 보호가 필요한 아동을 가정에서 보호하는 방법을 모색함으로서 아동이 가정생활을 할 권리를 보장해 줄 수 있다. 둘째, 아동의 시설입소를 예방하고 불필요한 시설을 점차 줄여 갈 수 있다. 셋째, 문제가 있는 부모로부터 일정기간 아동을 분리함으로서 부모와 아동의 문제를 치료하는 것을 통해 원가정을 회복할 수 있다. 넷째, 가정해체를 방지할 수 있다.

그러므로 원가정과의 재결합 가능성을 충분히 고려하여 가정위탁보호를 선택하여야 하며, 재결합 가능성이 낮거나 불가능하면 영구적 보호계획인 입양이나 시설보호를 고려하여야 한다.

(3) 가정위탁보호의 유형

① 위탁보호자의 친족 여부에 따른 분류

우리나라 「아동복지법」에서는 가정위탁의 유형을 부모 이외의 의무부양자에 의한 대리양육 가정위탁, 친인척 가정위탁, 일반인 가정위탁으로 구분한다(김주아 외 2013).

가. 대리양육 가정위탁

부모를 제외한 부양의무자인 조부모가 위탁아동을 양육하는 경우를 말한다. 생활능력이 없는 친조부모 또는 외조부모가 아동을 양육하는 경우에 아동의 보호를 위하여 대리양육가정으로 선정하고 아동양육을 위한 양육비를 받는 위탁보호의 한 형태이다.

나. 친인척 가정위탁

조부모를 제외한 친인척이 위탁아동을 양육하는 경우를 말한다. 친인척 중 아동을 보호할 수 있는 가정을 선정하여 아동을 보호하는 위탁보호의 한 유형이다.

다. 일반인 가정위탁

위탁아동과 혈연관계가 없는 일반인이 위탁아동을 양육하는 경우를 말한다. 일반가정은 가정위탁지원센터의 조건을 통과하고 사랑과 정성으로 아동이 건강하게 성장할 수 있도록 돕는다.

② 양육비 부담 여부에 따른 분류

위탁양육서비스는 양육비 부담에 의해 다음과 같이 구분할 수 있다(보건복지부, 2011; 오정수·정익중, 2013).

가. 무료 위탁보호

순수한 자원봉사로 무상을 위탁받은 아동을 가정에서 돌보는 경우를 말한다. 양육부담을 수탁자가 하는 것으로 가정위탁사업의 효시를 이루는 유형이며 위탁아동 양육을 통해 모성애의 충족을 기쁨으로 여기며 자선적 입장에서 무료로 양육한다.

나. 유료 위탁보호

위탁받은 가정이 아동보호를 위해 사회기관으로부터 양육에 따른 수고비를 받는 경우를 말한다. 양육비용의 전체 또는 일부를 위탁자가 부담한다.

다. 고용 위탁보호

위탁기간 중 위탁아동이 노동을 하여 숙박비를 대신하는 경우를 말한다. 고용노동을 통해 양육에 필요한 비용을 부담하면서 자립생활을 지원하는 것인데, 위탁아동은 노동력을 제공하고 직업훈련을 통해 자립할 수 있게 된다. 이 유형의 위탁대상은 대부분이 청소년이며 우리나라는 「근로기준법」에 의해 13세 이상의 아동만이 대상이 된다.

라. 입양 위탁보호

수탁자가 보호아동을 자기의 양자로 하기 위한 위탁보호 유형을 말한다. 위탁아동의 건강한 발달과 적응을 위해 위탁가정이 위탁아동을 입양하는 것은 바람직하며, 입양과 가정위탁이 분리된 체계의 연결을 위한 지원 방안이 정책적으로 강화될 필요가 있다.

마. 전문적 위탁보호

심신장애아동을 대상으로 치료와 재활기능을 가지는 전문기관에서 위탁보호를 하는 경우를 말한다. 이러한 경우 위탁부모는 높은 수준의 인격과 훈련의 소유자여야 하며, 다른 가정위탁보호보다 수탁료가 높고 위탁부모는 치료자라 불린다.

바. 집단 위탁보호

4~12명 정도의 규모로 시설에서 운영하는 그룹형 경우를 말한다. 시설에서 생활한 아동이 사회나 가정에 성공적으로 되돌아갈 수 있는지의 시험이 필요한 경우나 보다 자연스러운 생활경험의 기회가 필요한 경우가 속한다.

2) 가정위탁보호기관과 사회복지사의 역할

가정위탁보호기관에서 사회복지사는 외적인 조정자가 된다. 사회복지사의 역할은 다음과 같다.

(1) 위탁아동에 대한 역할

사회복지사는 위탁될 아동에 대한 실제적 양육은 위탁모가 담당하더라도 위탁 실시와 종료에 따르는 전반적 과정에 관여하며 사회복지사는 아동의 모델에 관여한다.

(2) 친부모에 대한 역할

위탁담당 사회복지사는 친부모의 이러한 감정상태를 이해하고 격려해 주어야 한다.

(3) 위탁 부모에 대한 역할

위탁담당 사회복지사는 위탁부모에게 위탁부모란 일시적으로 위탁된 아동에게 적절한 양육을 제공하지만, 친부모에게 양육기술을 가르치는 전문가 역할을 한다. 위탁보호의 성공 여부를 결정짓는 중요한 사람이라는 것을 위탁부모에게 알리고 격려한다.

위탁모가 가지는 양육상의 어려움을 덜어 줄 수 있도록 여러 가지 방법을 강구하고 지원·알선한다.

「아동복지법 시행규칙」에 따른 위탁가정 선정기준

① 대리양육 가정위탁, 친인척 가정위탁의 기본 기준
- 위탁아동과 동거할 것
- 위탁아동을 돌봄에 현저한 장애와 건강상의 질병이 없을 것
- 위탁받고자 하는 자와 그 가족에게 범죄, 가정폭력, 아동학대, 알코올·약물중독 등의 전력이 없을 것
- 위탁가정 적합 여부에 대한 가정 조사 시 이웃 등을 통해 확인할 것
- 가정위탁에 필요한 교육을 이수할 것

② 일반인에 의한 위탁보호의 경우 추가사항
- 위탁아동을 부양함에 충분한 재산이 있을 것
- 위탁아동에 대하여 종교의 자유를 인정하고, 사회의 일원으로서 그에 상등한 양육과 교육을 할 수 있을 것
- 가정이 화목하고 정신적·신체적으로 위탁아동을 양육함에 현저한 장애가 없을 것
- 공립아동상담소 또는 이웃주민 2인 이상의 추천을 받을 것
- 위탁 받는 자의 나이가 25세 이상(부모인 경우 부모 모두 해당)으로서 위탁아동과 연령차이가 60세 미만일 것
- 위탁가정의 아동은 자신의 자녀를 포함 4인을 넘지 않을 것(18세 이상 친자녀는 자녀 수에서 제외)
- 결혼하여 아이를 키워 본 경험이 있는 가정일 것

3) 가정위탁보호 주체의 문제

(1) 가정위탁보호 서비스의 4주체

① 위탁아동: 보호가 필요한 아동 중 가정위탁으로 보호 조치된 아동

② 위탁부모가정: 일정기간 동안 친부모가정의 역할을 대신해 위탁아동을 보호·양육하여 친가정 복귀를 돕는 부모가정

③ 친부모가정: 위탁아동의 친권을 가지고 있는 친부모이며, 아동의 정상적인 보호·양육이 어려워 일정기간 가정위탁보호를 요청한 부모가정

④ 가정위탁지원센터: 시·도(시·군·구)의 가정위탁보호 업무를 지원·협력하며, 위탁아동이 건전하고 안정적인 가정 내에서 보호·양육되도록 지원하는 기관

(2) 가정위탁보호 주체의 문제

① 위탁아동

원가정에서의 부적절한 양육으로 인하여 친부모에 대한 애정과 증오의 갈등 상황을 경험하기도 하므로 심리적으로 불안한 경향을 보이기도 한다. 학대와 방임 등에

의한 부정적 경험에 대한 치료를 받을 수 있도록 전문적 상담, 치료서비스가 제공되어져야 한다.

② 친부모의 문제

친부모가 아동의 위탁하게 되는 요인으로는 게으름, 질병, 약물 오남용 등 부나 모의 개인적 문제도 있을 수 있고, 부양자의 사망 또는 실종 및 실직, 구금 등의 경우도 있을 수 있다. 또한, 부부 폭력이나 가정폭력 및 이혼과 별거 등의 과정을 겪고 있거나 적절치 못한 부모 양육기술 문제, 부모의 직업, 일시 입원이나 요양이 필요한 건강상 문제 등의 여러 가지 문제가 있으므로 이에 대한 상담이나 치료, 지원 프로그램이 제공되어져야 한다.

③ 위탁부모와 기관의 문제

위탁부모는 친부모와 사회복지기관과 협조적 관계를 유지하고 지역사회의 제반 자원을 적극 활용할 수 있는 의욕을 지니고 실제로 행동해야 한다. 가족의 재결합을 성취시키고자 하는 위식이 필요하며, 이를 지지해 줄 수 있는 가정위탁기관과 정부의 지원이 필요하다.

4) 가정위탁보호 서비스의 과정 및 지원

(1) 가정위탁보호 서비스의 과정

① 위탁부모의 모집, 선정과 교육

신문과 책자, 각종 방송매체를 통해 모집하며 위탁희망부모, 위탁부모, 친부모를 대상으로 교육이 이루어진다.

② 위탁아동의 선정

위탁된 아동은 친부모 또는 아동복지 관련 기관으로부터 의뢰되며, 위탁아동이 발생하면 기초생활 수급자로 책정하고 해당 가정위탁지원센터로 통보하고 위탁가정을 연계한다.

③ 위탁아동의 배치

올바른 위탁가정의 발굴은 위탁보호 성공의 기본이 되므로 아동에게 행복의 기회를 갖도록 할 수 있는 가정에 위탁해 주도록 하는 것이 주요하다. 위탁아동의 안전과 안정의 욕구를 잘 충족시켜 주는 위탁가정과 이러한 욕구를 충족시켜 주기 위한 충분한 자격을 가진 위탁부모에게 위탁아동과 친부모 및 가정환경적 특성을 고려하여 배치한다.

④ 사후 관리

위탁된 아동의 양육 상황을 조사·점검하고 위탁아동, 친부모, 위탁부모 모두를 사후 관리해야 한다.

⑤ 위탁의 종결

종결 후에 먼저 원가정과의 재결합 고려해야 한다. 이것이 어려울 경우는 다시 위탁보호를 제공하거나 입양과 시설보호를 고려한다.

신청	→ 아동 및 위탁가정 환경조사	→ 가정위탁보호 결정 · 통보	→ 사례관리	→ 가정위탁보호 종결
아동과 위탁보호 희망자	읍·면·동	시·군·구	읍·면·동 시·군·구 가정위탁지원센터	시·군·구와 가정위탁지원센터
신청	조사상담, 서식 작성 및 제출	위탁보호결정, 센터에 통보, 아동카드 발송	아동카드 관리, 상담 및 관리업무지원, 공무원 · 종사자 위탁부모교육	종결 또는 연장 통보 및 사후 관리

출처: 중앙가정위탁지원센터 홈페이지(2015).

[그림 13-2] 가정위탁보호 서비스 과정

(2) 가정위탁아동 및 가정에 대한 지원(보건복지부, 2013)

① 국민기초생활 보장법에 따른 지원

위탁보호 아동에 대해서「국민기초생활 보장법」에 의한 수급자 선정기준에 따라 생계·의료·교육 등의 해당 급여를 별도 가구로 보장하는 개인 단위로 실시하여 기초생활 수급자로 보호한다.

② 양육보조금 지원

2013년 기준 아동 위탁아동의 후유장애, 입원·통원 의료비 등을 지원하기 위하여 1인당 연 7만 원 이내의 상해보험료를 지원한다.

③ 전세자금 지원

위탁가정의 월평균소득이 전년도의 근로자 가구당 월평균소득보다 이하이면서 무주택인 대리양육·친인척 위탁가정에게 일반주택 전세자금 및 공공임대 주택임대 보증금을 지원한다. 이와 관련하여「소년소녀가정 등 전세자금 지원 업무처리지침」(국토해양부)이 별도로 통보되어 있다.

④ 가정위탁아동에 대한 자립지원정착금 지원

위탁아동 종결 시 아동복지시설 퇴소에 준하여 자립지원정착금 지급이 필요한데, 지방이양사업인 자립지원정착금을 아동 1인당 300만 원 이상 지급을 권고한다.

⑤ 가정위탁아동에 대한 대학진학 학자금 지원

아동 1인당 300만 원 이상의 대학 등록금 지급을 권고한다.

⑥ 가정위탁아동 심리치료비 지원

가정위탁아동의 심리정서 치료비 월 20만 원 이내, 심리검사비 20만 원(1회), 교통비 월 2만 원 이내의 심리치료 관련 비용을 지원한다.

⑦ 후견인 지정을 통한 정서적 후원 지원

대리양육, 친인척 위탁가정 등 가정위탁보호 아동의 경우 가까운 이웃에 거주하는 아동위원, 종교인, 지역 여성지도자, 공무원, 가정위탁지원센터 상담원 등을 후견인으로 지정하여 고충이나 애로사항을 상시 의논하고 해결하도록 지원한다.

가정위탁아동에 대한 심리치료지원

① 지원대상

- 보호대상아동(보호자가 없거나 보호자로부터 이탈된 아동 등) 중 국내입양 가정위탁보호아동으로 결정된 아동

② 선정기준

- 입양, 가정위탁아동 중 심리정서치료 필요 아동
- 가정위탁기간 및 입양기간이 1개월 이상인 아동(입양아동의 경우 만 2~18세)
- 추천 당시 공공, 민간 등 외부로부터 치료비 지원을 받지 않는 아동(중복지원 제외)
- 과거 심리치료 경험이 있다 하더라도 그 기간이 충분하지 않아 문제해결이 되지 않은 아동
- 과거에 치료를 받았다 하더라도 이전과 다른 문제가 발생된 아동

③ 서비스 내용

- 치료대상아동의 증상에 따라 필요한 프로그램을 선별 또는 혼합하여 놀이치료, 미술치료, 음악치료, 집단치료, 인지치료, 언어치료, 기타 아동의 심리정서 회복을 위한 치료비용 지급

④ 지원비용

- 심리검사비: 1회, 20만 원
- 심리정서치료비: 월 4회 이상, 월 20만 원 이내
- 아동 및 보호자 교통비: 월 2만 원 이내(지역적 상황으로 택시를 이용해야 하는 경우 월 4만 원 이내)

⑤ 신청방법: 방문, 기타

4) 가정위탁아동보호의 현황과 과제

(1) 가정위탁아동보호의 현황

위탁아동은 가정적 원인과 아동 자신의 원인 등으로 발생하고 있다. 2007년 사회적 보호가 필요한 아동의 발생원인으로 91.6%가 부모빈곤, 실직, 학대, 미혼모 아동, 기아, 미아 등 부모 요인에 의한 비행, 가출 등의 아동요인은 8.4%로 보고된 바 있다(보건복지부 보건복지통계, 2007). 2011년 보건복지부의 가정위탁보호 사유와 가정위탁 유형에 따른 연도별 아동 현황은 다음과 같다.

〈표 13-6〉 가정위탁보호 사유

(단위: 명, %)

계	부모 모두 사망	부나 모 사망	가출 (부, 모)	이혼	수감 (부, 모)	실직, 빈곤	질병 (부, 모)	학대 방임 (부, 모)	이혼 (부, 모)	시설 의뢰	가아, 미아	기타
16,359	1,271	3,589	4,567	5,282	364	344	279	148	219	44	57	195
100.0	7.8	21.9	27.9	32.3	2.2	2.1	1.7	0.9	1.3	0.3	0.4	1.2

출처: 보건복지부(2011). 보건복지통계.

〈표 13-7〉 가정위탁 유형에 따른 연도별 아동 현황

(단위: 명, %)

연도	계	대리양육 위탁아동	친인척 위탁아동	일반 위탁아동
2010	16,359	10,865	4,371	1,323
	100.0	66.4	26.7	6.9
2009	16,608	10,947	4,503	1,158
	100.0	65.9	27.1	7.0
2008	16,454	10,709	4,519	1,226
	100.0	65.6	27.5	7.5

출처: 보건복지부(2011). 보건복지통계.

(2) 가정위탁아동기관서비스 현황

① 가정위탁지원센터

현재 우리나라에는 중앙가정위탁지원센터와 17개의 지역가정위탁지원센터가 설치 운영되고 있으며, 가정위탁지원센터의 구체적 기능은 다음과 같다.

- 지역가정위탁지원센터에 대한 지원
- 효과적인 가정위탁사업을 위한 연계체계 구축
- 가정위탁사업과 관련된 연구 및 자료 발간
- 가정위탁지원사업을 위한 프로그램의 개발 및 평가
- 상담원에 대한 교육 등 가정위탁에 관한 교육 및 홍보
- 가정위탁사업을 위한 정보기반 구축 및 정보 제공
- 가정위탁사업에 대한 평가

② 한국수양부모협회(http://ngopower.net)

한국수양부모협회는 1999년 5월 24일 보건복지부의 인가를 받은 비영리 사단법인이다. 가정해체, 학대, 방임 등의 이유로 소외되고 버려져 보호가 필요한 아동이 시설에 수용되거나 해외에 입양되는 것을 지양하고, 가정에 위탁되어 양육되도록 도와주는 무료 가정위탁기관이다.

(3) 가정위탁아동서비스의 과제

우리나라는 탈수용시설화 정책의 하나인 가정위탁사업이 정책적으로 강조되고 있지만, 여전히 활성화되지 못하고 있는 실정이다. 가정위탁이 활발하게 전개되지 못하는 요인으로 오정수·정익종(2015)은 첫째, 혈통을 중시하는 가족제도, 둘째, 경제적 불안정, 셋째, 주택문제(주거 공간의 부족), 넷째, 아동수당 등 사회보장의 미비 등을 제시하고 있다.

가정위탁은 입양을 앞둔 일부 아동을 위한 중간 조치로서가 아니라 결손가정이나 극빈가정의 아동을 보호하기 위한 본래의 의의를 살리는 방향으로 전환할 필요가 있다.

이를 위해 위탁부모 모집이 원활하게 이루지고 위탁부모에 대한 철저한 교육이 필요하며, 위탁아동은 친부모와의 분리, 학대와 방임과 같은 부정적 경험을 치료받을 수 있도록 배치 후 일정기간 동안 전문적 상담과 치료 서비스를 제공받아야 한다. 또한, 친부모가 위탁아동과 재결합할 수 있도록 친가정의 문제를 해결하고 자립할 수 있는 직업훈련, 자활사업, 주거환경개선과 같은 자립 지원서비스를 제공할 필요가 있다. 이를 위한 개선 방안을 제시해 보면 다음과 같다.

① 제도적 보완

가정위탁을 위한 제도가 점점 개선되고 있지만 아동권리협약에서 권고하는 아동의 최선의 이익을 보장하기에는 부족하다. 보호가 필요한 아동을 시설이나 가정위탁 등에 적절하게 배차할 수 있도록 아동의 사정·배치·모니터링할 수 있는 법률과 행정체계의 구축이 절실하다.

② 가정위탁사업에 대한 인식 제고 및 위탁가정의 양적 확대

입양을 앞둔 일부 아동을 위한 중간 조치로서의 가정위탁의 인식의 제고를 위해 정부의 주관 하에 더욱 적극적인 홍보를 함으로써 아동복지의 중요한 서비스인 가정위탁보호사업에 대한 국민의 인식 전환으로 위탁가정의 양적 확대를 꾀할 필요가 있다.

③ 위탁가정에 대한 지원 확대

현재도 위탁아동과 위탁가정에 대한 여러 가지 제도적 지원이 실시되고 있으나 위탁아동은 과외지도, 영양식과 간식, 치과진료 등의 복지서비스에 대한 욕구가 높게 나타나듯이(노충래 외, 2007), 가정위탁사업의 활성화와 효과적인 가정위탁서비스를 위해서는 많이 부족하므로 지원의 확대가 필요하다.

양육보조금, 의료비, 학비, 심리치료비 등의 경제적 지원은 물론이고, 위탁가정의 심리사회적 적응을 위한 전문적인 프로그램이나 위탁아동이 성장하여 청소년이 되었을 때 이들의 자립 촉진을 지원할 수 있는 프로그램 및 교육지원 프로그램, 배치 전후의 상담 프로그램 등이 더욱 다양하게 확대되어 지원되어 질 필요가 있다.

④ 친가정 복귀를 위한 서비스 강화

위탁아동의 행복을 위해 가장 중요한 것은 가정의 재결합이며 이는 아동의 삶의 질을 개선하는 가장 최선의 길이다(중앙가정위탁지원센터, 2015). 이와 동시에 가정위탁보호의 궁극적인 목적인 친가정으로의 복귀를 위해 친가정의 역량을 강화하고 아동의 친가정 복귀를 돕는 서비스가 강화되어야 한다. 그러나 서비스를 제공함에 있어 이 부분이 간과되고 위탁아동과 위탁가정에게 집중되는 경향이 있으므로 친부모와 아동과의 정기적인 만남에 대한 책임을 강화하는 법적인 규제 등 친부모에 대한 지원도 필요하다.

⑤ 가정위탁지원센터와 상담원 수 확대 및 상담원의 전문성 학보

전국적으로 중앙가정위탁지원센터를 포함한 가정위탁지원센터의 수를 전국적으로 더 확대하고 담당 직원을 더 배치할 수 있도록 지원하며 센터 상담원의 전문성 확보에도 더욱 심혈을 기울여야 할 필요가 있다. 또한, 가정위탁지원센터가 주축이 된 위탁가정과 위탁아동의 관리를 위해 조사하고 교육하고 관리하는 전담기관의 구축도 절실하다.

⑥ 관련 기관과의 협력체계 강화

우리나라 가정위탁보호제도는 위탁아동의 지정 권한을 지방자치단체의 사회복지 전담공무원이 맡고 있어 가정위탁지원센터와 사회복지 공무원과의 협력은 필수적이다. 따라서 가정위탁업무 절차 수행에 있어 양자 간에 긴밀한 의사소통을 위한 협력 강화와 데이터베이스 구축을 통한 정보교환 등의 긴밀한 협력체계의 강화가 필요하다.

제14장

아동복지의 전망과 과제

1 우리나라 아동의 실태

아동복지의 전망과 과제에 앞서 먼저 2015년도 우리나라 아동의 실태(관계부처 합동자료, 2015)에 대해서 연구조사통계를 통해 드러난 상황을 보면 다음과 같다. 우리나라의 아동인구는 1,568만 명(전체 인구의 41%, 1980년)에서 933만 명(18.6%, 2013년)으로, 그리고 2020년에는 816만 명(15.9%, 2020년)으로 감소할 것이 예상된다. 이처럼 저출산의 영향으로 아동 인구가 줄어들고, 전체 인구에서 아동인구가 차지하는 비중은 20% 미만으로 감소했다. 우리나라는 아동학대가 증가하고 있고, 사교육 의존 등 과도한 학업 스트레스로 인하여 아동과 부모 모두의 삶의 질에 부정적 영향을 준다. 출생에서 대학 졸업까지를 기준으로 자녀양육비는 2억 6,200만 원(2009년)에서 3억 900만 원(2012년)으로 대폭 증가했다(한국보건사회연구원, 2013년). 우리나라 아동의 삶의 만족도[37](2013년 아동종합실태조사)에서 전체 아동은 61.5점(100점 만점), OECD 비교기준 아동(11, 13, 15세)은 60.3점으로 OECD 국가 중 최하위이다(그림 14-1 참조). 아동의 삶의 만족도와 연관성이 큰 항목은 학업 스

37) 삶의 만족도 측정방법: 아동이 11구간(10점: best possible life / 0점: worst possible life) 내에서 자신의 삶을 어떤 수준으로 인지하는지에 대한 국제척도(세계보건기구)

트레스, 학교폭력, 인터넷 중독, 방임, 사이버 폭력 순으로 나타났다(관계부처 합동 자료, 2015). 아동의 문항별 결핍 현황은 정기적 취미활동(음악, 스포츠, 동아리 활동 등) 결핍률이 가장 높고(52.8%), 가정 내 인터넷 활용 결핍률이 가장 낮다(3.5%).

우리나라 가족 구조는 한자녀 가구(평균 자녀수 1.6명)가 보편화되고 있으며, 이혼·재혼, 별거, 한부모, 조손, 다문화가족 등 가족 형태의 다양성 증가했다(관계부처 합동, 2015). 한부모가구 비율은 8.6%(2005년), 9.2%(2010년), 9.5%(2014년)(통계청 추계)로 증가하고 있다. 다문화가구는 154,333가구(0.9%, 2009년)에서 266,547가구(1.5%, 2012년)로 3년 사이에 증가했다(여성가족부). 여성 경제활동 참가율은 49.2%(2009년), 50.2%(2013년), 51.3%(2014년)로 과반수이상을 차지한다(통계청).

가정 내에서 여성의 경제활동이 증가하고 장시간 근로시간 관행 등으로 부모의 직접 양육 참여 및 기회가 축소되고, 아동 돌봄·양육 등 전통적 가족기능의 상당 부분이 사회로 이전되었다.

국가의 요보호아동 보호정책과 인구감소 영향으로 아동 빈곤율[38]은 7.1%/10.8%(2008년)에서 5.9%/10.2%(2012년)로 감소했으며, 요보호아동의 총 발생 수는 8,436명(2011년)에서 8,003명(2012년), 6,834명(2013년)으로 감소하고 있다(한국보건사회연구원, 2013년 빈곤통계연보). 그러나 아직 빈곤가정의 아동, 장애아동, 방임아동, 아동유기 등으로 인한 가정 밖 보호아동 등 사회적 보호가 필요한 아동이 일정하게 존재한다.

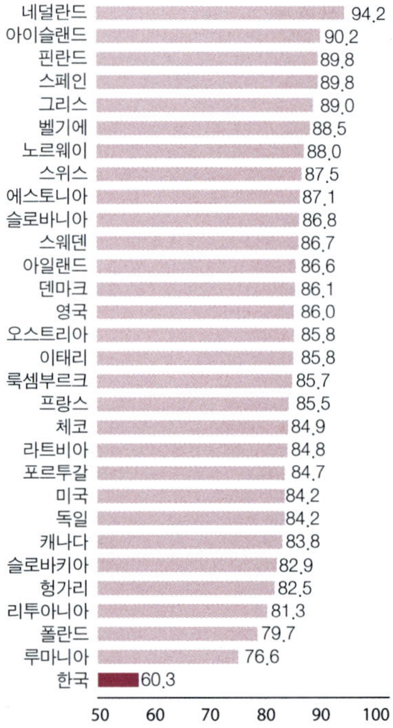

출처: 관계부처 합동, 2015.

[그림 14-1] OECD 국가별 수치 비교

38) 절대빈곤율/상대빈곤율

2 아동권리와 아동복지의 문제점

아동복지의 정의에서 비추어 본다면 아동복지란 아동이 행복한 삶을 누릴 수 있는 기본적인 여건을 조성하고 조화롭게 성장·발달할 수 있도록 하기 위한 경제적, 사회적, 정서적 지원을 말한다(「아동복지법」 제3조 제2항). 아동복지란 복지사회 구현을 위한 사회, 가정, 국가의 노력을 의미한다. 아동복지의 목표는 안전, 영속성, 그리고 복지추구이다. 모든 아동은 그들의 가정과 가정 밖의 상황에서 안전하게 보호받아야 한다. 안정적이고 지속적인 가족의 관계와 연결을 가져야만 한다. 가족 안에서의 안정적이고 보호하는 상호 관계는 건강한 아동발달에 필수적이다. 아동의 신체적, 정신적, 정서적 건강에서 어떠한 아동도 잘못 다루어져서는 안 된다. 예방적, 치료적 개입은 만약 필요할 경우에는 반드시 제공되어야 한다(childwelfare.gov). 가정 내에서 안전하지 못한 상황[아동학대 판정 건수는 2009년 5,685건에서 2013년 6,796건으로 증가(복지부, 2013)]이 계속되며, 안전하고 지속적인 가족관계는 아동의 건강하고 행복한 발달에 필수적임에도 불구하고 입양을 비롯한 협의의 아동복지실천은 본문에서 논한 바와 같이 여전히 과제로 남아 있다.

우리나라는 유엔 아동권리협약 및 위원회 권고사항에 대한 이행체계 마련 및 부처 이행 점검, 국가보고서 작성 및 제출, 위원회 심의 등 국제적 기준에 부합하는 유엔 아동권리협약 이행을 추진하고 있다. 무차별의 원칙, 아동최선의 이익의 원칙, 생존 및 발달보장의 원칙, 참여(아동의 견해 존중)의 원칙을 바탕으로 한 생존권, 보호권, 발달권, 참여권의 4가지 기본 권리는 아동의 건강하고 행복한 발달에 중요한 것이다. 아동의 생존권은 생명을 유지하며 최상의 건강과 의료 혜택을 받을 권리, 굶주림과 영양실조, 신체적 학대를 포함한 성인에 의한 공격, 빈곤, 보호시설에 수감된 아동 환경에서 생존할 권리이다. 아동의 보호권은 아동학대 차별대우와 착취, 학대와 방임, 가족과의 인위적 분리 등으로부터 보호를 받을 권리이다. 발달권은 육체적, 정서적, 도덕적, 사회적 성장에 필요한 정규 교육, 비정규 교육을 포함한 모든 종류의 놀이, 여가, 정보, 문화활동, 사상, 양심, 종교의 자유를 누릴 권리, 국적과 이름을 가질 권리이다. 참여권은 자신의 의사를 표현할 자유와 자기생활에 영향을 주는 일에 대하여 말할 수 있는 권리, 자신의 능력에 부응하여 적정한 사회활동에 참여할 기회를 가질 권리이다.

전통적인 가족주의에서 벗어나 개인주의로 변화하는 과정에서 가족이 지켜 주던 여러 가지 혜택을 아동이 수혜하지 못하고 내몰리는 현상이 증가한다. 이러한 가운데 아동의 사회·정서적 어려움은 더욱 심각해지고 나아가 사회문제를 불러일으키는 아동·청소년의 정신건강 문제는 더욱 만연해진다.

아동복지는 안전하고 영속적이며 아동의 복지추구의 목표에 적합해야 한다. 아동복지의 개입 초점이 치료에서 예방으로 변화하면서 그 대상도 보호가 필요한 아동에서 가족으로 확대되고 있다. 현대 아동복지제도의 가장 큰 변화 중 하나는 예방의 강조이다. 예방은 아동을 가정에서 분리하여 개입하는 것에서 벗어나 아동이 속한 환경에 미리 개입하여 아동문제를 최소화하기 위해 노력하는 것이다. 아동을 가족과 분리하여 보호하는 방법은 위기상황에서 보호하지만 가족을 떠나 새로운 환경에 속하게 된 아동에게 새로운 스트레스를 줄 수 있다. 가족은 사회보장의 중심축을 담당하게 되었다.

현재 우리나라 아동복지의 문제를 몇 가지로 나누어 기술하면 다음과 같다.

첫째, 보편적 아동복지의 실행 가능성 여부이다. 이것은 재정적 기반의 마련과도 관련성이 있다.

예를 들어, 무상보육의 경우 모든 아동의 복지를 정부가 나서서 전담하겠다고 공약을 내세웠지만 누리과정예산의 교육청 감당 부분에 있어서 이견이 분분하다. 누리과정은 현 정부의 공약임에도 불구하고 각 시·도 교육청의 경우 열악한 재정 형편으로 누리과정을 감당할 여력이 없다는 것이다. 이런 상황에서는 사회적 논의 기구를 통해 합리적인 해결방안을 찾는 것이 무엇보다 중요하지만, 이 또한 정부와 당정 간의 합의가 원만하지 않다. 교육청 관계자에 따르면 무상으로 실시하는 유아교육에 드는 비용은 국가 및 지방자치단체가 부담하도록 규정되어 있다. 어린이집은 교육적 성격을 가지기는 했지만 보육기관이고 유치원은 교육부와 지역교육청이 관할해서 지원한다. 어린이집은 보건복지부 관할이어서 지방자치단체에서 지도 및 지원하는 것이라고 한다.

둘째, 드러나지 않은 가정 내 학대문제의 해결책을 구안해 내는 문제이다. 아동학대는 아동의 전인적 발달에 영향을 미치고 정상적인 성인으로서의 성장을 불가능하게 하며 성장 후에도 후유증이 남아 정상적인 사회생활을 하는 데 어려움을 준다. 또한, 학대는 청소년의 학교생활 현장에서도 각종 피해사건을 통해 일어난다. 정부는 2016년을 아동학대근절 시스템 구축 원년으로 선포했다. 예방과 조기 발견을 동시에 할 수 있는 전면적 시스템을 구축한다는 것이다.

셋째, 다문화·북한이탈주민 가족의 아동이다. 다문화 교육 또한 여러 가지 앞으로 해결해 나가야 할 내용을 포함한다. 다문화가족의 아동이 우리나라 사회에서 적응하고 살아가기 위한 교육을 받으면서 사회에서 수용되는 인격체로서 생활해 나가기 위한 다양한 방도를 인권 차원에서 추진하는 것이 필요하다. 그들도 개개인으로서 우리 사회에 잘 적응하여 상호 간 좋은 유대관계를 맺고 사회문화적 내용을 교환해 나가면서 상호 유익이 되는 방안으로 성장해 나가야 할 것이다. 아동복지적 관점에서 교육과 상담, 생활법적인 문제, 사회적 유대관계의 유지를 위한 끊임없는 국가와 사회적 방안이 필요한 시점이다.

넷째, 국가 지방자치단체 등 전달체계이다. 국가는 다양한 경로를 통하여 투명한 복지재정의 전달을 위해 힘을 쓰고 있다. 이러한 전달체계의 가장 최일선에 서 있는 것은 다름 아닌 전문가, 즉 실천가이다.

능력 있고 우수한 아동복지 전문가를 길러 내기 위한 국가와 정부의 더욱 더 많은 노력이 필요하다. 대학에서 자격증 취득에 관한 학점을 증가하고 실습 규제를 강화하고 있다. 꾸준한 보수교육관리를 통해 인력을 관리해 나가며 실천가 상호 간에서 꾸준한 현장의 문제의식을 발휘하며, 이러한 문제의식이 원만히 해결되어 나갈 수 있는 제도적 뒷받침이 되어야 한다.

다섯째, 개인 이기주의에 급급하여 나와 우리 가족만 잘 살면 된다는 이기적 생각은 자녀와 지역사회와 국가를 병들게 한다. 더불어 가는 사회, 협조와 용서와 배려의 인성을 가진 사회 구성원 교육이 이루어져야 한다.

여섯째, 저출산이다. 정부가 지금까지 많은 대책을 내놓았지만 실현 가능성이 아직은 그다지 명쾌하지 않다. 여성의 취업률이 높아지는 데 있어서 결혼한 경력 여성이 자녀 출산과 양육을 양립해 나가면서 일·가정 양립을 통해 더욱 성숙한 사회로 나아가야 한다.

일곱째, 건강한 가정, 건강한 자녀가 성장해 나갈 수 있는 정신건강의 문제에 대해 관심을 기울여야 한다. 무엇이 가치가 있으며 무엇을 지향해 나가야 하는지 사회가 분명한 지향점을 제시해 주어야 한다. 잘 먹고 잘 사는 사회만으로 아동은 잘 성장할 수 없다.

우리 사회가 안정적인 성장을 구현하고, 국민이 행복하기 위해서는 각 개인이 직면한 다양한 삶의 불안 요인의 해소가 필수적 개정 「사회보장기본법」의 기본 이념에 부합하도록 각 부처의 정책을 '생애주기별 맞춤형 사회보장정책'으로 통합해 나가도록 연계 추진한다.

유엔 세계행복보고서(2012. 4.)에 따르면 소득이 행복에 미치는 영향은 약 8% 정도에 불과하다고 한다. 〈기초생활수준이 어느 정도 충족되면 행복은 소득보다 개인의 정서적·육체적 건강 및 가치관과 공동체의 상황에 의해 영향〉이라는 보고서를 참고할 만하다. 정신적 풍요로움에 대해서 우리 사회가 더욱 관심을 기울여야 할 것이다.

3 아동복지의 과제

아동복지정책의 방향은 특정한 문제를 가지고 있는 아동뿐만 아니라 일반아동을 그 포괄적 대상으로 하여 가정과 지역사회를 중심으로 보호자의 일차적 책임과 국가 및 지방자치단체의 이차적인 보호책임 하에 아동의 욕구에 맞게 사회보장과 복지서비스를 알맞게 분석하여 방향을 모색하여야 한다(행정학전자사전, 2016).

표갑수(1993)는 우리나라의 아동복지서비스의 정책의 문제점과 방향에 대해서 다음과 같이 논했다. 요보호아동의 보호에는 치료 사업에서 예방사업으로, 시설보호아동복지에서 거택복지로, 연령 구분에 따른 보호나 서비스, 전통적 구호사업에서 전문적 재활 및 자립사업으로, 아동복지시설의 전문화를 모색, 아동복지 관계법의 제정과 보완 및 개정을 요구했다. 1990년대 향후의 아동복지는 가족기능의 지원, 보완, 대리를 도모하는 가족복지와 커뮤니티 케어(지역사회보호)를 중심으로 예방과 치료 및 사후 관리로 이어지는 일관성 있는 방향으로 추진되어 나가야 할 것이라고 했다.

복지사회란 다양한 과제가 산적한 가운데에서도 희망을 찾아가는 꾸준한 노력을 하는 국가이다. 현재 우리사회는 글로벌 저성장, 급속한 고령화, 양극화 등 조직적이고 장기적인 위험요인에 직면하고 있으며 미래에 대한 불안감이 점차 증가하고 있고, 이러한 부정적 심리는 다시 저출산, 저성장, 저소비로 연결되어 2020년 전후 인구변동이 본격화되기 전 향후 10여 년의 대응이 매우 중요하다(관계부처 합동, 2014).

과거 우리나라의 아동복지서비스 체계는 요보호아동의 보호와 양육이라는 소극적 대책에 머물러 왔다. 더욱이 그 보호내용도 마지막 방어선으로 제공되어야 할 대리적 서비스로서의 시설보호가 높은 비중을 차지했다. 2000년대부터는 요보호아동의 보호대책으로 가정위탁서비스를 활성화하고, 시설보호라 하더라도 대규모 시설보다는 그룹홈과 같이 소규모화하여 가정적 분위기 속에서 생활할 수 있도록 돕고 있다.

아동복지의 방향은 아동의 기본적 권리와 욕구를 충족시켜 줄 수 있도록 수립되어야 할 것이며, 이러한 정책을 수립하고 실행하기 위한 일관된 행정부처와 전달체계가 이루어져야 할 것이다. 아동복지에 대한 관점을 아동을 대상으로 하는 복지에서 아동가족을 중심으로 하는 가족중심의 아동복지로 전환하는 것이 필요하다(김성경 외, 2013).

김성경 외(2013)는 우리나라의 경우 사회와 가족의 변화에 따라 아동의 욕구에 얼마나 민감하게 대처해 나가고 있는지 자성해야 할 것이며, 아동복지가 어떠한 방향으로 발전해야 할지 국내외 경험을 거울 삼아 아동의 건강, 교육, 성장, 발달, 권리보호 등 모든 차원에서 지속적인 연구와 투자가 필요하다고 했다. 최근에는 국가의 역할이 점차 증대되고 있으며 대상 또한 모든 아동을 대상으로 하는 보편적 서비스로 확대되고 있다. 그러나 실질적으로는 빈곤, 결식아동, 입양, 가정위탁, 소년소녀가정, 학대받는 아동 등 보호가 필요한 아동의 문제를 중심으로 사회적 보호의 필요가 발생한 개인을 대상으로 한 선별주의 원칙에 의한 보호를 주로 실시하고 있다. 잔여적 접근법과 보편적 접근법의 논쟁을 통해 또 다른 접근법인 통합적 접근법이 필요하다. 통합적 접근은 잔여적 상황에 있을 때에는 보편적 변화와 접근 역시 고려해야 한다. 우리나라는 맞춤형 복지로 나아가고 있다고 할 수 있다.

아동복지의 과제에 관해서 도미향 외(2015), 김성경 외(2013)를 정리하면 다음과 같다.

1) 아동복지에 대한 새로운 패러다임의 적용

최근 아동복지의 패러다임은 과거의 자선적 인도적 사고와는 달리 좀 더 국가 발전에 호응하는 이념, 즉 목적과 가치를 갖는 것으로 사업을 위한 전문적 지식이나 개념을 새롭게 해야 한다. 아동복지에 잔여적, 보편적 관점의 2가지 패러다임이 함께 통합되어야 한다는 점이다. 아동복지를 개인적인 미시적 혹은 사회 환경적인 거시적 차원에서만이 아니라 개인과 집단, 지역에 대한 통합적 관점으로 실행해야 한다.

2) 다양한 아동복지 프로그램과 서비스의 개발

위탁보호 및 입양, 가정상담, 특수아동부터 일반아동에 이르는 모든 아동을 포함한다.

3) 지역사회중심의 아동복지

지역복지의 중요성이 강조된다. 국가가 모든 국민의 요구나 생활을 보장하거나 책임지기는 어렵다는 측면에서 일정한 지역사회를 기반으로 자치적으로 지역주민의 생활권 보장과 지방의 균형적 발전에 기여하는 복지시스템을 확립해 나가야 한다. 지지적 서비스의 강화를 통해 아동과 가족의 문제를 사전에 예방하는 효과를 가질 수 있다.

4) 공공과 민간기관의 협력

보편적인 사업의 경우 공공 부문에서 추진되는 것이 바람직하며, 그와 반대되는 경우 민간기관에서 주도할 수 있다. 현재 공적이어야 하는 아동복지 분야가 지나치게 사적 책임으로 전가되고 있거나, 반대로 사적이어야 하는 분야가 지나치게 공적인 것에 좌우되는 것이 문제이다.

5) 새로운 실천방법 및 평가활동의 추진

아동은 일반아동의 심리적 욕구충족에 이르기까지 복지서비스 영역을 확대하기 위해 노력하고 있다. 충족되지 않은 욕구개발과 평가활동의 추진이 필요하다. 참된 아동복지를 실천하기 위해서는 다양한 욕구개발과 현재 프로그램의 정확한 평가 작업을 통해서 올바른 아동복지활동에 공헌할 수 있어야 한다.

6) 적극적 · 예방적 서비스 체계

향후 아동복지서비스는 요보호아동을 주 대상으로 치료적·사후 처리적 개입에 초점을 두는 차원을 넘어 모든 아동과 그 가족을 위한 적극적·예방적 서비스체계로 변화되어야 하고 아동양육에 대한 책임은 사회 및 국가가 더욱 적극적으로 부담하여야 한다.

7) 예산 집행상의 체계 정비

현재 우리나라의 사회복지의 이념적 흐름은 과거 보수주의적 관점에서 진보주의적 성향으로 전환하고, 특히 IMF 이후 「국민기초생활 보장법」 등의 사회안전망이 강화되고 복지예산이 증가하므로 복지 보편주의 시대를 맞이하고 있다. 이에 따른 정부와 지방자치단체 간의 원만한 예산과 정책 조율이 긴급한 과제이다.

8) 가족의 변화에 따른 대책

보편적 아동수당, 국민기초생활보장제도, 보육서비스, 모성보호제도의 확충, 한부모가구의 아동에 대한 양육비 지원의 강화가 필요하다.

9) 국제협약의 기준을 통한 아동인권보호

아동의 최선의 이익을 최우선하고 부모나 대리양육자의 지도를 존중하며 아동학대를 예방하고 아동의 생명과 안전, 권리를 보호하고자 하는 의지를 실행하는 방안을 모색해야 한다.

10) 새로운 전달체계의 제도화

아동복지의 전달체계로서 지역사회아동 서비스기관인 아동상담센터, 아동학대예방센터, 가정위탁지원센터, 입양, 지역아동센터, 건강가정지원센터, 다문화가족지원, 실종아동전문기관 등 새로운 전달체계가 있다. 이러한 제도를 서비스 내용을 재통합하고 재구조화하는 작업이 필요하다.

11) 서비스의 다양화와 전문화

이혼 가정과 해체 가정, 재혼 가정에 대한 심리사회적 지원이 그 어느 때보다 중요하다. 해체 가정의 아동에 대한 사회적 정서적 지원, 가족해체를 예방하는 가정 단위의 통합적인 복지서비스가 마련되어야 한다. 이에 맞는 전문 프로그램의 개발이 시급하다.

결론적으로 아동복지정책이 나가야 할 정책 방향은 다음과 같다.

첫째, 특정한 문제를 가지고 있는 아동에 대한 대책과 아울러 일반아동을 대상으로 하여 그들의 건전한 육성을 기하도록 노력하여야 한다.

둘째, 아동복지의 이념과 원칙을 실행하는 것이어야 하며, 이들의 권리보장과 아동의 가능성을 믿고 그것을 충분히 발휘할 수 있는 장과 기회 제공이 필요하다.

셋째, 아동의 발달과 생활을 보장하기 위하여 아동의 욕구와 밀접하게 관련하여 그들의 발달단계에 따라 서비스를 제공하여야 한다.

넷째, 가정은 아동의 인격 형성에 중요한 장이며, 학교와 지역사회 속에서 교육과 보호가 이루어짐을 감안할 때, 아동복지정책은 아동의 건전육성을 위하여 각종 복지와 전인교육, 지역주민의 적극적인 참여를 통한 지역사회 조직화를 뒷받침하고, 일차적으로 보호자의 책임 하에 아동의 자유와 기본적 인권을 보호하도록 노력하며 이차적으로 국가나 지방자치단체가 보호의 책임을 지는 방향으로 해야 할 것이다.

다섯째, 급여의 내용을 중심으로 볼 때 사회보장과 복지서비스로 분류하고 사회보장은 아동수당, 교육부조, 모자연금과 의료 및 사회복귀를 위한 것이 복지서비스에 있으며, 수용보호, 통원지도, 방문지도 등과 같은 아동복지기관과 시설의 사업 및 지역사회에 있어서의 사회복지활동 전문화를 지향한다.

부록 | 제3차 저출산·고령사회 기본계획 보육 관련 내용(보건복지부, 2015)

인구위기 극복을 위한 전 사회적 노력 본격화

– '제3차 저출산 고령사회 기본계획'(2016~2020년) 브릿지 플랜 2020 수립 –

2016년부터 2020년까지 시행되는 '제3차 저출산 고령사회기본계획'(이하 '제3차 기본계획')에 따라 다음과 같은 핵심 정책이 추진됨

- 만혼, 비혼의 가장 큰 장애요인인 청년일자리 문제 해결을 위해 임금피크제, 근로시간 단축, 고용관계 개선 등 노동개혁으로 향후 5년간 37만 개 청년 일자리 창출 전망(공공기관 임금피크제로 향후 2년간 8천여 개 포함)
- 또한, 결혼에 가장 큰 부담인 주택문제 해결을 위해 교통 보육 생활환경 등이 신혼, 젊은 부부에게 특화된 투룸형 행복주택 및 전세임대·국민임대·분양전환 임대 등 13.5만 호를 신혼부부에게 공급
- * 이와 별도로 신혼부부가 선호하는 뉴스테이(기업형 민간 임대주택)도 2017년까지 6만 호 확충
- 아빠와 엄마가 육아 부담을 분담하도록 '아빠의 달'을 1개월에서 3개월로 확대하고 남성의 가사분담 확대를 위한 사회운동 확산 추진
- 난임시술 건강보험 적용, 난임휴가제 도입 등을 통해 출산의사에도 불구하고 어려움을 겪고 있는 난임부부에 대한 지원 대폭 확대
- 1인 1국민연금시대를 본격화하기 위해 446만 명의 경력단절여성에게 추후 납부를 허용하고, 일용직 등 근로빈곤층의 가입 확대, 주택연금을 2만8천 가구에서 2025년까지 34만 가구로 대폭 확대

  → 국민연금 20년 가입 3억 원 주택 소유자(65세) 주택연금 가입 시

  국민연금 88만 원 + 주택연금 82만 원 = 170만 원 평생 수급

| 맞춤형 돌봄 확대 교육개혁 |

① 맞춤형 안심보육

- 보육은 아이와 부모의 보육수요에 맞게, 질 높은 다양한 보육서비스를 이용할 수 있는 맞춤형 보육으로 개편(2016년)
- 종일반으로 운영되는 어린이집을, 아이와 부모가 길게 필요하면 종일반을, 짧게 필요하면 맞춤반을 이용할 수 있도록 개편

– 종일반: 맞벌이, 다자녀 등 부모 여건[(1)]과 가구 특성[(2)]에 따라 장시간 이용이 필요한 경우에는 12시간(7:30~19:30) 이용

(주1) 부모 여건 : 맞벌이, 구직, 학교 재학, 질병 · 장애, 군입대 등
(주2) 가구 특성 : 다자녀, 임신, 조손, 한부모, 가족돌봄, 저소득층 등

– 맞춤반: 종일반 외 부모들도 어린이집을 약 7시간(예 9:00~15:00, 긴급보육 바우처[(3)] 15시간) 이용할 수 있는 맞춤반 신설

(주3) 병원방문, 자녀 학교방문 등 긴급하게 아이를 맡길 필요가 있을 경우에 이용

- 시간연장: 퇴근이 늦은 맞벌이 가구, 2~3교대 및 야간근무 가구의 보육수요에 대응하기 위한 '시간연장형 보육' 확대
- 시간제: 시간선택제, 재택근무자 부모 등의 단시간 보육수요를 위한 '시간제 보육' 확대[230개(2015년) → 380개(2016년) → 687개(2020년)]
- 가정양육지원: 육아휴직 부모, 영아가구 등 가정 내 양육 지원을 위한 적정 양육수당 지원, 양육상담 등 가정양육지원 서비스 다양화
- 국공립·공공형·직장 어린이집 등 부모님이 안심하고 믿고 맡길 수 있는 어린이집 지속 확충
- 국공립·공공형·직장 어린이집을 단계적으로 확충하여 이용아동 비율을 현재 28%에서 2020년 37%, 2025년 45%로 확대

(주4) 국공립 어린이집은 20년까지 지속 확충(2016~2017년: 150개소)
공공형 어린이집은 2017년까지 2,300개소로 확충 추진

② 돌봄지원체계 강화

- 초등학교 1~2학년 돌봄 강화, 민간 베이비시터의 질 관리체계 구축, 공동육아 나눔터 활성화 등을 통해 학교 지역사회 내 돌봄 여건 확충
- 초등학교 1~2학년 등 초등돌봄 수요 충족을 위해 초등돌봄교실 규모를 현재 24만 명 수준에서 2020년까지 26만 명으로 확충
  – 문화 예술, 체육 등 다양한 활동 프로그램을 확충, 서비스의 질 제고
- 민간 베이비시터에 대해서도 공공 아이돌보미와 같은 교육기회 제공, 범죄경력 등 신원확인을 거쳐 이수증을 발급하는 등 질 관리 강화
- 공동육아 나눔터를 활성화하여 지역사회 내 돌봄 품앗이 문화를 조성
  – 공동육아 나눔터 이용자 수: 22.3만 명(2015년) → 25.8만 명(2020년)
  – 육아정보 및 조언에 도움을 주는 사람으로 이웃, 친구라고 응답한 비율(55.5%)이 친정부모(15.0%)나 형제·자매(11.6%)보다 높음(보육실태조사, 2012)

③ 교육개혁 추진

- 중·고등학교 단계의 사교육 부담 경감뿐만 아니라 사교육의 구조적 원인인 학벌, 스펙 중시 문화를 개선하는 근본적 대책을 모색
- 자유학기제 전체 중학교 확대, 고등학교·전문대·대학에 이르는 일·학습 병행제 활성화, 국가직무능력표준(NCS)에 따른 능력중심 채용 확산으로 불필요한 학벌, 스펙 쌓기를 유인하는 교육에서 고용시스템을 적성 능력 중심으로 전환
  - 재학 단계 일·학습병행 확산: (고교) 전 공업계 특성화고(~2017년), (전문대) 고교 + 전문대 통합교육사업(16개 사업단), (4년제 대학) 장기 현장실습형 일·학습 병행제 확산(2016년, 20개)
  - 국가직무능력표준(NCS): 산업현장에서 직무수행을 위해 요구되는 지식·기술·소양 등의 내용을 국가가 산업 부문별·수준별로 체계화한 국가 표준
- 대학별 고사에 대한 선행학습 영향 평가, 수능영어 절대평가제 도입(2018학년도) 등을 통해 사교육 부담을 경감

| 일 가정양립 사각지대 해소 |

① 중소기업 비정규직 등 실천 여건 강화

- 공공기업, 대기업 위주로 운영되었던 일·가정양립 제도를 중소기업, 비정규직까지 이용이 확대되도록 종합 대책을 마련
- '중소기업 사업장 1호 인센티브'를 신설해 사업장 최초 육아휴직자에 대해 육아휴직 지원금을 월 20만 원에서 40만 원으로 2배 인상(2017년)
- 중소기업 육아휴직 등에 대한 대체인력 지원체계를 대체인력뱅크(1개소)에서 고용복지 + 센터를 중심으로 개편하여 중소기업 대체인력지원 확대(2015년 1천 명 → 2020년 6천 명)
- 2020년까지 중소기업 전용 직장 어린이집을 100개소 설치, 가족친화기업 인증을 중소기업 중심으로 지속 확대
  - 가족친화인증 기업 수: 956개(2015년) → 2,500개(2020년)
  - 출산 등에 대한 건강보험 정보를 고용센터와 연계하여 모성보호 부당대우 사업장을 찾아내는 스마트 근로감독 시스템 도입(2016년)

② 남성 육아참여 활성화

- 현재 5% 수준인 육아휴직자 중 남성 비중을 2020년 15%, 2030년 30%까지 제고, 남성의 육아분담 인식 문화개선 강화
- 공공 부문, 대기업의 남성 육아휴직 참여 선도를 위해 남성 육아휴직 사용률을 공공기관 평가에 반영, 대기업과 남성 육아휴직 실천협약 체결
- 아빠의 달 인센티브(5)를 2016년부터 1개월에서 3개월로 확대하고, 중소기업 남성 근로자 육아휴직 인센티브를 2017년부터 강화(6)

(주5) 동일 자녀에 대해 순차적으로 육아휴직을 사용하는 경우 두 번째 사용자의 육아휴직급여를 상향 지급(통상임금의 40% → 100%, 월 상한액 100만 원 → 150만 원)

(주6) 월 20만 원인 중소기업 육아휴직지원금을 남성 근로자 휴직 시 월 30만 원으로 확대

- 남성의 육아·가사분담 문화 확산을 일家양득 캠페인, 저출산 인식 개선 사업의 핵심 주제로 설정, 시민사회, 경제단체 등과 연계하여 대대적 문화운동으로 확산

③ 일 · 가정양립지원 제도 활성화

- 근로자의 육아휴직 이용권을 보장하기 위한 대책도 마련
- 내년부터 눈치 보지 않고 육아휴직 사용이 가능하도록 출산휴가 신청 시 육아휴직 사용이 자동 신청되도록 하는 자동육아휴직제를 확산
- 육아휴직 신청 시 사업주가 처리하지 않아도 특별한 사유가 없으면 신청한 휴가 개시일에 휴가가 개시된 것으로 간주하도록 법적 근거 마련
- 육아휴직을 장기간 사용하기 어려운 맞벌이 가구를 위해 육아기 근로시간 단축, 전환형 시간선택제 일자리 활성화
- 내년부터 육아기 근로시간 단축 사용기간을 1년에서 2년으로, 분할 사용 횟수도 2회에서 3회로 확대해 육아기 단축 근로를 활성화
- 초등학교 2학년 이하의 자녀가 있는 근로자는 육아휴직 대신 근로시간 단축(주당 15~30시간)이 가능하나 이용자 수는 극히 적은 상황(육아휴직자 대비 1.5%)
- 특히, 근로시간 단축 전 근무시간과 동일하게 근속기간이 인정(호봉·승진 등)될 수 있도록 제도를 개선
- 전환형 시간선택제(7) 일자리를 활성화하고, 중·장기적으로 전일제 근로에서 시간선택제 일자리로 전환을 사업주에 청구할 수 있는 '시간선택제 전환청구권' 도입 검토

(주7) 육아, 학업, 돌봄 등의 이유로 근로자의 필요에 따라 전일제에서 시간선택제로 전환하는 것으로 네덜란드, 독일 등은 전환형 시간선택제로 시간선택제 일자리의 양과 질 모두 향상

참고 문헌

고영찬(2002). 장애인의 사회진단에 있어 국제 장애분류(ICF) 활용에 관한 연구. 경성대학교 석사학위논문.

공계순·박현선·박현선·오승환·이상균·이현주(2013). 아동복지론. 서울: 학지사.

관계부처 합동(2014. 8.). 국민행복을 향한 생애주기별 맞춤형 고용·복지: 제1차 사회보장 기본계획(2014~2018) 案.

관계부처 합동(2015. 5. 12.). 아동의 삶과 대한민국의 미래를 바꾸는 제1차(2015~2019) 아동정책기본계획(안). pp. 1-114.

교육과학기술부(2011). 다문화가정 학생 교육지원계획.

교육과학기술부(2012).

국토개발원(1989). 도시빈곤층 대책에 관한 연구. 국토개발원.

권미량·서영희(2015). 보육학 개론. 서울: 동문사.

권순원(1998). 한국의 빈곤퇴치경험: 새마을운동의 전개와 사회보호제도. 사회과학연구, 13(1), pp. 183-206.

권오희(2006). 국내 결혼이민지 가정의 자녀문제에 관한 연구. 경희대학교 행정대학원 석사학위논문.

권은선·구인희(2010). 빈곤이 아동의 건강에 미치는 영향. 한국사회복지학, 62(4), pp. 129-148.

권지성·변미희·안재진·최운선(2008). 입양아동의 발달에 관한 종단 연구 Ⅱ: 1차년도 자료의 사회성발달과 문제행동을 중심으로. 아동권리연구, 12(4), pp. 423-502.

김광웅·김명혜(2005). 한국아동복지의 이념과 과제고찰. 아동복지연구, 3(20), pp. 81-92.

김동원 외(2005) 아동복지시설발전방안 개발연구.

김미선(2005). 빈곤아동의 심리사회적 적응에 영향을 미치는 요인에 관한 연구. 서울시립대학교 석사학위논문.

김미숙·배희옥(2007). 한국 아동빈곤율 수준과 아동 빈곤에 영향을 미치는 요인 연구. 보건사회연구, 27(1).

김미혜·김혜선(2004). 저소득층 조손가족 조부모의 생활만족도에 영향을 미치는 요인연구. 한국노년학, 24(3).

김병수(2000). 빈곤아동의 생활실태와 가족기능에 관한 연구. 강남대학교 석사학위논문.

김보람·이경숙·박진아(2007). 발달심리학회 구두발표: 시설보호아동의 지능 및 정서, 행동특성과 자아탄력성에 관한 연구. 연차학술발표대회 논문집, pp. 428-429.

김보형(1999). 경제 불황 상황이 부모의 양육태도에 미치는 영향. 부모의 인성특성 및 우울감의 역할. 이화여자대학교대학원 석사학위논문.

김성경·김혜영·최현미(2005). 아동복지론. 경기: 양서원.

김성경·김혜영·최현미(2013). 아동복지론. 경기: 양서원.

김순옥·박은주·배은영·원명순·주현경·최종구(2014). 아동복지론. 서울: 동문사.

김영모(1990). 한국빈곤연구. 한국복지정책연구소.

김윤재·강영숙·김진환·박주은(2015). 아동복지론. 서울: 동문사.

김정은(2002). 손자녀를 양육하는 빈곤지역 조부모의 심리·정서적 안녕과 영향 미치는 요인. 충남대학교 대학원 사회복지학과 석사학위 논문.

김정자(2012). 울산시 조손가정 손자녀의 가족생활특성과 우울감이 가족 레질리언스에 미치는 영향. 울산대학교 대학원 석사학위논문.

김종인(2006). 장애인 의무고용률의 적정성 연구. 직업재활연구, 16(1), pp. 193-216.

김주아·류현수·최용득(2013). 아동복지론. 서울: 동문사.

김지혜·서효진(2012). 마인드맵으로 술술 풀어가는 용어사전: 사회편. 서울: 푸른길.

김태성·손병돈(2002). 빈곤과 사회복지정책. 서울: 청목출판사.

김호년·김성재·김현정·박윤·양진희·우수경·이순자·이시진·장정애·이인원(2011). 아동복지론. 경기: 양서원.

노병일(2011). 아동복지론. 경기: 공동체.

노병일(2012). 아동복지론. 경기: 공동체.

노충래·신혜령·박은미·강현아(2007). 가정위탁보호 활성화 방안 연구. 보건복지부.

노혁(2002). 청소년복지론. 대학출판사.

노혜련(2001). 아동복지서비스. 김현용·윤현숙·노혜련·김연옥·최균·이배근 편. 현대사회와 아동: 아동복지의 시각에서(개정판). 서울: 소화.

노혜련·김미원·조소연(2015). 아동복지론. 서울: 학지사.

도미향·남연희·이무영·변미희(2015). 아동복지론. 경기: 공동체.

문선화·구차순·박미정·김현옥(2013). 한국사회와 아동복지. 경기: 양서원.

문선화·정만숙·김종윤·이상호·장수한·김현주(2009). 장애인복지론. 경기: 양서원

문지혜·윤혜경·박혜원(2011). 저소득층 가정 아동·청소년의 우울에 영향을 미치는 자아관련 변수와 부모관련 변수의 분석. 대한가정학회지, 49, pp. 57-66.

민경화(2000). 빈곤가정 아동의 심리사회적 특성에 관한 연구: 영구임대 아파트 지역과 일반 빈곤지역 아동과의 비교를 중심으로. 아동학회지, 25, pp. 81-92.

박명숙(2002). 아동학대서비스에서 관련기관 간의 연계성게 관한 논의. 한국아동복지학, 13, pp. 27-52.

박병현(2011). 사회복지정책론. 경기: 학현사.

박상희(2005). 유치원 교사를 위한 특수아동교육. 서울: 동문사.

박순자(2007). 빈곤아동 복지정책 개선방안에 관한 연구. 경희대학교 행정대학원. 석사학위논문.

박에스더(2012). 빈곤가정의 부부갈등이 아동의 문제행동에 미치는 영향: 부자관계를 매개변인으로. 부산대학교 대학원 석사학위논문.

박은애(2006). 다문화가정 자녀의 교육실태조사 연구: 경상남도 다문화가정 자녀를 중심으로. 창원대학교 교육대학원 석사학위논문.

박정란·서홍란(2001). 아동복지론. 경기: 양서원.

박정순(2005). 빈곤 조손가족의 손자녀가 지각한 의사소통 유형과 사회적 지지가 학교생활적응에 미치는 영향 연구. 숭실대학교 대학원 석사학위논문.

박찬옥 외(2014). 보육학개론. 경기: 정민사.

박충선(2010). 조손가정의 형성원인과 양육경험에 따른 조모의 생활만족도에 관한 연구. 한국가족복지학, 15(2), pp.105-125.

배한나(2012). 빈곤가정 부부갈등이 아동의 자아 탄력성에 미치는 영향: 부모 양육태도의 매개효과. 부산대학교 대학원. 석사학위논문.

보건복지부 아동권리과 보도자료(2016. 3. 29.). 정부, 올해를 아동학대 근절 시스템 구축 원년으로 선포하다.

보건복지부 아동복지정책과(2014. 11. 4.).아동의 주관적 건강 및 상대적 빈곤율은 개선, 삶의 만족도는 낮은 수준 정기적 취미생활, 스포츠·동아리 활동 등 여가에 대한 결여수준 높게 나타나.

보건복지부 인구정책실 인구아동정책관(2015. 1.). 2015년도 아동분야 사업안내(Ⅰ·Ⅱ권). 아동복지정책과, 아동권리과.

보건복지부 인구정책실 인구아동정책관(2015. 3. 18.). 15년 아동분야 사업안내(최종 1권).

보건복지부(2009). 새로마지 플랜 2010.

보건복지부(2009). 통계연보.

보건복지부(2011). 2011년 아동복지사업안내.

보건복지부(2011). 보육사업안내.

보건복지부(2011). 주요업무참고자료.

보건복지부(2011). 한국보건사회연구원.

보건복지부(2012). 보육통계.

보건복지부(2012). 아동복지사업안내.

보건복지부(2012). 전국 지역아동센터 실태보고서. 통권 12-015호 연구자료.

보건복지부(2014). 향후 5년간 사회보장에 관한 마스터플랜, 「제1차 사회보장 기본계획(2014~2018)」 수립.

보건복지부(2015). 제1차 아동정책 기본계획.

보건복지부(2015). 제3차 저출산·고령사회 기본계획.

보건복지부(2015. 1.). 아동분야 사업안내[2](12권).

보건복지부(2015. 3.). 2015년도 보육사업안내. pp. 1-387.

보건복지부(2016). 2016 지역아동센터 지원 사업 안내. 보건복지부.

보건복지부(2016). 보육통계.

보건복지부, 한국아동단체협의회(2015. 8.). 행복한 아동, 존중받는 아동. 내일의 꿈을 지키는 약속.

사회복지포털 아동지원사업(2016).

서강훈(2013). 사회복지용어사전. 경기: 이담북스.

서보준·김우호·박선태·이정미(2015). 아동복지론. 경기: 공동체.

서영숙·김경혜(2000). 영유아보육론. 경기: 양서원.

설동훈(2005). 국제결혼 이주여성 실태조사 및 보건복지 지원 정책 방안. 보건복지부.

송정애(2015). 아동복지론 이해와 실천. 경기: 양서원.

시사상식연구소(2014). (똑 소리 나는) 일반상식: 시사편 · 교양편 체크북. 서울: 시대고시기획.

신수자(1995). 부자가정의 특성과 대책. 대구가톨릭대학교대학원 석사학위논문.

신일현(2004). 국내 입양가정의 입양 태도 및 서비스 실태에 관한 연구. 홀트사회복지연구, 홀트아동복지회 가정연구소.

신혜령(2001). 시설청소년의 자립준비에 관한 연구. 이화여자대학교 대학원 박사학위논문.

신혜령·김성경·안혜영(2003). 시설퇴소아동 자립생활의 영향요인에 관한 연구. 한국아동복지학, 16, pp. 166-193.

아산사회복지사업재단(1997). 아동복지편람. 아산사회복지사업재단.

안우환(2007). 교육소외계층의 교육격차 극복을 위한 교육복지 정책의 발전방안 모색. 교육학논총, 28(1), 67-84.

여성가족부(2007). 조손가족 실태조사 및 지원방안 연구. 여성가족부.

여성가족부(2011). 2차 다문화가정정책 기본계획.

연진영(1992). 아동학대 실태 미 영향. 서울: 한국형사정책연구원

오주·이덕희·이명희(2014). 아동복지론. 서울: 동문사.

오성배·강태중·이기범(2008). 다문화가정 학생교육 지원 중장기계획 수립을 위한 연구. 교육과학기술부.

오승환(2000). 저소득층 청소년의 심리사회적 적응 결정요인: 적응유연성 요인의 탐색. 한국아동복지학, 21, pp. 182-205.

오정수·정익종(2013). 아동복지론. 서울: 학지사.

오정수·정익종(2015). 아동복지론. 서울: 학지사.

온라인행정학전자사전특별위원회(2016). 행정학전자사전. 온라인행정학전자사전특별위원회.

원석조(2014). 사회복지정책론. 경기: 공동체.

유나현·정영희·이세용·이기학(2007). 저소득층 청소년을 위한 방과후 프로그램 효과성 평가. 한국심리학회지:학교, 4(1), 41-536.

윤매자·신혜경·주정현(2014). 아동복지론. 경기: 양서원.

윤혜미·김혜래·신영화(2010). 아동복지론. 서울: 청목출판사.

윤혜미·김혜래·신영화(2013). 아동복지론. 서울: 청목출판사.

윤혜미·김혜래·신영화(2015). 아동복지론. 서울: 청목출판사.

이경화·김연진·고진영·박숙희(2014). 유·아동기 정신건강의 이해. 서울: 동문사.

이귀숙(2014). 지각된 부모 관여가 저소득가정 아동의 심리사회적 부적응에 미치는 영향. 아동복지학, 45, pp. 261-287.

이근매(2004). 집단미술치료가 저소득층 결손가정 아동의 또래관계 및 사회성에 미치는 영향. 정서·행동장애연구, 20(1), pp. 357-372.

이선미(2005). 빈곤아동의 우울감에 영향을 미치는 생활환경적 요인. 대구대학교 사회복지대학원. 석사학위논문.

이순자·나성식·김현경·이효숙(2012). 아동복지론. 경기: 정민사.

이순형 외(2004). 아동복지: 이론과 실천. 서울: 학지사.

이재연·박은미·황옥경·김형모·이은주·강현아(2015). 아동복지론. 서울: 학지사.

이정이·최명선(2007). 조손가정 아동과 일반가정 아동의 행동문제에 대한 사회적 지지 지각의 조절효과.

아동학연구, 28(2), pp. 205-216.

이종복·이배근(1997). 아동학대의 원인과 대책. 서울: 홍익재출판사.

이지애(2007). 다문화가정 아동과 일반가정 아동의 학교적응에 관한 비교연구-자아존중감을 중심으로. 고려대학교 사회복지대학원 석사학위논문.

이한우·정정란(2015). 아동복지론. 경기: 양서원.

이혜원(2006). 아동권리와 복지. 서울: 집문당.

이화영(2007). 저소득 조손가정 조부모의 복지서비스욕구에 영향을 미치는 요인. 숭실대학교대학원 박사학위논문.

임경혜(2004). 국제결혼 사례별로 나타난 가족문제 따른 사회복지적 대책에 관한 연구. 대구대학교 사회복지대학원 석사학위논문.

장인협·오정수(2001). 아동청소년복지론. 서울: 서울대학교출판부

정옥분·정순화·손화희·김경은(2013). 아동복지론. 서울: 학지사.

정옥분·정순화(2011). 부모교육. 서울: 학지사.

정익종·박현선·구인회(2006). 피해아동이 비행에 이르는 발달경로. 한국사회복지학, 58(3), pp. 223-244.

정화정(1998). 아동학대평가척도개발. 숙명여자대학교 대학원 박사학위논문.

조윤경·김수진(2015). 유아교사를 위한 특수아동의 이해. 경기: 공동체.

주수길·주명국(2012). 아동복지강론. 경기: 양서원.

주정일·이소희(2003). 아동복지실천론. 교문사.

중앙아동보호전문기관. 아동학대사례 업무 진행도.

진윤희(2012). 저소득가정 아동의 효과적 지원방안 연구. 단국대학교 행정법무대학원. 석사학위논문.

천은영·유수정(2014). 보육학개론. 경기: 정민사.

초록우산어린이재단(2013). 2013사업보고서.

최선희(2003). 교육복지투자 우선지역 아동·청소년 실태조사. 강북·노원지역사업담당자워크숍. 서울특별시성북교육청·강북지역복지협의회·노원교육복지협의회.

표갑수(1993). 한국아동복지서비스의 문제점과 개선방안. 사회과학논총, 12, pp. 177-212.

한국보건사회연구원(2013). 2013 아동종합실태조사. 한국보건사회연구원.

한국보육진흥원(2014). 표준교과개요.

한국여성복지연구회(2005). 가족복지론. 서울: 청목출판사.

한미현·문혁준·강희경·공인숙·김상희·안선희·안효진·양성은·이경렬·이경옥·이진숙·천희영(2013). 아동복지. 서울: 창지사.

한미현·문혁준·강희경·공인숙·김상희·안선희·안효진·양성은·이경렬·이경옥·이진숙·천희영(2015). 아동복지. 서울: 창지사.

한성심·송주미(2015). 아동복지론(제5판). 서울: 창지사.

한성심·송주미(2015). 한국 아동복지 정책의 유형분석을 통한 과제 연구. 아시아 아동복지연구, 6(2), pp. 121-141.

형영순(2008). 조손가족의 손자녀가 지각하는 조부모와의 관계와 자아존중감. 계명대학교 대학원 석사

학위논문.

홍봉수 · 임현진 · 임안나 · 장승전 · 전경란 · 이해익 · 황영희 · 오현숙 · 김한덕 · 이순자 · 정경순(2016). 사회복지행정론. 경기: 공동체.

Barak, G.(2003). *Violence and nonviolence: pathways to understanding.* Newbury Park, CA: Sage Publications.

Briere, J. (1992). *Child abuse trauma.* Newbury Park, CA: Sage Publications.

Bugess, A. (1985). The sexual victimization of adolescents. Pennsylvania University.

Child Welfare League of America (1989). Standards for service to strengthen and preserve families with children. Washington, D. C.: CWLA, Inc.

Downs, S. W., Moore, E., & Mcfadden, J. (2007). *Child welfare and family services policies and practice(8th ed.).* Pearson Education, Inc..

Duncan, G. J. & Brooks-Gunn, J. (2000). Family poverty, welfare reform, and child development. *Child Development, 71*(1), pp. 188-197.

Freud, C. (1955). Meaning of separation for parent and children as seen in child placement. *Public Welfare, 13*(1), pp. 13-17.

George, V. & Wilding, P. (1985). *Ideology and Social Welfare.* Abingdon-on-Thames: Routledge.

Gilbert, N. & Terrell, P. (1998). *Dimensions of Social Welfare Policy.* Boston: Allyn & Bacon.

Hallahan, D. P. & Kauffman, J. M. (1994). *Exceptional Children: Introduction to Special Education(6th ed.).* New Jersey: Prentice-Hall.

Harding, L. F. (1991). *Perspectives in child care policy.* Harlow: Longman.

Kadushin, A. & Martin, J. A. (1988). *Child welfare services(4th ed.).* New York: Macmillan Publishing Co.

Kadushin, A. (1974). *Child welfare services.* New York: Macmillan Publishing Co.

Kadushin, A. (1980). *Child Welfare Services(3rd ed.).* New York: Macmillan Publishing Co.

Kadushine, A. (1984). Supervision in social work. Columbia University Press.

Kaufman, J. M. & Hallahan, D. P. (2005). *Special education: What it is and why we need it.* Boston: Allyn & Bacon.

Key, E. (1900). Barnets århundrade. Key, E. & Franzos, M. (1909). *The century of the child.* New York: G.P. Putnam's Sons.

Korbin, J. (1987). Child abuse and neglect: Cross-cultural perspectives. Berkely university of California press.

Langeland, W. & Dijkstra, S. (1995). Breaking the intergenerational transmission of child abuse: Beyond the mother child relationship. *Child Abuse Review, 4*(1), pp. 4-13.

Lewis, O. (1959). Five families: Mexican case studies in the culture of poverty. New York: Basic Books

Littner, N. (1978). The art of being a foster parent. *Child Welfare, 57*(1), pp. 3-12.

Loeler, R. (1990). Development and risk factors of juvenile antisocial behavior and delinquency. *Clinical Psychology Review, 10*, pp. 1-41.

O'Leary, K. (1988). Physical aggression between spouses. *Handbook of family violence.* New York: Plenum Press.

Owens, T. J. (1994). Two dimensions of self-esteem: Reciprocal effects of positive self-worth and self-deprecation on adolescent problems. *American Sociological Review, 59*(3), pp. 391-407.

Patti, L. (1995) & Linnea, M. A. (2005). Child Welfare League of America. Child Welfare League of America records.

Sidebotham, P. & Golding, J. (2001). Children of the nineties: A longitudinal study of parental risk factors. *Child Abuse & Neglect, 25*(9), pp. 1177-1200.

U. S. Department of Education(1997). The Individuals with Disabilities Education Act(PL 105-107). Washington, DC: U. S. Department of Education, office of special Education Programs.

U. S. Department of Health & Human Services.

WHO 세계장애보고서.

국토개발원. tilit.molit.go.kr

교육부. http://www.moe.go.kr/main.do.

국가법령정보센터. http://www.law.go.kr.

굿네이버스. http://www.goodneighbors.kr.

남북하나재단. www.koreahana.or.kr.

민주정책연구원. http://blog.daum.net/wondoleg/13736970에서 발췌.

보건복지부 통계포털. http://stat.mw.go.kr.

보건복지부(2016. 2. 14.). 상반기부터 이렇게 달라집니다. https://www.129.go.kr/news/news01_view.jsp?n=1381.

아동복지정보게이트웨이(Child Welfare Information Gateway). www.childwelfare.gov.

아이사랑 임신육아 종합포털. http://www.childcare.go.kr.

여성가족부. http://www.mogef.go.kr.

위스타트운동본부. http://www.westart.or.kr.

위키백과사전. https://ko.wikipedia.org/wiki.

유엔세계행복보고서. http://worldhappiness.report.

중앙가정위탁지원센터(2015). http://www.fostercare.or.kr.

지역아동센터중앙지원단. http://www.icareinfo.info

캐나다사회복지사협회. www.casw-acts.ca

한국보육진흥원 평가인증국. http://www.kca.childcare.go.kr

한국수양부모협회. www.ngopower.net.

한국학교사회복지사협회. http://www.kassw.or.kr.

Children's Rights in Wales. www.childrenrightswales.org.uk.

Child Welfare League of America. www.cwla.org.

The International Child and Youth Care Network. www.cyc-net.org.

한국자원봉사교육협회. http://www.kvea.or.kr.

한국민족문화대백과사전. encykorea.aks.ac.kr.

저자 소개

이성한 일본 츠쿠바대학교 교육학과 박사
현, 고신대학교 아동복지학과 교수

[저서 및 논문]
『아동안전관리』(공저, 2016)
"소집단 부모상담장면에서의 부모역할훈련 효과"(2013)
"일본육아지원정책의 개관 - 아동육아지원신제도를 중심으로"(2015)

하연희 고신대학교 유아교육학 박사
전, 새부산간호학원장
현, 고신대학교 유아교육과 조교수
부산시 육아종합지원센터 육아상담 위원

[저서 및 논문]
『누리과정에 기초한 유아수학교육』(공저, 2015).
『놀이지도』(공저, 2014).
"유아교육기관의 부모와 교사의 관계성 탐색"(공저, 유아교육연구, 2014).
"유아 노래 따라 부르기 검사도구 개발 및 적용"(공저, 생태유아교육연구, 2015).
"예비유아교사의 스마트폰 사용과 전두엽 기능 간의 관계연구"(공저, 생태유아교육학회, 2015).
"우리나라 유아수학교육사 연구"(공저, 한국수학사학회지, 2015).

이귀숙 계명대학교 교육학과 박사
현, 한국청소년상담복지개발원 선임상담원

[저서 및 논문]
『놀이지도』(공저, 2014).
"지각된 부모관여가 저소득가정 아동의 심리사회적 부적응에 미치는 영향"(2014).
"청소년의 자기조절학습 유형에 따른 학업성취, 학업정서, 부모-자녀관계 지각의 차이"(2015).
"대학신입생의 성격특성과 대학생활적응의 관계에서 진로결정효능감의 매개효과"(2016).
"사회적 지지가 성취정서를 매개하여 자기조절학습에 미치는 영향: 학업성취 수준에 따른 차이"(2016).

아동권리와 복지

초판 1쇄 발행　2016년 8월 31일
초판 3쇄 발행　2019년 1월 10일

지 은 이 | 이성한 · 하연희 · 이귀숙
펴 낸 이 | 김기섭
편 집 인 | 김민수
펴 낸 곳 | 창지사 www.changjisa.com
08589 서울시 금천구 가산디지털 1로 83 파트너스타워 1차 9층
전화 (02) 719-2211~3
팩스 (02) 701-9386
등　록 | 1977년 4월 28일 · 제1-421호

ISBN 978-89-426-0898-0 (93370)

값 20,000원

이 도서의 국립중앙도서관 출판예정도서목록(CIP)은 서지정보유통지원시스템 홈페이지(http://seoji.nl.go.kr)와 국가자료공동목록시스템(http://www.nl.go.kr/kolisnet)에서 이용하실 수 있습니다.(CIP제어번호: CIP2016021202)